Department of Foreign Languages

Department of Foreign Languages

Aspects
de la civilisation
canadienne-française

CAHIERS DU CENTRE DE RECHERCHE EN CIVILISATION CANADIENNE-FRANÇAISE

DÉJÀ PARUS

Aspects de la civilisation canadienne-française

Textes réunis par Pierre Savard

Cahiers du Centre
de recherche
en civilisation
canadienne-française

22

Éditions de l'Université d'Ottawa
1983

La plupart des dessins qui ornent les pages de ce volume sont tirés des Esquisses du Canada français *(Ottawa, A.C.E.L.F.; Montréal, Fides, 1967, 450 p.). Ils sont reproduits avec l'aimable autorisation de l'Association canadienne des éducateurs de langue française et de la Corporation des Éditions Fides.*

Cet ouvrage a été publié grâce à une subvention du Conseil des arts du Canada.

© Éditions de l'Université d'Ottawa, 1983
ISBN-2-7603-4102-X
Imprimé au Canada

TABLE DES MATIÈRES

VI

VII

VIII

ILLUSTRATIONS

AVANT-PROPOS

Des publications du Centre de recherche en civilisation canadienne-française de l'Université d'Ottawa, le Bulletin *compte parmi les plus connues tant à l'étranger que chez nous. Conçu à l'origine en 1970 comme le reflet de l'activité du Centre, le* Bulletin *a bientôt élargi le cercle de ses collaborateurs et s'est voulu un carrefour de la recherche sur le Québec et l'Ontario français.*

Il nous a semblé approprié, à l'occasion du vingt-cinquième anniversaire du Centre et du treizième anniversaire du Bulletin, *de réunir une gerbe d'articles qui peuvent encore rendre des services aux chercheurs et plaire aux curieux de la culture d'ici. Il nous a fallu faire un choix dans une matière abondante. Nous avons éliminé les écrits de circonstances (voyages, congrès, expositions), de même que les exposés de recherches complétées depuis. Ont été aussi omis les articles dont l'essentiel a été repris dans des publications plus élaborées. Les descriptions de centres ou de groupes de recherche qui datent ont été également délaissées. Par contre, nous avons retenu quelques écrits de création et des hommages à des pionniers et amis du Centre. Nous avons essayé de présenter des textes du plus grand nombre possible de collaborateurs, quitte à ne retenir, d'un auteur, qu'un texte parmi plusieurs. Enfin, l'éventail de discipline se veut varié. Nous nous flattons de croire que le lecteur, savant ou simple curieux, saura tirer profit et plaisir de ce dessus du panier de notre* Bulletin.

Nous remercions nos collègues Robert Choquette, John Hare, André Lapierre et Réjean Robidoux, du comité du colloque du 25ᵉ anniversaire du Centre, qui nous ont aidé de leurs conseils dans la sélection des textes. Madame Michelle Laflèche, qui nous assiste dans la préparation du Bulletin *depuis 1975, a bien voulu servir de secrétaire à la préparation de cet ouvrage.*

Pierre SAVARD

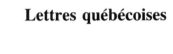

Lettres québécoises

Du théâtre français et occitan
en Nouvelle-France en 1606

par Jacques BOUCHARD*

à André Patry
χάριν φιλίας

L'histoire du théâtre en Amérique septentrionale ne commence pas à Boston, ou à la Nouvelle-Amsterdam, comme on pourrait le croire, mais bien à Port-Royal, en Acadie, le 14 novembre 1606, soit deux ans avant la fondation même de Québec. Ce jour-là, Marc Lescarbot faisait jouer son *Théâtre de Neptune en la Nouvelle-France*[1].

Cette première théâtrale est bien connue des spécialistes, tant historiens que littérateurs, puisque Lescarbot a lui-même imprimé son poème de 243 vers et a raconté les circonstances entourant la rédaction et la représentation de sa pièce dans son *Histoire de la Nouvelle-France*, publiée en 1609. Plusieurs rééditions suivirent[2].

Il y a pourtant un détail important qui n'a pas été suffisamment étudié par les historiens de la littérature canadienne et qui, de ce fait, reste totalement inconnu chez les spécialistes d'outre-Atlantique (c'est-à-dire de France): c'est que la pièce de Lescarbot est écrite en français et *en occitan*.

Voyons d'abord la pièce. Il s'agit d'un spectacle dramatique joué sur les eaux du golfe de Port-Royal à l'occasion du retour d'une expédition qu'avait faite Poutrincourt chez les Armouchiquois, plus au sud (aujourd'hui la Nouvelle-Angleterre).

À Poutrincourt qui revient bredouille à sa base de Port-Royal, Neptune et sa suite, six tritons et quatre Amérindiens, tous montés sur des barques, adressent à tour de rôle des discours rimés, empreints de chaud patriotisme et d'académisme naïf. Mêlant à la mythologie ancienne celle du Nouveau Monde, l'auteur fait une profession de foi en l'avenir des Français en terre d'Amérique et rend hommage au grand roi Henri IV. Le ton est solennel et mortellement ennuyeux dans son ensemble; à peine l'intérêt est-il piqué par les mots amérindiens dont l'auteur émaille son texte pour faire couleur locale.

Pourtant, le cinquième triton suffit à lui seul pour égayer cette morne cérémonie et faire en sorte que l'auteur et même Champlain qualifient cette pièce de «gaillardise». À l'intention du triton burlesque, Lescarbot nota l'indication scénique suivante: «Vn Gascon prononça ces vers à peu prés en sa langue». Voici la tirade du triton «gascon», dont je respecte l'orthographe francisée; je l'accompagne d'une traduction littérale:

---

* L'auteur est professeur au département d'études anciennes et modernes de l'Université de Montréal.
[1] Publié dans Marc LESCARBOT, *Les Muses de la Nouvelle-France*, Paris, Jean Millot, 1609, 66 p.
[2] Pour une bibliographie sommaire, voir R. BAUDRY, *Marc Lescarbot. Textes choisis et présentés*, Montréal et Paris, Fides, 1968 (coll. Classiques canadiens). Cf. infra notes 5 et 8.

5

Sabets aquo que volio diro,	Vous savez ce que je voulais dire:
Aqueste Neptune bieillart	Ce vieux Neptune (vieillard)
L'autre jou faisio del bragart,	L'autre jour faisait le fier
Et comme vn bergalant se miro.	Et comme un vert galant se mire.
N'agaires que fasio l'amou,	Naguère il faisait l'amour
Et baisavo vne jeune hillo	Et baisait une jeune fille
Qu'ero plan polide et gentillo,	Qui était bien jolie et gentille,
Et la cerquavo quadejou.	Et il la recherchait chaque jour.
Bezets, ne vous fizets pas trop	Vous voyez: ne vous fiez pas trop
En aquels gens de barbos grisos,	à ces gens à barbes grises,
Car en aqueles entreprisos	Car à ces entreprises-là
Els ban lou trot et lou galop[3].	Ils vont au trot et au galop.

Cette réplique bouffonne appelle bien des commentaires; mais disons tout de suite que le ton n'est pas déplacé, puisque la mythologie ancienne représentait souvent les tritons comme des Silènes de mer, au demeurant assez licencieux, et que le présent divertissement s'adresse à une poignée de soldats et de colons, donc une joyeuse compagnie virile. Mais pourquoi Lescarbot fait-il parler un triton en «gascon»? On peut répondre que l'auteur, en bon courtisan, a voulu flatter les anciens compagnons d'Henri IV qui assistent à la représentation; que le ton «gaillard» imposait un «gascon de théâtre». Mais les associés de Poutrincourt sont «Francimands», au mieux Saintongeais, et cette mention de Gascon précède de trente ans l'*Illusion comique* de Corneille[4].

Ce qu'il importe ici de noter, c'est la forme linguistique du texte. Les commentateurs québécois ou canadiens ont pris le «gascon» pour du gascon, ou n'y ont vu, comme Roméo Arbour, qu'«un mélange fantaisiste de gascon et de français parfois latinisé[5]». En fait, le texte est écrit en occitan central, *grosso modo* en languedocien, et même en très bon occitan. Les seuls gasconismes notoires sont, peut-être, l'emploi du «que» énonciatif dans «que fasio l'amou» et, évidemment, celui de la forme gasconne «hillo» au lieu de «filha» de l'occitan référentiel. Pour le reste, l'auteur a utilisé la phonétique et la morphologie du languedocien: «volio diro» et non «volèvi / volí díser» (gasc.), «fasio» et non «hasèva / hasè» (gasc.), etc. Donc l'auteur a bien raison de dire que le «Gascon prononça ces vers *à peu prés* dans sa langue». Ajoutons que le rôle du cinquième triton a pu être tenu par un Occitan se trouvant parmi les soldats qui accompagnaient l'équipée de Poutrincourt en Acadie.

Ce divertissement dramatique se laisse aisément classer parmi les pièces de bienvenue ou d'accueil et les ballets et mascarades, comme l'ont fait R. Arbour et G. Girard[6]. Qu'il me soit cependant permis d'établir un rapprochement supplémentaire que m'autorisent à faire et le genre littéraire et le bilinguisme du texte. Je crois qu'il y a lieu de citer, malgré les différences de personnage, de circonstances et de ton, le poème

---

[3] J'utilise l'édition suivante: *Histoire de la Nouvelle-France* par Marc LESCARBOT, suivie des Muses de la Nouvelle-France. Nouvelle édition publiée par Edwin Tross (3 volumes, Paris, Tross, 1866; réimpression de l'édition de 1612). La tirade: vol. 3, p. 24.

[4] Voir R. LAFONT, *Clefs pour l'Occitanie*, Paris, Seghers, 1971, p. 152 *sq*.

[5] R. ARBOUR, *Le Théâtre de Neptune de Marc Lescarbot*, dans *Le théâtre canadien-français*, Montréal, 1976, p. 28 (coll. Archives des lettres canadiennes, tome V).
Cf. G. GIRARD, *Le Théâtre de Neptune en la Nouvelle-France, de Marc Lescarbot*, dans *Dictionnaire des œuvres littéraires du Québec*, tome I, Montréal, Fides, 1978, p. 699-702.

[6] R. ARBOUR, *op. cit.*, p. 30-31; G. GIRARD, *op. cit.*, p. 700.

trilingue que Du Bartas composa en 1579 pour célébrer l'entrée à Nérac de Marguerite de Valois, reine de Navarre. La Nymphe gasconne y formait entre autres le voeu que:

«Diu hasse toun marit lo mès grand roi deu moun!»
(Dieu rende ton mari le plus grand roi du monde[7]!)

La pièce bilingue de 1606 présente encore ceci de particulier: c'est que son auteur n'est pas Occitan. Marc Lescarbot est né en 1570 à Vervins, en Thiérache, et ses ancêtres étaient originaires de Saint-Pol-de-Léon, en Bretagne[8]. Licencié en lois en 1598, il s'occupa plus de littérature que de procès. Ses œuvres démontrent qu'il était très au courant de la situation linguistique en France: «és Gaulles le Flamen, le bas Breton, le Gascon, le Basque, ne s'accordent point[9]».

Aussi informe-t-il son lecteur qu'il a séjourné dans le Quercy lors de la révolte des Croquants; que les Toulousains emploient le mot «trufer» pour «moquer[10]». Ou, vantant les aptitudes linguistiques des Amérindiens, il ajoute: «Et néantmoins ils prononcent mieux le surplus de la langue Françoise que noz Gascons, lesquels outre l'inversion de l'(u) en (b) et du (b) en (u) és troubles derniers estoient encore reconnus et malmenés en Provence par la prononciation du mot *Cabre*, au lieu duquel ils disoient *Crabe*[11].»

Tout donc nous porte à croire que Lescarbot connaissait l'occitan, auquel il donne le nom générique de «gascon».

On sait que le règne d'Henri IV fut une époque de renaissance pour les lettres occitanes[12]; après examen du court texte de Lescarbot, on est en droit de conclure que la littérature occitane n'était pas inconnue chez les Français du Nord, du moins de certains esprits curieux, comme Marc Lescarbot, avocat, littérateur, voyageur et historien.

---

[7] Un fragment cité et traduit de A. BERRY, *Anthologie de la poésie occitane*, Paris, Stock, 1961, p. 127-128. Lescarbot cite Du Bartas dans son *Histoire*: R. ARBOUR, *op. cit.*, p. 23.

[8] R. BAUDRY, *Lescarbot, Marc*, dans *Dictionnaire biographique du Canada*, vol. I, Québec, Les Presses de l'Université Laval, 1966, p. 480.

[9] M. LESCARBOT (Éd. Tross), *op. cit.*, vol. 3, p. 661.

[10] *Ibid.*, vol. 2, p. 493; vol. 3, p. 664.

[11] *Ibid.*, vol. 3, p. 668; vol. 3, p. 688: «Pour la voix menaçante, je n'ay à peine veu en toutes les Gaulles que les Gascons et ceux du Languedoc, qui ont la façon de parler vn peu rude, ce qu'ils retiennent du Gotisme et de l'Hespagnol par voisinage.»

[12] Voir R. LAFONT, *Renaissance du Sud. Essai sur la littérature occitane au temps de Henri IV*, NRF, Paris, Gallimard, 1970.

Tiré de *L'Éducation poétique*

Paul-Quintal Dubé (1895-1926)

Portrait de l'auteur de *L'Éducation poétique*, ouvrage posthume illustré de dix hors-textes en camaïeu par Roger Veillault.

Paul-Quintal Dubé

par André-G. BOURASSA*

J'ai mis la main par hasard sur un recueil de poésie de grande qualité et de très belle présentation édité en France en 1930 par les Ateliers d'Art Typographique et distribué alors au Québec par la Librairie Déom Frère. Le titre, *L'Éducation poétique*, annoncé par l'antiquaire Jean Gagnon m'avait fait croire à un livre inconnu de critique ou de pédagogie. La réception d'un livre d'art imprimé en noir, vert et sépia avec dix hors-texte en camaïeu par Roger Veillault et une préface de Joseph Bédier de l'Académie française (dont on connaît le *Tristan et Iseut* et *Les Deux poèmes de Tristan fou*), m'a rempli d'étonnement. Étonnement d'apprendre que Bédier connaissait Émile Nelligan, Albert Lozeau, Paul Morin et Guy Delahaye à qui il compare Paul-Quintal Dubé. Étonnement de voir qu'on n'avait jamais parlé jusqu'alors de ce dernier qui vécut en Suisse en pleine période dadaïste et écrivit ses poésies à la même époque que Jean-Aubert Loranger et Alfred DesRochers.

L'Éducation poétique est-il un recueil aussi bon ou pas que *Poëmes* ou *Terra nova*? Ce n'est pas mon propos pour l'instant. Une chose m'est certaine, il me faut faire connaître ce lecteur de Baudelaire, de Sully Prud'homme et de François Coppée (pour ne nommer que ceux qu'il mentionne explicitement), qui mérite d'être connu autant qu'Arthur de Bussières, Gonzalve Désaulniers ou Englebert Gallèze. Vérification faite, John E. Hare est seul à faire mention du titre dans le tome IV des *Archives* et notre bibliothèque en possède deux exemplaires dans la section des livres rares; mais le *Dictionnaire des œuvres* l'avait oublié.

Ce qu'on sait jusqu'à maintenant du poète? Paul-Quintal Dubé est le fils du docteur Joseph-Edmond Dubé; sa mère est née Marie-Louise Quintal. Bien qu'il ait été élevé à Montréal, le poète est né en France, en 1895, durant un stage de trois ans que son père fit à Paris. Nous ne savons presque rien du fils. Voici quelques traits du père qui aideront peut-être certains chercheurs à redessiner l'image du fils.

Le père du poète était né en 1867 et avait fait ses études de baccalauréat chez les Clercs de Saint-Viateur de Joliette. Inscrit par la suite en médecine à l'Université Laval de Montréal, il y était reçu «avec la plus grande distinction» et s'était inscrit ensuite comme élève à l'École de Pasteur, à Paris. Il devint Docteur de l'Université de Paris en juillet 1896, ayant suivi les cliniques de Charcot, de Babinski, de Widal et de Dieulafoy. À son retour à Montréal, il était l'un des trois seuls Québécois détenant un *diplôme d'État* l'autorisant à pratiquer la médecine en France et dans ses colonies. Il fit toutefois ses débuts à la Maternité de Montréal, organisa un comité de citoyens et de médecins qui allait s'attaquer à la maladie et à la mortalité infantiles et dont l'action mena directement à la création des «Gouttes de lait» et de l'Hôpital Sainte-Justine. Le docteur Dubé devint médecin de l'Hôtel-Dieu en 1897 où il obtint le poste de pathologiste en 1898. Il fut nommé à la Faculté de médecine en 1899.

Déjà célèbre pour ses travaux sur l'alimentation des enfants et par la fondation d'une Ligue antialcoolique, le docteur Dubé s'attaque à la tuberculose. Ayant participé aux

---

* L'auteur est professeur au département de lettres françaises de l'Université d'Ottawa.

travaux du docteur Richer à l'Anti-tuberculous League et à la clinique du Royal Edward Chest Hospital (qui construira un sanatorium à Sainte-Agathe-des-Monts), le docteur Dubé fonde l'Institut Bruchési, le Camp David pour enfants issus de tuberculeux et, le 5 mai 1913, une chaire de phtisiothérapie dont il est le premier titulaire. Il fonde ensuite la Société de Phtisiologie, jette les bases de la Ligue antituberculeuse (version française de la précédente) et prépare les plans d'un sanatorium que la guerre empêchera de construire. Le malheur veut que son fils Paul, inscrit à la Faculté de médecine de l'Université Laval de Montréal en 1915 après des études de baccalauréat à Joliette, comme son père, soit frappé lui-même par la tuberculose et doive abandonner ses études. On peut présumer que c'est auprès de ses plus célèbres maîtres et collègues de l'École de Pasteur que le docteur Dubé envoie son fils. En France d'abord, où Paul profite de son temps pour prendre une licence de philosophie en Sorbonne. Puis en Suisse où les stations de montagne sont mondialement célèbres. Enfin à Albuquerque, au Nouveau-Mexique, région des É.-U. réputée pour son air sec et recherchée en cas de maladies pulmonaires. Voici comment LeSage raconte la mort de l'écrivain (dont il cite en entier le «Ne nunc dimittas»):

> Son fils, Paul, est soumis à un repos prolongé au moment où il commence ses études de Médecine. Grand, intelligent, instruit, littérateur, poète même, il abandonne, lui aussi, toutes ses activités pour obtenir une guérison éventuelle mais lente; il doit s'expatrier temporairement. Il suit l'exemple de son père. Il quitte famille et pays à la recherche d'un ciel plus clément. Il oscille entre le mieux et le pis. Bref, il succombe à l'étranger; on le ramène dans sa tombe!... accompagné de sa mère, soumise mais inconsolable (p. 1283).

Outre ses parents, Paul-Quintal Dubé laisse à sa mort, en 1926, un frère célibataire, Jean, qui va pratiquer le droit dans l'État de New-York, et une sœur, Germaine, qui épousera le notaire Émile Massicotte. Il laisse aussi deux jeunes filles qu'il a beaucoup aimées et dont l'une, sans doute la seconde, aurait été sa fiancée; ce seraient Marie Panet-Raymond et Marie Maréchal (fille du juge Maréchal et de Madame de Boucherville) qui devait épouser le docteur Stephen Langevin.

Le père fut-il brisé, pour ne pas dire culpabilisé, de voir son fils frappé par un bacille sur lequel il travaillait? Le saurons-nous jamais? Ce que son collègue et ami nous en raconte, c'est que, bien au contraire,

> il supporte tout cela avec stoïcisme et grandeur; il poursuit son œuvre, son seul refuge. Son altruisme demeure intangible, sa confiance renaît, ses activités reprennent, son avenir, de nouveau, se dessine fécond et brillant. Il conserve, de son fils disparu, le seul souvenir vivifiant: son bel esprit; c'est presque une joie, sinon son orgueil; et il se complaît dans les enfants qui lui restent, son gendre, et sa petite-fille qu'il aime tendrement (p. 1283).

Il continue à œuvrer dans l'Association des médecins de langue française de l'Amérique du Nord dont il avait été élu président au congrès tenu à Montréal en 1922 et dont il était membre depuis le premier congrès en 1902, à Québec. Il collabore pendant trente-neuf ans à la rédaction de L'Union médicale dont il est directeur et co-propriétaire depuis mai 1900. Il fonde la Société de Gastro-entérologie en 1934 et fait approuver avant sa retraite qu'il prend le 29 juillet 1938, la création d'une chaire de diététique à l'Université de Montréal. Il avait aussi réclamé une École d'hygiène sociale appliquée et l'affiliation des Écoles d'infirmières à l'Université. Maintes fois décoré, il fut entre autres Officier d'Académie et Chevalier de la Légion d'honneur. Il meurt à l'automne de 1939.

Le docteur Dubé avait-il rencontré son fils en Europe lors du Congrès français de médecine qui se tient à Nancy, en 1925? L'a-t-il ramené lui-même en Amérique? LeSage, qui fut délégué avec lui, n'en souffle mot même s'il révèle qu'ils se sont rendus jusqu'aux Alpes. Mais on sait que le 26 mars 1926, date de sa mort, Paul-Quintal Dubé est depuis un an à Albuquerque, d'où il écrit la brève lettre du 10 mars à son père, que l'on peut lire en tête du recueil de poésie. À propos du recueil de Paul-Quintal Dubé, d'ailleurs, LeSage a cette précision: «Son père a fait paraître, à Paris, en 1931 [*sic*], sur papier de luxe, une plaquette de 100 pages, signée Paul-Quintal Dubé, sur le modèle des *Fleurs du Mal*, de Baudelaire» (p. 1283, n. 1).

Voilà pour l'instant tout ce que nous savons sur le poète qui fut peut-être le plus méconnu durant cette période au Québec. À vrai dire, nous avons beaucoup plus de coordonnées sur le père que sur le fils, mais il a paru utile de les donner toutes pour faciliter la tâche des chercheurs. Trouverons-nous jamais l'original des poèmes dont le père semble n'avoir publié que des fragments? L'auteur n'a-t-il pas tenu une importante correspondance durant ses années d'éloignement? Les rapports des Dubé à l'écriture le laissent supposer. Mais qu'en est-il advenu?

Je cite pour finir ces vers extraits de «Charme de ta voix» qui préfigurent la chambre de Chloé et de Colin dans *L'Écume des jours*. L'analyse interne de l'œuvre nous donnera sûrement, comme on pourra en juger par ces lignes, une image meilleure que les rares informations disponibles sur le père et sur le fils. Un peu comme on a dû se contenter jusqu'à l'an dernier d'une analyse interne de son œuvre pour connaître le portrait de Lautréamont:

Dès que j'entendis ta voix,
    Quel émoi!
Je vis les murs de ma chambre
Reculer dans le lointain
    Et, soudain,
Le mois d'avril en décembre [...].

J'allais enfin, abusé,
    Te baiser,
Quand s'éteignirent les ondes
Et que rentrèrent les murs,
    Tout obscurs,
Hélas! sans que tu répondes!

Ô puissance de ta voix!
    Je te vois,
Quand jamais je ne t'ai vue!
Illusions de mes vers!
    Je te perds,
Quand je ne t'ai jamais eue! (p. 45-46).

BIBLIOGRAPHIE

Revues:

BENOÎT, E.-P., secrétaire de la Faculté de médecine, «Joseph-Edmond Dubé», *L'Union médicale du Canada*, déc. 1939, p. 1285-1286 (panégyrique du 29 nov. 1939).

DESJARDINS, Édouard, «Deux maîtres: les docteurs J.-E. Dubé et Albert LeSage», *Médecine de France*, 7: 10, 1957.

ID., «L'Évolution de la médecine interne à Montréal — Le premier centenaire (1820-1920)», *L'Union médicale du Canada*, t. 106, fév. 1977, p. 237-258. Pages 246-247 sur J.-E. Dubé.

LeSAGE, Albert, «[J.-E.] Dubé», *L'Union médicale du Canada*, déc. 1939, p. 1277-1284. Pages 1282-1284 sur Paul-Quintal Dubé.

Journaux:

«Feu le Dr Paul Dubé», *Le Devoir*, 29 mars 1926, p. 3.

«M. Paul Dubé meurt à l'âge de 31 ans», *La Presse*, 30 mars 1926, p. 11.

«Le corps de M. Dubé arrive à Montréal», *La Presse*, 31 mars 1926, p. 2.

«L'Inhumation de M. Paul Dubé», *Le Devoir*, 3 avril 1926, p. 3.

«La Tuberculose dans la famille, *Le Devoir*, 3 avril 1926, p. 5.

«Soirée des auteurs canadiens au bénéfice de l'Institut Bruchési», 3 avril 1926, p. 6.

«Sympathies au Dr J. E. Dubé», 8 avril 1926, p. 5 (par l'Institut Bruchési).

«Condoléances», 12 avril 1926, p. 5 (par l'Hôpital Sainte-Justine).

Maria Chapdelaine: un roman à thèse[1]?

par René DIONNE*

Il y a dix ou ⸰uinze ans, je ne sais plus, alors qu'il m'est arrivé, étudiant ou professeur, de lire «Au pays de Québec[2]», texte que Louis Hémon adressa à l'éditeur Grasset le 6 février 1912 une question a surgi dans mon esprit, qui n'a pas encore reçu de réponse. C'est celle-ci: dans quelle mesure *Maria Chapdelaine* ne tient-il pas du roman à thèse?

Frappe plus particulièrement à la lecture d'«Au pays de Québec», la présence d'une voix fort semblable à celles que l'on trouve à la fin de *Maria Chapdelaine*[4]: la voix des cloches de Québec. Comme les voix du roman, celle du journal ou du récit de voyage se fait entendre soudainement. Pourtant, elle était là depuis longtemps, avoue le voyageur; elle provient de la fusion des tintements divers des cloches de Québec et de Lévis. Certains prétendent «avoir entendu dans la voix des cloches toutes sortes de choses délicieuses et émouvantes[5]»; Hémon «n'y perçoit le plus souvent qu'une répétition têtue, une leçon ressassée sans fin avec solennité, une affirmation persistante et qu'il ne faut pas discuter: [...] C'est ainsi!... C'est ainsi!... C'est ainsi!...», et il note que «la monotonie immuable» de l'appel des cloches «laisse une impression d'âge infini[6]». Bien plus, Hémon va jusqu'à conclure que «leur voix témoigne que Québec n'a rien appris et rien oublié[7]».

La troisième voix du roman, celle du pays de Québec, s'entend, elle aussi, «comme un son de cloche»; elle manifeste la même obstination têtue, ressasse la même leçon, à une nuance près: «s'il est vrai que nous n'ayons guère appris («guère» au lieu de «rien»: c'est là la nuance), assurément nous n'avons rien oublié [...]. De nous-mêmes et de nos destinées, nous n'avons compris clairement que ce devoir-là: persister... nous maintenir...[8]» La voix du roman dit encore: «au pays de Québec rien n'a changé. Rien ne changera, parce que nous sommes un témoignage[9]»; déjà, dans le

---

L'auteur est professeur au département des lettres françaises de l'Université d'Ottawa.
[1] Texte lu lors d'une table ronde sur *Maria Chapdelaine* à la Bibliothèque nationale du Québec (Montréal), le 19 novembre 1980.
[2] Dans L.-J. DALBIS, *Le Bouclier canadien-français,* suivi de *Au pays de Québec* par Louis HÉMON, dessins de Jean Gay, C. Maillard, Adrien Hébert, Paris, Éditions Spes, 1928, p. 223-280. (Nous utiliserons désormais le sigle A.P.Q. pour renvoyer à ce texte de Hémon.)
[3] «Fragment d'une lettre de Louis Hémon à l'éditeur Grasset à Paris», dans L.-J. DALBIS, *Le Bouclier canadien-français,* p. 283.
[4] Louis HÉMON, *Maria Chapdelaine,* récit du Canada français. Avant-propos de Nicole Deschamps; notes et variantes, index des personnages et des lieux par Ghislaine Legendre. Montréal, Boréal Express, 1980, p. 193-199. (Nous désignerons dorénavant cette édition par le sigle M.C.)
[5] A.P.Q., p. 249.
[6] A.P.Q., p. 249-250.
[7] A.P.Q., p. 251.
[8] M.C., p. 197-198.
[9] M.C., p. 198.

13

L'église de Péribonka

Cette illustration originale de Suzor-Côté a été reproduite dans *Maria Chapdelaine* de Louis Hémon (Montréal, J.-A. LeFebvre éditeur, 1916), p. 3.

14

journal, «les rues du vieux Québec sont un témoignage»: «ces ruelles apportent une sorte d'obstination à montrer une fois pour toutes, et par cent signes évidents, de quel pays venaient les hommes qui les ont créées, qui ont depuis lors poursuivi leur tâche, et qui n'ont guère changé[10]».

La raison de cette persistance, selon la voix du roman («nous nous sommes maintenus, peut-être afin que dans plusieurs siècles encore le monde se tourne vers nous et dise: Ces gens sont d'une race qui ne sait pas mourir...[11]»), n'est que la projection d'un sentiment que nous trouvions chez l'auteur d'«Au pays de Québec»: «Le sentiment qui englobe tous les autres et qui vient à la longue» au voyageur de France «est une reconnaissance profonde envers cette race qui en se maintenant intégralement semblable à elle-même à travers les générations, a réconforté la nation dont elle était issue et a étonné le reste du monde[12]».

Ici et là dans le journal, d'autres textes semblables redisent la même leçon, expriment les mêmes vues. Et la fin d'«Au pays de Québec» annonce celle de *Maria Chapdelaine:*

> [...] Terrebonne! Ils ont trouvé que la glèbe du septentrion répondait suffisamment à leur labeur, ces paysans opiniâtres, et ils sont restés là depuis deux cents ans. C'est à peine s'ils ont modifié, pour se défendre contre le froid homicide, le costume traditionnel du pays d'où ils venaient; tout le reste, langue, croyances, coutumes, ils l'ont gardé intact, sans arrogance, presque sans y songer, sur ce continent nouveau, au milieu de populations étrangères; comme si un sentiment inné, naïf, et que d'aucuns jugeront incompréhensible, leur avait enseigné qu'altérer en quoi que ce fût ce qu'ils avaient emporté avec eux de France, et emprunter quoi que ce fût à une autre race, c'eût été déchoir un peu[13].

Quand on a fini de lire «Au pays de Québec» et d'établir la comparaison que nous venons d'esquisser avec *Maria Chapdelaine*, l'on ne peut s'empêcher de remarquer que, depuis son arrivée à Québec le 18 octobre 1911, ou, à tout le moins, depuis le 6 février 1912 — puisqu'il appert que Hémon a remanié son récit ou mis en ordre ses notes de voyage avant de les envoyer à Grasset — Louis Hémon n'a guère appris et que rien n'a changé dans sa façon de voir la race du pays de Québec. L'on a même l'impression que son débarquement à Québec n'a fait, comme il était arrivé dans le cas de son compatriote Edme Rameau de Saint-Père en 1860, que confirmer les vues qu'il avait déjà sur le pays et ses habitants, avant même d'y avoir mis le pied.

Mais, au fait, ces vues ne les tiendrait-il pas justement de *La France aux colonies*[14]? Ne serait-ce pas grâce à cet ouvrage que notre race, fidèle à elle-même, «a réconforté la nation dont elle était issue et étonné le reste du monde[15]»? Hémon insiste, comme Rameau, sur la bienfaisante fécondité qui a permis à la race, non seulement de maintenir ses «positions» démographiques «bien qu'elle ne reçoive, elle, qu'une

---

[10]   A.P.Q., p. 271.
[11]   M.C., p. 198.
[12]   A.P.Q., p. 242.
[13]   A.P.Q., p. 279-280.
[14]   E. RAMEAU, *La France aux colonies: études sur le développement de la race française hors de l'Europe; les Français en Amérique: Acadiens* [première partie] et *Canadiens* [deuxième (*sic*) partie], Paris, A. Jouby, 1859, xxxix, 160, 355 p.
[15]   A.P.Q., p. 242.

immigration insignifiante[16]», mais encore «a suffi à faire écarter définitivement l'hypothèse [...] que notre race est inféconde en soi[17]». Il constate pareillement, chez la population canadienne-française, la volonté de défricher et d'exploiter elle-même «toute cette partie de son territoire qui reste encore à défricher et à exploiter[18]». Il voit aussi notre pays, comme Rameau l'avait vu, à «l'avant-garde du continent américain vers le Nord», et dans ce Nord, où Rameau pensait que seuls les Canadiens français pourraient tenir le coup, à l'encontre des Anglo-Saxons qui se laisseraient inévitablement attirer vers les climats plus doux du Sud, Hémon a fait vivre seulement des Canadiens français, passer des Belges et végéter des Français de France.

Il y aurait bien d'autres rapprochements à faire entre *La France aux colonies* et les deux textes de Louis Hémon («Au pays de Québec» et *Maria Chapdelaine*); ceux que je viens d'indiquer permettent suffisamment de poser l'hypothèse que Hémon avait dû lire Rameau, sinon dans le texte, du moins dans l'un ou l'autre de ses avatars — ils sont légion —, qui constituent, avec le livre princeps, le discours idéologique dominant de la seconde moitié du XIXe siècle et de la première moitié du XXe. Dans cette perspective, la vision de Hémon n'aurait rien d'original, sinon comme excroissance intéressante ou formulation particulière du mythe agriculturiste, et plus particulièrement du sous-mythe de la colonisation salvatrice qu'avait déjà mis au point Antoine Gérin-Lajoie dans *Jean Rivard*. Ce n'est pas sans raison d'ailleurs que l'on a souvent comparé le roman du Canadien avec celui du Français, et pas toujours au profit de ce dernier.

Quoi qu'il en soit des lectures de Hémon et de l'origine de ses idées sur les gens du pays de Québec, il semble que celles-ci aient été arrêtées, peut-être, avant qu'il ne débarquât à Québec, ou quelques jours après, certainement, en tout cas, avant le 6 février 1912, donc bien avant qu'il n'écrivît son *Maria Chapdelaine*; elles seront même si solidement fixées au moment de la rédaction finale du roman qu'elles détermineront le destin de l'héroïne. Ce sont elles, en effet, qui ont inspiré l'épisode des voix, le passage le plus important du roman, celui qui, en donnant à l'œuvre son sens et sa portée, a promu les personnages au rang de types et, finalement, provoqué l'admiration des lecteurs d'ici et d'ailleurs; grâce à elles, le roman démontrait ce qu'il fallait démontrer: la grandeur de personnages-témoins appartenant à une «race qui ne sait pas mourir...» Grâce à elles aussi, le roman était d'ici: il s'intégrait à la tradition nationaliste (rurale) qui avait eu cours depuis cinquante ans et qui ne s'éteindrait qu'avec son meilleur rejeton: *Menaud, maître-draveur;* s'il devait arriver à plus d'un Québécois de répudier le portrait du colon qu'il n'était plus, il ne se trouva personne, jusqu'à l'aube de la Révolution tranquille, pour refuser l'idéologie qui avait propulsé le roman aux quatre points du monde. Comme De Gaulle plus tard, Hémon, en ce temps-là, nous avait compris... Celui-là n'a fait que passer, celui-ci est resté: autre le destin du politique, autre celui du littéraire. Tant pis, tant mieux!

---

[16]   A.P.Q., p. 240.
[17]   A.P.Q., p. 262.
[18]   A.P.Q., p. 241.

Pour un enseignement canadien
des réalités québécoises

par René DIONNE*

Tirant son augure du titre que j'ai choisi: «Pour un enseignement canadien des réalités québécoises», personne ne s'attend, je suppose, à ce que ma communication soit dégagée du contexte socio-politique dans lequel nous vivons, qui est celui d'un pays composé (encore) de dix provinces dont l'une s'appelle déjà l'État du Québec. J'irai même plus loin et j'afficherai mes couleurs: ce sont celles d'un fédéralisme renouvelé. Il s'ensuit que mon point de vue est celui d'un homme qui voudrait se sentir de plus en plus chez lui dans un Canada dont les deux peuples fondateurs n'ont pas encore réussi à vivre ensemble harmonieusement. Je crois réaliste de dire que la vie de ce couple sera toujours difficile, mais qu'elle peut être meilleure, et je n'ai d'autre but que de travailler à cette amélioration, nous croyant, francophones et anglophones, condamnés de toute façon, pour le meilleur et pour le pire, à nous voisiner, pendant des siècles encore, avec ou sans clôture, de quelque hauteur ou opacité que cette clôture soit, — mais puis-je faire remarquer ici que, depuis longtemps, existent des clôtures qui sont plus que des frontières, hérissées qu'elles sont de barbelés forgés au gré des divisions historiques.

Il n'y a pas d'enseignements qui soient innocents, sauf ceux qui, comme le mot chose, pour reprendre l'expression d'un stylisticien, sont incolores, inodores et sans saveur. Ceux-là endorment; ils n'éveillent pas, comme doit le faire tout bon enseignement, lequel vise la vie, non la mort. Il en va de même des programmes: lorsqu'ils sont bons, lorsqu'ils intéressent, c'est qu'ils satisfont aux besoins d'une clientèle dynamique qui n'a de cesse qu'elle n'ait appris pour vivre, non pour répéter en bon perroquet. Derrière ces programmes vivants, ou à leur base, se cachent toujours certaines idéologies ou, à tout le moins, certains partis pris, plus ou moins conscients ou inconscients.

Je n'ai pas l'intention de dévoiler les partis pris ou les idéologies qui peuvent sous-tendre l'enseignement actuel du français (langue, littérature et civilisation) dans les universités anglophones du Canada; ma connaissance pratique de cet enseignement est trop limitée pour que je puisse prétendre à fonder solidement une telle critique. Je veux simplement, à partir du point de vue que j'ai déterminé, proposer quelques réflexions sur un enseignement possible des réalités québécoises à l'intérieur d'un département ou d'un secteur de français d'une université anglophone du Canada.

Quelques principes.

Il ne fait pas de doute pour moi que cet enseignement doive respecter la diversité, je ne dis pas canadienne, mais francophone du Canada. Cela implique d'abord que l'on ait bien conscience que les six millions de francophones du pays ne vivent pas tous au

* L'auteur est professeur au département des lettres françaises de l'Université d'Ottawa. Communication faite lors d'un colloque du Groupe interuniversitaire d'étude des réalités franco-ontariennes, le 2 novembre 1979, au C.R.C.C.F.

17

Québec et qu'ils ne partagent pas collectivement, même lorsqu'ils sont Québécois, un unique point de vue sur toutes les matières à discussion, la religion y comprise. Cela implique ensuite, puisque le Québécois et le Canadien français d'aujourd'hui sont le produit d'une histoire d'au moins quatre siècles, que l'on tienne compte de cette suite historique, et non du seul contexte actuel, lorsque l'on s'applique à connaître ou à faire connaître ce Québécois et ce Canadien français, qui, de plus en plus, s'affirme, de par le poids des circonstances, Franco-Ontarien ici, Acadien là-bas, et qui encore, peut-être? De cette diversité horizontale et verticale, synchronique et diachronique, historique et actuelle, tout bon enseignement sera le reflet: il présentera donc, sous le signe de la compréhension possible, un groupe humain qui n'a rien d'un bloc monolithique malgré l'unité profonde de sa pensée et de ses sentiments nationalistes, rien d'un aérolithe tombant du ciel même si la charge historique de son mouvement dynamique menace aujourd'hui d'exploser.

Que l'on respecte aussi notre spécificité. Québécois et Canadiens français, nous ne sommes pas des Français; nous «en sommes sortis», quelque onze mille seulement (le nombre est à remarquer) aux XVIIᵉ et XVIIIᵉ siècles, et depuis le début de ce même XVIIIᵉ siècle, nous avons conscience d'être un peuple distinct, ni déchu ni amélioré, mais original: si l'identité québécoise ne s'affiche que depuis les années 60, la canadienne, elle, celle des premiers habitants de ce pays, s'affirmait déjà en 1713. L'on avait conscience alors, comme aujourd'hui, d'appartenir à un pays différent et, vous me permettrez l'expression dans son sens traditionnel qui n'a rien de ségrégationniste, à une race différente. Nous sommes francophones, nous ne sommes pas Français, et j'irai jusqu'à dire: que l'on cesse de nous dénier une existence propre en parlant de nous comme de Français du Canada. Je vais trop loin? Non, je ne fais que reprendre à mon compte aujourd'hui, la partageant, l'indignation qui était déjà celle d'Étienne Parent, rédacteur du *Canadien*, lorsqu'il écrivait dans ce journal le 21 mai 1831, en réponse au salut bienveillant que le *Vindicator*, journal anglophone favorable à Papineau, avait adressé au *Canadien* ressuscité:

> [...] dans le.petit bonjour que nous a donné le *Vindicator*, il se trouve un mot que nous aurions désiré voir remplacé par un autre; si en disant que notre journal promettait d'être utile au peuple français de cette province, il eût mis au peuple Canadien, nous l'assurons que son compliment nous eût été bien plus agréable. Il n'y a pas, que nous sachions, de peuple français en cette province, mais bien un peuple Canadien, un peuple religieux et moral, un peuple loyal et amoureux de la liberté en même temps, et capable d'en jouir; ce peuple n'est ni Français, ni Anglais, ni Écossais, ni Irlandais, ni Yanké, il est Canadien. Il peut et doit s'enorgueillir de son origine, et se féliciter de son union actuelle, qui nous l'espérons, ne sera jamais brisée avec violence; mais la situation du pays, sa statistique, ses ressources, et mille autres circonstances, doivent convaincre tout observateur attentif, qu'à moins de mesures de violence et d'extermination, le peuple du Canada ne sera jamais un peuple ni Français, ni Anglais: le Canada embrassant une vaste partie de l'hémisphère américain, a bien une autre destinée devant lui. Il est de l'intérêt de l'Angleterre de favoriser ce pays par tous les moyens possibles, si elle préfère sur ce continent une grande puissance amie, à une chétive et misérable dépendance désaffectionnée.

Je changerai seulement, la «mimétisant», la dernière phrase de Parent en la suivante: «Il est de l'intérêt du Canada anglais de favoriser en ce pays par tous les moyens possibles la croissance du groupe francophone.» J'ajoute que c'est de la même volonté de faire respecter son identité propre qu'est venue au Canadien de jadis la volonté de s'affirmer Québécois. Autres temps, autres mœurs, autres façons de se nommer, mais une même volonté, une même fidélité à son être profond, une même identité particulière sous des noms différents, qui affirment une même distinction spécifique.

Quelques applications.

De ces quelques principes et de quelques autres qu'il serait trop long d'exprimer, mais que l'on a pu deviner sous-jacents ou conséquents à ceux que j'ai mis en lumière, j'aimerais tirer certaines applications, que j'énumère de façon schématique:

1. Pour que l'enseignement canadien des réalités québécoises soit vivant et fasse vivre, il faut qu'il se situe dans le contexte historique et total qui est celui du peuple québécois, donc que les quatre siècles d'histoire de ce peuple soient enseignés et non pas seulement les quelques années qui, aux yeux des gens «pressés» (il y en a beaucoup), expliqueraient le conflit actuel, supposé assez neuf, alors qu'il ne se comprend bien que par ses origines séculaires.

2. Pour que cet enseignement historique soit valable, il faut qu'il soit donné à partir du point de vue québécois, donc à partir d'historiens et d'essayistes québécois; c'est à cette seule condition que l'on arrivera à comprendre ce qu'est un Québécois et à voir clair dans le problème canadien.

3. Que l'on cesse de penser qu'en enseignant la littérature française, l'on enseigne la littérature québécoise, puisque celle-ci serait supposément sortie de la française et ne s'en distinguerait que superficiellement, grâce à une langue archaïque ou joualisante et à un provincialisme ou régionalisme que marqueraient surtout des problèmes politiques.

4. Que l'on sache bien qu'enseigner la littérature québécoise sans la situer dans le contexte historique que j'ai déclaré essentiel, c'est nier le sens fondamental d'une littérature qui est née spécifiquement du nationalisme et s'en est nourrie jusqu'ici, même lorsqu'elle se colore d'exotisme ou prétend à la littérarité pure.

5. Que l'on enseigne cette littérature en français, et non en anglais, et cela dès la première année universitaire si possible, et nécessairement dès la deuxième année dans tous les cours de langue, de civilisation et de littérature; ce qui se fait ailleurs — je veux parler, entre autres, de l'Australie et de la Nouvelle-Zélande, pays de fortes traditions universitaires britanniques —, peut aussi se faire ici, à la condition qu'on ait la motivation nécessaire: au souci de donner un enseignement de qualité devrait normalement s'ajouter en Canada un vrai besoin d'exprimer en français une réalité canadienne authentique; ne pas le faire, c'est mépriser cette réalité, ou le laisser à entendre, alors que l'enseignement canadien des réalités québécoises devrait tendre à rapprocher deux peuples, non à les diviser.

6. Il est un autre point, plus important encore, où un certain enseignement divise, parce qu'il est, qu'il le veuille ou non, méprisant; je veux parler de l'enseignement de la langue. Dans combien d'universités n'enseigne-t-on pas une langue qui est de France et non du Canada? Si vous en demandez la raison, l'on vous répondra, gêné, en prétextant, par exemple, que ce n'est pas le français de France, mais le français «standard», le français «universel», que l'on enseigne. Qui parle ce français standard, dit universel, sinon les annonceurs (je devrais dire les «speakers», pour parler «standard») de nos radios et, peut-être, quelques déracinés. Il est encore répandu partout ce préjugé qui veut que le parler québécois, tout entier en sa «pouillerie», n'ait rien du français, et ce sont des institutions d'enseignement subventionnées par l'État qui, souvent, le perpétuent, ce préjugé, donc à même des fonds qui sont donnés pour apprendre aux contribuables de ce

pays à se parler. L'on enseigne une langue qui divise, parce qu'elle est imbue d'une supériorité indue. Il suffit d'être Québécois et d'avoir fréquenté un peu les milieux anglophones, ne seraient-ce que ceux d'Ottawa la bilingue ou de Toronto l'éclairée, pour avoir été victime de ce préjugé, qui prend souvent l'aspect flatteur de caressants soufflets d'anti-confirmation: êtes-vous Français? vous n'êtes pas Canadien: vous parlez l'anglais avec un accent français. Le même mépris ne se manifeste-t-il pas lorsque l'on pense que, pour apprendre le français, il faille aller vers la France, qui, à cette époque de restrictions budgétaires, est de plus en plus lointaine, alors que le Québec est tout près? Et puis il y a aussi, que nous connaissons fort bien, ce que sait et pense du Québécois (avec ou sans majuscule) ce revenant de France, qui se sentira frère de ces snobs québécois, race pas encore complètement disparue, dont parlait déjà Joseph Doutre dans sa préface aux *Fiancés de 1812...*

7. Ne serait-il pas bon, pour un meilleur enseignement canadien des réalités québécoises, qu'il se trouvât dans la plupart des universités anglophones du Canada plusieurs exemplaires de «l'homo quebecensis», au lieu de l'unique, lorsqu'il s'en trouve, qui donne bonne conscience au milieu qui l'empaille et le muséologise? L'on me répondra que les Québécois refusent les postes que leur offrent les universités anglophones. C'est vrai, et je fustige d'emblée une telle attitude; mais si je m'arrête à considérer le rôle que ces Québécois seraient appelés à jouer et les conditions de travail qui seraient les leurs (je ne parle pas du salaire: il serait bon), je ne suis plus tout à fait sûr qu'ils aient tort: ils veulent que leur vie soit utile à leur peuple et ils doutent qu'elle puisse l'être s'ils acceptent de travailler dans des milieux qui les utiliseront plutôt qu'ils ne les respecteront.

8. Dans la même perspective d'une meilleure connaissance réciproque des deux groupes linguistiques du Canada, n'y aurait-il pas lieu que les échanges d'étudiants et de professeurs se fassent de plus en plus nombreux, la présence physique et intellectuelle étant également un enseignement, le meilleur même en certaines circonstances vitales?

9. Pourquoi ne pas songer aussi à un enseignement plus poussé et comparé des littératures québécoise et canadienne-anglaise? Dans certaines universités, l'on a fait beaucoup d'efforts pour comparer des littératures étrangères au Canada, alors que le milieu d'ici, — je pense, entre autres, à certains milieux bilingues, — offre souvent sur place des ressources beaucoup moins coûteuses à exploiter. Je n'oublie pas que les études comparées faites à Sherbrooke, grâce à la collaboration du département d'anglais (qui ainsi vit bien) et du département d'études françaises, pourraient peut-être servir de modèles à d'autres universités canadiennes. Je connais également, qui méritent d'être signalés, les efforts faits par l'Association canadienne de littérature comparée. Mais peut-être faudrait-il pour que ce souhait se réalise que la littérature canadienne-anglaise obtienne enfin la place qui devrait être la sienne dans les départements d'anglais, et qui est bien moindre encore que celle, insuffisante, qui est faite à la littérature québécoise dans les universités francophones?

10. Enfin, pour conclure, deux souhaits en un même paragraphe: que l'on se garde bien, cela arrive malheureusement, de folkloriser la littérature et la civilisation québécoises et canadiennes-françaises: cette civilisation ne tire pas davantage sa spécificité du sirop d'érable et de la catalogne que la poésie mironienne ne tire la sienne de quelques images saguenayennes, d'allusions à la ceinture fléchée et de trois ou quatre

mots hérités du paternel de Saint-Agricole (Miron lui-même vous démontrerait qu'Alain Grandbois est aussi Québécois que lui et Montréalais par-dessus le marché); que l'on se garde bien également de succomber à l'impérialisme québécois qui s'agrège allégrement, sans pudeur aucune, les littératures régionales du Canada français (c'est lui, le maître, maintenant), mais que l'on daigne considérer ce voisin d'à côté qui parle, qui écrit et qui vit avec une âme et un cœur de francophone, et qui s'appelle maintenant de plus en plus, pour échapper à cet impérialisme identificateur et désidentifiant à la fois, un Franco-Ontarien, un Acadien, un Manitobain, et quoi encore qui se cherche un nom pour rester lui-même.

***

Voilà quelques applications discutables de principes moins discutables. Je les ai livrées à votre esprit pour que vos cœurs les méditent, car les problèmes vitaux ne trouvent pas davantage de solutions au niveau des intelligences seules que les paroles échangées du bout des lèvres ne portent abondance de fruits sans tomber dans le terreau de l'homme, qui, seul, est facteur d'unité, car il comprend. Mais où est-il l'homme canadien?

Pendant les sucres

Les textes retrouvés de Jean-Aubert Loranger

par Bernadette GUILMETTE*

Dans son deuxième livre, *Poëmes* (1922), Jean-Aubert Loranger exprime son désenchantement de revenir «au pays sans amour», au pays sans douceur[1]». Son désir le plus fervent: passer le reste de sa vie *ailleurs*.

Mais plusieurs années encore après avoir quitté une petite île fabuleuse de l'Atlantique[2], le poète est toujours à la recherche d'une nouvelle terre «habitable». Il entreprend alors vers l'Ouest un long voyage qui le conduit jusqu'aux Rocheuses. Au lieu d'une île paradisiaque, il y trouve une terre de Caïn. Impossible de continuer là sa quête de «l'Introuvable[3]» puisque «Les routes s'en retournent[4]».

En 1927, *La Revue populaire* publie un second texte de Loranger, l'*Ode processionnelle à Notre-Dame de Bonsecours*, tiré d'un «volume en préparation, *North America*». Fasciné une fois de plus par le port, le poète revient à son lieu privilégié, l'eau, et à son attitude originelle, l'attente. Chroniqueur de la marine pour *La Patrie*[5], il fréquente régulièrement le havre de Montréal et vit, comme les marins, dans l'espoir du départ.

En 1942, un ami, Émile-Charles Hamel publie une version différente du texte de 1927. Non seulement la forme et le titre du poème ont subi des modifications, mais le titre même du recueil a changé. Dès 1933 (ou peut-être même 1932), *North America* est devenu *Terra Nova*, du nom d'un navire du célèbre explorateur, le capitaine Scott.

Malheureusement, il ne reste que quelques textes ou fragments de cette «grande suite de poèmes en prose inspirés de sujets canadiens». Car,

> Un hasard douloureux a voulu que le manuscrit de cette œuvre très belle et connue seulement de quelques initiés, soit détruit avant la publication[6].

Peu importe aujourd'hui que Berthelot Brunet ait usé de ruse pour faire paraître en 1937, à l'insu même de l'auteur, un texte dans *La Nation*[7], puisqu'il a réussi à récupérer une des dix pièces du recueil[8]. On retrouve aussi dans l'*Anthologie* de Jules Fournier et d'Olivar Asselin (3e édition), ainsi que dans *Le Canada* de 1933, deux fragments de ce livre.

---

[1] Jean-Aubert LORANGER, *Les Atmosphères suivi de Poëmes*, Montréal, HMH, collection Sur parole, 1970, p. 149-150.

[2] Un ami français, le docteur René Pacaud, avait favorisé le séjour de Loranger dans cette île. En décembre 1921, il accompagna jusqu'au Havre le poète navré de quitter la France.

[3] Jean-Aubert LORANGER, *ibid.*, p. 132, 134.

[4] Jean-Aubert LORANGER, *Poème en prose inédit. Sur les Rocheuses (Fragment)*, dans *La Revue populaire*, Montréal, vol. 19, n° 6, juin 1926, p. 6.

[5] *Le personnel complet de la rédaction de «La Patrie»*, dans *La Patrie*, Montréal, fascicule illustré, 47e année, n° 52, 25 avril 1925, p. 2-3.

[6] Émile-Charles HAMEL, *Jean-Aubert Loranger*, dans *Le Jour*, Montréal, 6e année, n° 8, 31 octobre 1942, p. 8.

[7] Berthelot BRUNET, *Ma petite anthologie, Incantation à la pluie*, dans *La Nation*, Québec, 2 année, n° 25, 29 juillet 1937, p. 3.

[8] Émile-Charles HAMEL, *ibid.*

Terra Nova ne signifie-t-il pas à la fois le navire qui emporte le poète vers une terre inconnue et le rêve qui guide cette quête intérieure? Comme un nomade, Jean-Aubert Loranger passe sans demeurer. Il lui arrivera pourtant de lever sa tente près des «Veilleurs de feux établis sur les cimes[9]». Son message transmis suivant le rituel primitif, le poète se verra de nouveau condamné à l'errance.

(*Note:* Aux textes retrouvés de Jean-Aubert Loranger, il faut ajouter ceux publiés par André-G. Bourassa dans *Surréalisme et Littérature québécoise* (Montréal, Éditions l'Étincelle, 1977, p. 31-33). Mme Bernadette Guilmette a omis volontairement ces écrits en 1977 pour en assurer la primeur à M. Bourassa.)

---

[9] Jean-Aubert LORANGER, [Veilleurs de feux], dans Berthelot BRUNET, *René Chopin, habile homme et poète narquois*, dans *Le Canada*, Montréal, vol. 31, n° 176, 31 octobre 1933, p. 3. Texte reproduit *in extenso* dans Berthelot BRUNET, *Histoire de la littérature canadienne-française suivie de portraits d'écrivains*, Montréal, HMH, collection Reconnaissances, 1970, p. 206.

Poème en prose inédit[10]

Sur les Rocheuses

(Fragment)

Le roc en ces lieux s'est levé des profondeurs de la terre;
Aux confins du monde, le règne minéral annonce le dernier
jour où la plaine est vaste.

Il n'est rien qui doive durer sur les dévers de ces montagnes.
En vain te conviendrait-il d'y construire ta maison,
Sa charpente ne survivrait pas au temps que met le bois mort
à pourrir.

Des arbres, les racines étalées ne laissent pas de terre pour la
charrue;
Les routes s'en retournent.

De quel océan les neiges sont-elles, figées sur ces falaises, la
froide écume?
Et pour abreuver les vastes étendues jusqu'à la mer,
Fallut-il, sur ces hauteurs, que ce comble d'eau
Ce que peuvent tenir d'espace les vallées?

Les fleuves découlent d'ici;
Le désordre des monts se propage aux vagues de la mer.

Jean Aubert Loranger

Ce fragment d'une belle inspiration, est extrait d'un volume en préparation, *North America*. M. Jean-Aubert Loranger est l'auteur de trois livres: *Les Atmosphères* (1920), *Poèmes* (1922), où s'accusent des tendances littéraires très modernes, et *Le Village* (1925), contes du terroir écrits dans un style direct, ramassé, du plus curieux effet.

---

[10] *La Revue populaire*, Montréal, vol. 19, n° 6, juin 1926, p. 6.

Poème inédit[11]

Ode Processionnelle à Notre-Dame
de Bonsecours

Si haut que nous ayons construit la cathédrale sur la côte,
Et malgré l'hiver,
L'océan des quatre saisons
Balance ici les ex-voto

Salut, Notre-Dame éployée à la proue du Temple,
Vigie qui dois à la seule courbure des cieux que tes bras demeurent inlassablement tendus.
L'innombrable troupeau des glaces n'a point obstrué le fleuve,
Pour que soit ignoré là-bas l'emblème des départs différés.
Le golf inutile où les banquises font escale à marée haute coule vers la mer,
Ses rives dénudées ne gardent pas l'azur de se mêler aux flots.
Encore que le reflux d'automne ait fauché tous les mâts dans la rade,
Et que nos tristes cheminées cherchent en vain le chemin de la nue,
Les courants, condensés par la crue printanière,
Immergeront les barques endormies sur la côte hivernale,
Armateur, repris de l'irascible désir d'arracher aux lointains l'énigme de la mer,
Je croiserai, de nouveau, mes mâts, contre l'horizon.

À tes bras, Notre-Dame, tendus comme une vergue,
Les vents dérouleront de blanches voiles;
Cependant que poudroient les digues débordées,
J'ai suspendu mes rames en ex-voto.

Jean Aubert Loranger

Ce fragment est le second que nous publions d'un volume en préparation de M. Jean-Aubert Loranger, *North America*. M. Loranger est l'auteur de trois livres: *Les Atmosphères* (1920), *Poèmes* (1922), où s'accusent des tendances littéraires très modernes, et *Le Village* (1925), contes du terroir écrits dans un style direct et ramassé du plus curieux et plaisant effet.

---

11   *La Revue populaire*, Montréal, vol. 20, n° 10, octobre 1927, p. 6.

Sur l'abside de Montréal[12]

Si haut que nous ayons construit la basilique des marins sur la côte et malgré l'hiver, l'océan des quatre saisons balance ici les ex-voto: non loin de Bon-Secours où la Vierge a dressé sur l'abside, face au port, sa taille biblique, jamais, au large des bassins, les glaces n'ont refermé les mares.

Salut! Notre-Dame éployée à la proue du temple! Vigie qui dois à la seule courbure des cieux que tes bras demeurent inlassablement tendus: l'innombrable troupeau des glaces n'a point obstrué le fleuve pour que là-bas fût ignoré l'emblème des départs différés. Le golf inutile où les banquises font escale à marée haute coule encore vers la mer, ses rives dénudées ne gardent pas l'azur de se mêler aux flots.

Bien que le reflux de la marée ait fauché tous les mâts dans la rade et que nos tristes cheminées ne gardent plus le chemin de la nue, les courants contraints par la crue printanière immergeront les barques endormies sur la côte hivernale. Armateurs repris à l'irascible désir d'arracher au lointain l'énigme de la mer, je croiserai de nouveau mes mâts contre l'horizon.

À tes bras, Notre-Dame, tendus comme une vergue, les vents dérouleront de blanches voiles et lorsque poudroieront les digues débordées, je suspendrai mes rames en ex-voto.

Qu'importent les îlots et les rives meurtries que le ruissellement de la terre ensanglante et qu'au ciel, vainement, l'été s'essaye encore à percer les nuées, souvenir d'avalanches! Il s'exhale d'avril un esprit d'entreprise: de la mer jusqu'aux Grands-Lacs, tout bouge reconquis à l'équilibre ancien. Fut-il jamais départ si pauvre d'avenir qu'un envol d'oiseaux blancs ne put le pavoiser? Les viriles cités battent ce matin le fer des cloches. C'est l'allégresse des ports que tracera sur le ciel, à tous les confluents, la soudaine ovation des fumées.

L'hiver a fui, dépossédé jusqu'à la mer. Nous te ferons porter des gerbes et brandir une faux, car voici l'été et la poussière des grains enveloppe les ports.

Sur le fleuve qu'éploie l'automnal abandon, la fumée du dernier vaisseau, bivouac sans relève, s'abaisse à l'horizon. Les nuits ne connaîtront plus la frondaison lumineuse des phares.

Puisque le temps ne peut décupler ta splendeur, ô Notre-Dame! et que les oiseaux du large n'approchent plus de ton épouvantail visible encore dans les brumes, figure mensongère n'es-tu point fatiguée de prolonger ainsi ton déclin? Les vaisseaux n'entreront plus dans le port refroidi et les vents redoublent d'ardeur; les voiles du temple se sont déchirés du haut jusqu'en bas; les mâts oubliés agitent leurs lambeaux!

Retenue au site, seule et debout sur le port, tu fermes la marche des sommets à l'inverse des nues et la ville fumante n'est plus qu'un bouillant sillage.

Le sel des mers s'est infiltré dans les neuves mâtures: Gardez-moi, Notre-Dame! longuement, la vision de vos bras tendus!

La profondeur du ciel a pressé ce grand arc à ne point relâcher ses lumineux cordages d'avril!

---

[12] Texte publié par Émile-Charles HAMEL, dans *Le Jour*, Montréal, 6ᵉ année, n° 8, 31 octobre 1942, p. 8.

Terra-Nova (1932)

(Fragments)

Nomade loin des villes,

Je lève sur treize perches ma tente à votre gloire.

Sur le pas de ma porte, où sont inscrits les symboles du totem,

Les vents de toutes les directions se disputent la fumée des calumets, que je destine aux quatre points cardinaux;

À l'enseigne de la joie, ma figure était peinte de rouge vermillon.

J'allume dans le couchant, sur un cap visible de toutes vos Réserves,

Le feu étouffé des grandes nouvelles;
Et sa fumée perpendiculaire portera dans le ciel

Le message de la venue prochaine, par toutes les passes de la montagne,
D'une ruée nouvelle de bisons.

Se peut-il que vos chants ne trouvent leur mesure que dans la tristesse,

Et que la chaude averse refuse à la semence lancée par vos femmes,

Sur ces coins de terre,

La fructueuse levée du maïs...

Vous ne chanterez plus, pour rendre votre chasse plus propice,

Et votre silence, qui rappelle vos sentiers de guerre,
Ne se confondra plus avec la patience que vous m'enseignez sur la piste du gibier.

Votre Réserve est inséparable des progrès de la nature,

Et bien que ces étendues limitent la durée de vos voyages,

La hauteur, dans vos cieux, demeure

Que viennent célébrer sur vos têtes d'innombrables plumages.

Pendant que vos danses résonnent sur les couches du roc le plus résistant de la terre,

Je viens tremper mes lèvres dans vos sombres ruisseaux,

Boire à l'origine des eaux, dans l'entrée de vos cavernes.

(*Terra Nova*, en préparation[13])

---
[13] Jules FOURNIER et Olivar ASSELIN, *Anthologie des Poètes canadiens*, Montréal, Granger Frères, 3ᵉ édition, 1933, 299 p., cf. p. 243-244.

Veilleurs de feux établis sur les cimes,
Et que l'aube assimile aux astres saisonniers,
Vos bûchers sont-ils impurs dans le jour,
Que cheminent les fumées parmi l'herbe des pentes?

Déjà dans la prairie les troupeaux sont en marche vers l'aube,
Et la terre a tourné sous leurs pas.

Demeurez établis sur les cimes, Indiens de l'aube,
Les gardiens d'une aube attardée
Sur l'autre versant de l'univers[14]...

* * *

Sur l'étang, parmi les joncs, grenouilles d'avril, vous étiez innombrables et plus que les étoiles. Et sans attendre que le ciel eût crépité, que le jour ne couvât plus sur les coteaux, votre clameur des vallons dominait dans la nuit.

Mais quel temps fera-t-il?

Cette averse tant guettée dans l'odeur des vents, aux crépuscules — dans la conjonction de la lune, sur les labours — vous l'avez implorée en vain par de vieux airs inconnus. La lune a conservé votre froideur léthargique; le pêcheur qui passe la nuit, et dont l'eau haute était pour lui, dans les greniers et les granges, tous les attelages de l'hiver garnis de grelots. (À l'aube, j'ai confondu la barque avec le traîneau enneigé dans un banc de brume.)

Sur la côte, ou nous avions bêché pour trouver des vers, le laboureur fut mécontent de nous voir si tôt retourner la terre de son champ. De la récolte dernière, il ne restait que la paille de son grabat, et grincheuse.

Grenouilles de la pluie! pétillez de partout! crépitez jusqu'à l'écho, comme une forêt peut retentir sous la sécheresse, la veille de l'incendie; crépitez aussi de joie, comme une pluie sur nos granges désertes. Qu'il pleuve pendant des semaines sur les labours. Nous mettrons l'eau vive des toits en tonneau; dans les puits, l'eau de terre au repos sera pure et, par un été de disette, nos aqueducs, aussi riches que des greniers...

Grenouilles de la pluie! qu'il pleuve dans la veillée de nos entretiens. Je prêterai l'oreille à d'autres propos, ceux de la pluie, sur mon toit, plus impérieux. J'apprendrai que mon avoine en mesure, un cheval y plongera son museau sans la flairer.

Nous pêcherons, le jour, en eau verte: sur les étangs, le ciel se repliera devant la verdure[15].

---

[14] Texte cité par Berthelot BRUNET, *René Chopin, habile homme et poète narquois*, dans *Le Canada*, Montréal, vol. 31, n° 176, 31 octobre 1933, p. 2-3, cf. p. 3. — Cet article a été reproduit *in extenso* dans Berthelot BRUNET, *Histoire de la littérature canadienne-française suivie de portraits d'écrivains*, Montréal, HMH, collection Reconnaissances, 1970, 332 p., cf. p. 206.
[15] Texte publié par Berthelot BRUNET, *Ma petite anthologie, Incantation à la pluie*, dans *La Nation*, Québec, 2e année, n° 25, 29 juillet 1937, p. 3.

Archives du C.R.C.C.F.

Marcel Dugas (1883-1947)
Cette photographie a déjà paru dans *La Revue populaire* (Montréal, vol. 23, n° 11, novembre 1930, p. 17).

Marcel Dugas

par Bernadette GUILMETTE*

Cet écrivain, «le plus grand de nos prosateurs par la richesse du verbe[1]», naquit il y a cent ans, soit le 3 septembre 1883, à Saint-Jacques de l'Achigan, du mariage d'Euclide Dugas, marchand, et de Rose-de-Lima Brien, dit Desrochers. Son enfance heureuse s'écoula dans la plaine de la région de Joliette, au milieu de femmes qui le comblèrent de leur affection et contribuèrent ainsi à affiner sa sensibilité. En 1895, il commence ses études classiques au Séminaire de Joliette et en 1898, les poursuit au Collège de l'Assomption jusqu'en juin 1906. En septembre de la même année, il «entreprend des études en Droit à l'Université Laval de Montréal, sans toutefois y être inscrit officiellement[2]». Ses «Chroniques théâtrales», qu'il rédige pour *Le Nationaliste*, en 1909 et en 1910[3], feront l'objet d'un «élégant volume[4]» publié à Paris[5]. On sait qu'en 1910, il participe aux réunions d'un cercle d'études, Le Soc, fondé une année plus tôt par le peintre et professeur Jean-Baptiste Lagacé pour les étudiants et anciens de l'Université Laval de Montréal[6]. Même exilé, l'écrivain conservera toujours une grande fidélité pour ses amis de la première heure, les compagnons du Soc, principalement pour le «chef des symbolistes au Canada, M. Guillaume Lahaise[7]».

C'est le 3 juin 1910 qu'il s'embarque à bord du paquebot *Dominion* pour l'Europe avec son oncle, Mgr Marcel Dugas[8]. De Paris, il entretient des liens avec la presse montréalaise par l'envoi d'articles au *Nationaliste* auquel il collabore depuis 1905[9] et à *L'Action*, à partir de 1912[10]. En août 1910, reconnaissant le savoir littéraire de Dugas, l'Alliance française lui décerne un diplôme avec la «mention très honorable[11]». Cette «époque dans la vie française, pleine de douceurs et d'émerveillements de toutes sortes[12]», l'en-

---

*   L'auteur est chargée de cours à la maîtrise pour l'année 1982-1983 au département de français de l'Université du Québec à Trois-Rivières.

[1]   RINGUET (pseudonyme de Philippe PANNETON), «Les lettres canadiennes», dans *Les Nouvelles littéraires,* Paris, n° 846, 31 décembre 1938, p. 6.

[2]   Léonce BROUILLETTE, «Marcel Dugas: sa vie et son œuvre», thèse présentée à l'École des gradués de l'Université Laval pour obtenir le doctorat de l'université (en français), Québec, 1970, p. xi.

[3]   Madeleine BOURGEOIS, «Bio-bibliographie de Monsieur Marcel Dugas», thèse présentée à l'École de bibliothécaires de l'Université de Montréal, Montréal, 1944, p. 29-34.

[4]   Edmond LÉO (pseudonyme d'Armand CHOSSEGROS), «Causerie littéraire. Le théâtre à Montréal par Marcel Henry», dans *Le Devoir,* Montréal, 2e année, n° 102, 3 mai 1911, p. 1.

[5]   Marcel HENRY (pseudonyme de Marcel DUGAS), *Le Théâtre à Montréal. Propos d'un huron canadien,* Paris, Henri Falque (éd.), 1911, 250 p.

[6]   PERSAN (pseudonyme de Marcel DUGAS), «Estudiantina. ‹Le Soc› », dans *Le Nationaliste,* Montréal, vol. 6, n° 50, 6 février 1910, p. 3.

[7]   *Ibid.*

[8]   Léonce BROUILLETTE, *op. cit.,* p. xii.

[9]   Madeleine BOURGEOIS, *op. cit.,* p. 26-36.

[10]   *Ibid.,* p. 36-39.

[11]   Léonce BROUILLETTE, *op. cit.,* p. xii.

[12]   Marcel DUGAS, *Approches,* Québec, Édition du Chien d'Or, 1942, p. 11.

chante. Il a le bonheur d'être invité dans les salons huppés de Paris, ceux de Monsieur et Madame Charles de Pomairols[13], de Madame Valentine de Saint-Point[14] et de Madame Louise Read[15]. C'est à la Closerie des Lilas qu'il rencontre Paul Fort, «nommé prince des Poëtes[16]». Le pianiste Léo-Pol Morin, fervent de Ravel et de Debussy, qui initie son compatriote à la musique moderne, et le docteur Adrien Plouffe partagent ensemble le même enthousiasme pour la vie française[17]. Aussi est-ce avec émotion que Dugas écrira de ce temps révolu:

> Nos jours étaient à l'image de nos songes; nous les vivions avec une ardeur dévorante, un abandon à l'imprévu, une foi sans cesse alimentée par tout ce que nous réservait l'invention des esprits, l'élan des cœurs. Je jette un regard de regret sur cette époque disparue et, s'il est possible d'étreindre des souvenirs, je les serre sur mon cœur[18].

On imagine la nostalgie qu'éprouva Dugas durant les premiers mois qu'il vécut en terre canadienne au début de la guerre de 1914-1918. En 1915, heureusement, il travaille à la Bibliothèque municipale de Montréal comme catalogueur, emploi qu'il occupera jusqu'en 1920[19]. Dans ses conférences fort appréciées par le public montréalais, il traite d'abord de Verlaine, le 15 février 1915, à l'Alliance française[20], puis de Péguy, le 19 décembre 1916[21] et le 31 mai 1917[22] à l'Arche, le grenier du 22, Notre-Dame est, où se réunissent les membres et les invités d'une certaine bohème, la Tribu des Casoars[23]. En 1918, avec le groupe du *Nigog*, ces «retour d'Europe», selon les mots de Valdombre[24], il exprime franchement ses opinions sur l'art. Dans la revue que dirigent Fernand Préfontaine, Léo-Pol Morin et Robert de Roquebrune, ses articles virulents ne font qu'attiser la colère de ceux qui militent en faveur du terroir. La sombre querelle entre les régionalistes et les exotistes, ou les anciens et les modernes, ne fait pourtant que commencer. Aux «Jeudis du Nigog[25]» — des conférences qui se donnent au studio de Léo-Pol Morin, parfois à celui d'Alfred Laliberté —, Dugas loue avec une égale ardeur des écrivains de son pays: Paul Morin, Guy Delahaye et Robert de Roquebrune, le 21 mars 1918[26], puis

---

[13] *Idem*, «Léo-Pol Morin devant les Princes de Parme», dans Léo-Pol MORIN, *Musique*, Montréal, Beauchemin, 1944, p. 13-19.

[14] Marcel DUGAS, *Approches*, p. 12-16.

[15] *Ibid.*, p. 20-21.

[16] *Ibid.*, p. 24.

[17] Adrien PLOUFFE, «Les dieux avaient soif. Dédié aux mânes de Marcel Dugas», dans *Le Canada*, Montréal, 44e année, n° 240, 17 janvier 1947, p. 4.

[18] Marcel DUGAS, *Approches*, p. 25.

[19] Léonce BROUILLETTE, *op. cit.*, p. xiii.

[20] Marcel DUGAS, *Feux de Bengale à Verlaine glorieux*, Montréal, Marchand Frères Limitée, 1915, p. 9.

[21] Victor BARBEAU, «Conférence sur Péguy par M. Marcel Dugas», dans *Le Devoir*, Montréal, vol. 7, n° 297, 20 décembre 1916, p. 2.

[22] «Soirée de gala chez les Casoars. M. Marcel Dugas fait une conférence sur Péguy devant un auditoire choisi à l'Arche», dans *Le Devoir*, Montréal, vol. 8, n° 127, 1er juin 1917, p. 3.

[23] Ubald PAQUIN, «La Tribu des Casoars», dans *La Revue populaire*, Montréal, 35e année, n° 11, novembre 1942, p. 11, 62.

[24] VALDOMBRE (pseudonyme de Claude-Henri GRIGNON), «La vie littéraire. Un nouveau poids-lourd des champêtreries. I.», dans *Le Canada*, Montréal, vol. 31, n° 32, 11 mai 1933, p. 2.

[25] «M. Victor Barbeau», dans *La Patrie*, Montréal, 40e année, n° 14, 15 mars 1918, p. 7.

[26] «M. Marcel Dugas au Studio Laliberté. Devant un auditoire d'élite, M. Dugas donnait, hier soir, une conférence sur Paul Morin, Guy Delahaye et René [sic] La Roque de Roquebrune», dans *Le Canada*, Montréal, vol. 15, n° 296, 22 mars 1918, p. 8.

Albert Lozeau et René Chopin, le 12 avril suivant[27]. Avant de repartir pour la France au printemps 1920[28], il a publié quatre volumes.

Comme les directeurs du *Nigog* qui l'ont précédé de plusieurs mois, il est heureux de quitter la métropole où il s'est fait des ennemis et de baigner à nouveau dans l'atmosphère vivifiante du Quartier latin. Employé des Archives du Canada à Paris[29], il n'en continue pas moins de fréquenter les cafés de Saint-Germain-des-Prés, de Montmartre et de Montparnasse où se véhiculent les idées culturelles modernes. Il y retrouve ses amis des salons littéraires. C'est ainsi qu'au printemps 1927, il lit un texte en l'honneur du poète Émile Cottinet[30] au salon de Madame G. Boucher-Normandin et que le 12 avril 1928, il y prononce une allocution à l'adresse du critique du *Temps*, André Thérive[31]. Sa vie se partage surtout entre son travail, un peu monotone, et son métier d'écrivain. À Paris, il garde contact avec la «colonie canadienne[32]» et y connaît presque tous ceux qui y passent[33]; mais ses véritables amis demeurent peu nombreux, encore moins ses confidents: Alain Grandbois et Simone Routier, parfois le sérieux et conventionnel de Roquebrune. Durant son séjour de près de vingt-cinq ans en France, il entretient une vaste et importante correspondance avec de nombreux écrivains québécois. Les lettres qu'il a reçues (déposées aux archives du Collège de l'Assomption) contiennent un écho de la vie littéraire d'ici ou encore une réponse à ses interrogations sur sa propre œuvre. Les lettres adressées à sa famille révèlent un être tendre, raffiné, en proie à d'incessants déchirements intérieurs, un exilé volontaire «avec des révoltes sourdes contre le destin[34]». Aussi est-ce avec émotion que nous lisons dans *Pots de fer*[35] les pages qui racontent ses derniers jours dans la France occupée et sa fuite éperdue vers l'Amérique en juin 1940.

De retour au pays, il travaille aux Archives du Canada, d'abord à Ottawa[36], puis vers la fin de sa vie à Montréal, au Château de Ramezay où il peut obtenir ce changement de son employeur[37]. Dans la capitale fédérale, les réunions du groupe des «sept» où

---

[27] «Causerie de M. Marcel Dugas», dans *La Presse*, Montréal, 34ᵉ année, n° 136, 13 avril 1918, p. 21.

[28] Léonce BROUILLETTE, *op. cit.*, p. xiv.

[29] «Le Canada en France. Oeuvre incomparable accomplie par notre bureau des Archives. Une collection unique de documents, qui éclairent maints faits de notre histoire, a été inventoriée par nos compilateurs à Paris. Une mine inépuisable», dans *La Patrie*, Montréal, 44ᵉ année, n° 287, 6 février 1923, p. 3.

[30] «Salons littéraires. En l'honneur du poète Émile Cottinet. Une soirée chez Mᵐᵉ Boucher-Normandin»; «M. Marcel Dugas lit une étude de M. Raoul Stéphan sur l'auteur de ‹Ballades contre et sonnets pour› »; «Mᵐᵉ Lucie Delarue-Mardrus dit des vers du poète», dans *La Patrie*, Montréal, 49ᵉ année, n° 44, 16 avril 1927, p. 12.

[31] Marcel DUGAS, *Pots de fer*, Québec, Édition du «Chien d'Or», 1941, p. 43-55.

[32] «La colonie canadienne à Paris», dans *Belgique-Canada*, Bruxelles, vol. 2, n° 16, 15 octobre 1920, p. 7; «Carnet social», dans *La Presse*, Montréal, 38ᵉ année, n° 74, 30 janvier 1922, p. 16; «Célébration à Paris de la S. Jean-Baptiste. Des Français éminents se joignent à nos compatriotes» et «Messe, concert. Nos artistes», dans *La Presse*, Montréal, 38ᵉ année, n° 224, 26 juillet 1922, p. 2; «La vie canadienne à Paris. Autour de la Maison des étudiants canadiens», dans *La Patrie*, Montréal, 48ᵉ année, n° 221, 13 novembre 1926, p. 14; «La vie sociale», dans *La Presse*, Montréal, 44ᵉ année, n° 4, 15 octobre 1927, p. 2; «Hommage à Marcel Dugas», dans *Le Devoir*, Montréal, vol. 29, n° 54, 7 mars 1938, p. 7.

[33] Marcel DUGAS, «Parmi ceux que j'ai connus (suite)», dans *Liaison*, Montréal, vol. 1, n° 4, avril 1947, p. 212.

[34] Lettre à Alice Courteau, nièce de Marcel Dugas, le 14 avril 1914, parue dans *Études françaises*, Montréal, vol. 7, n° 3. Numéro spécial: *Marcel Dugas et son temps*, août 1971, p. 282-283. Voir p. 282.

[35] Marcel DUGAS, *Pots de fer*, p. 19-39.

[36] Léonce BROUILLETTE. *op. cit.*, p. xvi.

[37] *Ibid.*, p. xvii.

PROVINCE DE QUEBEC
DISTRICT DE JOLIETTE

COUR SUPERIEURE---------SUPERIOR COURT
Archive de l'état civil---Civil Statut

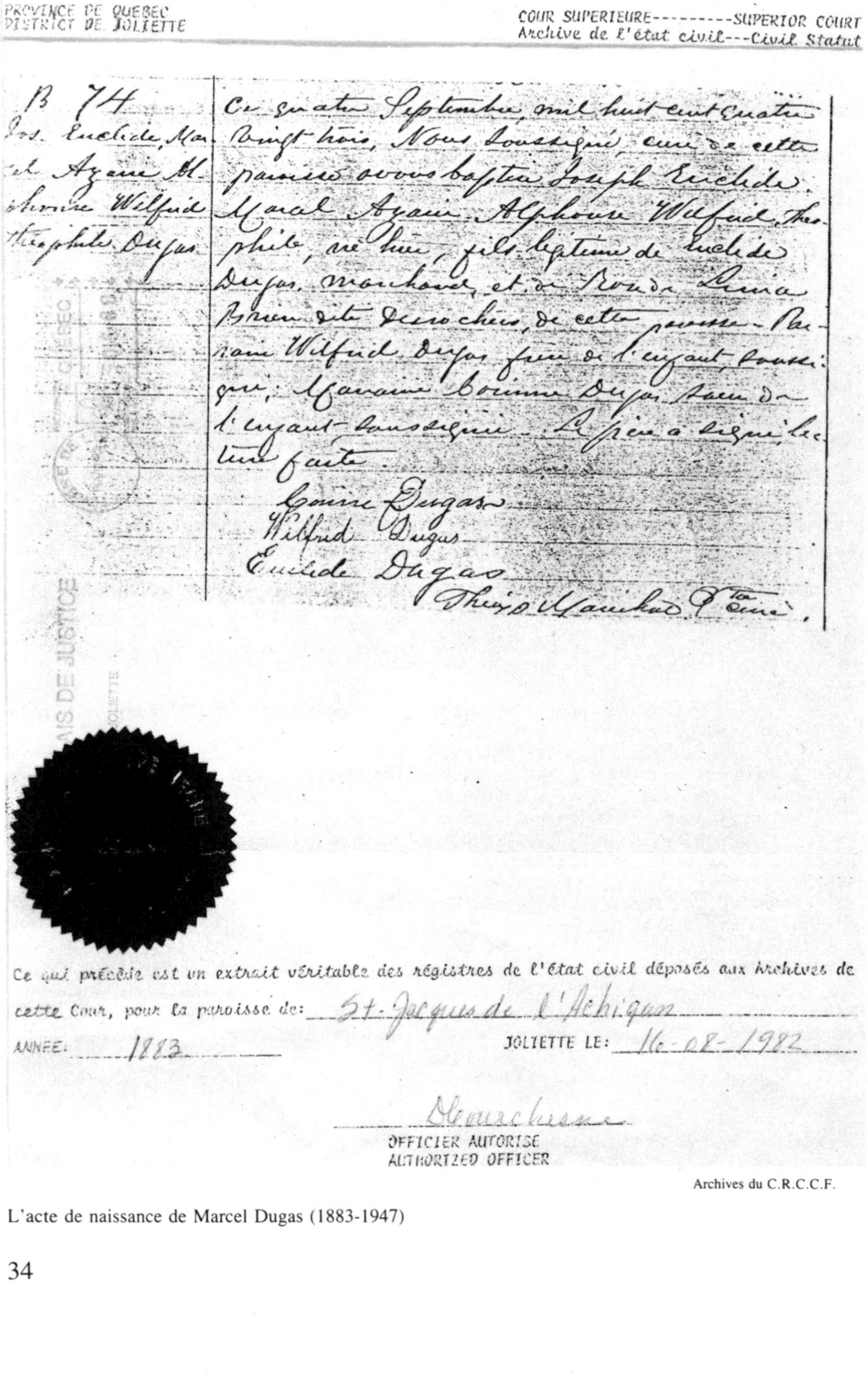

B 74
Jos. Euclide, Marcel Azaire Alphonse Wilfrid Théophile Dugas

Ce quatre Septembre, mil huit cent quatre vingt trois, Nous soussigné, curé de cette paroisse avons baptisé Joseph Euclide Marcel Azaire Alphonse Wilfrid Théophile, né hier, fils légitime de Euclide Dugas, marchand, et de Rose de Lima Brien dite Desrochers, de cette paroisse. Parrain Wilfrid Dugas frère de l'enfant, soussigné; Marraine Corinne Dugas sœur de l'enfant soussignée. Le père a signé, lecture faite.

Corinne Dugas
Wilfrid Dugas
Euclide Dugas
Thés. Marchand Ptre curé.

Ce qui précède est un extrait véritable des régistres de l'état civil déposés aux Archives de cette Cour, pour la paroisse de: St-Jacques de l'Achigan

ANNEE: 1883 JOLIETTE LE: 16-08-1982

OFFICIER AUTORISE
AUTHORIZED OFFICER

Archives du C.R.C.C.F.

L'acte de naissance de Marcel Dugas (1883-1947)

«s'affrontent le classicisme, le romantisme et le modernisme [qui] se résolvent, chaque fois, en un magnifique chahut d'opinions contradictoires et de paradoxes violents[38]», peuvent-elles le distraire momentanément de son angoisse existentielle? À Montréal et à Québec, on lui demande de donner des conférences auxquelles il s'acquitte avec bonheur[39]. Lui qui, autrefois, passa «comme un dieu étranger[40]», devait repartir pour de bon le 7 janvier 1947[41]. «C'était le jour le plus froid de l'année[42]», dira Alain Grandbois, se souvenant du matin de l'enterrement. Toute la presse francophone rend hommage à cet homme cultivé et simple, d'une invariable sincérité envers ses amis, un styliste des plus doués, auteur de nombreux livres et articles, qui a souvent préféré se cacher derrière des pseudonymes. On lui en connaît plusieurs: «Tristan Choiseul, Marcel Dac, Marcel Henry, Roger La Salle, Persan, Le Rat, Sixte le Débonnaire, Turc, Alain Mérul, Montmertre, Les frères Maugas[43]» et Sachet Mouni[44].

L'œuvre de Dugas est éminemment poétique, qu'il s'agisse de prose ou de poésie. Mais il n'aura signé que très peu de vers. On divise généralement son œuvre en prose en deux parties: les essais critiques et les essais poétiques. Selon son expression, il a allumé des *Feux de Bengale à Verlaine glorieux*. Ce livre sera réédité à Paris en 1928[45]. Il rendra aussi un véritable culte à deux autres écrivains français, un ami, Louis Le Cardonnel et Charles Péguy[46]. S'il parle de ses compatriotes, c'est uniquement pour les encourager ou répondre, à leur place, à une mauvaise critique. On pourrait l'accuser de partialité car ses jugements ne portent, sauf une exception, que sur l'œuvre de ses amis. Ainsi Léo-Pol Morin, Alain Grandbois, François Hertel, Saint-Denys Garneau et Simone Routier seront, en 1942, «approchés avec amitié, désir de les comprendre, de signaler leur passage, de rendre à leurs qualités un tribut d'éloges[47]». D'autres écrivains qu'il a connus avant son deuxième séjour en France bénéficièrent de la même attention généreuse[48]. Dix ans plus tard, il reprendra les cinq études d'*Apologies* dans *Littérature canadienne. Aperçus*[49] et y consacrera un chapitre à Jean-Aubert Loranger, à Jean Nolin, à Robert Choquette et à Pierre Dupuy. Encore là, sa critique, souvent fort subjective, ne manque pas de nuances et l'emporte souvent en beauté et en finesse sur l'œuvre analysée. On

[38] Lucette ROBERT, «Ce dont on parle», dans *La Revue populaire*, Montréal, 38e année, n° 3, mars 1945, p. 10.

[39] Léonce BROUILLETTE, *op. cit.*, p. xvi-xvii. Quelques-unes de ces conférences prononcées à Montréal ont été publiées.

[40] Victor BARRETTE, «Billet. Marcel Dugas», dans *Le Droit*, Ottawa, 35e année, n° 20, 25 janvier 1947, p. 3.

[41] «Un deuil littéraire. Marcel Dugas est mort», dans *Le Canada*, Montréal, 44e année, n° 232, 8 janvier 1947, p. 12.

[42] Alain GRANDBOIS, «Marcel Dugas», dans *Cahiers de l'Académie canadienne-française*, Montréal, n° 7, *Profils littéraires*, 1963, p. 165.

[43] Bernard VINET, *Pseudonymes québécois*. Édition basée sur l'œuvre de AUDET et MALCHELOSSE, intitulée *Pseudonymes canadiens*, Québec, Éditions Garneau, 1974, p. 301.

[44] Sachet MOUNI (pseudonyme de Marcel DUGAS), «Catéchisme de la sensation. Le Champ de carnage. IX.», dans *Le Pays*, Montréal, 9e année, n° 5, 2 février 1918, p. 1.

[45] Marcel DUGAS, *Verlaine. Essai*, Paris, Éditions Radot, 1928, 80 p.

[46] *Idem, Versions. Louis Le Cardonnel. Charles Péguy*, Montréal, Maison Francq, 1917, 88 p.

[47] *Idem, Approches*, Québec, Édition du Chien d'Or, 1942, p. 7.

[48] *Idem, Apologies. M. Albert Lozeau. M. Paul Morin. M. Guy Delahaye. M. Robert La Roque de Roquebrune. M. René Chopin*, Montréal, Paradis-Vincent (éd.), 1919, 113 p.

[49] *Idem, Littérature canadienne. Aperçus*, Paris, Firmin-Didot et Cie (éd.), 1929, 203 p.

trouve aussi dans cet ouvrage, l'un des plus importants de Dugas, et que couronna l'Académie française, un bref historique du *Nigog* avec une mise au point sur les divergences d'opinions des camps opposés et la conférence qu'il prononça à Paris en 1924, au Banquet de l'Amérique latine, en l'honneur de son confrère aux Archives, de Roquebrune. Dans le livre le plus volumineux, le seul véritablement documenté — une thèse sur l'homme et l'œuvre —, l'auteur ne dira pas que des louanges d'*Un romantique canadien Louis Fréchette, 1839-1908*[50]. Cette étude détaillée, composée avec beaucoup de soins, révèle un Dugas capable de s'astreindre à un travail méthodique de longue haleine; elle prouve aussi que, lorsqu'il fait abstraction de l'amitié, il peut jeter un regard objectif sur une œuvre et sur une époque.

Avec une sorte de fureur verbale, dans ses essais poétiques, il cultive l'émotion et fait part de ses états d'âme. On comprend qu'il n'invite pas à la joie de vivre, mais ses écrits contiennent toujours une prose somptueuse. Tel un phénix blessé, il rallume dans chacun de ses livres ses anciennes peines. S'il vénère en Phèdre la «renaissance douloureuse des cœurs qui se reprennent à la chimère d'aimer[51]», c'est qu'il est tenté de subir le destin plus que d'y échapper, et d'effectuer, quoique sceptique, un retour à l'illusion. C'est par l'écriture qu'il apprivoise et apaise ses révoltes et, du même coup, entretient «la naïve espérance[52]». Mais il fera volte-face et luttera opiniâtrement contre ce qui avait alimenté sa vie: le rêve. Il faut, en effet, fuir la chimère. «Non, écrit-il, arrête ton désir aux bords de cette coupe où ne sont pas venus boire les dieux fragiles prêtés à la traîtresse vie[53].» Que reste-t-il à cet «audacieux chercheur d'infini» qui a «tout dit[54]»? Mais les «cordes» peuvent encore vibrer et, une fois la grande douleur expulsée ou mieux enchâssée en des pages sublimes, Dugas fera part d'un «nouvel appétit du cœur s'ouvrant pour accueillir l'illusion bienfaisante[55]». Vingt fois déçu, il ne reste plus qu'à puiser dans le rire, «tantôt forcé, tantôt amer, rarement gai, une ivresse d'un instant[56]» qui permet d'oublier les hallucinantes ténèbres. *Nocturnes* est un livre d'une indicible tristesse où l'auteur fait de la Parque sa compagne familière, en évoquant les traits, les bontés ou la beauté de ses chères défuntes et disant les regrets d'un «Canadien errant[57]». La pensée de la mort n'apporte aucune consolation. «Que sert-il de souffrir et de penser? La souffrance, les ombres de la nuit prochaine engloutiront ton regard, et tu ne seras qu'une pauvre chose morte[58].» Mais avant d'arriver à cette étape finale, ce «chasseur d'images [...] fouetté par les vents imaginaires[59]» — revenu «errer» parmi les siens — veut les convaincre de liberté et de paix par l'éveil de leur sens patriotique[60]. En 1944, il livre ses *Paroles en*

---

[50]   *Idem, Un romantique canadien Louis Fréchette, 1839-1908*, Paris, Éditions de la Revue mondiale, 1934, 295 p.; nouvelle édition, Montréal, Éditions Beauchemin, 1946, 318 p.

[51]   *Idem, Psyché au cinéma*, Montréal, Paradis-Vincent (éd.), 1916, p. 38.

[52]   *Idem, Cordes anciennes. Proses*, Paris, Éditions de L'Armoire de citronnier, 1933, p. 49.

[53]   Tristan CHOISEUL (pseudonyme de Marcel DUGAS), *Confins*, Paris, [s.é.], 1921, p. 69. Ce livre paraîtra sous le nom de l'auteur, avec un autre titre, *Flacons à la mer. Proses*, Paris, «Les Gémeaux», [1923], 151 p.

[54]   *Idem, Confins*, p. 75.

[55]   Marcel DUGAS, *Cordes anciennes. Proses*, p. 33.

[56]   *Ibid.*

[57]   Sixte LE DÉBONNAIRE (pseudonyme de Marcel DUGAS), *Nocturnes*, Paris, Jean Flory, 1936, p. 23.

[58]   *Ibid.*, p. 24.

[59]   Marcel DUGAS, *Salve alma parens*, Québec, Édition du Chien d'Or, 1941, p. 6.

[60]   *Idem, Notre nouvelle épopée*, Ottawa, Service de l'information, ministère des Services nationaux de guerre, 1941, 12 p.

liberté, c'est-à-dire qu'il remet «sous les yeux du public une œuvre de jeunesse[61]» dans un pays libre.

Cet esthète, qui aime jusqu'à l'enivrement les mots recherchés, les longues phrases harmonieuses coulant sans heurt ni brisure, aura dans une forme bien particulière créé un pont entre son frêle univers et le monde extérieur. Avec lui, on entre dans ce que Barthes appelle «le plaisir du texte». Dugas «a écrit quelques-unes des pages les plus fines, les plus veloutées, les plus capricieuses de la prose canadienne-française», disait justement Jean Éthier-Blais lors d'une conférence prononcée le 7 février 1965[62]. Guy Sylvestre, en 1947, avait su présenter un Dugas, humaniste et critique, digne encore de notre admiration:

> Il a donné jusqu'à la fin l'exemple de l'honnêteté et de la sincérité devant une œuvre, et cet exemple doit rester vivant parmi les jeunes et les moins jeunes qui ont à juger les œuvres de leurs rivaux. Idéaliste et rêveur, il sut toujours ne pas renier son idéal, sans avoir la pharisienne prétention d'y avoir atteint[63].

Moins connu en son temps parce qu'il a longtemps vécu en France, peut-être aussi parce qu'il publiait à faible tirage, distribuant ses livres à ses amis, ou parce que le public était moins attiré par ce genre, l'essai, on redécouvre aujourd'hui son nom dans les histoires de la littérature, les anthologies, les articles ou encore à la radio. En ce centenaire, on s'en voudrait de ne pas rappeler sa mémoire pour que vive enfin dans son «attitude ultime» notre «plus grand précurseur», selon les mots de Berthelot Brunet qui considérait «l'homme Dugas, comme on dit l'homme Rousseau et l'homme Chateaubriand[64]».

---

[61] *Idem, Paroles en liberté*, Montréal, Éditions de l'Arbre, 1944, p. 9.

[62] Jean ÉTHIER-BLAIS, «Exils», dans *Littérature canadienne-française. Conférences J.-A. De Sève 1-10*, Montréal, Presses de l'Université de Montréal, 1969, p. 121.

[63] Guy SYLVESTRE, «Le souvenir de Marcel Dugas», dans *Le Droit*, Ottawa, 35e année, n° 20, 25 janvier 1947, p. 2.

[64] Berthelot BRUNET, «Dans le monde des idées. Marcel Dugas dans son attitude ultime (dédié à mon excellent ami, Guy Jasmin)», dans *Le Canadien libéral*, Lévis, vol. 10, n° 44, 31 octobre 1946, p. 10.

Archives du C.R.C.C.F.

RODOLPHE GIRARD, 1879-1956

Né à Trois-Rivières, le 24 avril 1879, Rodolphe Girard termine ses études primaires dans sa ville natale et obtient son baccalauréat ès arts du Mont Saint-Louis. Il s'installe à Ottawa et occupe divers postes à la Fonction publique fédérale. Sa participation aux opérations militaires lors du premier conflit mondial lui mérite, entre autres décorations, la Légion d'honneur. À son retour au pays, il assume le commandement du Régiment de Hull. Homme de lettres et écrivain, il collabore à plusieurs journaux tels la *Patrie du Dimanche* et le *Petit Journal*, et publie quelques romans dont *Marie Calumet*. En 1942, il prend sa retraite et quitte la capitale pour s'installer à Richelieu où il s'éteint en mars 1956.

Jules-Paul Tardivel à Saint-Hyacinthe

par John Hare*

La publication de la troisième édition du roman *Pour la Patrie*[1] souligne de nouveau l'importance de Jules-Paul Tardivel, un des chefs de file du Québec du 20ᵉ siècle**. Son journal, *La Vérité*, se retrouvait alors dans tous les milieux influents et ses écrits y furent largement commentés. Mais ne conviendrait-il pas de souligner le rôle important du Collège de Saint-Hyacinthe dans l'éclosion de cette vocation journalistique au service de l'Église et du Québec? Jules-Paul Tardivel[2], né le 2 septembre 1851, à Covington dans l'État du Kentucky aux États-Unis, n'a guère connu son père qui, après le décès de sa femme, la mère du jeune Tardivel, s'établit dans le Missouri. Par conséquent, malgré son nom français, Jules-Paul fut élevé en anglais par sa tante Frances et son oncle, curé d'une paroisse près de Cleveland dans l'Ohio.

En 1867, son oncle Julius visita le Collège de Saint-Hyacinthe en compagnie d'un confrère missionnaire, ancien du collège. C'est alors que le jeune homme fut saisi du désir de faire des études classiques dans un collège catholique. Ne parlant pas un mot de français, il partait à l'âge de dix-sept ans, avec quatre cents dollars en poche, l'héritage laissé par sa mère, pour Saint-Hyacinthe. Il était loin de se douter que désormais, toute sa vie allait se dérouler sur les rives du Saint-Laurent.

Le jeune Américain se présenta alors au collège le 3 septembre 1868 et ce fut le professeur d'anglais, l'abbé Jean-Joël Prince qui l'aida à s'intégrer à cette vie nouvelle. Tardivel se rappellera plus tard avec beaucoup de complaisance sa vie au collège: «c'était le nec plus ultra du bonheur» s'écrit-il. Néanmoins, il dut travailler ferme, car il s'était proposé de compléter son cours en quatre ans, en faisant deux années dans une. En effet, ses quatre cents dollars lui permirent seulement quatre années d'études, puisqu'il lui en aurait coûté à peu près 100 dollars pour être pensionnaire durant l'année scolaire à cette époque: 80 dollars pour le pensionnat, 10 dollars pour le lit garni ou 1 dollar pour la couchette seule, 2 dollars pour le couvert de table et tout ce qui s'y rapporte, 1 dollar pour l'usage de la bibliothèque, 1 dollar pour le service du médecin, enfin 8 dollars pour le lavage du linge. Il étudiait les jours de congé et même pendant les vacances d'été. Déjà, à sa deuxième année, en méthode, il décrocha des prix en thème français, narration française et histoire du Canada. Après sa première année de philosophie, Tardivel quitta le collège en juillet 1872 et retourna aux États-Unis.

Mais il y fut vite déçu. «Mon séjour de quatre ans au Collège de Saint-Hyacinthe, écrit-il, et mes vacances passées dans la province de Québec, avaient suffi, mon sang français aidant, pour me franciser complètement le caractère.

---

*John Hare est professeur au département de Lettres françaises de l'Université d'Ottawa.
**L'œuvre fut présentée par l'auteur lors d'une réception le 26 mars 1976 au Séminaire de Saint-Hyacinthe.
[1]*Pour la Patrie: roman du XXᵉ siècle*, Montréal, Cadieux et Derome, 1895, 451 p. ; 2ᵉ éd., Montréal, La Croix, 1936, 379 p. ; 3ᵉ éd., Montréal, HMH, 1976, 271 p. Présentation par John Hare.
[2]Pierre SAVARD, *Jules-Paul Tardivel, La France et les États-Unis*, Québec, PUL, 1967, xxxvii, 499 p.

J'étais dépaysé aux États-Unis, j'avais la nostalgie; et au bout de six mois, en janvier 1873, n'y tenant plus, je revins au Canada pour ne plus le quitter.» Son séjour au collège l'avait bel et bien marqué, en lui apprenant la langue de son père et en renforçant sa foi catholique. Les années 1868-1870 demeurent le point culminant de l'attachement du Canada français catholique à la notion du pouvoir temporel de l'Église. En effet, au cours de ces années, plus de 40 étudiants du collège s'enrôlèrent dans les zouaves pontificaux afin de se rendre à Rome défendre les États du Souverain Pontife. En 1870, le thème de l'examen public lors de la distribution des prix au collège porta sur la papauté et son rôle.

Le Collège de Saint-Hyacinthe, en 1868, comptait déjà 50 ans d'existence et pendant cette période, à peu près 3 000 élèves l'avaient fréquenté. Ces anciens, disséminés partout au Canada et aux États-Unis, ont été des propagandistes hors pair[3]. C'est ainsi qu'en 1868, l'année de l'arrivée du jeune Tardivel à Saint-Hyacinthe, il y en avait 23 des États-Unis parmi les 84 nouveaux élèves et pas moins de 24 ayant des noms anglais! En effet, pendant la décennie de 1865 à 1875, on compte 744 nouveaux élèves inscrits, parmi lesquels on énumère 167 originaires des États-Unis, soit 22 pour cent. Malgré le grand nombre d'élèves dans les classes d'éléments, l'attrition est grande: à peu près 33 pour cent seulement terminaient les Belles-Lettres et 25 pour cent les deux années de philo à cette époque.

Les quelque 250 élèves au collège formaient donc un groupe homogène où se nouaient des amitiés solides. Et le personnel enseignant, composé d'une douzaine de prêtres et d'une quinzaine d'ecclésiastiques, savait attirer la sympathie de tous. Comme écrivait un ancien en 1878: «Ce qui nous attire, ce qui nous émeut, c'est le passé qui apparaît soudain devant nous, en présence de ces lieux si bien connus: ce sont les souvenirs qui nous assemblent en foule; c'est la vue de nos vieux maîtres, qui nous reçoivent à bras ouverts[4].»

Tardivel n'a pas manqué à l'appel, assistant lui aussi à la réunion générale des élèves du collège les 25 et 26 juin 1878. Voici comment il décrit la scène:

«Il m'a été donné d'être témoin de bien des scènes, les unes tristes, les autres joyeuses, mais jamais je n'ai rien vu de plus impressionnant que le spectacle qu'offrait la gare Bonaventure au moment du départ du convoi de trois heures.

«Imaginez, si vous le pouvez, une foule de trois ou quatre cents anciens élèves, venus de toutes les parties du pays, qui se rencontrent tout-à-coup et se reconnaissent après une absence de plusieurs années. Il y avait là des jeunes gens à peine entrés dans les diverses carrières de la vie, des hommes dans la fleur de l'âge, des vieillards, des représentants de toutes les professions, des députés, des sénateurs, des magistrats, des prêtres, des chanoines, et même un évêque, Mgr Fabre, qui n'était certes pas le moins joyeux de la réunion. Il s'est rarement donné, dans la gare de Montréal, ou ailleurs, tant de poignées de mains en aussi peu de temps; les soucis étaient oubliés, la joie rayonnait sur tous les visages, jeunes et vieux étaient redevenus écoliers.

[3]Pierre SAVARD, *Relations between French-Canadian and American Catholics in the Last Third of the Nineteenth Century*, dans *Culture*, vol. 31, n° 1, 1970, p. 24-39.

[4]Joseph DESROSIERS, dans *Souvenir de la réunion générale des élèves du Séminaire de St-Hyacinthe les 25 et 26 juin 1878*, St-Hyacinthe, 1878, p. 25.

«Le trajet entre Montréal et St-Hyacinthe a paru très court. C'était un va-et-vient continuel d'un wagon à l'autre. Les confrères de classe se cherchaient et une fois trouvés, se formaient en groupes animés et bruyants; les interpellations, les bons mots, les saluts, les francs éclats de rire s'entrecroisaient et formaient un tout indescriptible.

«À l'arrivée du train à St-Hyacinthe, nous avons eu une seconde édition de la scène de la gare Bonaventure, revue, mais non corrigée et considérablement augmentée. La «plateforme» était encombrée d'une foule composée en grande partie d'anciens élèves venus par les convois de l'Est. Nouvelles poignées de mains, nouvelles exclamations de joie. Ce n'étaient plus seulement des écoliers, c'étaient des écoliers en vacances[5].»

Tardivel quitta donc ce milieu en juillet 1872 pour retourner aux États-Unis. Mais six mois plus tard, il revint au Québec; un de ses condisciples de collège, Victor Côté, lui avait trouvé un emploi de commis dans un magasin. Le directeur du *Courrier de Saint-Hyacinthe*, J.-A. Chagnon, impressionné par les qualités intellectuelles du jeune homme le pressait d'écrire des textes: son premier article parut le 23 janvier 1873, sous le titre, «Le Pape selon les idées protestantes». En l'insérant, Chagnon, ancien zouave pontifical, le présentait comme les prémices d'une bonne jeune plume qui ne manquerait pas d'habileté, puisqu'elle était profondément catholique. En avril, Tardivel entra au *Courrier* comme factotum. Il rédigeait les faits divers, traduisait les textes et corrigeait les épreuves. Ne parlons pas des honoraires: le salaire était aussi maigre que possible; mais le jeune journaliste était heureux: il se croyait sur le chemin de la gloire.

Au mois de septembre, il entra à la rédaction de *La Minerve* à Montréal, y demeurant dix mois, et ensuite au *Canadien* de Québec. Sept ans plus tard, en 1881, il fonda son journal *La Vérité* qui ne disparaîtrait qu'en 1923, soit dix-huit ans après sa mort.

À l'occasion du lancement de cette troisième édition du grand roman de Jules-Paul Tardivel, «Pour la Patrie», il convient donc de rendre hommage à deux institutions séculaires qui demeurent encore au service du Québec, *Le Courrier de Saint-Hyacinthe* et le Collège de Saint-Hyacinthe.

---

[5]*Ibid.*, p. 23-24.

Franchir le seuil aller et retour

par Roger LAPOINTE*

Tous franchissent le seuil de la mort — car c'est de celui-là qu'il s'agit — mais peu, bien peu si même il en est, font le voyage aller et retour. Gaby Déziel-Hupé raconte l'avoir fait dans un petit livre intitulé *Franchir le seuil,* paru aux Éditions de la Petite-Nation en 1979[1].

L'expérience dont a joui la dramaturge outaouaise, Gaby Déziel-Hupé[2], s'apparente de toute évidence à celles qu'a popularisées, entre autres, Raymond Moody[3]. Elle confirme, dans la même mesure, les observations des E. Kübler-Ross[4], K. Osis[5], ou R. P. Crookall[6]. Plus haut dans le temps, elle fait écho au mythe d'Er, que raconte Platon dans *La République*[7]. Plus haut et plus loin, elle permet d'assimiler Mme Déziel aux deslogs dont fait état le texte tibétain *Bardo Thödol*[8]. Plus haut, plus loin et plus proche tout à la fois, cette même expérience renvoie à certaines conceptions amérindiennes, à celles de la tribu Ottawa en particulier — Mme Déziel n'est-elle pas outaouaise? — relatives à des voyages aux enfers accomplis à l'occasion d'un rêve ou d'une grave maladie[9].

Associer l'expérience de Mme Déziel à d'autres qui effectivement lui semblent comparables n'est en aucune manière une tentative d'émousser son impact en dissimulant sa réalité factuelle et événementielle derrière le paravent des concepts; encore moins s'agit-il, plus ou moins habilement, de laisser entendre qu'on a affaire à une croyance fausse, à de la mythologie, à des fables. Nous cherchons simplement à situer en première approximation le témoignage de Mme Déziel. Mais comme la lumière n'a pas été faite définitivement — le sera-t-elle jamais? — ni sur les chamans, ni sur les deslogs, ni sur les phénomènes de décorporation, l'assimilation du cas Déziel à ces différentes expériences ne saurait préjuger de ce qui est vraiment arrivé à l'auteur de *Franchir le seuil*. Nous sommes donc à pied d'œuvre face à ce dernier et nous pouvons même espérer que l'élucidation du cas Déziel produira un certain éclairage sur l'ensemble des phénomènes apparentés.

---

   * L'auteur est directeur du département de sciences religieuses de l'Université d'Ottawa.

   [1] Gaby DÉZIEL-HUPÉ, *Franchir le seuil,* Ottawa, Éditions de la Petite-Nation Inc., 1979.

   [2] Oeuvres dramatiques majeures: *Les Outardes, La Rosalba, Vous souv'nez-vous d'la Rosalba?, Délivrez-nous du mâle, Amen!*

   [3] Voir R. MOODY jr, *Life After Life,* New York, A Bantam Book, 1976, [édition originale 1975].

   [4] Voir E. KÜBLER-ROSS, *On Death and Dying,* New York, Macmillan Co., 1969; E. KÜBLER-ROSS (ed.), *Death: the Final Stage of Growth,* Englewood Cliffs (New Jersey), Prentice-Hall Inc., 1975.

   [5] Voir K. OSIS, *Deathbed Observations by Physicians and Nurses,* New York, Parapsychology Foundation, 1961.

   [6] Voir R. P. CROOKALL, *Intimations of Immortality,* Londres, James Clarke, 1965.

   [7] Cf. PLATON, *La République,* traduction R. Baccau, Paris, Garnier-Flammarion, 1966, p. 379-386 (X, 614-621).

   [8] Çf. A. DAVID-NÉEL, *Immortalité et réincarnation,* [Paris], Éditions du Rocher, 1978, p. 108-111.

   [9] Ake HULTKRANTZ, *The Problem of Christian Influence on Northern Algonkian Eschatology,* dans SR 9/2, 1980, p. 171-174.

Nous demanderons au texte lui-même de livrer le secret de sa production, en évitant de limiter le texte soit à sa forme, soit à son contenu, en tenant compte au contraire de l'un et de l'autre.

-I-

Il semble tout d'abord que le contenu ou la matière de *Franchir le seuil* appartient au domaine du rêve. Cette frappe onirique, nous la décelons à deux signes indiscutables. Premier indice, la main d'une infirmière (plan de la réalité empirique) succède à la main du Christ (plan du rêve): «Tout à coup, je sens la pression d'une main sur mon épaule: la main d'une infirmière vient de remplacer la main de Christ» (p. 49). Deuxième signe, le pansement fait au crâne (plan du réel ordinaire) prolonge le nemset de la reine Hatchepsout (plan onirique): «Le nemset d'or m'enserre le front comme un étau et je cherche à l'enlever. (C'est ce jour-là que les médecins prescriront l'enlèvement du «casque» formé par les pansements enveloppant mon crâne mutilé …» (p. 65).

Les deux voies de communication que la «main» et le «nemset» aménagent entre le rêve et le réel appartiennent à la catégorie des stimuli externes incorporés dans la trame du rêve et expliquant, pour une part, le contenu de ce dernier. On sait que H. Bergson suggérait de voir dans de tels stimuli l'origine spécifique des objectivations oniriques[10]. On pense généralement aujourd'hui qu'ils ne déclenchent certainement pas le mécanisme du rêve et que leur influence se limite tout au plus à modeler un aspect ou l'autre de l'aventure onirique[11].

Leur intervention manifeste dans le cas de Mme Déziel nous autorise cependant à rattacher son expérience au processus hypno-onirique. D'autant plus que la condition essentielle pour que le rêve se produise, à savoir le sommeil, se trouvait bel et bien réalisée. Long sommeil, en vérité, puisqu'il avait duré trois mois (p. 69). Sommeil proche du coma irréversible mais qui était resté en deçà, sans quoi la malade et opérée n'aurait jamais retrouvé assez de santé et de lucidité pour pouvoir faire le récit de son expérience. Or, au dire de psychophysiologues compétents, le rêve «ne se produit jamais en tant qu'expérience de l'imaginaire, actuellement et incoerciblement vécue, qu'à la condition que le sommeil s'annonce, ou se soit déjà développé[12]».

Ce premier et bref repérage nous conduit donc à voir, dans l'expérience rapportée par Mme Déziel, un produit de l'activité onirique et subconsciente plutôt que le fruit d'une intervention vigile en même temps que consciente. Nous éviterons ici les facilités que procureraient ces notions de subconscient et d'inconscient pour expliquer en termes de désirs et de projections la trame de *Franchir le seuil*. Nous nous en garderons d'autant plus que le texte de cet ouvrage ressort de toute façon au niveau conscient de l'existence, puisqu'il ne livre pas à proprement parler un rêve, mais le récit d'un rêve, un récit appuyé sur un effort de remémoration, remémoration elle-même volontaire et par conséquent consciente.

---

[10]   Voir H. BERGSON, «Le rêve», [conférence de 1901], dans *Oeuvres*, Paris, Presses universitaires de France, 1970, p. 878-897.
[11]   Cf. E. HARTMANN, *Biologie du rêve* (Psychologie et sciences humaines), traduction H. Lejeune et M. Thielen, Bruxelles, Charles Dessart, 1970, [*The Biology of Dreaming*, 1967], p. 269-270; également H. EY et autres, *Psychophysiologie du sommeil et psychiatrie*, Paris, Masson, 1975, p. 76.
[12]   H. EY et autres, *Psychophysiologie du sommeil*, p. 12.

Mme Déziel-Hupé a fait pas moins de cinq rédactions de son récit (p. 13-15), la cinquième étant celle qui a été publiée, alors que les premières avaient été soit égarées, soit jugées inadéquates. Nous pouvons même parler d'une sixième, ou avant-première, si l'on fait état du court poème que l'auteur insère entre le préambule et le premier chapitre. Voici ces quelques vers qui contiennent poétiquement et synthétiquement la substance de tout le récit:

> Dans les sphères cosmiques
> j'ai entendu l'Appel
> Vision béatifique
> j'ai entrevu le ciel
> Dans le creuset terrestre
> je deviendrai l'or pur
> Transmutation céleste
> je change de nature.

Et l'auteur ajoute ce commentaire: «À toi qui lira ces lignes, dis-toi qu'il s'agit ici du premier cri de l'âme qui s'éveille, prisonnière d'un corps handicapé mais qui vient de comprendre 'Pourquoi'» (p. 17). Cri de celle qui s'éveille, qui ne pourrait s'écrier ainsi à moins de s'être réveillée. Mais ce qu'elle célèbre par son cri, c'est l'expérience dont elle a joui avant de s'éveiller, alors qu'elle se trouvait dans un état d'hypnose prolongée.

Désimpliqué, détaillé, circonstancié, le cri deviendra un récit. Mais pourquoi avoir rédigé un récit? Ni pour mieux fixer ses souvenirs comme le mémorialiste, ni pour fournir le plus d'information possible au prêtre ou au psychiatre, pour aucun motif en fait relevant du «creuset terrestre». C'est au plan des «sphères cosmiques», au plan du rêve par conséquent, que l'impulsion à rédiger origine. En lui pressant l'épaule de sa main, le Christ ordonne à la malade: «TU DOIS retourner pour aller dire aux hommes CE QUE TU AS VU ET APPRIS» (p. 47). Cet ordre, elle l'exécutera, malgré les répugnances qu'elle éprouve à quitter le bonheur céleste et à retourner dans la dimension terrestre. Elle sait qu'elle court au-devant de l'incompréhension et du ridicule mais elle va de l'avant, convaincue de l'importance primordiale qui s'attache à son expérience et à son message (p. 13, 15, 40, 62).

S'il se trouve dans le texte un point d'insertion onirique pour la composition du récit en général, le même texte livre une série de points d'insertion vigiles pour l'un ou l'autre des épisodes racontés. En voici quelques-uns. a) La vue de son propre corps en train de subir une intervention chirurgicale, vue inscrite dans le rêve et qui s'effectue à partir du moi revêtu de son corps éthérique. Cette vue recoupe évidemment l'opération elle-même, solidement établie au plan empirique. b) Toujours au plan onirique, le moi éthéré se rappelle de la crise qui l'a terrassé aux Galeries de Hull, crise provoquée par une hémorragie cérébrale, tout cela également bien ancré dans la réalité biographique, même si l'acte de se souvenir, lui, relève du processus hypno-onirique. c) Semblablement, les nombreuses citations bibliques qui émaillent le texte (v.g. p. 38-39) et qui appartiennent au discours que le moi éthérique se tient à soi-même, sont expressément rattachées par le texte lui-même au fait que, de son vivant, Mme Déziel avait été professeur de catéchèse et, à ce titre, lectrice assidue de l'Écriture. d) Il y a aussi l'épisode tout à fait curieux d'un défunt récent — mort après la crise et donc durant l'état d'inconscience — que Gaby Déziel rencontre alors qu'il n'a pas encore eu le temps de revêtir la robe nuptiale; c'est le père de son amie Chrystiane: «Plus tard, à l'hôpital, lorsqu'elle viendra me voir, je lui dirai moi-même que son père a «franchi le seuil» et, sidérée, Chrystiane me dira: «Tu le savais? Je venais te l'annoncer!» (p. 42). *e)* Durant la phase où elle s'identifie à la reine Hatchepsout, la malade rêve tout haut, si bien que les garde-malades présentes entendent son délire, cela aussi au plan de la réalité empirique. *f)* Mentionnons enfin quelques passages où des convictions qui semblent bien appartenir à Gaby Déziel en train de composer son récit s'insèrent dans le monologue intérieur de la même Gaby Déziel décorporée, sans qu'aucune dénivellation textuelle ne le marque. Voir à cet égard page 32, paragraphe «N'est-il pas [...]»; pages 35 et 36, paragraphe «La vie [...]»; page 43, parenthèse.

Ainsi, en tous ces points, la trame du rêve recoupe celle de la réalité empirique, sans, bien sûr, se confondre avec elle. Les modes d'insertion sont divers, mais à chaque fois les données oniriques se vérifient dans le domaine des données expérimentales. Ajoutons à ces liaisons par quasi-identité entre le rêve et la réalité, une autre série de liaisons par contraste. *a)* Le texte raconte au chapitre dix que Mme Déziel dialogue avec son fils Sylvain à partir du moment où elle reprend conscience, c'est-à-dire alors qu'elle quitte les sphères du rêve pour retourner à la vie ordinaire. Il y a ici un contact par contraste entre une phase d'incommunication (rêve) suivie d'une phase de communication (réalité). *b)* Dans un ordre d'idées comparable, le texte fait état d'interrogatoires menés par des médecins, des psychiatres, des prêtres, des journalistes, etc. (p. 46) après le réveil définitif de la malade, en vue d'apprendre ce qu'elle rapportait de son périple inconscient. Ces gens, il va de soi qu'elle ne frayait pas avec eux durant son long sommeil. *c)* Plus impressionnant encore est le désir souvent exprimé (v.g. p. 72) de retourner à l'autre dimension, quand l'angoisse de vivre la saisit. Ce désir appartient évidemment au plan de la réalité consciente, réalité vécue cependant sur le fond d'une autre réalité, celle de l'expérience onirique. *d)* Le fait que la narration se divise en deux parties doit ici être versé au dossier. La deuxième partie se détache en effet de la première à la faveur d'un écart temporel expressément noté: «Il y a trois semaines que je suis revenue chez moi [...]. Nous sommes en février 1978» (p. 77). Alors que la première partie du récit racontait ce que Gaby avait vécu à l'hôpital entre la vie et la mort, entre la veille et le sommeil, entre la conscience et l'inconscience, la deuxième partie se passera dans sa «maison de la forêt», au plan normal de l'expérience vigile.

Ceci dit sur l'ancrage du rêve dans la réalité empirique, soit que le rêve ait eu barre sur le réel courant (motivation à écrire, recoupement d'épisodes), soit qu'inversement l'expérience consciente ait contrôlé le rêve (la confection du récit), il nous faut maintenant résumer la série des événements que le texte attribue à l'expérience de Mme Déziel hors de la dimension présente et en l'autre dimension. Nous évoquerons ce parcours en distinguant tout d'abord trois sous-ensembles pour analyser ensuite chaque sous-ensemble dans ses unités narratives principales.

Les trois sous-ensembles sont les suivants: 1) séquence où le père agit comme guide, 2) celle où L. Van Beethoven remplace le père dans la fonction de guide, 3) une expérience plus brève obtenue quatre années auparavant (p. 44). Nous ne dirons rien de plus sur ce dernier sous-ensemble car le texte ne fait que le mentionner. Le numéro 1 comporte les motifs suivants: le tout premier contact est une jeune fille de quinze ans; elle conduit Gaby Déziel à son père; le «je» de Gaby Déziel flotte; les entités cosmiques telles que la jeune fille et le père ont l'allure de formes blanchâtres et éthérées; la communication avec elles se fait par la pensée; on passe à un certain moment par un corridor, un interminable tunnel; un peu après, récapitulation de sa vie par le «je» de Gaby; vision d'un paysage enchanteur composé de gazon, de montagnes, de lumière, de musique, de papillons, d'un péristyle, de fontaines, de colombes; analyse intellectuelle de tout cela en termes de vibrations visuelles et sonores sous la mouvance du Verbe; jugement et pardon; le père défunt de Gaby a des cheveux blancs, une barbe blanche, un habit de berger, un air jeune; différentes étapes conduisent à la lumière; l'oncle Adrien; le cousin Maurice; l'ami Ben Holt guéri; le fils aîné de Gaby, mort-né, sous la forme d'un adolescent; le père de Chrystiane sans robe nuptiale; le Christ très grand, aux cheveux bruns; l'archange Gabriel et autres anges; chute vertigineuse.

Motifs du deuxième sous-ensemble: Beethoven tout d'abord, au visage serein et non plus tourmenté; l'hymne à la joie entendu; une cathédrale gothique où se trouvent les initiés; vision d'un fleuve de sang s'écoulant au sud du Canada et prophétie d'un cataclysme pour l'année 1997; cité céleste; Urantia (nom ancien de la Terre); incarnation antérieure du «je» sous la forme de la reine égyptienne Hatchepsout et, encore plus anciennement, de Nicrotis[13]; les archives akashiques.

Chacun de ces motifs mériterait une analyse détaillée. Nous voulons simplement attirer l'attention sur leur homologie générale avec les récits compilés par Raymond Moody[14]. Cette homologie oriente maintenant notre discussion vers un autre aspect des choses, à savoir le degré de réalisme que le texte s'assigne à soi-même.

-III-

L'auteur s'exprime là-dessus sans ambages: «‹Franchir le seuil› n'est pas une œuvre fictive mais bien le récit d'une aventure vécue» (p. 14). Plus loin, comparant son activité de narratrice à un rôle que le divin Auteur lui aurait confié, elle affirmera: «Je n'ai rien changé au texte qu'on m'a chargée d'interpréter [...]» (p. 88).

Ainsi donc, Gaby Déziel ne fabule pas. Elle rapporte fidèlement la série des événements auxquels elle vient de participer. Son récit relève de l'autobiographie, de l'histoire, et non du mythe, de la légende ou de l'invention littéraire. Autrement dit, à partir des opérateurs que nous fournit la culture actuelle, les rencontres et les objets décrits dans le texte ont la précision et la réalité de l'expérience vigile plutôt que le flou et l'irréalisme des fantasmes oniriques.

On reconnaît là, au niveau d'un témoignage personnel, la thèse fondamentale de la parapsychologie. Cette thèse, nous la considérons comme une question ouverte, au moins pour le bénéfice de la présente enquête. En évitant donc de la préjuger dans un sens ou dans un autre, cherchons à en dégager les conditions de possibilité. Il faut premièrement que le sommeil de la mort ne soit pas purement et simplement identifiable

---

[13] Sans parler de certains détails fantaisistes, «Nicrotis» semble tenir lieu de «Nitocris» et la date 2390 pour Hatchepsout est beaucoup trop haute (p. 63). On donne habituellement quelque chose comme 1479-1457: voir HELCK-OTTO, *Kleines Wörterbuch der Aegyptologie*, Wiesbaden, Otto Harrassowitz, 1956, *sub voce*.

[14] «Le sentiment de flotter au-dessus du corps, la rencontre avec des parents défunts, de même que l'attitude sereine face à la mort, comptent parmi les thèmes constamment rencontrés par Moody» (M. ÉBON, *La preuve de la vie après la mort*, Montréal, Éditions Québécor, 1979, [traduction de *The Evidence for Life after Death*], p. 44).

avec un sommeil ordinaire; que, dans la même mesure, le travail de l'inconscient ne s'y identifie pas non plus complètement avec celui du rêve. Condition nullement inconcevable, car il doit bien exister une différence entre une léthargie de trois mois et une nuit de sommeil inscrite dans le rythme circadien. Dès lors, il n'est pas non plus impensable que le travail de l'inconscient déborde les limitations que lui impose le rêve.

Deuxième condition de possibilité, la croyance dans l'immortalité des entités personnelles et même de leur réincarnation. Le propre moi de Gaby ainsi que celui de chacune des personnes qu'elle rencontre se trouvent bien revêtus d'une forme éthérée qui les individualise et les rend reconnaissables, mais ces mêmes entités sont néanmoins dépouillées de leurs corps et en ce sens, elles sont bel et bien mortes. Le fait que les entités restent incomplètement délivrées de leurs corps si elles se sont suicidées par exemple, ou si, comme dans le cas de Gaby, elles peuvent à tout moment retourner à ce corps par un phénomène pour ainsi dire de succion (p. 47), ce fait atténue quelque peu le dualisme inhérent à une telle croyance, mais ne le supprime aucunement.

Troisième condition de possibilité, la vérité du christianisme, sans laquelle le rôle central joué par le Christ serait incompréhensible. Les touches d'hindouisme et d'ésotérisme qui se rencontrent dans le texte et dont Gaby Déziel est très consciente n'empêchent pas l'auteur de se considérer comme une catholique (p. 78).

Quatrième et dernière condition de possibilité, la vérité des prémonitions qu'ont les hommes à l'égard de l'au-delà, prémonitions qui leur ont enseigné par exemple qu'il y avait sept cieux successifs (p. 58).

On voit que les conditions de possibilité devant être satisfaites par une aventure comme celle que raconte Gaby Déziel mettent en cause l'option subjective de la croyance et non de simples et universelles lois de nature. Seul un croyant ou une croyante est en mesure d'expérimenter un après-monde tel que celui décrit dans *Franchir le seuil*. La vérité éventuelle de cet après-monde serait donc de nature théologique plutôt que strictement scientifique.

-IV-

Mais qu'est-ce qu'une vérité théologique? Aurions-nous affaire ici encore à la vérité du rêve, à la vérité du désir? Sur ce point non plus, le texte ne nous laisse pas dans l'incertitude. Il développe explicitement une thèse idéaliste suivant laquelle penser, vouloir, imaginer, désirer une chose, c'est *ipso facto* la faire exister.

C'est ainsi que la pensée de Dieu est créatrice en tant que telle: «[...] à l'instant où Dieu a pensé à moi, sa pensée étant créatrice, J'AI EXISTÉ!» (p. 45). Et comme la pensée de Dieu enjambe les millénaires, Gaby comprend que son existence à elle déborde incommensurablement le vingtième siècle.

Semblable à Dieu, l'esprit-groupe, qui est doté d'un corps spirituel et ne peut lui-même s'incarner, produit par sa pensée les formes et les espèces animales (p. 37). Il s'augmente des esprits individuels qui retournent à lui après leur mort. Les entités humaines qu'a contactées Gaby créent la présence les unes des autres par leur pensée aimante (p. 31-32). Dans la dimension terrestre elle-même, la pensée produit son objet. «Les animaux qu'on qualifie de féroces, ou venimeux (reptiles, etc.) sont créés par les mauvaises pensées des hommes» (p. 39).

Cette position idéaliste nous livre la clé théorique du récit du point de vue de son statut épistémologique. Les entités éthériques, son père, le Christ, tout cet après-monde existe parce que Gaby Déziel y croit. Y croyant, elle y pense d'une pensée aimante. Or la pensée est créatrice: «[...] l'humain, écrit-elle, crée lui-même son ciel à partir de la dimension terrestre» (p. 29). Et ailleurs: «[...] il m'est accordé de vivre cette merveilleuse expérience parce que J'AI TOUJOURS CRU EN UNE AUTRE VIE!» (p. 25). En revanche, ceux qui ne croient pas à la réalité de l'au-delà n'y trouveront que vide et néant.

On pourrait s'arrêter ici et considérer que le texte nous a livré la clé de son songe. Effectivement, nous en tenons sans doute l'ultime assise théorique, à savoir une conception philosophico-religieuse de la réalité suivant laquelle la pensée est suprême et créatrice de la matière, bref une vision du monde idéaliste. Je crois que l'analyse logique ne nous mènerait pas plus loin.

Je soulèverai seulement une autre question, une question en quelque sorte existentielle puisqu'elle nous transporte sur le terrain de la liberté et de l'individualité historique. D'où vient que Gaby Déziel-Hupé s'est approprié une vision des choses idéaliste? Comment expliquer que, toute chrétienne et même catholique qu'elle ait été et revendique d'être, elle ait versé dans une conception à maints égards de type oriental?

L'élément de réponse que nous voudrions apporter se trouve dans la structure du texte plutôt que dans une quelconque affirmation expresse de l'auteur. D'un mot, les places respectives que le récit assigne au père et à la mère me paraissent devoir s'interpréter en ce sens que Gaby a choisi la voie paternelle au détriment de la direction maternelle. Il est remarquable en effet que, morte, Gaby rencontre son père et non sa mère. Celle-ci pourtant est décédée elle aussi: on dit d'elle qu'elle a accédé au séjour des bienheureux; on précise même qu'elle était déjà au deuxième ciel lorsque son mari vint la rejoindre (p. 32). Déziel père déclare qu'il se la rend constamment présente par la pensée. Fort bien, mais le fait demeure que Gaby ne la rencontre pas. Elle en parle en fait surtout dans la deuxième partie du récit, au moment où elle se remémore son enfance, en dehors de la trame proprement onirique.

Or, la religion de la mère semble avoir été un christianisme moralisateur, janséniste et culpabilisant, devenu progressivement insupportable à une petite fille puis à une adolescente et à une adulte, foncièrement confiante et optimiste, mais sur laquelle la mère projetait son angoisse jamais résorbée de pécheresse — Gaby avait été conçue avant que les parents ne soient mariés — au point de l'appeler jusqu'à son lit de mort: «ma faute» (p. 91). Ainsi marquée au fer rouge, Gaby s'était assimilée toute jeune à une sorcière, ce qui était une façon de médiatiser son angoisse et, pour autant, de l'apaiser, au niveau de la fabulation esthétique.

Le père, par contre, semble avoir pratiqué une religion naturaliste et ésotérique sous la houlette de laquelle le mouton noir qu'était Gaby sera heureuse de se réfugier. On comprend facilement que ce soit lui qui la reçoive dans l'au-delà, conformément à une promesse qu'ils s'étaient faite mutuellement avant la mort de tous deux (p. 31).

Octave Crémazie et la mort romantique

par Roger LAPOINTE*

Né en 1827, déjà libraire en 1844, auteur d'un premier poème en 1849, Octave Crémazie s'enracine dans une époque charnière pour l'histoire du Québec, celle qui a vu la répression des patriotes, l'établissement de l'union entre les deux Canadas, l'emprise du catholicisme ultramontain sur l'ensemble de la vie canadienne-française. Cet enracinement en fait un témoin de premier ordre.

Dans un certain sens, Octave Crémazie révèle son époque avec plus de profondeur que la plupart de ses contemporains, et c'est dans la mesure où, poète et artiste, il a des antennes que tout le monde ne possède pas, qu'il cherche en outre à rejoindre son public au point où il se trouve, et même, chose encore moins fréquente, qu'il réussit à le faire. La consécration et la gloire pour lui ne se font pas attendre. Dès «Le drapeau de Carillon» (1858), Crémazie est sacré «poète national[1]».

Nul ne peut ainsi servir de miroir à un groupe, sans refléter fidèlement les aspirations et les sentiments de ceux qui l'acclament. Pour cette raison, se mettre aujourd'hui à l'écoute de ce que le barde national des Québécois a énoncé jadis sur la mort et les morts en général donne sans doute un accès assez direct, même si forcément il demeure limité, aux idées alors en circulation, y compris les croyances religieuses.

Deux aspects principaux nous retiendront: la mort du héros et la mort du pécheur.

- I -

Commençons par nous pénétrer de l'idée que, dans l'univers de Crémazie, il y a des héros. La chose ne va pas de soi, car il se pourrait justement que notre société contemporaine trouve ce genre de personnages ou bien gênants ou bien incroyables.

Les héros de Crémazie sont évidemment plus grands que nature, c'est-à-dire qu'ils se situent quelque part entre les dieux et la commune humanité, notamment en ce qui concerne leur relation avec la mort. Nous verrons même que, pour notre poète, et quelles que soient la profondeur et l'intransigeance de son christianisme, les saints ne doivent pas être assimilés aux héros, à la fois plus et moins qu'eux. En fait et sans détour, les héros, ce sont des soldats.

Comment de tels êtres expérimentent-ils la mort? Ou, pour reprendre le complexe anthropologique défini par E. Morin[2], quelle conscience ont-ils de la mort, en quel sens

---

* L'auteur est directeur du département de sciences religieuses de l'Université d'Ottawa.

[1] Voir *Octave Crémazie, Oeuvres I: poésies*, texte établi, annoté et présenté par Odette CONDEMINE, collection «Présence», Ottawa, Éditions de l'Université d'Ottawa, 1972, p. 198.

[2] Cf. E. MORIN, *L'homme et la mort*, collection «Points», Paris, Éditions du Seuil, 1970[2], p. 42 et passim.

celle-ci leur fait-elle horreur et, finalement, par quel espoir de survie réussissent-ils à dominer l'horreur susdite?

Il semblerait tout d'abord que les héros s'appréhendent eux-mêmes comme de quelque manière identifiés à la patrie. Leur individualité propre se fond dans l'ensemble national auquel elle appartient, principalement la France et le Canada (français), mais aussi les États pontificaux, ou encore la Turquie islamique. En eux, c'est la patrie qui agit, c'est la patrie qui combat. Il s'opère alors un double phénomène. À la faveur d'une pareille identification avec la patrie, les héros connaissent tout à la fois une exaltation de leur individualité — qui s'agrandit jusqu'à coïncider avec celle du groupe — et un affaiblissement de cette même conscience individuelle, puisqu'ils se perçoivent comme membres d'un tout qui les déborde. Leur sentiment de la mort s'en trouvera affecté. Mourir pour eux consistera à se sacrifier pour leur groupe, leur société, leur nation, à verser leur sang pour la patrie. Écoutons le poète:

> Au nom de vos aïeux, qui moururent pour elle,
> Au nom de votre Dieu, qui pour vous la fit belle,
> Restez dans la patrie [...][3].

Tout héros meurt pour sa patrie quelle qu'elle soit, et c'est bien. Les musulmans proclament par exemple: «Et pour Allah nous reviendrons mourir[4].» Mais la patrie mérite encore davantage qu'on risque sa vie pour elle lorsque sa culture témoigne d'un humanisme certain, en ce qui a trait notamment à des valeurs comme la liberté, la justice et l'honneur. C'est le cas de la France tout spécialement, à laquelle Crémazie joint parfois l'Angleterre: «Des droits des nations sublimes sentinelles [...][5].» Voici un couplet pour la France en particulier:

> Ô Foyer de la gloire! ô terre du génie!
> Toi que tous les grands cœurs adoptent pour patrie,
> Toi que les nations invoquent dans leurs maux,
> Du droit et de la foi pionnier volontaire,
> Tu sais toujours mêler, pour féconder la terre,
> Le sang de tes martyrs au sang de tes héros[6].

Ainsi, le héros meurt pour que vive sa patrie, une patrie en outre, dans le cas de la France (et du Canada français), qui est même la patrie par excellence, celle qu'adoptent tous les grands cœurs. Dans de telles conditions, il est normal que l'horreur provoquée par la mort se trouve considérablement atténuée. Le poète n'ignore pas les souffrances de la guerre — il en aura une expérience directe durant le siège de Paris en 1870[7] — mais ces souffrances et ces malheurs sont comme noyés dans la gloire qui n'abandonne

---

3   «Colonisation», dans *Oeuvres I*, p. 268, vers 133-135.
4   «Guerre», dans *Oeuvres I*, p. 273, vers 64.
5   «La guerre d'Orient», dans *Oeuvres I*, p. 279, vers 79.
6   «Sur les ruines de Sébastopol», dans *Oeuvres I*, p. 293, vers 127-132.
7   «La guerre est une chose horrible. Quand on ne fait que lire l'histoire des conquérants, on se laisse facilement prendre au miroitement de la gloire militaire. Mais quand on a vu de près les ravages et les désastres causés par la guerre, on se demande avec effroi quel nombre incalculable de misères sans nom, de douleurs inénarrables, de morts épouvantables, il faut à un conquérant pour tresser ce qu'on est convenu d'appeler la couronne du vainqueur» (*Journal du siège de Paris*, lundi, 9 janvier [1871]; *Octave Crémazie, Oeuvres II: prose*, texte établi, annoté et présenté par Odette CONDEMINE, collection «Présence», Ottawa, Éditions de l'Université d'Ottawa, 1976, p. 228).

jamais les héros, même dans la défaite, et qui rayonne d'une splendeur encore plus grande lorsqu'elle s'associe à la victoire. Montcalm reste beau dans la défaite:

> Montcalm était tombé comme tombe un héros,
> Enveloppant sa mort dans un rayon de gloire [...][8].

Semblablement, tous les soldats de la dernière bataille:

> Qu'ils sont heureux ceux qui dans la mêlée
> Près de Lévis moururent en soldats!
> En expirant, leur âme consolée
> Voyait la gloire adoucir leur trépas[9].

Ou encore à propos des zouaves:

> La victoire, en pleurant, délaisse leurs bannières;
> Car la gloire, fidèle à ces âmes guerrières,
> Refuse de la suivre et garde leurs tombeaux[10]!

Ce que recouvre ici le mot «gloire», c'est la transformation que subit l'événement fatal de la mort individuelle, lorsque pareille mort se trouve ramenée à une fonction quasi biologique au service de la collectivité, non seulement au sens général de générations qui se succèdent, mais plus fortement encore en ce sens très précis et sacrificiel où la mort de ses défenseurs — qui ont commencé par en courir le risque[11] — sert de rempart au pays ou à la nation. Le soldat qui meurt glorieusement au champ d'honneur ne voit en la mort rien d'horrifiant, car il avait accepté ce risque et accompli ce sacrifice en tant que serviteur de la patrie, en représentant de cette patrie au milieu du danger, si bien que, mort pour elle et donc imparfaitement, il vivra en elle et avec elle, au-delà par conséquent d'une simple vie humaine individuelle. Et tel est le remède, telle est la consolation, telle est la survie qui lui échoit: une participation posthume à la vie de sa patrie. Les vers de Crémazie possèdent sur ce point une éloquence particulière. Avec une insistance presque incantatoire, ils évoquent les cadavres des héros généralement inertes dans leurs tombes, mais néanmoins réveillés à l'occasion par l'un ou l'autre des faits éclatants par lesquels l'histoire toujours en cours de la patrie se manifeste.

Quand, par exemple, les armées de Napoléon III s'imposent aux Autrichiens en Italie du nord, le poète imagine que les soldats de Napoléon Ier, enterrés dans ces mêmes champs de bataille, assistent avec joie et reconnaissance au redressement de la puissance française:

> Ainsi qu'un chant lointain entendu dans un rêve,
> Aux champs de Marengo la voix des morts s'élève;
> Aux cris de la victoire, immenses, triomphants,
> Quand l'astre des Habsbourg devant l'aigle succombe,
> Les soldats de Desaix s'éveillent dans leur tombe,
> Et la brise du soir apporte leurs accents[12]

---

[8] «Le drapeau de Carillon», dans *Oeuvres I*, p. 312, vers 17-18.
[9] «Le drapeau de Carillon», dans *Oeuvres I*, p. 320, vers 209-212.
[10] «Castelfidardo», dans *Oeuvres I*, p. 390, vers 34-36.
[11] Le risque de la mort fait pendant à l'horreur de la mort dans les perspectives anthropologiques ouvertes par E. MORIN dans *L'homme et la mort*, p. 77-94.
[12] «Guerre d'Italie», dans *Oeuvres I*, p. 371, vers 37-42.

Le chant triomphal de ces morts s'étend sur une quarantaine de vers. Malgré sa magnificence, il n'émeut pas davantage que les strophes décrivant le réveil du vieux soldat canadien lorsque, en 1855, la corvette *La capricieuse* vint accoster au port de Québec après une longue absence de la marine française. Il faut citer ce passage en entier:

> Voyez, sur les remparts, cette forme indécise
> Agitée et tremblante au souffle de la brise:
> C'est le vieux Canadien à son poste rendu!
> Le canon de la France a réveillé cette ombre
> Qui vient, sortant soudain de sa demeure sombre,
> Saluer le drapeau si longtemps attendu.
>
> Et le vieux soldat croit, illusion touchante!
> Que la France, longtemps de nos rives absente,
> Y ramène aujourd'hui ses guerriers triomphants,
> Et que sur le grand fleuve elle est encor maîtresse.
> Son cadavre poudreux tressaille d'allégresse,
> Et lève vers le ciel ses bras reconnaissants.
>
> Tous les vieux Canadiens moissonnés par la guerre
> Abandonnent aussi leur couche funéraire,
> Pour voir réalisés leurs rêves les plus beaux.
> Et puis on entendit, le soir, sur chaque rive,
> Se mêler au doux bruit de l'onde fugitive
> Un long chant de bonheur qui sortait des tombeaux[13].

Semblablement, le soldat de l'empire émigré au Canada joindra sa voix aux soldats de la Nouvelle-France:

> Et pendant que la foule immense, rayonnante,
> À la voix du canon mêle sa voix bruyante,
> Un huzza solennel s'élève d'un tombeau.
> Réveillé par l'écho de la salve guerrière,
> C'est le soldat français qui, du fond de sa bière,
> Salue aussi son vieux drapeau[14].

Même les Amérindiens seront de la partie:

> Allez! Des vieux Hurons les mânes ranimés,
> Se levant tout à coup dans la forêt sonore,
> Frémiront de bonheur en revoyant encore
> Les fils de ces Français qu'ils avaient tant aimés[15].

En revanche, le poète exhorte les aïeux défunts à rester plongés dans le sommeil si le spectacle que la patrie leur offrirait alors serait de nature à leur causer de la tristesse:

> Ah! pour votre bonheur, dans vos funèbres bières,
> Mânes de nos aïeux, ne vous réveillez pas[16]!

Le héros de Carillon, quant à lui, réveille ses compagnons morts sur le champ de bataille. «Réveillez-vous!», leur crie-t-il, au moment de s'étendre à leurs côtés[17]. Mais

---

13 «Le vieux soldat canadien», dans *Oeuvres I*, p. 285, vers 111-128.
14 «Un soldat de l'empire», dans *Oeuvres I*, p. 345, vers 239.
15 «Colonisation», dans *Oeuvres I*, p. 270, vers 183-186.
16 «Aux Canadiens français», dans *Oeuvres I*, p. 332, vers 35-36.
17 «Le drapeau de Carillon», dans *Oeuvres I*, p. 320, vers 215.

il avait refusé de détromper ses amis qui espéraient toujours un retour en force des armées françaises:

Pour conserver intact le culte de la France,
Jamais sa main n'osa soulever le linceul
Où dormait pour toujours sa dernière espérance[18].

Ici, l'emploi métaphorique de l'appareil funéraire en dit long sur l'interpénétration de l'espérance et de la mort, sur la survie que comporte la mort du héros dans les poèmes de Crémazie. «La France, écrit-il, ne meurt pas[19].» Et si jamais elle défaillait en Europe, elle survivrait en Amérique au sein du Canada français[20]. Or, aussi longtemps que la France vivra, les soldats morts pour elle sortiront de leurs tombes et acclameront sa victoire. Ils partagent son immortalité.

Immortalité terrestre, comme on le voit, et qui prend tout son relief quand on la contraste avec le sort qui échoit à des saints comme Mgr de Laval ou monsieur de Fenouillet. Ces personnages ont, à bien des égards, la stature des héros. Crémazie dit de Mgr de Laval:

Mais déjà ce héros voit sa force tarie
Dans ses nombreux combats où s'épuise sa vie[21].

Monsieur de Fenouillet est lui aussi comparé à un soldat: «Comme un soldat debout qui meurt l'arme à la main [...][22].» Mais, tout proches qu'ils soient d'accéder à l'héroïsme, tout héroïques qu'ils soient à leur manière, ils ne s'identifient pas suffisamment à la cité terrestre. Dès lors, leur survie consiste à rejoindre les élus du ciel et non à partager l'existence historique de la patrie. Crémazie écrit au sujet de son ami de Fenouillet:

Sous ce divin soleil votre âme épanouie
Sur l'aile de la foi s'est envolée aux cieux[23]!

À propos de Mgr de Laval, lui aussi canonisé, Crémazie se contente d'écrire sur un ton dubitatif:

Si du séjour céleste, où son âme immortelle
S'enivre des clartés de la vie éternelle,
Laval peut contempler ces murs resplendissants [...][24].

---

[18] «Le drapeau de Carillon», dans *Oeuvres I*, p. 318, vers 158-160.
[19] «Le jour de l'an 1852», dans *Oeuvres I*, p. 258, vers 72.
[20] Crémazie avait l'impression que la culture française, latine même en général, même européenne, était menacée, peut-être par la Russie des tsars. Dans «La guerre d'Orient», il écrit sans atténuation: «Le vieux monde expirant» (*Oeuvres I*, p. 280, vers 108).
[21] «Deux centième anniversaire de l'arrivée de Mgr de Montmorency-Laval en Canada», dans *Oeuvres I*, p. 351, vers 109-110.
[22] «À la mémoire de M. de Fenouillet», dans *Oeuvres I*, p. 361, vers 57.
[23] «À la mémoire de M. de Fenouillet», dans *Oeuvres I*, p. 361, vers 71-72.
[24] «Deux centième anniversaire de l'arrivée de Mgr de Montmorency-Laval en Canada», dans *Oeuvres I*, p. 353, vers 145-147.

Avec la mort du héros, on a affaire à une thématique qui parcourt l'œuvre crémazienne de part en part. Comme l'écrit Odette Condemine: «Le souffle épique, l'amour de la patrie et la pensée de la mort sont les trois traits dominants de l'œuvre poétique de Crémazie[25].» Trois dominantes universellement présentes, c'est-à-dire ne se limitant pas à une partie du corpus, et en outre organiquement coprésentes car le souffle ou le style épique est de rigueur pour célébrer le héros, alors que ce dernier fait corps avec sa patrie dans sa vie et spécialement dans sa mort. Le poète ressasse volontiers ce motif dans des phrases, telle «Sait vivre et sait mourir où dorment ses aïeux[26]!»

Là cependant où Crémazie aborde expressément le sujet de la mort, soit dans «Les morts» (1856) et «Promenade de trois morts» (1862), il ne s'agit pas de héros, il ne s'agit pas de patrie, et le style délaisse l'idéalité épique pour cerner de plus près l'expérience personnelle de l'individu. Les choses alors sont beaucoup moins reluisantes. Au lieu d'être glorieuse, la mort apparaît comme abjecte, misérable et même macabre. Mais procédons pas à pas.

La nouveauté frappante et quasi hallucinante des deux poèmes susdits, c'est que le cadavre souffre. Je dis bien le cadavre et non quelque pseudo-défunt enterré vif, ainsi qu'on en avait la hantise aux XVIIe et XVIIIe siècles[27]. Les morts que le poète met en scène sont bel et bien décédés, et pourtant ils exercent cette prérogative du vivant, prérogative qui consiste à souffrir. La souffrance est même la preuve la plus éclatante que, de quelque manière, les morts existent et vivent. C'est ce que déclare le vieux mort à ses deux compagnons dans «Promenade de trois morts»:

> Gardons donc notre ver. Lui seul par sa blessure
> Nous fait croire à la vie. En sentant sa morsure
> Le pauvre mort se dit: Je souffre, donc je vis[28]!

Cette existence et cette vie attestées par la souffrance représentent si authentiquement une vie que le poète parle d'une seconde mort à propos du moment où elles cesseront:

> Car cette mort du mort, de cette chair flétrie,
>   Que ton âme vient de quitter,
> C'est le dernier rayon du soleil de la vie,
>   Puisque souffrir c'est exister[29].

Les souffrances ainsi endurées ne sont pas inutiles. Elles servent au contraire à expier les fautes commises et, de la sorte, à rendre possible l'entrée des âmes au paradis. On aura compris que Crémazie a en vue les hôtes momentanés du purgatoire, conformément à l'enseignement séculaire du christianisme, enseignement devenu central et populaire justement au XIXe siècle[30]. «Je ne suis pas un dévot, disait Crémazie de lui-même, mais je suis un croyant[31].» Il me semble en effet que le poète canadien doit à

---

[25] *Oeuvres I*, p. 209.
[26] «Le Canada», dans *Oeuvres I*, p. 322, vers 12.
[27] Voir là-dessus P. *Ariès, L'homme devant la mort*, Paris, Éditions du Seuil, 1977, ch. 9.
[28] «Promenade de trois morts», dans *Oeuvres I*, p. 401, vers 103-105.
[29] «Promenade de trois morts», dans *Oeuvres I*, p. 422, vers 575-578.
[30] Voir à ce sujet P. ARIÈS, *L'homme devant la mort*, p. 455-460.
[31] Cité par H.-R. CASGRAIN, dans *Oeuvres complètes de Octave Crémazie*, publiées sous le patronage de l'Institut canadien de Québec, Montréal, C.O. Beauchemin et fils, 1896, p. 80.

sa foi chrétienne la solution qu'il apporte au problème soulevé par Théophile Gautier dans le poème qu'il avait intitulé «Comédie de la mort» et qu'il avait publié quelques années auparavant[32]. S'il répond affirmativement à la question posée par le poète français: les morts souffrent-ils[33]? c'est à partir de l'enseignement chrétien qu'il le fait, mais un enseignement qu'il reformule de façon personnelle et terrestre, en remplaçant les flammes de l'enfer et du purgatoire par la morsure du ver, en soumettant à la douleur le corps charnel plutôt que la seule âme immortelle. Lui-même, sans nommer Théophile Gautier, oriente l'interprétation dans cette voie par le récit autobiographique dans lequel il explique l'origine de «Promenade de trois morts». Il faut citer ce passage capital:

> [...] je me demandai si l'âme, partie pour l'enfer ou le purgatoire, ne souffrait pas encore dans cette prison charnelle, dont la mort lui avait ouvert les portes; si [...] l'âme, dans le séjour mystérieux de l'expiation, n'était pas atteinte par les frémissements douloureux que doit causer à la chair cette décomposition du tombeau, juste punition des crimes commis par le corps avec le consentement de l'âme. Cette pensée, qui me trottait souvent dans la tête, a donné naissance à la *Promenade de trois morts*[34].

D'après ce texte, les élus du ciel seraient exempts des souffrances cadavériques. Les damnés en revanche, avec les âmes du purgatoire, s'y trouveraient assujettis. Le poème lui-même semble restreindre les douleurs que la décomposition fait subir aux seuls habitants du purgatoire. Seuls ces derniers en effet sont en position de recevoir l'aide des vivants, c'est-à-dire leurs prières et leur souvenir:

> Déchirant pour toujours le voile de la vie,
> Pour le ciel ou l'enfer quand une âme est partie,
> Son corps, en descendant au repos éternel,
> Ne s'éveille jamais pour venir sur la terre,
> Implorer les vivants, car, hélas! leur prière,
> Sans force pour l'enfer, est inutile au ciel[35].

Ou peut-être n'y a-t-il pas d'opposition entre le poème et le commentaire; à condition seulement de comprendre que les damnés, aussi bien que les habitants du purgatoire, subissent les souffrances attachées à la décomposition de leurs cadavres, tourments donc forcément limités pour les uns et les autres, moyennant toutefois cette différence que seules les âmes du purgatoire sont susceptibles de recevoir un allégement de leur peine à la faveur du souvenir aimant que leur conservent proches parents et amis.

Car au fond, ce qui intéresse le poète, ce ne sont pas les âmes, qu'elles se trouvent aux enfers, au ciel ou au purgatoire. L'auteur de «Les morts» et de «Promenade de trois morts» se passionne pour les corps, infiniment plus tangibles et réels que celles-là. Par ailleurs, les corps ne l'attirent pas non plus en tant que tels. Ils l'émeuvent dans la mesure où ils servent de support et d'enjeu à une relation amoureuse entre des morts et des vifs, entre un père (vieux mort) et son fils, entre un époux (2e mort) et son épouse, entre un adolescent (3e mort) et sa mère. Si les hôtes du purgatoire retiennent l'attention de Crémazie, c'est que seuls «ils s'éveillent pour venir sur la terre implorer les vivants».

---

[32] Voir Théophile GAUTIER, *Poésies complètes,* publiées par René Jasinski, collection des classiques français, Paris, Firmin-Didot et Cie, 1932, t. II, p. 3-49.
[33] «Crémazie donne sa réponse à la question de Gautier: oui, les morts souffrent dans la tombe [...]» (*Oeuvres I,* p. 149).
[34] *Oeuvres II,* p. 96.
[35] «Promenade de trois morts», dans *Oeuvres I,* p. 400, vers 67-72.

Ils viennent implorer les vivants, mais les vivants entendent-ils ces supplications? Crémazie est presque aussi sceptique à cet égard que son émule, Théophile Gautier[36]. Déjà, dans «Les morts», il se plaignait de l'oubli dans lequel on relègue les disparus:

Hélas! ce souvenir que l'amitié vous donne
Dans le cœur meurt avant que le corps n'abandonne
    Ses vêtements de deuil,
Et l'oubli des vivants, pesant sur votre tombe,
Sur vos os décharnés plus lourdement retombe
    Que le plomb du cercueil[37].

Ce motif devient le thème central de «Promenade de trois morts». Ce grand œuvre inachevé pose justement la question de savoir si les survivants font à leurs défunts l'aumône d'un souvenir, concrétisé par une fleur jetée sur la tombe ou une prière adressée à Dieu. La thèse du ver est absolument pessimiste: nul ne pense aux défunts. Chacun des trois morts compte sur une personne spécialement intime: fils, épouse, mère. Dans son état actuel, le poème laisse la question en suspens:

Ah! qui donc dois-je croire, effroyable mystère!
La parole du Ver ou l'amour de ma mère?...[38]

On sait cependant par une lettre subséquente de l'auteur que la réponse n'aurait pas été irrémédiablement négative, que, malgré l'inconstance du fils et de l'épouse, l'amour de la mère aurait survécu à la séparation de la mort[39].

Telle est donc l'horreur propre à cette mort du pécheur: la souffrance de la décomposition, une souffrance que n'abrège ni ne calme le souvenir d'un ami.

Crémazie faisait place sans doute à divers apaisements. Au niveau de «Les morts», par exemple, il admet largement que la mort procure quelque chose comme le repos et la paix, en ce sens qu'elle est un refuge contre les angoisses et les préoccupations:

Ô morts! dans vos tombeaux vous dormez solitaires,
Et vous ne portez plus le fardeau des misères
    Du monde où nous vivons[40].

Mais cette paix toute négative et privative reste trompeuse en l'absence du souvenir.

Autre source d'apaisement pour les morts, l'espèce d'immortalité végétale et cosmique que procure à l'individu le recyclage de la poussière. Cette idée est présente elle aussi chez Théophile Gautier[41]. Crémazie lui donne une tournure extrêmement concrète, quand il évoque la possibilité qu'une fleur formée à même la matière organique du corps enseveli soit un jour cueillie par une personne au souvenir fidèle, telle que la mère du jeune mort:

---

[36]   Lire le dialogue entre «Le ver et la trépassée», p. 15-17.
[37]   «Les morts», dans *Oeuvres I*, p. 300, vers 37-42.
[38]   «Promenade de trois morts», dans *Oeuvres I*, p. 424, vers 633-634.
[39]   «Seul, le fils trouve sa mère agenouillée, pleurant toujours son enfant et priant Dieu pour lui» (*Oeuvres I*, p. 425; *Oeuvres II*, p. 99).
[40]   «Les morts», dans *Oeuvres I*, p. 299, vers 1-3.
[41]   Cf. «La comédie de la mort», dans *Poésies complètes II*, p. 17.

> Et, porté par le vent dans cette humble vallée
> Où pleure chaque jour ma mère désolée,
>   Je veux devenir une fleur[42].

Il ne s'agit pas ici, à mon sens, de réincarnation ou d'une aspiration au néant, suivant un modèle plus ou moins hindouiste, ainsi que le suggère Odette Condemine[43]; on a affaire à un sentiment naturaliste et romantique, au vieux schème de la renaissance à la vie par la mort. «La matière, dit carrément le poète, ne s'anéantit pas[44].»

C'est bien peu, dira-t-on, et de fait le poète chrétien n'insiste pas. Il préfère mettre de l'avant les prières pour les morts et en particulier celles qui se célèbrent le 2 novembre. C'est là un jour faste pour les défunts. Ils ont la faculté de quitter momentanément leurs tombeaux, d'échapper de la sorte aux vers, d'aller frapper aux portes des personnes aimées — et, espèrent-ils, aimantes — enfin, de se rendre à l'église assister aux offices célébrés à leur profit. Pareil soulagement échoit, sans distinction, il va de soi, à toutes les âmes du purgatoire.

Tous ces allégements restent cependant bien en deçà de l'objectif. Repos, immortalité de la matière, prières liturgiques, autant de cataplasmes qui laissent béante la blessure du souvenir. Le souvenir aimant, et lui seul, possède une vertu magique. Il transforme un cercueil en palais[45]. Il redonne la vie par lui-même, sans qu'il soit nécessaire de recourir aux intercessions ecclésiastiques[46]. C'est le souvenir en effet qui constitue le vrai remède au véritable malheur qui frappe le pécheur défunt.

- III -

Dans une lettre adressée à l'abbé Casgrain, Crémazie avouait: «[...] j'aime de toutes mes forces cette école romantique [...][47].» Cette confidence nous serait inconnue, que nous n'aurions aucun mal à déceler dans ses œuvres l'influence prédominante des Lamartine, Hugo, Gautier, Béranger, etc. Sa versification, entre autres, s'inspire des modèles fournis par les successeurs et adversaires des classiques. En ce qui nous concerne, la pensée de Crémazie sur la mort semble bien renvoyer elle aussi à un schéma romantique, celui de la belle mort dont a parlé P. Ariès[48], quoique avec des insistances et des particularités assez remarquables. Si bien que, pour regrouper la plupart des observations faites jusqu'à maintenant, il serait possible de voir en Crémazie d'une part un *romantique* chrétien, et de l'autre, un *chrétien* romantique.

---

[42]   «Promenade de trois morts», dans *Oeuvres I,* p. 413, vers 374-376.
[43]   Cf. *Oeuvres I,* p. 152-153.
[44]   *Oeuvres II,* p. 98.
[45]   «Cette effrayante bière
        Pleine d'affreux secrets,
        Tes larmes, ô ma mère,
        Vont en faire un palais». («Promenade de trois morts», dans *Oeuvres I,* p. 409, vers 283-286).
[46]   «Le fils les accompagne [à l'église, le jour de la Toussaint], mais son regard n'est pas morne comme celui de ses compagnons; on sent que les prières de sa mère ont déjà produit leur effet» (*Oeuvres I,* p. 425; *Oeuvres II,* p. 99).
[47]   *Oeuvres II,* p. 94.
[48]   Voir P. Ariès, *L'homme devant la mort.* ch. 10.

La mort, chez Crémazie, a une allure romantique en ce sens général et compréhensif qu'elle se présente comme la mort de toi, la mort de la personne aimée. Quand le poète voit dans la patrie le tombeau des ancêtres d'abord et avant tout, ces ancêtres étant plus ou moins confondus avec les héros (demi-dieux, dieux), c'est que les morts se trouvent embellis et idéalisés. On a affaire à la belle mort. Quand semblablement le souvenir aimant s'impose comme le seul remède efficace à l'égard des souffrances et des misères qui affectent les cadavres, c'est bien ici encore la mort de toi, la mort de l'être aimé qui est en cause. Enfin, quand il dote d'une macabre sensibilité les corps qui gisent dans la terre, il réagit en romantique face à l'industrialisation, à la technique et à la science qui prenaient alors le gigantesque essor que l'on sait[49].

Mais notre romantique n'en reste pas moins profondément chrétien, si bien que, sur chacun de ces points, sa pensée prend une coloration particulière. La patrie des aïeux, c'est aussi le soutien de la foi et des états romains. Le souvenir des morts, la pratique chrétienne lui interdit de penser que ce ne serait qu'un vain mot[50]. Quant à son opposition au machinisme, il lui donne un tour théologique en présentant les inventions techniques comme les nouvelles idoles: «Les peuples vont criant: la Machine, c'est Dieu[51]!»

Ce poète romantique s'inscrit donc dans la lignée des Chateaubriand et même des Lamartine, quand il accorde sa lyre aux accents des cantiques religieux. Il arrive cependant que son indubitable foi chrétienne subit fortement l'empreinte de sa sensibilité romantique et qu'il devient l'émule d'un Lamennais. Son orthodoxie paraît alors tellement douteuse que ses lecteurs s'effarouchent[52].

Le thème de l'âme immortelle rejoignant le ciel, l'enfer ou le purgatoire après la mort, ainsi que celui de l'expiation exigée pour les péchés commis constituent autant d'emprunts à la foi chrétienne traditionnelle. Notons, assez paradoxalement dans le même sens, que Crémazie ne songe pas à la résurrection, en conformité avec la théologie de son époque, même si la dite théologie dérogeait par rapport à la foi de l'Évangile.

Là où le romantisme du poète transparaît clairement, c'est dans les transformations considérables qu'il opère sur chacune de ces données. Les âmes sauvées, thème central de la piété chrétienne du XIXᵉ siècle, ne jouent qu'un rôle mineur pour Crémazie. Elles n'importent au fond ni à la patrie ni aux individus. Seuls comptent pour la première les héros bien terrestres ensevelis dans le sol ancestral et, pour ces derniers, les hôtes du purgatoire encore en butte aux souffrances de ce monde à travers leurs cadavres pourrissants.

---

[49] Cette relation du macabre romantique — relation d'opposition — à l'objectivité scientifique est explicitée dans le poème de Théophile Gautier. Le poète s'insurge notamment contre l'analyse anatomique des cadavres. Voir «La comédie de la mort», p. 21.

[50] Durant le siège de Paris, il en a eu la preuve concrète, le 2 novembre 1870. «Des centaines de mille personnes se rendent aux différents cimetières pour déposer sur les tombes aimées une couronne d'immortelles et donner au souvenir des êtres chéris qui ne sont plus une prière et une larme» (*Oeuvres II*, p. 191).

[51] «Guerre d'Italie», dans *Oeuvres I*, p. 375, vers 144.

[52] Odette Condemine observe que la réaction initiale des lecteurs québécois à «Promenade de trois morts» en fut une de surprise; on était offusqué par les idées et le réalisme du poème. Cf. *Oeuvres I*, p. 140, 153.

Puisque Crémazie s'est payé la fantaisie[53] d'animer les cadavres, il s'est donné les moyens de redéfinir l'expiation des péchés, de la transporter depuis l'autre monde jusque dans le sein de ce monde-ci. La métaphore des flammes infernales est remplacée par celle du ver.

J'ai noté que la résurrection chrétienne est absente des perspectives crémaziennes. Or, le poète romantique nous cause la surprise de retrouver, malgré le dualisme et le supernaturalisme de son époque, la constante anthropologique dans laquelle s'inscrit la foi en la résurrection, à savoir le schème de la renaissance cosmique, suivant lequel la vie aboutit à la mort, mais à une mort qui à son tour produit la vie.

On pourrait donc dire de Crémazie, *romantique* chrétien et *chrétien* romantique, qu'il est par son christianisme le reflet de son milieu et, par son romantisme, le reflet de son époque. Mais il a fortement contribué à injecter les valeurs romantiques dans la culture québécoise du XIXe siècle. Je vise ici notamment 1) la sacralisation de la patrie terrestre qu'opèrent les tombeaux des héros et des aïeux, sacralisation aucunement chrétienne, 2) la souffrance expiatrice attribuée aux cadavres, elle aussi médiocrement orthodoxe, 3) le cycle de naissances et de renaissances auquel appartient le corps au sein de la matière immortelle.

Crémazie thanatologue m'apparaîtrait en conséquence comme témoignant à un double titre de croyances traditionnelles. Premièrement, il fait écho à l'enseignement de l'Église concernant le ciel, l'enfer, le purgatoire, l'expiation. Deuxièmement, sur les points précisément où il se démarque de la stricte orthodoxie — ceux entre autres que je viens à l'instant d'énumérer — il rejoint une tradition plus ancienne, celle de la mort apaisée et apprivoisée, comme l'exprime P. Ariès, dans laquelle le cadavre n'est pas un objet immonde ou encore scientifique, mais un corps qui repose dans la paix.

---

[53] Le mot «fantaisie» est mis en exergue sous le titre de «Promenade de trois morts». Dans la lettre à l'abbé Casgrain souvent citée, il explique que la fantaisie en question n'est pas à proprement parler un genre littéraire, mais qu'elle «consiste à donner une forme à des êtres dont l'existence est certaine, mais dont la manière d'être nous est inconnue» (*Oeuvres II*, p. 96).

François-Xavier Garneau (1809-1866)

Garneau, disciple de Michelet?

par Marc Lebel

Au moment où la communauté des historiens célèbre avec éclat l'anniversaire de la mort de Michelet[1], il n'est peut-être pas tout à fait inutile de se demander dans quelle mesure F.-X. Garneau connut et fréquenta l'œuvre du grand historien français. Les connaisseurs de Garneau ont fait ressortir jusqu'ici le rôle d'Augustin Thierry dans l'élaboration de l'*Histoire du Canada*, et c'est justice[2]. Tout récemment, une étude aussi ingénieuse que fragile a placé l'œuvre de Garneau sous l'emprise de Vico[3]. Certes, il y a quelque légèreté à cette recherche de filiations et d'influences, et nous serions mal venu d'ajouter le nom de Michelet, alors que les témoignages décisifs font défaut.

Michelet ne figure pas au catalogue de la bibliothèque de Garneau dressé le lendemain de sa mort, ni d'ailleurs Vico ou Thierry[4]. Qu'en est-il des bibliothèques où le jeune clerc, l'historien en herbe, et plus tard l'écrivain consacré ont tour à tour puisé? Nous ne savons rien de la bibliothèque de Joseph-François Perrault ni de celle d'Archibald Campbell auxquelles Garneau, dans sa jeunesse, eut accès[5]. Encore plus regrettable est le mystère qui enveloppe la bibliothèque de l'érudit Amable Berthelot qu'une longue amitié unit à Garneau[6]. En revanche, la bibliothèque de Papineau qui lui est ouverte depuis le retour de Paris du grand patriote renferme plusieurs ouvrages de Michelet. Mais outre le fait que Garneau a déjà en 1845 publié le premier volume de son *Histoire* et vraisemblablement précisé les grands traits de sa pensée, le catalogue de cette bibliothèque, établi fort tardivement, n'offre pas toutes les garanties[7].

---

[1] Deux revues françaises, *L'Arc* (n° 52) et *Europe* (n° 535-536) viennent de consacrer des numéros spéciaux à Michelet. L'historien Robert Mandrou a rappelé son souvenir dans le *Monde* (8 février 1974). Signalons que Paul Viallaneix, premier spécialiste de Michelet, publie ces années-ci une édition critique des œuvres complètes. Dans ce concert d'éloges, quelques voix discordantes se sont élevées; parmi les contempteurs de Michelet, outrés par les audaces du *Journal*, on peut relever Jacques CHARDONNE, *Ce que je voulais vous dire aujourd'hui*, Paris, 1969, p. 173; José CABANIS, *Plaisirs et lectures*, Paris, 1964, p. 82-86; et de façon plus générale, l'anathème jeté par Henri GUILLEMIN, *Le Monde*, 17 mai 1974.

[2] Georges ROBITAILLE, *Études sur Garneau*, Montréal, 1929, p. 15-53; Harry D. SMITH, *L'Influence d'Augustin Thierry sur François-Xavier Garneau*, thèse de doctorat de l'Université Laval, 1947; R.J. HAHORN, *Garneau, disciple de Thierry*, dans *Mosaic*, vol. 1, n° 1, octobre 1967, p. 66-78.

[3] James PRITCHARD, *Some Aspects of the Thought of F.X. Garneau*, *Canadian Historical Review*, vol. LI, n° 3 septembre, 1970, p. 276-291.

[4] Ce catalogue apparaît dans l'inventaire après décès, et il comprend au delà de 150 titres.

[5] C'est du moins l'avis de son premier biographe, l'abbé Henri-Raymond Casgrain, *Oeuvres complètes* t. II, Montréal, 1897, p. 89-90. J.-J. JOLOIS, *J.-F. Perrault et les origines de l'enseignement laïque au Bas-Canada*, Montréal, 1969, ne dit mot de la bibliothèque de son héros. L'existence d'un catalogue de vente est attestée par le *Canadien*, 29 juillet 1844. Sur Archibald Campbell, on pourra lire l'article de P. SAVARD dans le vol. IX (1861-1870) du *Dictionnaire biographique du Canada*, (à paraître).

[6] *Le Magasin du Bas-Canada*, février 1832, p. 63-65, donne un aperçu des richesses de cette bibliothèque. Il s'agit là en quelque sorte d'un premier état de la collection de Berthelot. Espérant sans doute faire une bonne affaire et renouveler sa bibliothèque à meilleur compte en Europe où il allait séjourner trois ans, Berthelot la mit en vente quelques mois avant de s'embarquer. Au décès de son vieil ami, Garneau rédigera une émouvante notice nécrologique, *Le Journal de Québec*, 21 décembre 1847.

[7] *Catalogue of books being the complete library of the late Hon. L.J. Papineau...*, Montréal, 1922. Six ouvrages de Michelet apparaissent dans ce catalogue [nos 98, 267, 1243, 1423, 1425 et 1598].

Nous sommes en terrain plus sûr dans le cas des bibliothèques de collectivités où s'approvisionne Garneau. Elles sont au nombre de trois: la Bibliothèque de la Chambre d'assemblée, la Bibliothèque de la Société littéraire et historique de Québec, et enfin la Bibliothèque de l'Institut canadien.

De 1831 à 1864, pendant les trois décennies où Garneau construit et parfait son œuvre, ces institutions font paraître 15 catalogues ou suppléments. Dans une seule d'entre elles, la bibliothèque de la Chambre d'assemblée, retrouvons-nous en abondance les ouvrages de Michelet, et cela aux environs de 1845 seulement. Au cours des années suivantes, achats et dons compléteront la collection, et elle sera entièrement renouvelée à deux reprises à la suite des incendies de 1849 et 1854: ce qui démontre bien que le goût de Michelet y était plus qu'une passade. Mais il n'est pas sûr du tout que Garneau ait pu profiter de ses richesses après la première insurrection: ouverte au public entre les sessions de la Législature jusqu'en 1837, la Bibliothèque de la Chambre d'assemblée sera dès lors, semble-t-il, tenue fermée. Pis encore, l'établissement de l'Union fera d'elle une bibliothèque ambulante, à l'époque précisément où elle allait s'enrichir d'un grand nombre d'ouvrages de Michelet[8].

Plus récente (sa formation remonte à 1848) et destinée à réparer la perte de la Bibliothèque de la Chambre d'assemblée, la Bibliothèque de l'Institut canadien ne renferme en 1854 que deux ouvrages de Michelet. Elle présente néanmoins un immense intérêt. Non seulement Garneau fait-il partie du comité chargé de l'achat des livres, mais nous pouvons, grâce au registre du prêt, miraculeusement conservé, suivre les lectures de Garneau. Or, ni dans ses activités au sein du comité ni dans ses emprunts nous ne remarquons une prédilection pour Michelet[9].

Reste la bibliothèque de la Société littéraire et historique. Absent du catalogue de 1845, Michelet n'y apparaît qu'une quizaine d'années plus tard avec une édition tardive de l'*Histoire de France*[10].

L'œuvre même de Garneau nous éclaire-t-elle davantage? Écartons la poésie et la correspondance qui ne soufflent mot de Michelet. Le *Voyage* reprend deux appréciations très enlevées de Michelet sur l'architecture gothique[11]. Dans les quatre volumes de l'*Histoire* (nous utilisons la 3e édition, la dernière imprimée du vivant de Garneau), les emprunts directs à Michelet se réduisent à peu de chose: deux citations (t. I, p. XIV; t. II, p. 58) et une paraphrase (t. I, p. XV n.). La première de ces citations apparaît dans le *Discours préliminaire* et elle est accompagnée d'une note élogieuse à l'endroit de Michelet: «Nous suivons ici les

---

[8] Garneau dénoncera en des termes très vifs «cet acte de vandalisme dirigé contre notre ville» (*L'Institut*, 8 mai 1841, p. 42).

[9] Nonobstant ces remarques, le Comité recommandera en 1850 l'achat de la *Science Nouvelle* de Vico, traduite par Michelet, et la grande inspiration de son œuvre. (*Le Canadien*, 10 janvier 1851).

[10] L'auteur prépare une étude sur les bibliothèques de collectivités de la ville de Québec aux XVIIIe et XIXe siècles; elle comportera toutes les précisions bibliographiques nécessaires sur les catalogues auxquels il est fait allusion ici.

[11] P. WYCZYNSKI, éd., *Voyage en Angleterre et en France dans les années 1831, 1832 et 1833*, Ottawa, 1968, p. 200 et 290.

données de ce savant et ingénieux historien.» Si la présence de Michelet dans le *Discours préliminaire* ne fait aucun doute [et remarquons que Garneau attachait une extrême importance à ce texte qui résume en quelque sorte sa conception de l'histoire], il est beaucoup plus malaisé d'en découvrir la trace dans le corps de l'œuvre. Il en va ainsi d'une idée très chère à Michelet: jusqu'à nouvel ordre (seule une étude sémantique permettrait de trancher), il ne semble pas que le peuple de Garneau corresponde à celui de Michelet.

Chacun sait la place centrale qu'occupe le peuple dans la philosophie de l'histoire de Michelet: vivante incarnation de la liberté et de la démocratie, le peuple est infaillible, sa progressive affirmation constitue le fait majeur des temps modernes[12]. Or, chez Garneau, à l'exception de quelques passages de l'*Histoire*, le peuple n'est pas personnifié et ne prend pas la forme d'un être collectif.

Bien que Garneau n'invoque que rarement l'œuvre de Michelet et que l'influence de celle-ci ne déborde guère les pages du *Discours préliminaire*, cela suffit pourtant à déchaîner en son temps la critique. Tout bien considéré, il fallait de la part de Garneau quelque témérité ou quelque maladresse pour saluer avec tant de chaleur, ne fût-ce qu'une fois, un historien que l'Église venait précisément de condamner. Lorsque paraît à Québec fin août 1845 le premier volume de l'*Histoire du Canada*, l'opinion catholique française harcèle depuis déjà deux ans l'enseignement de Michelet au Collège de France. La publication des *Jésuites* en juillet 1843, suivie en janvier 1845 de celle du *Prêtre*, mis à l'index trois mois plus tard, plonge dans l'indignation la bonne presse. Le plus entêté, le plus brillant peut-être des critiques canadiens de Garneau, l'abbé Thomas-Benjamin Pelletier, ne tarde pas à souligner à plaisir le parrainage sous lequel Garneau s'est discrètement placé. «Le public instruit ne peut ignorer que le guide de notre historien n'est autre, après tout, que ce vil pamphlétaire, auteur du *Prêtre, de la femme et de la famille*: ouvrage honni de toute la France chrétienne, censuré par les évêques et déjà retourné à la fange qui l'a produit.» «... on sait ici que la plupart des œuvres du professeur panthéiste du Collège de France ont reçu, à Rome, l'apostille significative de l'index[13].» Jacques Viger ne pense pas autrement lorsqu'il écrit en 1848 que Garneau a fait «une histoire philosophique dans le goût de Quinet, Michelet, Prudhon, voire même de Lamartine[14]». Deux ans plus tard, l'auteur anonyme d'une longue étude sur l'*Histoire du Canada* blâme de nouveau Garneau de suivre Michelet «le jésuitophobe et l'impie[15]».

Si les critiques de Garneau brandissent le nom de Michelet sur le ton du reproche, ses partisans, au contraire, mettent en parallèle les deux historiens dans

---

[12] Sur cet aspect fondamental de l'œuvre de Michelet, il faut recourir à la somme de Paul VIALLANEIX, *La voie royale. Essai sur l'idée de peuple dans l'œuvre de Michelet*, Paris, 1971.

[13] *Le Canadien*, 12 décembre 1845. Il ne fait aucun doute que l'auteur de cet article signé du pseudonyme «Y» est bien l'abbé Pelletier, alors professeur au Collège de Sainte-Anne-de-la-Pocatière.

[14] J. Viger à G.-B. Faribault, 19 octobre 1848. Cité par G. FRÉGAULT, *La recherche historique au temps de Garneau*, dans *Le Centenaire de l'Histoire du Canada de François-Xavier Garneau*, Société historique de Montréal, 1945, p. 388.

[15] *Le Journal de Québec*, 14 mai 1850. Une génération plus tard, Joseph-Charles Taché devait reprendre ce jugement et reprocher à Garneau d'être imbu «des doctrines de Michelet» (Julienne BERNARD, *Mémoires Chapais* t. III, Montréal, 1964, p. 228).

un dessein de louange. C'est le cas, par exemple, du romancier Henri-Émile Chevalier qui affirme en 1854 que l'*Histoire du Canada* serait placée en France «à côté des meilleurs productions de Sismondi, Michelet, Louis Blanc ou Lavallée[16]».

Que conclure? À cause de l'invocation flatteuse du *Discours préliminaire* et sur la foi de quelques citations, bon nombre de contemporains de Garneau ont exagéré l'influence de Michelet sur l'*Histoire*. Ce faisant, ils répercutaient au Canada les disputes qui opposaient en France Michelet et les milieux catholiques. Il est plus vraisemblable que Garneau ait pratiqué Michelet sur le tard, une fois élaborée son *Histoire du Canada*[17].

À y bien regarder, nous sommes en présence de deux tempéraments très divers (la similitude des origines modestes et leur destin tragique à l'un et à l'autre ne doivent pas tromper). Rien tant que la langue n'illustre ce contraste. L'admirateur de Michelet cherchera en vain chez Garneau la démarche haletante, l'écriture saccadée par quoi se reconnaît «ce passionné, ce malade de sensibilité quasi hystérique[18]». La langue de Garneau est aux antipodes de celle de Michelet. Ennemie des néologismes et des tournures archaïques, elle ne recherche pas l'effet; elle est aussi éloignée que possible de l'éloquence et de l'emphase. Tandis que Michelet écrit d'un coup, sous l'empire de l'émotion, que sa plume jaillit comme un torrent, multipliant les antithèses et les métaphores qui ne cessent de surprendre le lecteur, Garneau peine et rature, jamais satisfait d'une œuvre qu'il corrigera toute sa vie.

---

[16] Cité par P. Wyczynski dans son édition du *Voyage en Angleterre et en France...*, p. 327.
[17] Ce n'est pas là l'avis de Monsieur Jean-Charles Falardeau qui tranche bien imprudemment en faveur d'un Garneau tout «inspiré par la pensée et la méthode de Michelet». Voir son article: *Antécédents, débuts et croissance de la sociologie au Québec*, dans *Recherches sociographiques*, vol. XV, nos 2-3, mai-août 1974, p. 137.
[18] André MONGLOND, *Pèlerinages romantiques*, Paris, 1968, p. 179. Ce recueil d'essais renferme un portrait magistral de Michelet (p. 177-184).

La mort de Winceslaus Dupont selon James McPherson Le Moine

par Roger LE MOINE*

Dans une lettre datée du 9 septembre 1879, James McPherson Le Moine[1] confie à l'abbé Louis-Édouard Bois:

> Je regrette infiniment d'apprendre que vous ayez été si gravement indisposé. Vous me feriez bien plaisir en acceptant mon hospitalité. Je réunirais quelques amis des lettres; nous causerions histoire, littérature, théologie même au besoin. Nous aurions par-dessus nous des variétés de raisins & un petit gobelet chacun de ce vieux vin de France chanté par nos aïeux.

Sans s'en douter, Le Moine, qui aimait tant recevoir dans les serres de *Spencer Grange*, venait d'exprimer mieux qu'ailleurs son art de vivre. Car s'il se consacra à son travail de fonctionnaire ainsi qu'à ses recherches, il ne voulut pas renoncer pour autant aux habitudes de cette société brillante dont il était issu et qui gravitait autour de la ville de Québec. Pas plus qu'il n'accepta de se couper de la nature qu'il avait appris à connaître dans son tout jeune âge en parcourant les grèves de l'île aux Grues et de la côte du Sud, et sur laquelle porte une bonne partie de sa production. D'ailleurs, rien ne révélera mieux les diverses préoccupations de l'homme que ce domaine de *Spencer Grange* où il vécut plus de cinquante ans; situé aux limites de Québec, c'est-à-dire du monde qu'il pratiquait dans son passé comme dans son présent, il n'appartenait pas moins à la campagne et au fleuve qu'il surplombe. Tandis que l'indifférence religieuse qu'il manifesta jusque dans son grand âge et qui lui venait sans doute d'un milieu familial partagé en non-pratiquants, catholiques, anglicans et presbytériens, marqua sa façon de voir qui était celle de l'antiquaire;

---

* Roger Le Moine est professeur titulaire au département des lettres françaises de l'Université d'Ottawa.

[1] James McPherson Le Moine est né à Québec, le 21 janvier 1825, du mariage de Benjamin Le Moine et de Julia Ann McPherson. Il passe son enfance au manoir seigneurial de l'île aux Grues ainsi qu'à Montmagny. En 1839, il entre au Petit Séminaire de Québec où il poursuit ses études jusqu'en 1845. C'est à peine si elles sont interrompues en 1843 par un voyage de repos en Gaspésie et à l'île d'Anticosti. Clerc chez Mᵉ Noël Bossé, il est admis au barreau en 1850 et il ouvre son étude rue du Parloir. Trois ans plus tôt, il avait été nommé inspecteur du revenu pour la ville et la région de Québec. Il participe à la fondation de l'*Institut canadien de Québec*, en 1848, et, en 1851, avec François-Xavier Garneau et toute une délégation québécoise, il effectue le voyage inaugural du chemin de fer reliant Montréal à Boston. En 1854, est constituée l'étude *Kerr et Le Moine* qui sera dissoute en 1858. À partir de ce moment, Le Moine ne se consacrera plus qu'à son travail de fonctionnaire et à ses recherches sur la faune, la flore et l'histoire. S'il épouse le 15 juin 1856 Harriet Mary Atkinson qui lui donne deux enfants, il fait l'acquisition, en 1860, du domaine de *Spencer Grange* où il vivra jusqu'à sa mort et qui deviendra le centre d'une vie sociale et intellectuelle sans égale dans l'histoire de Québec. Nul voyageur qui ne s'y arrête: membres de la famille royale d'Angleterre, hommes politiques, militaires, scientifiques, historiens, littéraires. À l'été et à l'automne de 1881, il voyage en Angleterre, en France et en Belgique. Par la suite, sauf pour se rendre aux États-Unis, il ne quittera plus guère le Québec. Ses voyages le porteront plutôt du côté du Lac-Saint-Jean et du golfe du Saint-Laurent. Membre du comité chargé d'élaborer la constitution de la Société royale, en 1882, il est élu, en 1894, président des quatre sections de cette société. Le 1ᵉʳ janvier 1897, la reine Victoria le crée baronet. Il prend sa retraite le 31 décembre 1899 et il meurt à *Spencer Grange* le 5 février 1912. Il est inhumé le 7 au cimetière du *Mount Hermon*. Il laissait une œuvre très considérable publiée en volumes ou éparpillée en de nombreuses revues; aucune bibliographie n'en a encore été dressée.

car chez lui, le détail, tout comme l'objet, vaut pour lui-même sans être fonction d'une quelconque idéologie.

Au tournant du siècle et à l'intention des membres de sa famille, Le Moine a raconté ses souvenirs en un long texte de plus de 200 pages resté jusqu'à ce jour à l'état de manuscrit et intitulé *Glimpses & Reminiscences*. Il y est question de lui-même, de ses parents et amis comme, dans ce cas-ci, de ce Winceslaus Dupont sur qui peu de renseignements nous sont parvenus.

Contrairement à ce que tous ont écrit, Winceslaus Dupont n'est pas né à Saint-Roch-des-Aulnaies mais plutôt à Québec, paroisse Notre-Dame, le 28 septembre 1824[2]. Sa mère se nommait Françoise-Adélaïde Volce et son père, Robert Dupont, exerçait alors le métier d'imprimeur après avoir été instituteur. N.E. Dionne écrit à son sujet: «Robert Dupont était peu instruit, partageant en cela le sort de plusieurs de ses collègues dans l'enseignement.» Par ailleurs, il le dit «respectable[3]». Il enseigna à Sainte-Anne-de-la-Pocatière de 1812 à 1824[4]. Cette année-là, qui coïncide avec la naissance de Winceslaus, il déménage à Québec. Ensuite, on perd sa trace à moins qu'il ne soit ce «Monsieur Dupont» qui annonce l'ouverture d'une école élémentaire, le 1er juin 1836, au numéro 4, rue Laval, à Québec[5]. Il devait mourir à Saint-Roch-des-Aulnaies où il habite sans doute avec sa femme au moment de la noyade de son fils[6]. Robert Dupont appartient à ce groupe d'instituteurs qui, sans diplômes quoique souvent compétents, furent délogés de leur poste au fur et à mesure que se développa l'enseignement au Québec avec la fondation d'écoles normales et l'ouverture de couvents et de collèges confiés à des communautés religieuses.

Le fils n'est guère plus connu que le père. S'il naît en 1824, on ne le retrouve qu'en 1843. En effet, le 4 octobre de cette année-là, il participe à la fondation de la *Société canadienne d'études littéraires et scientifiques* qui remplaçait la *Société des jeunes gens*[7]. Clerc chez Narcisse F. Belleau en 1846, il se noie le 5 août de la même année. L'enquête du coroner a lieu le lendemain et l'inhumation, le surlendemain[8]. Le 6 août 1846, à la rubrique *Décès*, le *Journal de Québec* note: «Hier au soir, vers 8

---

[2] Le vingt-huit septembre mil huit cent vingt-quatre, Nous Prêtre Vicaire de Québec soussigné avons baptisé Winceslaus né hier du légitime mariage de Sieur Robert Dupont Imprimeur et de Dame Françoise Adélaïde Volce de cette ville.
Parain Augustin Alarie, Maraine Marguerite Urqueson qui ont déclaré ne savoir écrire. le père soussigné avec nous Robert Dupont, MacMahon, ptre-vic.

[3] N.-E. DIONNE, *Sainte-Anne-de-la-Pocatière*, Québec, Laflamme, 1910, p. 61-62.

[4] Louis-Philippe AUDET, *Le système scolaire de la province de Québec*, vol. 4, Québec, P.U.L., 1952.

[5] A. LABARRÈRE-PAULÉ, *Les instituteurs laïques au Canada français. 1836-1900*, Québec, P.U.L., 1965, p. 44.

[6] On connaît à la famille Dupont un autre fils, Charles-Guillaume-Chadwick, né à Sainte-Anne-de-la-Pocatière le 6 mars 1815. Selon l'acte de baptême, le père est alors absent.

[7] J.M. LE MOINE, *Vers le passé!*, dans le *Courrier du livre*, vol. 1, n° 4 (août 1896), p. 41.

[8] Le sept août mil huit cent quarante-six, nous, prêtre vicaire de Québec, soussigné, avons inhumé dans le cimetière des picotés, Charles Winceslas Dupont, étudiant en droit, fils légitime de Robert Dupont, instituteur, et de Dame Marie-Françoise Volce, noyé l'avant-veille en cette paroisse, comme il appert par le certificat du Coronaire, âgé de vingt-un ans.
Présents les Sieurs Bonaventure Maurault, Joseph Magloire Hudon, Philippe Leprohon, Télesphore Fournier, qui, ainsi que quelques autres amis ont signé avec nous.
B. Maurault, T. Fournier, J.M. Hudon, J.Mcp. Le Moine, G. Talbot, I.P. Leprohon, J.A.C. Malouin, I Plamondon, J.Ph. Chartier, E L'Écuyer, J.E. Fiset, J.G. Braun.
D. Martineau, ptre.

heures, un étudiant en droit, M. Vinceslas Dupont s'est noyé au quai des Indes, en revenant en compagnie de quelques amis, d'un tour de chaloupe sur la rivière Saint-Charles. L'enquête du coronaire a eu lieu. Ses funérailles auront lieu demain matin. Les parents et amis sont priés d'y assister: le convoi partira de la rue Buade à 8 h et demie[9].»

Dupont avait publié *Caroline de G.*** ou l'amour d'une femme au visage pâle*[10] ainsi que *Françoise Brunon. Légende de la vallée du Saint-Laurent*[11]. Et il laissait le manuscrit d'un poème intitulé *Château-Bigot. À la maison de la montagne* et daté du 10 octobre 1845. Il se compose de 25 alexandrins suivis de 11 strophes de 4 vers alternés de 6 et de 4 pieds. Et il se termine par une strophe de 4 alexandrins. Conservé «parmi les archives de Spencer Grange», il fut publié par Le Moine dans *Le Château-Bigot*[12].

Parmi les témoignages qui nous sont parvenus sur Dupont, deux surtout méritent d'être retenus. D'abord, celui de P.H., c'est-à-dire de Pierre-Gabriel Huot[13] qui publia dans le *Journal de Québec* du 13 août 1846 et dans *Le Canadien* du lendemain, un long poème de 52 vers répartis en 9 strophes dont voici les plus révélatrices:

Malheur! s'est dressé debout la tête fière,
Avoir pris corps à corps et grabat et misère;
— Comme l'or du creuset, s'être épuré le coeur
Et prêt d'avoir la part que la science donne,
Perdre en un seul moment une triple couronne,
— Amour, poésie et bonheur!

Mais, amis, si du moins à nos ardents désirs
Nous ne possédons plus son cœur et sa parole
Nous l'aurons pour drapeau, nous l'aurons pour symbole
Dans la lutte et les souvenirs.

Tandis que Le Moine, qui fut un intime de Dupont évoque sa noyade, dans *Glimpses & Reminiscences*, en même temps qu'il rappelle les noms de quelques-uns des membres de la bohême littéraire de Québec qui précéda de quelques années celle, plus connue, de la «mansarde du palais[14]»:

My Sail Boat — «La belle Françoise»[15] — 1846 (p. 56)
By dint of handwork, transcribing evidence in the Court House, as Clerk at Enquêtes, at 4 sols, per hundred words[16], I had saved enough, to pay my way with the al-

[9] *Décès*, dans *Le journal de Québec*, le jeudi 6 août 1846.
[10] *Caroline de G.*** ou l'amour d'une femme au visage pâle*, dans *L'artisan*, vol. 1, nᵒˢ 39-42 (20 février—2 mars 1843).
[11] *Françoise Brunon. Légende de la vallée du Saint-Laurent*, dans *Le castor*, vol. 1, nᵒˢ 25-29 (6-20 février 1844).
[12] [J.M. Le Moine], *Le Château-Bigot, édition intime à 50 exemplaires*, Spencer Grange, [M.L. Brousseau], Noël 1889, 8 p.
[13] L.M. Darveau, *Nos hommes de lettres*, Montréal, Stevenson, 1873, p. 103.
[14] Roger Le Moine, *Joseph Marmette. Sa vie, son œuvre*, Québec, P.U.L., 1968, p. 42-45.
[15] À propos du voilier, Le Moine précise dans *L'album du touriste*: «Ce nom, emprunté au refrain: «C'est la Belle Françoise de longué!», les scrupuleux nous le firent changer, à cause des variantes de la chanson» (2ᵉ édition, Québec, Côté, 1872, p. 306).
[16] Grâce à l'intervention de son frère Benjamin-Henri, député de Huntingdon, James McPherson Le Moine obtient, le 21 juin 1845, un poste de commis à l'Assemblée législative. Il en démissionne vite, incapable qu'il est de se livrer à un travail qui ne lui plaît pas. C'est cette année-là qu'il entreprend sa cléricature chez Mᶜ Noël Bossé.

Quoth Ye Knight Sir James! These Honours are all very well, but by the way my arm is cramped in this tin sleeve I don't think I could have accomplished so much had I received them earlier.

Sir James McPherson Le Moine. Caricature.

Fonds privé

lowance granted me by my brother B.-H. Le Moine[17] and to devote the balance to the purchase of a sail and row boat of about 20 feet. Rowing and sailing in and around the Quebec harbour in 1846, was a favorite amusement after or before office hours, to several of the law students of Quebec. I had no trouble to enlist a crew among my fellow students. It consisted of Auguste Soulard[18], a witty young advocate — Telesphore Fournier[19] — studying law, under Hon. R.E. Caron[20] — Mr. Fournier rose to be a Cabinet Minister and a Judge of the Supreme Court — Frederick Braün[21], law student, under Dunbar Ross, Q.C.[22] — Ed. Fiset[23], a medical student. Poor Fiset

---

[17]   Fils de Benjamin Le Moine et de Julia Ann McPherson, Benjamin-Henri Le Moine (1811-1875) fut député de Huntingdon (1844-1847) et président de la Banque du peuple où il était entré en 1835. Il avait épousé sa cousine Sophia Eliza McPherson le 4 avril 1836.

[18]   Fils de Jean-Baptiste Soulard et de Geneviève Vaché, qui s'étaient mariés à Notre-Dame de Québec le 5 novembre 1811, Auguste Soulard est né à Saint-Roch-des-Aulnaies, le 13 mars 1819. Admis au barreau le 27 juin 1842, il mourut à Saint-Roch-des-Aulnaies le 27 juin 1852. Soulard, qui s'intéressa davantage à la littérature qu'au droit, a participé, en 1843, à la fondation de la *Société canadienne de discussion* et à la *Société littéraire des jeunes gens*, remplacée par la *Société canadienne d'études littéraires et scientifiques*. Il a laissé quelques poèmes dont une *Poésie du Nouvel an* (P.-G. Roy, *Les avocats de la région de Québec*, Lévis, L'auteur, 1936; J. d'Arc Lortie, *La poésie nationaliste au Canada français*, Québec, P.U.L., 1975, p. 225; J.M. Le Moine, *Vers le passé!, op. cit.*).

[19]   Télesphore Fournier: fils de Guillaume Fournier, meunier du seigneur Claude Dénéchaud qui défraya ses études, et de Maria A. Morin, il est né à Saint-François de Montmagny le 5 août 1823. Admis au barreau le 10 septembre 1846, il est élu député fédéral de Bellechasse (1870) et député provincial de Montmagny (1871). Ministre du revenu de l'intérieur, de la justice et des postes, dans le cabinet McKenzie, il est nommé à la cour suprême le 8 octobre 1875. Il prend sa retraite le 9 septembre 1895 et meurt le 10 mai suivant (*B.R.H.*, vol. 2, p. 128 — vol. 3, p. 84 — vol. 8, p. 272 — vol. 12, p. 342 — vol. 14, p. 320 — vol. 29, p. 177).

[20]   René-Édouard Caron, qui est né à Sainte-Anne-de-Beaupré le 21 octobre 1800, est admis au barreau le 7 janvier 1826. Maire de Québec de 1834 à 1836 et de 1840 à 1846, il est également député de Québec (Haute-Ville) de 1834 à 1836, et conseiller législatif. Président du conseil législatif (1843-1847) il est fait juge de la cour supérieure (1853) et lieutenant-gouverneur en 1873. Il décède pendant son mandat le 13 septembre 1876 (P.-G. Roy, *Les avocats de la région de Québec, op. cit.; B.R.H.*, vol. 20, p. 306).

[21]   Frédéric Braün: né à Québec le 26 novembre 1826, il est admis au barreau le 5 août 1848. Secrétaire du département des travaux publics en 1864, il occupa le même poste au département des chemins de fer et canaux en 1879. Il prend sa retraite le 31 mai 1882 et décède le 2 août 1891. Il était le gendre de Marc-Pascal de Sales-Laterrière et le beau-père de François Langelier (P.-G. Roy, *Les avocats de la région de Québec, op. cit.; B.R.H.*, vol. 4, p. 118).

[22]   Dunbar Ross: né en Irlande vers 1800, il est admis au barreau le 2 février 1834. Député de Mégantic (1850) puis de la Beauce (1854-1861) il est nommé solliciteur général du Bas-Canada en 1853. Il occupe le poste pendant quatre ans. Il décède le 16 mai 1865. Il est l'auteur de quelques ouvrages dont *The Seat of Government of Canada* (1856) où il se montre très favorable aux Canadiens français (P.-G. Roy, *Les avocats de la région de Québec, op. cit.*).

[23]   Fils d'Olivier Fiset, marchand, et de Julie Dignard, Frédérique-Édouard Fiset a été baptisé à Notre-Dame de Québec le 16 mars 1824. En 1846, il étudie la médecine à Québec puis se rend en France où, semble-t-il, il aurait participé à la Révolution de 1848. Rentré à Québec peu après, il compte parmi les membres du *Club du quadrille* qui tient ses réunions en 1848 et 1849. C'est à ce moment que Le Moine le dit «medical student fresh from Paris» (*French Canadian Quadrille Club at Quebec, in 1848-49*, dans *Maple Leaves*, Québec, Carrel, 1906, p. 188). Fiset fut admis au Collège des médecins le 21 mai 1850. *Le Canadien* du 24 mai précise qu'il a étudié aux U.S.A. — Est-ce avant ou après le séjour à Paris? — Et il ouvre son bureau en septembre de la même année, au numéro 6, rue d'Aiguillon. Il meurt le 9 décembre 1853 «après avoir reçu tous les secours de la religion» (*Le journal de Québec*, 10 décembre 1853) et il est inhumé au cimetière Saint-Louis, à Québec. Il était le frère d'Olivier Fiset, né à Québec en 1822 et décédé le 4 juin 1854 à Demerara (Georgetown), Guyane anglaise, où il occupait, en plus de commercer, le poste de consul du Portugal. En 1848-1849, il appartenait au *Club du quadrille*. Frédérique-Olivier Fiset était peut-être le neveu du protonotaire Louis Fiset dont un fils portait également le prénom d'Oli-

71

committed suicide, in 1854 — I called and saw him at the Hôtel-Dieu, on the after-
noon on which he died — Braün, died of cerebromeningitis, in 1892 — he had retired
from the civil service, after having long occupied credibility the high office of Secre-
tary to the Ottawa Board of Works — the other A.B.S.[24] of the crew — was a
comrade, a little older than myself — under indentures to N.F. Belleau[25] — an active
practitioner of the Quebec Bar, — later Lt. Governor — Venceslas Dupont, by name
— a native of St Rock des Aulnets, P.Q. Dupont, had literary tastes, as we all had
more or less — and was of a disputations, disposition, which at times became
inksome (p. 57). Among his papers, we found the M.S. of a novel entitled "Françoise
Brunon[26]" the subject, being suggested by some of the wild legends, which cluster
round the ruins of "Chateau Bigot at Charlesbourg[27]: Dupont's death pained us all
very much — it had occurred before our eyes, by drowning, whilst descending by the
chain, which hung from the wharf, where the Belle Françoise, was moored, awaiting
our embarking in his for an evening pull round the harbor, or to the Island of
Orleans. It occurred on July 1846[28] — I think — some how or other, Dupont must
have let go the chain in descending holding on it — from the wharf above (Atkinson's wharf)[29]. I have ever been of opinion that in his fall, his head must have
struck the gunwale of the boat, as he never rose to the surface — though there could
not have been more than nine feet of water, at this spot. We gave the alarm, a sailor
rushed to the boat — with a boat hoak and succeeded in bringing our friend to the
surface; — he opened his eyes — this was the only sign of life, we withnessed in him.
We carried the body, to a small inn in the neighbourhood — in Sault-au-Matelot
Street — laid it out on the table and rubbed it profusely but death had set its seal —
on our poor comrade. We got a vehicule and took the remains to his boarding-house.
A Mr... opposite the Quebec Post office — myself and Braün, I think, we spent that

---

vier. Auquel cas il aurait été le cousin du poète Louis-Cyprien Fiset. De toute façon, il fréquentait le
salon de Madame Louis Fiset, rue du Mont-Carmel, à Québec. (Les renseignements sur les études aux
U.S.A., l'admission au Collège des médecins et l'ouverture du bureau nous ont été aimablement fournis
par le docteur Sylvio LeBlond.)

[24]   A.B.S. signifie Able bodied seamen.

[25]   N.-F. Belleau: né le 20 octobre 1808, il est admis au barreau le 26 septembre 1832. Membre du
conseil de la ville de Québec, en 1847, il est élu maire en 1850. Membre (1852) puis président du conseil
législatif (1857-1862), il occupe successivement les postes de ministre de l'agriculture dans le cabinet
Cartier-MacDonald (1862-1865), de receveur général du Canada (1865), de lieutenant-gouverneur du
Québec (1867). Il décède le 14 septembre 1894 (P.-G. ROY, Les avocats de la région de Québec, op. cit.).

[26]   Comme on l'a signalé, la nouvelle avait été publiée avant la mort de Dupont.

[27]   Le Moine semble confondre Françoise Brunon avec Caroline. Légende canadienne d'Amédée Papineau (Le glaneur, vol. 1, n° 8 (juillet 1837), p. 119-121. Car la nouvelle de Dupont se déroule non à
Charlesbourg, mais dans la région de Côteau-du-Lac. D'ailleurs, elle n'est guère originale puisqu'elle
reprend une autre nouvelle, L'Iroquoise. Histoire ou nouvelle historique, parue dans La bibliothèque canadienne, en 1827, qui, elle-même, s'inspirerait, selon David M. Hayne, d'un «texte anglais paru dans The
Truth Teller de New York» (David M. HAYNE, Les origines du roman canadien-français, dans Le roman
canadien-français, vol. 3 des Archives des lettres canadiennes, Montréal, Fides, 1964, p. 44).

[28]   La noyade eut lieu le 5 août 1846.

[29]   Sur le lieu de la noyade, les témoignages diffèrent. Le Moine précise «Atkinson wharf» et Le
journal de Québec, dans la notice nécrologique qu'il consacre à Dupont, le 6 août 1846, donne «le quai
des Indes». Selon la carte de P. SINCLAIR, Plan of the City of Quebec and its Environs Including the Latest
Alterations & Improvements, [1851], le quai Atkinson, situé au sud du quai des Indes en était séparé par le
quai Laycraft. On accédait au quai Atkinson par la rue Saint-Jacques qui prenait à la rue Saint-Pierre et,
au quai des Indes, par la rue Arthur qui prenait, un peu plus au nord, à l'intersection de Saint-Pierre et
Saint-Paul.

night up-close to the room in which he was having his "long sleep" made arrange-
ments (p. 58) on the next day — for his funeral and as he had no relations in Quebec
— we subscribed the founds for the church service and two days after, sorrowfully ac-
companied his remains to those last resting place — in the Cimetière des Picottés[30]
— the small pox cemetary, opened about 1669 and since condemned and built over
with the Hamel Terrace, on Couillart Street, in the Upper Town. Thus melancholy
occurrence put an end in a great measure to the many pleasant excursions "La Belle
Françoise" had procured us — to the Chaudière bassin-Lévis — and Island of
Orleans.

I was not sorry to find a purchaser for our yatch — which entailed also expenses
— and at times distracted my attention from my office as much as my professional
avocations — the sale took place, the following summer. During the winter of 1847-
1848, I accepted invitations to dancing and other social gatherings amongst others,
to a grand hall on the Citadel, given to the citizens by the 79th Highland Regiment
— where I became acquainted with jolly and colossal Lt. Webster[31] — a most
popular officer in Quebec. The Quebec Quadrille Club[32], began its short career —
during the lively days of my clerkship, as law-student and expired, I think, the
winter I was admitted to the Bar — I shall try and gather together, the names of
these pleasant Quadrille reunions[33].

---

[30] Le cimetière des Picotés qui date de 1702 et doit son nom à l'épidémie qui eut lieu en 1702 et 1703, donnait sur les rues Saint-Flavien et Couillard. Il fut fermé en 1857 et les corps exhumés en 1864. Le terrain fut ensuite loti.

[31] Il peut s'agir de Henry Webster qui fut président de la chambre de commerce de Québec en 1882 et 1883.

[32] À propos du *Club du quadrille*, Le Moine écrit: «What had led to the foundation of this social meet was the desire of its philantropic members to come to the relief of several disconsolate lady friends, debarred by their religious scruples from taking a share as partners in what was then styled fast dances [la valse à deux et à trois temps, la polka, le Redoway, la mazurka, la danse ronde et le «Sir Roger de Coverly»]. [...] An edict, which some considered draconian had been promulgated, forbidding such dances just as the winter carnival had opened — a season sacred to society gatherings in the Ancient Capital.»

Les «disconsolate lady friends» étaient Mesdames Elzéar Bédard, J. Duval, J.-C. Bruneau, J. Perrault, Louis Massue, Louis Fiset, Augustin Kelly, Ambroise Parent et François Buteau. Tandis que les «philantropic members» se nommaient Napoléon Casault, Jean Langlois, Ulric Tessier, Philippe Huot, James McPherson Le Moine, L.-G.-C., Édouard et Olivier Fiset, Charles de Martigny, Samuel Buteau, Amédée Juchereau-Duchesnay, Louis Massue, Philippe-Baby Casgrain et Laurent Têtu (James M. LE MOINE, *French Canadian Quadrille Club at Quebec, in 1848-49, op. cit.*, p. 185-189).

[33] La publication de ce passage sur Winceslaus Dupont a pour but d'annoncer une édition des *Glimpses & Reminiscences.*

Archibald Campbell (1790-1862)

Notaire royal, membre fondateur de la Société littéraire et historique de Québec, ami des belles-lettres, mélomane et mécène. C'est dans l'étude de Archibald Campbell que le futur historien François-Xavier Garneau fit sa cléricature (1825-1830).

Huile sur toile par Théophile Hamel, 1847.

Courtoisie du Musée du Québec/Photographie Luc Chartier.

La phrase qui ne sera pas écrite

par Louise MAHEUX-FORCIER

Depuis juillet 1972, Madame Louise Maheux-Forcier occupe le poste d'attaché à la recherche au Centre de recherche en civilisation canadienne-française. Elle nous communique aujourd'hui sa réflexion sur l'art de la création romanesque.

« Une assez longue pratique des livres des autres m'a convaincu que nous n'avions guère qu'une chose à dire, et c'est nous-mêmes » (Jean Guéhenno).

*   *   *

Il y a donc la vie. Mais pour certains la vie ne suffit pas. Elle est tissu d'apparences derrière quoi la réalité se cache. Elle est le corps des choses dont l'âme est invisible et abstraite comme la santé dans le fruit.

Pour l'écrivain, la vie n'est pas vraie. Sans doute ne l'est-elle pas non plus pour la plupart des gens, mais l'écrivain a ceci de particulier qu'il s'obstine à vouloir lui arracher son masque.

*   *   *

J'ai eu le bonheur de passer les plus beaux jours de mon enfance dans une petite gare de campagne. Un faîtage à deux pentes la coiffait d'une sorte de chapeau dont les bords avancés ombraient la face de deux pignons et protégeaient des intempéries les reluisants murs de planches. Séparée par une rivière du village qu'elle desservait, cette jolie construction de bois, rouge et noire, isolée dans un écrin de fleurs et de verdure, c'était non seulement la maison des voyageurs, avec sa salle d'attente et son guichet ouvrant sur l'office, mais la maison du chef de gare, — mon parrain, — pourvue de quatre chambres sous les combles et d'une grande cuisine au rez-de-chaussée. C'était surtout la maison du rêve ! Une plate-forme lui servait de balcon et la rue s'étirait à l'infini, bordée par deux rubans d'acier bleu. C'est là, sur cette voie ferrée, que m'est venu le mal d'écrire, cette obsession de fixer ce qui passe et de nommer ce qui m'impressionne.

Revenue à la ville, emmurée de toutes parts, je tentais de refaire en moi cet immense et somptueux paysage. Par la magie des mots intimes. Car si nos excursions étaient abondamment commentées, — d'un verbe direct et sans fioritures, — personne autour de moi ne semblait attacher la moindre importance à ce que j'avais cru vivre au-delà du menu quotidien, des conflits familiaux, des potins de village et des débats politiques... L'oreille en cornet sur un rail, j'avais entendu le bruit lointain du convoi comme du fond d'un coquillage l'écho emprisonné des mers jamais vues; j'avais marché sur un chemin plus étroit que ma semelle et, d'abord attentive à ne pas perdre l'équilibre, je m'étais peu à peu si bien entraînée que devenue funambule je dansais sur un rayon de lune, le nez en l'air, humant l'odeur des bouleaux d'alentour; j'avais fui mes cousins, le jeu brutal et les cris d'Iroquois pour aller turluter en paix au plus haut d'une colline, admirant de loin, — qui émergeait des zinnias, des glaïeuls et des pavots d'Orient, — ma petite gare et son chapeau pointu.

Mais voici qu'à l'heure où les autres enfants se lovent dans les jupons de leur mère pour le récit du jour et se racontent entre eux des exploits mirobolants, voici que je n'avais rien à dire. Rien que ce bruit enfermé dans les rails comme la mer captive au secret des coquillages, rien que ce bruit d'ailes et de vent dans les feuillages de la campagne, rien que le projet confus d'une évasion dont on ne parle pas devant ceux qu'on aime.

Dès lors, tout était commencé. Je ne m'arrangeais pas de la vie. Rien ne sert de pleurer pour si peu. Il faut s'en bâtir une autre bien à soi. Qui nous convienne. Restait à découvrir comment j'utiliserais un matériau si délicat qu'il se cassait sur mes lèvres. Boudant la parole, incapable de m'en servir à d'autres fins que pratiques, si maladroite à enfiler les phrases que, l'essentiel énoncé, je m'embrumais de mutisme, j'avais néanmoins pour les mots une passion violente et décisive; ils bouillonnaient dans ma gorge comme l'eau mousseuse de la rivière, mais je ne connaissais pas le moyen de les endiguer. J'ignorais tout du filet qui les capture et de l'outil merveilleux qui les taille, les organise, les assemble et les dore: le stylo ! Je ne savais pas qu'en Espagne, les châteaux se construisent ainsi, et, jonglant avec les synonymes sur les deux rubans bleus de ma voie ferrée, je n'atteignais jamais le point de rencontre des deux plans parallèles, ce miracle de l'horizon où le réel se marie avec l'imaginaire, en même temps que le soleil décline.

*   *   *

Toute la maison a su avant moi comment je m'y prendrais pour devenir écrivain. Je n'avais pas huit ans quand elle a compris ce qui m'arrivait. Du jour au lendemain, elle fut jonchée de feuillets pliés en quatre où couraient mes pattes de mouches et mes fautes d'orthographe, dévoilant une pensée foisonnante à laquelle je n'avais pas habitué mon entourage. Un arbre s'ébrouait sur nos meubles et nos tapis. En silence, je découvrais la portée du langage. Désirait-on que je parle pour éclaircir telle phrase ambiguë ? Une autre feuille tombait de ma main, nourrie d'une sève plus généreuse. Pendant que je me rendais à l'école, des messages sans nombre prenaient ma relève, à la traîne, égrenant des rires et des blâmes, ou bien glissés furtivement dans des poches, déclarant la guerre aux coupables et la paix aux élus de mon cœur, tandis qu'au fond de mes tiroirs, dans des cahiers de tous formats, j'avais porté à l'incandescence mes sujets favoris, commenté les fleurs d'un cerisier sauvage, noté les couleurs de l'automne et plié mon habitude au récit de jeunes souvenirs, encadrés de romances. Et de ratures.

Toutes ces choses s'exprimaient enfin, dont personne ne parle, trop belles ou trop tristes, trop méchantes ou trop compliquées . . .

Ainsi en fut-il de chacune de mes amours, amorcées en poèmes, vécues dans la prose toute décousue du journal intime, alimentées de billets doux ou cruels jusqu'à l'adieu littéraire, alors que la tache des larmes, comme un sceau, authentifiait ma signature.

Ainsi en fut-il des séparations pendant lesquelles le geste d'écrire portait en soi son excuse; j'apprenais mon métier dans d'interminables lettres, sans m'en douter et sans rougir. Je sais aujourd'hui que ces lettres étaient des livres; il m'arrive d'en regretter le contenu et d'imaginer cent mille réponses aux questions dont je me souviens.

Ainsi en est-il des moindres solitudes. Quand je pars en promenade, une idée me tient compagnie; j'emporte avec moi les quelques mots qui lui suffisent et je rentre avec le trésor d'une phrase toute faite, étoffée des suggestions de la nature, du spectacle de la rue et de la musique intérieure que notre âme compose avec le néant.

Ainsi, quand je retourne au lieu sacré de mon enfance, ce que j'y vois n'est pas vrai. Le feu a tout rasé; les orties prolifèrent dans le jardin de ma tante; les rails, envahis par la brousse, rongés de lichen et de rouille, longent les bords calcinés d'un restant de plate-forme. Hé bien ! tant que je suis là pour témoigner du contraire, tant que mon langage recrée l'univers, tout cela n'est pas vrai. Tant que ma mémoire superpose à ce désastre le papier cellophane où j'ai calqué le temps rose d'autrefois, je tiens la jungle en respect et je dompte un haïssable présent. Je suis l'endroit et l'envers des choses. Dans ma double existence.

*   *   *

Le sort est jeté depuis longtemps. La page et l'encre sont données chaque jour. Je ne suis responsable que du choix des mots et du courant de l'histoire . . . L'événement est là, d'hier ou d'antan; j'appartiens aux pavots qui fleurissent en hiver, au peuple fantôme dont je suis habitée, ce peuple en marge, tyrannique, qui exige un pays et me fait absente au mien.

Car il faut bien avouer que le bonheur d'écrire ne s'accorde pas toujours au bonheur de vivre. Et ce qu'on nomme « inspiration » nous prive souvent de joies plus modestes, mais combien plus précieuses.

Il y a des jours où je m'arrangerais bien de l'apparence de la vie, où je voudrais embrasser le monde au lieu de le baptiser, où j'ai envie de bouder les mots qui dressent une barrière entre le loisir et moi, ne se rendant pas toujours aux rendez-vous qu'ils me fixent. Chaque fois qu'une page blanche refuse mes brouillons ou que mon livre refuse de s'accomplir, je pense au visage de mon amour que n'éclaire pas ma présence et je me demande à quoi bon tant de peine !

J'en suis à ce moment. Je ne sais pas la suite et ne présume pas de l'avenir . . .

*   *   *

« C'est l'instant difficile où la plume reste en suspens au-dessus du papier, où la phrase absolue reste en suspens au bout de la plume. La phrase qui ne sera pas écrite » (Lawrence Durrell).

Pierrefonds. Octobre 1972.

Le hasard

par Louise Maheux-Forcier

Je suis toujours un peu mal à l'aise quand il me faut avouer ce long apprentissage musical qui m'a conduite aussi sûrement à l'exercice de la littérature que l'eût fait une orientation clairvoyante, soucieuse de mon tempérament, de mes goûts, de mes aptitudes; toutes choses évidemment axées, et en bas âge, sur l'amour des mots auquel pourtant je n'ai pu attacher de véritable importance que vers ma vingt-cinquième année.

Les filles de mon époque n'avaient pas le choix ! Plutôt, elles n'en avaient que deux: ou bien la dactylo, ou bien le piano ! Ces deux options possibles, fort bien incarnées dans le couple désassorti que formaient mes chers parents, donnaient lieu aux débats qu'on peut facilement imaginer. La tendance paternelle, inquiète de mon avenir matériel, souhaitait me nantir du plus sûr moyen de l'assurer et la tendance inverse de ma rêveuse mère négligeait cet aspect de la vie, misant pour moi — contre toute probabilité — sur un destin d'exception qui m'épargnerait sans doute de si méprisables soucis. Aux moments les plus cruciaux des discussions, un petit argument finissait par alléger l'atmosphère et, de guerre lasse, mon père y céda: à supposer la misère s'abattant sur une pianiste, il lui reste l'atout... d'enseigner le piano !

Le sort s'est chargé de résoudre la question et de réconcilier mes parents. Malheureusement, c'est à leur insu. Côte à côte endormis pour toujours, et désormais silencieux, ils ignorent que si l'enseignement du piano m'a causé les pires déceptions morales et les pires déboires financiers, cette science m'a néanmoins acheminée vers le lieu de mon bonheur où j'ai dû... apprendre la dactylo pour mettre ma musique « au propre » et copier les illisibles brouillons qui me permettent... quelquefois... de gagner ma vie.

* * *

La saison des chrysanthèmes me ramène chaque année auprès de mes vieux, sur le terrain de leur finale entente, où je souffre de ne pouvoir effacer le souvenir de tant de querelles inutiles...

Les toits du Château verdissent dans l'or pâli du soleil. Les vents du bel automne charrient le dernier chant crispé des feuilles en miettes et le froissement d'ailes des oiseaux qui nous quittent. Les oies sauvages, nerveuses, stridentes, échappent de concert à l'air froid qui se condense sur le fleuve encore chaud comme un vaste édredon floconneux. Au cimetière Saint-Charles, chaque brin d'herbe a son étui de glace, hérissé, brillant, piquant comme une aiguille.

Intaillé dans la pierre, le nom de notre famille: Maheux !... L'amour des mots tamise mon chagrin et je complète mentalement l'inscription sommaire en l'orthographiant comme il se doit, telle qu'à Saint-Jean de Mortagne elle le demeure, depuis 1630, sur l'acte de baptême d'un colon, trop voyageur à mon gré, qui fut notre ancêtre: Pierre Maheust des Hazards [1] !

*   *   *

La pensée même de cet article, et la façon dont les choses s'organisent dans notre esprit lorsqu'un thème s'y installe, me suggèrent sans cesse ce mot fascinant: « hasard », dont on ne peut nier qu'il titre l'histoire du monde depuis qu'il est monde et dont je ne nie pas qu'il préside à la m.enne au point de s'être faufilé et identifié dans mon patronyme.

Personne, je crois bien, n'a échappé, un jour ou l'autre, à cette sorte de vertige que donne l'idée de tant d'accidents responsables de notre être: nous ne changeons d'abord qu'un seul partenaire du couple qui nous a engendré; puis, nous changeons les deux; puis, au lieu de l'Américaine qu'a épousée un grand-père excentrique, nous passons au doigt de la fiancée évincée l'alliance qui lui était promise. Le processus est engagé... Nous sombrons dans un gouffre d'inconnu. Effarant ! A la souche de notre arbre, une seule racine différente et la famille bascule. Et la terre entière avec elle, si nous allons jusqu'aux épousailles des grottes, jusqu'aux coups de foudre des fils et petits-fils d'Adam pour leurs sœurs ou leurs cousines.

Hasard, ce que je suis ! Et si j'ai dit plus haut qu'il me répugne de confesser mes origines musicales, c'est qu'il me répugne également de m'avouer vaincue devant cet adversaire distrait et farfelu qui a décidé de mon avenir — mieux que mon père et sans même me consulter — lorsque sous prétexte de m'expédier au Conservatoire de Paris, il m'a tout bonnement oubliée dans une petite librairie du boulevard Jourdan où je suis devenue folle des livres au point de vouloir en faire, et dans les salles du Jeu de Paume où il m'arrive encore de demander à Van Gogh le secret des couleurs que je voudrais mettre en mots.

Fantasque et capricieux, si le hasard me révélait à moi-même, il me promettait aussi de sérieux embarras. Enfin logée à l'enseigne qui me plaisait, j'étais accoutrée de telle sorte que j'y faisais figure d'intruse et de clocharde, parlant gammes et sonates où on parlait rimes et prose, armée

[1]   Abbé Arthur MAHEUX, *Pierre Maheust, Sieur des Hazards, et ses descendants.*

du vocabulaire technique des sons, mais ignorante de l'alpha des écrivains, savante au clavier et peinant sur les premières lignes d'«Amadou», les doigts malhabiles autour du stylo.

Le hasard me chargeait d'une mission impérative, me désignant la besogne et me donnant les mauvais outils. Il m'aurait dit: «Va tuer cette bête!», et donné, pour fusil, un éventail à plumes, les choses ne m'eussent pas semblé plus extravagantes. C'est ainsi. Je n'allais déchiffrer que peu à peu ses intentions à mon sujet.

A la publication de mon premier roman — et avant même que ne transpirent ce que les éditeurs appellent des «notes biographiques [2]» — certains critiques reconnurent à mes pages une dimension musicale qui devait s'affirmer davantage encore dans «L'Île joyeuse» que de savants professeurs ont voulu analyser sous l'angle d'un concerto, y décelant la classique forme ternaire qui place l'andante entre deux allegros.

Des dispositions naturelles et très tôt manifestées — dont j'ai déjà fait part au bienveillant lecteur qui «écoute» ces quelques paragraphes en guise de confidences [3] — des décrets de l'instinct, le hasard s'est d'abord bien moqué pour me diriger ensuite, innocente, mais courageuse, vers la belle jungle littéraire.

Et je reconnais maintenant — tout en déclinant toute responsabilité — qu'il arrive à mes écrits de chanter! Qu'il leur arrive de voyager de la dominante à la sensible en modulant vers toutes les tonalités voisines, allant du majeur au mineur par les mille astuces des altérations. Je reconnais — mais n'en décide pas — qu'il arrive des dièses, à point, qui haussent mon intention à son niveau aérien et de douloureux bémols qui la rabaisse vers des régions ténébreuses où je cherche encore mon assise entre deux tétracordes. Entre la sonorité du cor anglais qui nous a conquis et l'humaine voix du violoncelle québecois qui m'est cher.

Mais rien ne fera jamais que je ne sois obligée d'admettre humblement que je n'étais pas préparée pour ce métier. Ainsi qu'il est dit parfois dans les livres: «Toute coïncidence avec le réel est imaginaire et pur effet du hasard.»

[2] « Notes biographiques ». Pendant très longtemps, n'ayant utilisé le mot « note » que dans son acception musicale et précédé du mot « figure », je butai pour la première fois contre ce drôle d'écueil et ne fus pas loin d'imaginer ce que donnerait ce résumé de mon histoire ... sur les cinq lignes d'une portée ... en doubles-croches et en points d'orgue!
Souvent encore, je dois consulter mes dictionnaires pour découvrir la signification quotidienne et normale d'une foule de mots et d'expressions jusqu'à maintenant en quarantaine dans ma caisse de résonance, voués dans mon esprit à leur sens cabalistique auquel je reviens toujours ... au galop du naturel !
[3] *Bulletin* précédent, vol. 3, n° 1.

Dieu fasse qu'au prochain rendez-vous de l'automne, quand les chrysanthèmes ressembleront à de gros soleils blancs entre mes bras et que je livrerai leurs pétales aux petites aiguilles glacées de l'herbe, quand, octobre venu, je chercherai de nouveau — comme la première et terrible fois — dans le dédale des rues de Québec, le chemin jamais appris de la rue Saint-Vallier et du cimetière qui la borde, Dieu fasse que je puisse dire à mon père, Sieur Louis-Alfred Maheust des Hazards — venu du Perche et mort en Nouvelle-France — et à ma mère qui n'a plus de nom, tous deux tranquilles pour l'éternité sur le lit refroidi de leurs amours belliqueuses : « Faites de beaux rêves et soyez en paix. Munie d'un piano et d'une dactylo, votre enfant chérie ne meurt pas de faim. Pas encore ! »

Témoignage d'un poète

par Jean-Guy PILON

Le 18 avril dernier, lors du lancement de son recueil de poésie intitulé *Silences pour une Souveraine,* Monsieur Jean-Guy Pilon donnait le témoignage qui suit:

Je ne suis pas un théoricien. Je suis l'opposé d'un théoricien. Et chaque fois que l'on m'interroge sur le sens de ma poésie, ses composantes et ses développements, chaque fois que j'ai à expliciter le sens de ma démarche poétique, je me sens absolument dépourvu de tous moyens, de tous pouvoirs.

Je ne sais pas analyser sérieusement un texte — je n'ai pas fréquenté Roland Barthes et ses thuriféraires. Je suis très mal à l'aise dans ce discours second, dans cette réflexion critique et grave sur l'acte d'écrire, réflexion qui malheureusement prend le dessus parfois sur le discours premier, sur le poème, la phrase, les mots difficilement accumulés.

Je suis plutôt, selon l'expression de Jean Cayrol, du côté des « cœurs lunaires ». Je suis du côté de la fête.

J'ai du mal à expliciter ce que j'écris et en est-il besoin d'ailleurs ? Le poème est souvent sujet à de multiples interprétations. L'autre jour, mon fils François avait un devoir scolaire qui m'a énormément gêné: il avait à faire l'analyse d'un poème de moi, un poème qui date de beaucoup d'années et qui s'intitule « Construire une maison »; il m'en a simplement avisé et la semaine suivante, son petit devoir corrigé, il est venu me montrer très fièrement tout cela, car il avait obtenu une bonne note. J'ai été touché de l'analyse qu'il avait faite du texte; analyse simple en prenant les mots dans leur sens. Si je l'avais sous la main, j'oserais la citer, même dans les murs de cette noble université.

En octobre 1969, il y a un peu moins de trois ans, pour un livre paru depuis, on m'avait demandé un témoignage sur ma propre poésie et j'avais écrit ces quelques paragraphes que je voudrais vous relire ce soir car mon attitude d'esprit de ce temps-là n'a pas changé radicalement.

J'écrivais donc en ce temps:

« Je suis au début de la quarantaine et quelques petits recueils de poèmes disséminés au cours des années qui ont peu à peu constitué un ensemble en marche, un ensemble non définitif évidemment, mais en mouvement.

83

« J'ai eu cette impression d'un ensemble, il y a quelque temps en corrigeant les épreuves de ce recueil collectif — « Comme eau retenue » qui réunit mes précédents recueils avec des corrections mineures, si minimes qu'il ne vaut pas la peine de les mentionner.

« Un ensemble qui était bien moi, mais en même temps détaché et vivant de sa vie propre, inconnu parfois, porteur d'images et de taches oubliées, imprégné d'odeurs que je ne parvenais plus à différencier, comme composantes d'une gerbe.

« Pierres ramassées ou semées au cours de l'existence, jusqu'à cette maturité que j'ai maintenant atteinte, en toute simplicité.

« Il y a beaucoup de poètes au Québec, mais je ne crois pas qu'il soit facile d'être poète. Par-dessus tous, Alain Granbois l'aura été magnifiquement, à travers les nuits et les aurores boréales pétries de noms de villes et de noms de femmes, chargées d'heures où la mémoire chante, où la mémoire est en fête comme la vie.

« Depuis peu, je viens d'entrer en poésie comme on entre en pleine vie. Je n'avais peut-être pas encore tout assumé de mon existence, de ses rivières divisées et de ses forêts. Je commence maintenant à savoir, à comprendre, à vouloir.

« Je veux être en poésie, lucide et heureux. Car elle est fête, et je veux que toutes les heures de la vie soient fête.

« Cette fête m'appelle maintenant du fond de mon enfance, sans manière ni tricherie, parce qu'il le faut, et tout en avant.

« C'est ainsi que je retrouve le goût des évidences, de la douceur, le goût des gestes de continuité qui vont aussi plus loin que mon enfance, qui rejoignent certains gestes, attitudes ou préoccupations de mes ancêtres.

« La poésie est devenue pour moi coutumière, habituelle, logée et nourrie au centre de moi.

« Je tiens à la fête. Je suis collé à cette fête. »

Je n'ai pas changé depuis ce temps. Non, pas réellement. C'est peut-être la vie qui a changé, qui s'alourdit avec les ans.

Je n'ai pas l'intention, soyez rassurés, de vous raconter les petites sautes d'humeur de ma poésie, ça ne regarde que moi et encore ! — Je puis cependant vous dire quelques mots de ce recueil qui paraît ce soir dans une présentation de toute première qualité, pour laquelle je remercie M. Wyczynski et ses collègues.

Ce recueil, je l'ai écrit — je ne dirais pas d'un seul trait, mais comme on s'acquitte d'un travail que l'on aime. Car pour moi, — (et que l'on me comprenne bien: je ne voudrais en aucune façon suggérer cette méthode à d'autres) — pour moi dis-je, une suite de poèmes s'organise et se structure et se développe. Par la suite, il me reste à l'écrire. — La tâche d'écrire.

Mon travail de préparation peut durer deux ou trois mois, mais dès l'instant où je commence à écrire une suite de poèmes, je sais combien elle en comptera — j'en connais les thèmes et leurs déroulements. Je sais où je vais — je tiens à savoir où je vais.

J'écris très peu de poèmes — comme ça, sur le coup d'une émotion, d'une visite subite.

Écrire c'est un plaisir, dit-on, mais c'est aussi un travail, — et un travail violent — .

Les poèmes de *Silences pour une souveraine* que je vois ce soir, avec une très grande joie, imprimés sur beau papier, ces poèmes, dis-je, je les ai écrits au rythme d'un par jour sur une période d'environ un mois, après avoir travaillé sur un schéma et des notes et relevé des images pendant beaucoup de semaines.

Ces poèmes-ci — je peux bien vous le confier — j'en ai revu la version définitive, l'année dernière, devant le plus beau lieu du monde, devant Jérusalem, sur le Mont des Oliviers, alors que le soleil changeait d'instant en instant, et de façon imprévisible, l'allure de cette ville noble, de cette ville souveraine.

Et j'ai été tenté à ce moment-là, je vous l'avoue, de réécrire du début à la fin cette suite de poèmes à laquelle j'imaginais tout à coup un sens caché. Ou mieux, qui aurait pu prendre dans cette terre, une fulgurance, une continuité, une nourriture. Un poète ne va pas impunément sur la terre des miracles, ne foule pas impunément la terre des prophètes, le pays du livre.

Mon œuvre de poète n'est pas très considérable. Mes poèmes s'échelonnent par grappes, au long des années . . . Si, à première vue, il semble y avoir des ralentissements, des arrêts, des temps morts, je crois que ce n'est qu'en apparence. Car il y a quand même continuité. Une continuité que j'aurais de la difficulté comme ça à brûle-pourpoint, à vous expliquer. — Mais je la sens. —

On peut écrire beaucoup, tant et tant, ou très peu, mais je crois qu'il ne faut pas trop publier.

Et puis, il y a autre chose. Je connais trop et subis trop la sollicitation de l'action peut-être, pour mener à bon terme une réflexion sérieuse et élaborée sur la poésie, sur ma poésie.

La vie me sollicite de toutes parts, et l'action dont je parle s'exerce dans beaucoup de domaines para-littéraires: une revue, des rencontres d'écrivains, l'édition et d'abord la radio, la belle radio.

L'action exerce aussi ses mirages. — Et ces mirages-là ne sont pas toujours conciliables avec l'œuvre à faire qui demande un arrêt et un silence parfois exceptionnel.

J'avance en âge. Je sais que j'ai des choses à entreprendre, beaucoup à continuer, certaines à terminer. Je m'empresse de tout mon cœur à assumer, à réunir, à réconcilier. Je crois être un homme de réconciliation, mais aussi d'avidité, dans ce monde qui est mon paradis.

Je vous disais tout à l'heure que la poésie est fête — doit être fête. — La vie aussi. Toute la vie.

Mais à travers l'action, parfois épuisante, le rêve est toujours présent et l'imaginaire ne doit jamais être relégué au second rang, si l'on veut vivre à la pointe de son cœur.

J'ai appris à rêver. C'est important, savoir rêver. C'est bon, c'est du plaisir.

Et je me demande pourquoi l'éternité n'est pas sur terre . . .

L'œuvre écrite de Claude-Henri Grignon:
brève description d'un corpus

par Pierre ROUXEL*

Quand nous avons choisi de travailler sur l'œuvre polémique de Claude-Henri Grignon, il y a environ deux ans[1], nous ignorions en très grande partie l'ampleur de l'œuvre écrite de cet auteur à la fois si bien et si mal connu. En effet, quel auteur québécois a été plus célèbre que Claude-Henri Grignon? Qui ne connaît *Un homme et son péché* et surtout *Les Belles Histoires des Pays d'en haut?* Mais c'est bien là la source du paradoxe: le succès populaire du petit roman et surtout de ses diverses et successives adaptations tant à la radio qu'à la télévision, explique certainement, en partie du moins, le fort degré d'ignorance dans laquelle a été trop longtemps tenu le reste de l'œuvre écrite de Grignon, tant de la part des critiques que du grand public. Il faut toutefois ajouter que l'œuvre dans son ensemble demeure difficilement accessible. C'est notamment le cas de la plupart de l'œuvre critique et polémique dispersée dans de nombreux journaux et dans quelques revues, mais néanmoins beaucoup plus abondante qu'on le soupçonne généralement. Il s'est donc agi pour nous, dans un premier temps, d'entreprendre la mise à jour des divers écrits de Claude-Henri Grignon[2]. Les rares recherches d'ordre bibliographique déjà existantes sur Grignon, même incomplètes et souvent inexactes, nous ont fourni des points de repère intéressants[3]. Nous présenterons ici, très sommairement, une description de l'œuvre écrite publiée de Grignon[4]. Pour plus de clarté, nous aborderons d'abord l'œuvre de fiction et enfin l'œuvre essayistique.

L'œuvre de fiction.

Encore une fois, nous ne saurions nous contenter de citer le célèbre petit roman *Un homme et son péché*. C'est à tort semble-t-il que l'on a un moment attribué *L'Enfant du*

---

* L'auteur est étudiant au département des lettres françaises de l'Université d'Ottawa où il prépare un doctorat.

[1] Nous préparons actuellement une thèse de doctorat sur «Claude-Henri Grignon, pamphlétaire».

[2] Pour entreprendre cette recherche, nous avons bénéficié de deux subventions du C.R.C.C.F. de l'Université d'Ottawa. Dans un premier temps, nous voulions d'abord retracer les écrits de Claude-Henri Grignon dans les journaux et les revues. Nous envisageons maintenant une bibliographie qui recenserait non seulement les écrits de Grignon mais aussi les écrits sur Grignon.

[3] Voir plus particulièrement: PELLETIER, Suzanne-D., *Bio-bibliographie de Claude-Henri Grignon*, Montréal, École des bibliothécaires, 1946, 32 p.; sœur Rose DESCÔTEAUX, *Les sources d'«Un homme et son péché»*, thèse de maîtrise ès arts, Université de Montréal, 1969, 106 p. «Bibliographie», p. 1-38.

[4] Nous ne tiendrons compte que des volumes et des articles publiés que nous avons pu effectivement consulter. Nous pourrons rendre compte de l'œuvre manuscrite de Grignon lorsque le fonds Grignon acquis par le ministère des Affaires culturelles du Québec sera accessible aux chercheurs. Pour se faire actuellement une idée du fonds Grignon, les intéressés peuvent consulter à la Bibliothèque nationale du Québec à Montréal, l'*Inventaire de la collection Claude-Henri Grignon* [s.é., s.d., s.p.].

mystère, publié en 1928 et signé Gaston d'Aubecourt, à Claude-Henri Grignon[5]. C'est donc avec *Le Secret de Lindbergh*[6], en 1928, que Grignon appréhende l'univers de la fiction. Il faut en effet parler ici de tentative plutôt que de réussite. Car ce texte symbolique, intéressant à bien des points de vue, oscille constamment entre le reportage, la biographie romancée, l'essai polémique et le récit de fiction pure. Puis, cinq ans plus tard, en 1933, paraît la première version d'*Un homme et son péché*[7]. Une version remaniée paraît en 1935. Elle se mérite le Prix David. Le succès de ce roman qui a connu huit rééditions au moins[8], fait d'édition remarquable au Québec, ne s'est jamais démenti. En 1934, paraît *Le Déserteur*[9]. Voilà certes l'œuvre de fiction la plus connue. Il faut y ajouter trois contes publiés sous la rubrique des «Contes du village» dans *Les Pamphlets de Valdombre*: «Le Repentir», «Doux comme du miel» et «L'inconcevable demande[10]». Une série de textes radiophoniques, la plupart des extraits des programmes «Le Déserteur» et «Les Belles Histoires», paraissent eux aussi dans *Les Pamphlets de Valdombre*[11]. Enfin, dans *Le Bulletin des agriculteurs*, entre 1941 et 1970, Grignon publie plus de trois cents contes sous le titre «Le Père Bougonneux». Il signe aussi, entre octobre 1951 et septembre 1970, dans la même revue, le texte de plus de deux cents épisodes de la bande dessinée «Séraphin», histoire illustrée d'*Un homme et son péché*, que réalise le célèbre créateur d'*Onésime*, Albert Chartier. Là s'achève la description de l'œuvre de fiction actuellement éditée de Claude-Henri Grignon. Déjà, à elle seule, cette œuvre ne manque pas d'être imposante[12].

L'œuvre essayistique.

L'œuvre essayistique, quant à elle, est certes moins connue, sans doute parce que plus dispersée. Mais pourtant, son envergure est tout autre. Riche et abondante, majoritairement colorée et vivante, cette œuvre essayistique au ton presque toujours polémique s'élabore sur une période de plus de cinquante années. En 1916, dans *L'Avenir du Nord* de Saint-Jérôme, Grignon publie son premier texte «Pêcheurs et pêcheurs[13]». En 1967, à soixante-treize ans, il écrit encore assez régulièrement l'éditorial du *Journal des Pays d'en haut* de Sainte-Adèle. Le journalisme aura donc été une constante dans l'œuvre de Grignon. Examinons cet aspect de son œuvre. De 1915 à

---

[5] Montréal, Bibliothèque canadienne, 1928, 83 p. Le récent *Dictionnaire des œuvres littéraires du Québec* (t. II, 1900-1930, Montréal, Fides, 1980, p. 1236) l'attribue à Ludovic Ménard, typographe qui écrivit de nombreuses nouvelles pour enfants sous le pseudonyme Gaston d'Aubecourt. C'est aussi notre avis. Ce récit, tant par le sujet que par le ton, le style et la langue, tranche par trop sur les autres écrits romanesques de Grignon. Remarquons aussi que l'auteur, d'ordinaire si complaisant à l'égard de son œuvre, ne fait jamais allusion à cet ouvrage.

[6] Montréal, Éditions de la Porte d'or, 1928, 210 p.

[7] Montréal, Éditions du Totem, 1933, 212 p.

[8] Le roman paraîtra aussi en 1941, 1950, 1965, 1972, 1976 et 1977.

[9] Montréal, Éditions du Vieux Chêne, 1934, 219 p.

[10] T. III, p. 373-396; t. IV, p. 52-65; t. V, p. 48-59.

[11] T. III, p. 6-24, 209-218, 242-254, 283-295, 326-339, 421-424; t. IV, p. 31-42, 155-165, 238-244, 308-311, 312-316; t. V, p. 211-221.

[12] Faudrait-il évoquer aussi les quelque 20 000 pages dactylographiées de textes radiophoniques conservés par Grignon lui-même ou par les deux réalisateurs Guy Mauffette et Louis-Georges Carrier? Voir Pierre PAGÉ, *Répertoire des œuvres de la littérature radiophonique québécoise/1930-1970*, coll. Archives québécoises de la radio et de la télévision, Montréal, Fides, 1975, p. 326-328.

[13] 29 septembre 1916, p. 2. À l'occasion des cinquante années de journalisme de Grignon, le même texte est repris dans le dit journal, en date du 7 septembre 1966, p. 4.

1924 puis en 1930 et en 1931, Grignon collabore de façon plus ou moins régulière à *L'Avenir du Nord*, hebdomadaire libéral dirigé par Jules-Édouard Prévost. Il signe alors Claude Bâcle. En 1920, il signe Valdombre, son pseudonyme favori, dans *La Minerve* dirigée par Arthur Sauvé[14]. En 1921 et en 1922, il signe du même pseudonyme des articles dans *Le Nationaliste* lancé en 1904 par un de ses maîtres, Olivar Asselin. En 1922 et en 1923, il collabore au *Mâtin*, journal conservateur fondé par Roger Maillet. Il y signe tantôt Valdombre, tantôt Les Frères Zemganno[15]. En 1931, on retrouve la signature de Valdombre dans les colonnes du *Petit Journal* également fondé par Roger Maillet. De 1931 à 1933, ses écrits paraissent dans le *Canada* que dirige alors Asselin. Il y signe Stello puis à nouveau Valdombre. En 1934 et en 1935, il suit Asselin qui fonde successivement *L'Ordre* et *La Renaissance*. Il signe toujours Valdombre. C'est ainsi que dans ces différents journaux, nous avons pu retracer plus d'une centaine d'articles de Grignon. À part quelques textes de *L'Avenir du Nord* d'allure nettement autobiographique, la plupart des articles publiés jusqu'ici sont presque exclusivement consacrés à la critique littéraire. Mais à partir de 1936, alors que paraissent *Les Pamphlets de Valdombre*, les préoccupations de Grignon seront doubles, partagées entre la critique littéraire et la critique politique.

À cette époque, Grignon va collaborer abondamment à l'hebdomadaire *En avant* dirigé par Damien Bouchard. *En avant* paraît du 15 janvier 1937 au 8 décembre 1939. Duplessis gouverne alors à Québec et *En avant* est le journal d'opposition par excellence. Grignon dirige la page littéraire du journal où il signe Valdombre. Il signe aussi de son nom véritable des articles politiques. C'est encore lui qui signe Le Convive distrait, Trois Ixes, Masque de velours[16]. Pendant ces trois années, Grignon écrit beaucoup et signe certainement plus de trois cents articles. Ce qui est énorme quand on sait qu'à la même époque, il rédige *Les Pamphlets de Valdombre*. Ceux-ci cessent de paraître en 1943. Grignon fait déjà de la radio depuis 1938. Il adapte *Le Déserteur* et *Un homme et son péché*. *Les Belles Histoires* vont désormais canaliser toutes ses énergies et il écrira moins souvent dans les journaux[17]. Mais Grignon, qui commence son œuvre par le journalisme, y revient à la fin de sa vie. Le 25 février 1967, paraît à Sainte-Adèle un nouvel hebdomadaire, *Le Journal des Pays d'en haut*. Dans le premier numéro, on annonce en exclusivité l'éditorial de Claude-Henri Grignon. En 1967 et en 1968, la signature de l'auteur apparaît régulièrement. Là aussi la collaboration de Grignon est impressionnante: quelque quatre-vingts articles. L'auteur est alors âgé de plus de soixante-dix ans. Comme chacun peut s'en rendre compte, l'œuvre journalistique de Grignon est des plus imposantes.

Quant à ses diverses collaborations aux revues, le plus souvent éphémères, elles ne sont pas négligeables. En décembre 1929, *La Vie canadienne* annonce le retour prochain

---

[14]   Est-ce aussi Grignon qui signe XXX des articles politiques, par exemple en 1922? On sait qu'il signera plus tard, dans *En avant*, Trois Ixes.

[15]   Il collabore vraisemblablement au *Mâtin* de 1921 à 1924. Nous n'avons pu jusqu'à maintenant le vérifier.

[16]   Il est probable que Vital Souche, La main de velours, Martial Durocher, Dursol, ne sont que quelques-uns des pseudonymes de Grignon. Dans *Les Pamphlets de Valdombre*, il fait cette confidence: «Pendant trois ans, j'ai écrit, du moins en ce qui touchait la politique, quatorze à seize colonnes par semaine. Pas moins... Demandez à M. Bouchard. Ouais! C'est comme ça» (t. IV, p. 29).

[17]   Pourtant, il a apposé sa signature dans plusieurs journaux : *La Nation, Le Devoir, Le Bien public, La Liberté et le Patriote, Le Journal de Montréal*, etc.

de Valdombre à la critique. Il y signe deux séries d'articles en 1930. En 1931, en 1932 et en 1934, il écrit dans *La Revue populaire* où il signe Des Esseintes. En 1934 et en 1935, il écrit dans l'éphémère revue *Vivre* fondée et dirigée par Jean-Louis Gagnon; il signe Valdombre. En 1936, il signe Claude-Henri Grignon dans *L'Émérillon*. En 1937 et en 1938, il collabore à la revue sportive *La Vie au grand air*. Il y signe Valdombre de même que dans *La Revue moderne* en 1939. De 1940 à 1943, il signe de son nom deux chroniques dans *Paysana* de Françoise Gaudet-Smet, «Lettres aux paysannes» et «Gloire à la glèbe». Telles sont les principales collaborations de Grignon aux revues[18]. Afin de faire le tour du corpus essayistique, il faut aussi tenir compte des préfaces écrites par l'auteur[19] et enfin signaler les divers essais qui firent l'objet d'une publication à part.

Le 14 mai 1922, Grignon publie sa première brochure, *Les Vivants et les autres*[20]. Dans un premier texte, il commente «Les Franchises de M. Turc» (Victor Barbeau). Le second est consacré à «Nérée Beauchemin, poète de chez nous». En 1925, il publie dans *Les Soirées de l'École littéraire de Montréal*[21] son premier texte d'envergure sur Léon Bloy. Son article est certainement l'un des plus consistants et des plus originaux du recueil collectif. En 1933, il publie un recueil de critiques littéraires, *Ombres et clameurs*[22], où il étudie des œuvres de Marie Le Franc, Albert Pelletier, Jules Fournier, Lionel Groulx, Alfred Desrochers, Germain Beaulieu, Lionel Léveillé, Lucien Rainier et Harry Bernard. La plupart des textes reprennent, avec ici et là de légères modifications, des critiques déjà publiées dans des journaux ou des revues. En 1936, il publie une «étude», *Précisions sur «Un homme et son péché»*[23]» qui reproduit avec des ajouts, une conférence prononcée le samedi soir 18 janvier 1936 à la Société des arts, sciences et lettres de Québec. Mais la partie la plus importante de l'œuvre essayistique et polémique de Grignon est représentée bien sûr par *Les Pamphlets de Valdombre*, cahiers mensuels publiés et rédigés par Grignon lui-même à Sainte-Adèle. La revue paraît plus ou moins régulièrement entre décembre 1936 et juin 1943[24]: cinq tomes, plus de deux mille pages de texte. Dans *Les Pamphlets*, l'actualité littéraire n'est plus seule à retenir l'attention de l'auteur qui accorde une large part aux événements politiques. Durant cette période, Grignon écrit beaucoup puisque, nous le savons, il collabore activement entre 1937 et 1939 au journal *En avant*[25].

---

[18] Nous retrouvons aussi sa signature dans d'autres revues: *L'Action nationale*, *Les Cahiers des compagnons*, *Le Digeste français*, *Les Cahiers de l'Académie canadienne-française*, etc.

[19] Grignon a écrit la préface des ouvrages suivants: A.-J. LAPOINTE, *Souvenirs d'un soldat du Québec*, [Québec], Éditions du Castor, 1944, 259 p.; P. DAGENAIS, *Contes de la pluie et du beau temps*, Montréal, Cercle du Livre de France, 1953, 207 p.; S. CHARETTE, *Doulce souvenance/Histoire de l'Annonciation*, Granby, [s.é.], 1953, 253 p.; sœur SAINT-LOUIS-DE-GONZAGUE, *Léon Bloy face à la critique*, New York, Nashua, 1959, 581 p.; T. D. BOUCHARD, *Mémoires*, t. III, Montréal, Beauchemin, 1960, 254 p.; A. BROUILLETTE, *Bonjour Soleil*, Montréal, Éditions de l'Amitié, 1970, 140 p.

[20] Montréal, Ducharme, 1922, 15 p.

[21] Montréal, Imprimerie L'Éclaireur, 1925, 342 p. Voir «Léon Bloy», p. 49-82. On sait que Grignon participera aux travaux de l'École littéraire de Montréal, de façon plus ou moins assidue, entre 1920 et 1926.

[22] Montréal, Albert Lévesque, 1933, 204 p.

[23] Montréal, Éditions du Vieux Chêne, 1936, 109 p.

[24] T. I: 1er décembre 1936 - 1er novembre 1937, 556 p.; t. II: décembre 1937 - novembre 1938, 562 p.; t. III: décembre 1938 - novembre 1939, 461 p.; t. IV: juin 1940 - avril-mai 1941, 415 p.; t. V: mars-avril 1942 - juin 1943, 246 p.

[25] Signalons aussi qu'entre le 6 novembre 1949 et le 4 juillet 1954, l'essayiste présente à CKAC une émission hebdomadaire, «Le Journal de Claude-Henri Grignon».

Au terme de cette brève description des écrits publiés de Claude-Henri Grignon, nous ne saurions trop insister sur l'importance de cette œuvre, importance tant quantitative que qualitative. Oeuvre le plus souvent polémique, mais qui fait place aussi à la fiction. Oeuvre qui s'élabore surtout entre 1915 et 1945, période particulièrement importante de la vie de Grignon pour qui s'intéresse au corpus écrit. Car c'est durant ce laps de temps que Grignon fait ses choix fondamentaux, tant idéologiques que stylistiques et esthétiques. Période véritablement créatrice, puisque le polémiste apprend à maîtriser les procédés d'une écriture de combat en même temps qu'il élabore tout un univers de fiction. Déjà, il choisit l'époque, les décors, les cadres et les milieux qu'il fera revivre pendant près de trente ans. Déjà, il crée les figures maîtresses de sa prochaine épopée[26].

* * *

Le Retour de Valdombre

On aurait dû laisser le fauve en sa captivité.

Pour des motifs qui éclateront, plus tard, en pleine lumière, Valdombre qui fit trembler dans maints journaux et brochures célèbres, les vieilles colonnes de la critique, revient aux lettres actives, à la grande satisfaction des amis de la vérité. Quant aux poux de lettres qui encombrent les littératures étrangères, ils seront, ici, écrasés, sans indulgence.

(*La Vie canadienne*, n° 39, décembre 1929, p. 56).

Valdombre espérait que la petite couleuvre jaune montrerait la tête. Il y a encore trop de neige. Dès les premiers rayons chauds d'un soleil printanier, les vipères commencent à ramper. Valdombre en guette une. Pour satisfaire ses lecteurs, il l'écrasera. Qu'on ne désespère pas.

(*En avant*, 2 avril 1937, p. 3).

---

[26] Aborder cet aspect de l'œuvre, ce serait étudier la fulgurante destinée d'*Un homme et son péché*, ses diverses adaptations à la radio, au théâtre, au cinéma, à la télévision, au musée. Un tout autre chapitre.

Fernand Dumont, prix David 1975*

par Pierre SAVARD

Le prix David n'est pas un prix comme les autres. C'est d'abord la plus haute distinction décernée par le gouvernement du Québec dans l'ordre littéraire entendu en son sens le plus large. Puis, le prix couronne un auteur pour l'ensemble de son oeuvre. Il est attribué chaque année par un jury de cinq membres désignés par le ministre des Affaires culturelles. Cette année, le jury était composé de madame Rina Lasnier de Joliette, de madame Andrée Maillet de Westmount, de monsieur Jean-Guy Pilon de Montréal, de l'abbé Antoine Sirois de Sherbrooke et de moi-même. Madame Rina Lasnier a présidé aux délibérations du jury qui m'a confié l'honneur et le plaisir à la fois de présenter le lauréat. [...]

Parmi les noms des essayistes contemporains du Québec, celui de Fernand Dumont s'impose tout naturellement par la profondeur de la pensée autant que la qualité de l'écriture. Il était naturel que le choix du jury se fixât — on peut l'avouer ici maintenant — rapidement et aisément sur son nom.

Pour certains d'entre nous qui ont eu le privilège de vivre dans les mêmes paysages physiques et moraux que les siens, Fernand Dumont est d'abord un universitaire prestigieux. Lui qui a dit qu'il «avait tant aimé l'école qu'il s'était voulu professeur pour ne point la quitter» poursuit une grande carrière à l'Université Laval depuis un quart de siècle. Les disciples fervents qu'il a formés au long des années autant que les hautes fonctions qu'il y a exercées, telle celle de directeur-fondateur de l'Institut supérieur des sciences humaines, témoignent d'une autorité et d'un rayonnement qui font de Fernand Dumont un des grands noms de l'Université québécoise de notre temps.

Plus nombreux sont les lecteurs de Fernand Dumont qui, loin d'être un intellectuel en tour d'ivoire, cherche depuis plusieurs années à déchiffrer les signes du temps dans des périodiques comme la revue *Maintenant*. D'un Dumont dans la mêlée de son temps, ces pages qui honoreraient bien des auteurs et rehaussent le niveau de ce genre au Québec ne constituent pas encore l'essentiel de l'oeuvre que nous célébrons ce soir.

Le meilleur Dumont, c'est plus loin qu'il faut aller le trouver: dans des ouvrages dont la parution, à chaque fois, a été saluée comme un événement. Dès 1952, sort de sa plume un recueil de poèmes, *L'Ange du Matin*, qui figure au premier plan dans cette grande et neuve coulée de lyrisme qui commence alors à déferler sur notre peuple entrant dans l'«Age de la Parole». En 1963, une étude de sociologie qu'il publie avec Yves Martin atteste l'ouvrier en pleine maîtrise de son art. C'est *L'analyse des structures régionales* portant plus particulièrement sur la région de Saint-Jérôme. En 1964, au temps des grand ébranlements conciliaires, Fernand Dumont lance un appel d'une rare profondeur *Pour une conversion de la pensée chré-*

---

*Allocution prononcée à la Bibliothèque nationale du Québec, à Montréal, le lundi 3 novembre 1975.

tienne dont l'audience dépasse vite les limites de la vallée du Saint-Laurent. Hardiment, il fait voir que la crise religieuse «attend moins d'être résolue que vécue par chacun de nous». Un même accueil international est réservé à cette belle et profonde réflexion sur la culture qu'est *Le lieu de l'homme* paru en 1968. Deux ans plus tard, la voix du poète Dumont se fait de nouveau entendre dans *Parler de septembre*. Un connaisseur, poète lui aussi, salue alors le retour de cette «parole dense, lumineuse [et] fraternelle» et par rapport aux poèmes de 1952 parle d'«éblouissante maturité» (Gatien LAPOINTE, dans *LAQ*, 1970). La même année, le critique de la connaissance ou, pour parler plus précisément à défaut de parler plus musicalement, l'épistémologue qu'est Fernand Dumont publie *La dialectique de l'objet économique*, étude dans laquelle il pousse le plus loin peut-être sa soif d'interrogation sur la nature d'une science de l'homme. Ses réflexions les plus denses sur le destin de son peuple qui le hante depuis toujours, il les réunit dans *La vigile du Québec* paru l'année qui suit les événements d'octobre. On y rencontre l'intellectuel qui refuse de se laisser couper du réel et qui manifeste une sainte horreur du «vide idéologique». Un autre recueil, *Chantiers*, réunit en 1973 des réflexions sur la pratique des sciences de l'homme. On y retrouve la préoccupation constante d'élargir le champ épistémologique. Le dernier ouvrage de Dumont est un petit traité sur les idéologies commandé par un éditeur universitaire parisien, autre signe — si on en avait encore besoin — de l'audience internationale de ce «questionneur» des sciences de l'homme.

Ce qui ne laisse pas de frapper, malgré l'apparente disparité des objets et la variété des types de discours — poèmes, études historiques, réflexions philosophiques, aperçus théologiques, analyses sociographiques — c'est la profonde unité de l'oeuvre de Fernand Dumont. Et c'est à ses propres mots qu'il convient de faire appel pour mieux rendre justice à son dessein: «Ma tâche, a-t-il écrit, est de ne point laisser oublier ce que la science veut abandonner à l'ombre sous prétexte d'éclairer le monde.» Aveu qui ne manque pas de courage et de lucidité sous la plume d'un homme qui a vécu et vit encore sous le règne des «sciences sociales» au Québec. Ou encore, écrit-il, «la science n'indique que des points de repère; elle ne saurait dégager les lignes de force qui doivent animer la recherche d'un destin, pour les sociétés comme pour les individus». Fernand Dumont ira même jusqu'à dire dans un récent écrit: «Sans perdre son souci de rigueur, la science se retrouve ainsi plus proche du roman, du poème, des engagements» (*Chantiers*, p. 20). C'est ici une des clefs de l'oeuvre de Fernand Dumont qui conjugue avec un tel brio l'art de penser et l'art de dire. Venant d'un maître des sciences de l'homme qui s'affichent de plus en plus sciences, l'aveu a de quoi nous réconforter. Le prix David 1975 décerné à Fernand Dumont, c'est un hommage à un grand témoin québécois de l'âge du «devoir de dire» suivant ses propres mots. C'est aussi, pour tous ceux que préoccupe l'avenir d'une culture dans cette partie de la planète, un réconfort. À la vérité, que fait Fernand Dumont penseur, sinon reprendre sans cesse sur des modes autres l'invite de Fernand Dumont poète? Du poète qui, dès *l'Age du Matin*, nous conviait à rebâtir notre univers spirituel et qui, en des vers d'une belle rigueur et d'une lucidité un peu triste, célébrait

> ... l'âme [qui] lentement
> se replie près des vivants

94

Une lettre de Guy Frégault, collégien

par Pierre SAVARD*

À la fin de 1979, madame Lilianne Frégault déposait au Centre de recherche en civilisation canadienne-française les archives de son mari décédé le 13 décembre 1977. Le volumineux fonds contient un dossier d'une quarantaine de lettres manuscrites adressées par Guy Frégault à son ami Gérard Payer autour des années 1936. Le présent document que nous reproduisons avec l'autorisation de son destinataire est tiré de ce dossier.

Né le 16 juin 1918, Guy Frégault vient d'avoir 18 ans au moment où il écrit cette lettre. Il entre en classe de philosophie au Collège Jean-de-Brébeuf, ayant quitté le Collège de Saint-Laurent. Ses maîtres à penser, comme en témoigne sa correspondance, sont Groulx, Mounier d'*Esprit*, Pierre-Henri Simon et surtout Daniel-Rops de la revue *Sept*. Frégault rêve d'une «révolution spirituelle» qui va débarrasser la Laurentie des «pitres» qui mènent la province voire du «régime absurde qui les suscite» (lettre à Payer, 11 août 1936).

Dans une lettre à Payer, quelques années plus tard, Frégault évoquera ces années d'échange dans ces termes: «J'ai parlé de toi, hier, avec Hertel. Il a, comme tous ceux qui les ont vécues, la nostalgie des années 36-38. Elles ne pourront pas revenir, c'est entendu, et c'est peut-être mieux ainsi, mais tout le monde, je crois, garde quand même l'espérance de quelque chose de moins enthousiaste mais de plus mûr et de plus fécond» (17 novembre 1946). Ces confidences de jeune homme restent précieuses pour connaître la genèse de l'idée de nation, capitale tant dans l'œuvre de l'historien que dans l'action du haut fonctionnaire. Elles nous font aussi pénétrer dans le climat spirituel d'une génération de jeunes Canadiens français.

Collège Brébeuf, le   septembre '36[1]

Monsieur Gérard Payer
Windsor-les-Moulins[2]

Mon bon Vauquelin-Chénier[3]

Décidément, tu me fais jeûner. Je ne suis pas pour m'en plaindre outre mesure, moi qui t'ai bien fait attendre une réponse, une bonne quinzaine... Tout de même!

---

* L'historien Pierre Savard est professeur à l'Université d'Ottawa et directeur du Centre de recherche en civilisation canadienne-française.

[1] Guy Frégault fera sa première année de philosophie au Collège Jean-de-Brébeuf.

[2] Forme francisée de Windsor Mills, sur la rivière Saint-François au nord de Sherbrooke, où habite et travaille Gérard Payer.

[3] Frégault a surnommé son ami Vauquelin-Chénier du nom de deux héros de l'histoire du Canada français.

Guy Frégault, sous-ministre des Affaires culturelles de la province de Québec, au cours des années 1970. Il avait déjà occupé ce poste de 1961 à 1966.

Archives du C.R.C.C.F.

Guy Frégault (1918-1977)

On reconnaît Guy Frégault, en avant à l'extrême droite, alors qu'il faisait partie de l'équipe de hockey du Collège de Saint-Laurent à Montréal. Cette photographie a été prise à la fin de l'hiver 1935.

As-tu reçu ma lettre, et mon paquet de feuilles[4]? Ah! J'y pense! Tu as peut-être été passablement surpris de voir la date écrite en tête de la lettre, différer de l'autre, écrite sur l'enveloppe. Ça s'explique: j'ai reçu ta lettre la veille de la retraite, j'y ai répondu le lendemain, premier jour de la retraite ensuite, je n'ai dû la maller que le lundi. Et puis, je te disais avoir un peu peur de ne pas finir «Nous» très tôt. Mais tu sais que la retraite donne des... temps libres. J'en ai profité; «Nous» aussi. J'ai envoyé sur papier, presque tout d'un trait, la moitié de la troisième partie et presque toute la dernière. Puis, sans trop de corrections, je t'ai envoyé le paquet. Est-ce définitif? Vraiment, c'est un peu maigre pour l'être.

Comme je te disais, tu me diras crûment ce que tu en penses. Ça me fera on ne peut plus plaisir de recevoir l'opinion de quelqu'un qui a du bon sens (l'opinion aussi d'un frère) sur ces quelques lignes, incomplètes, maladroites, mais où passe, encore inhabile, balbutié, mon amour pour ma terre natale, sol d'amour, d'idéal, de travail et d'héroïsme.

Je ne sais si je te l'ai dit: je me suis abonné à la Nation[5]. Ils m'ont donc envoyé 21 numéros à partir du 15 février «à nos jours». Je t'avouerai que bien des histoires écrites dans la Nation m'ont surpris. Séparatiste, oui, je le suis de tout cœur. Mais pourquoi, comme le dit Bouchard dans le 1er numéro, ne tabler que sur les «forces nouvelles»? Pourquoi? Que nous développions à plein notre tempérament de Latins, j'en suis! Mais que nous laissions passer au 2e, 3e... 10e plan notre tempérament national, à nous, — qui n'est pas précisément celui des mangeurs de macaroni, — voilà ce que je ne puis admettre. Que nous ne nous accrochions qu'à l'avenir — et un avenir fasciste — en répudiant, dans une nausée notre passé à nous; que nous brisions délibérément avec l'épopée mystique des anciens, pour fonder des balillas et des fascio(s)?..., que nous foutions à la voirie notre âme très particulière de Laurentiens; que nous ignorions sans plus les liens imbrisables qui nous rattachent malgré tout à notre terre charnelle, que nous refusions de continuer la vie (pas

---

[4]   Frégault a adressé à Payer le manuscrit d'un essai intitulé *Nous* et dont il brosse les grandes lignes dans une lettre au même correspondant, le 11 août précédent: «Je me fais un petit ouvrage qui restera probablement toujours dans mes papiers. C'est plaisant. J'intitule ça «Nous». C'est comme un essai de synthèse de toutes nos virtualités, de toutes nos forces non encore mises en action, de leurs possibilités d'influence le jour où elles seront mises en jeu. Je divise en 4 chapitres:

    I Nous — Catholiques
    II Nous — Missionnaires
    III Nous — Français
    IV Nous — Laurentiens:

ce dernier chapitre va être comme l'aboutissement des trois autres, là où ils vont se rejoindre, pour faire leur trouée, victorieux. Un beau projet, à demi réalisé. J'y travaille un peu tous les jours.»

[5]   *La Nation* a été lancée au début de 1936 par de jeunes avocats, la plupart ex-militants libéraux. L'âme dirigeante du journal est Paul Bouchard qui vise sans succès à regrouper tous les nationalistes dans un parti politique. De février 1936 à mars 1937, le journal s'affiche séparatiste sans compromis et admirateur de Mussolini. Voir Robert COMEAU, *L'idéologie petite-bourgeoise des indépendantistes de «La Nation» 1936-1938*, dans F. DUMONT, J. HAMELIN et J.-P. MONTMINY, *Idéologies au Canada français 1930-1939* (Québec, 1978), p. 201 à 214. Sur les courants idéologiques du temps et en particulier le fascisme, on consultera l'analyse de André J. BÉLANGER, *L'apolitisme des idéologies québécoises. Le grand tournant de 1934-1936* (Québec, 1974).

nouvelle, mais **renouvelée**) *des anciens, voilà qui ne peut me rentrer dans la tête, et encore moins dans le cœur*[6].

«Comme on ne commande à la nature qu'en lui obéissant, on ne s'impose à une nation qu'en observant les lois profondes de son histoire. Ou bien alors, on prépare des catastrophes et des ruines». (P. Henri-Simon. SEPT.).

Mussolini est un génie — c'est probablement ce qui le différencie de ses imitateurs — mais c'est un génie italien. Latin, si l'on veut, mais avant tout, proprement italien. Il nous faut, à nous, un homme qui synthétise toutes les aspirations informulées de la race, qui s'empare de ce trésor de facultés latentes, qui les déclenche. Qui fasse revivre ici le vieil idéal français, à base de latinité, si l'on veut, et de christianisme (ça, on l'oublie, à «la Nation») mais le vieil idéal **Français** *de la façon dont je voudrais le dire dans* **«Nous»** *et non pas revu et corrigé à la manière italienne. Il nous faut d'abord une mystique largement laurentienne (quoique Bouchard trouve le terme «Laurentie» rigolo) avec tout ce que le terme Laurentien implique de français (de latin), de chrétien. Culture française (et par ricochet* **latine**), *culture humaine, exaltation de la charité et de la justice que, par le* **catholicisme** *et la France, le Christ nous a transmis.*

Il me semble que là est le salut. L'État laurentien aura donc une mystique à lui; économiquement, il sera corporatiste, pas nécessairement super-étatiste comme l'Italie, mais corporatiste, chrétiennement. Et cela, c'est une révolution plus formidable encore que celle de la Nation[7]. *Plus assurée du succès, aussi, parce qu'elle plonge dans les réalités supérieures, sans cesser de s'appuyer, de se baser sur le cœur de la race. Une révolution fichée en pleine chair laurentienne, en pleine passion laurentienne, en pleine âme laurentienne.*

C'est — j'en suis sûr, — ton idéal. Sois bien convaincu que ça restera toujours celui de ton

Dollard-Vaps[8].

---

[6]   Au même, le 21 octobre 1936, Frégault sert une tirade contre Bouchard, trop servilement attaché au modèle mussolinien. «Il n'a pas confiance en nos forces à nous, ramassées par 300 ans d'héroïsme; parce qu'elles ont été obnubilées par 7 décades de déviations, il les croit inexistantes. Il veut nous sauver en accentuant cette déviation. Il lui suffit d'aller rapailler des «forces nouvelles» sur les bords de la Méditerranée.» Le 11 août il avait écrit: «Je lis bien la *Nation* qui tient, elle aussi pour l'État français en Amérique. C'est curieux, il me semble manquer quelque chose à leurs aspirations, quelque chose comme des racines plongées pas assez à fond dans l'humus laurentien. Chose certaine, c'est que Péguy, dans son œuvre de régénération de la France ne plagiait pas Bismarck, comme eux font de Mussolini. Il allait plutôt repêcher les forces latentes au cœur de sa race. Ça me semble à la fois plus logique et plus puissamment réaliste que d'aller jeter le filet dans les eaux bleues de la Méditerranée.»

[7]   Frégault semble s'affirmer ici partisan du corporatisme, tel que préconisé dans *Quadragesimo Anno* de 1931 et répandu par l'École sociale populaire, tout en prenant ses distances vis-à-vis le corporatisme d'État cher au groupe de la *Nation*. Le dossier cité plus haut renferme un long article de Frégault sur l'organisation économique, qui révèle son intérêt pour la question.

[8]   Le pseudonyme adopté par Frégault rappelle celui de Daniel-Rops qui est un de ses maîtres à penser.

Bernard Julien, fondateur du département de français de l'Université d'Ottawa et grand ami du Centre

par Paul WYCZYNSKI*

Parler du père Bernard Julien[1] équivaut à parler du département de français de l'Université d'Ottawa. Sa vie se confond avec l'histoire de l'institution dont les origines remontent à 1848[2]. Par son dévouement, son intelligence, son doigté — et aussi par le courage dont il fallait faire preuve au cours des années cinquante, autrement difficiles —, le père Julien a rendu un grand service à la culture d'expression française à Ottawa. Il est de mise, au moment de sa retraite, de rappeler aujourd'hui à ceux qui le connaissent bien et à ceux qui le connaissent moins bien, les étapes de sa carrière de professeur et d'administrateur, et de lui rendre ainsi hommage, ce qu'il mérite à plusieurs titres.

L'an dernier, au mois de mai, j'ai eu le plaisir de partir pour Trois-Rivières en compagnie du père Julien: nous avons assisté tous deux aux réunions de l'Association canadienne-française pour l'avancement des sciences. On nous avait réservé des chambres dans un motel situé un peu en dehors de la ville. Quelle ne fut pas ma surprise! «C'est là la terre paternelle», me fit-il remarquer, en désignant une ferme voisine de notre motel. En effet, Bernard Julien vient d'une vieille famille trifluvienne. Il a passé à Trois-Rivières toute son enfance et une partie de sa jeunesse. Il faut préciser, cependant, qu'il est né à Shawinigan le 24 mars 1915, le sixième d'une famille de onze enfants. En 1920, la famille déménage au Manitoba. C'est ainsi que Bernard a vécu dans l'Ouest canadien pendant deux ans, à quelques milles de Saint-Pierre-Jolys, petite paroisse rurale non loin de Saint-Boniface. De retour à Trois-Rivières, il commence ses études classiques en 1928 et obtient son baccalauréat ès lettres ou, comme on le disait à l'époque, son «baccalauréat de rhétorique», en 1933, au Séminaire Saint-Joseph, où le futur Mgr Albert Tessier est alors préfet des études. C'est avec celui-ci d'ailleurs qu'il rend visite au docteur Nérée Beauchemin, célèbre alors dans la Mauricie par ses deux recueils de poésies, *Floraisons matutinales* (1898) et *La Patrie intime* (1924). J'ose croire que ce fut là son premier contact véritable avec la littérature canadienne-française.

Il y a dans le cœur de chaque homme des choses qu'on ne révèle pas aux autres; elles demeurent au tréfonds de notre être intime. Je ne sais donc pas quels sont les péchés de jeunesse du père Julien, ni les motifs essentiels qui l'ont amené à choisir le chemin du sacerdoce. Ce que je sais, c'est qu'il a réussi avec succès les épreuves du noviciat des pères Oblats de Marie-Immaculée à Ville-La-Salle en 1934 et que la même année il fut envoyé à Rome où, à l'Angelicum, après trois ans d'études, il obtint sa licence en philosophie. À

---

* Paul Wyczynski est titulaire de recherche.

[1] Lors d'une soirée organisée le 24 avril 1977, les professeurs du département des lettres françaises de l'Université d'Ottawa ont rendu hommage au R.P. Julien, fondateur du département de français et son directeur de 1950 à 1968. Le professeur Paul Wyczynski a alors prononcé un discours de circonstance dont nous reproduisons ici le texte.

[2] Il convient de rappeler qu'à l'origine, l'actuelle Université d'Ottawa fut d'abord College of Bytown, fondé en 1848, appelé aussi «Bytown College» ou «St. Joseph's College». Il fut organisé par Mgr Joseph Guigues et situé dans la rue qui porta le même nom. L'institution se déplaça en 1852, sur la rue Sussex où le père Tabaret, o.m.i., devint son directeur en 1853. En 1855, le Collège s'établit sur la «Butte de sable», et fut confié aux Oblats en 1856. La charte universitaire lui fut accordée en 1866, et la charte pontificale, en 1889.

STUDIO C. MARCIL
OTTAWA, ONTARIO

Bernard Julien, o.m.i.

Directeur du département des lettres françaises de l'Université d'Ottawa de 1955 à 1968, il fut aussi l'un des fondateurs du Centre avec le regretté Jean Ménard, Paul Wyczynski et Réjean Robidoux, l'actuel directeur du département.

Rome aussi, à l'Université Grégorienne, lui fut décerné en 1940, un baccalauréat en théologie. Parallèlement, il suit les cours à l'École du Vatican d'où il obtient un diplôme en bibliothéconomie. Il doit quitter Rome précipitamment le 19 mai 1940 à cause de la guerre. On le dirige vers Ottawa où il est ordonné prêtre par Mgr Ubald Langlois, évêque missionnaire de Grouard (Alberta) dans la chapelle de l'Université d'Ottawa, le 23 juin 1940. En 1941, il obtient sa licence en théologie.

À partir de cette date, le sort du père Julien est étroitement lié à celui de l'Université d'Ottawa. En vertu de son obédience, il lui faut se diriger vers l'enseignement. Il est alors affecté à l'École secondaire de l'Université d'Ottawa (1941-1945). Il y enseigne le latin, l'histoire, la religion et le français langue seconde, puis la littérature française. Heureusement, il ne donne pas toutes ces matières en même temps: c'était l'époque héroïque où l'on demandait à chaque enseignant d'être un peu «doctor in universalibus». Pendant ce temps, il suit des cours de psychologie et les cours supérieurs de M. Séraphin Marion en littérature française et en littérature canadienne: il semble décidé à se spécialiser en français.

Le rêve se réalise en 1947. Avec son ami, le père Patrice Corriveau, il part pour Paris. Deux ans après, il devient licencié ès lettres de la Sorbonne. L'Université d'Ottawa a besoin de lui. Il revient donc au pays. Il ne retournera à la Ville lumière que vingt ans plus tard: il fera alors des études à l'École Pratique des Hautes Études et obtiendra un doctorat de troisième cycle, en 1973, à l'Université de Lyon, pour une thèse intitulée «Albert Camus et l'adaptation théâtrale: *Requiem pour une nonne*». Ce travail de quelque 320 pages témoigne de la fidélité du père Julien à l'égard de la littérature comparée.

Son rôle d'organisateur du secteur français commence à proprement parler en 1950: il est alors pratiquement directeur des études de français. En 1955, la Faculté des Arts se donne officiellement une organisation en départements: le père Julien est nommé directeur du département de français, poste qu'il occupera jusqu'en 1968. C'est dans l'espace de ces dix-huit ans que le directeur réalise, jour après jour, étape par étape, l'œuvre de sa vie: en bon ouvrier, il devient architecte de ce que nous appelons aujourd'hui les Lettres françaises de l'Université d'Ottawa.

Pour apprécier son travail, il faut connaître l'époque dans laquelle il s'accomplissait. En 1951, la Faculté des Arts était alors située dans un modeste édifice en briques rouges, rue Waller, entre les rues Laurier et Wilbrod, que les étudiants appelaient «le poulailler». À l'entrée, il y avait deux bureaux: celui du père René Lavigne (le doyen) qui effrayait tout le monde par son air martial, et celui du père Edgar Thivierge (le vice-doyen) dont la pipe éternellement allumée signalait sa présence jusque tard le soir par une odeur de tabac bien particulière. Le bureau des études françaises se cachait quelque part au sous-sol, sans importance d'ailleurs, sans secrétaire non plus, car la vaillante mademoiselle Pierrette Laframboise parvenait à faire seule le travail de secrétariat pour toute la Faculté des Arts. C'était l'époque des grands défis. Le père Julien partageait l'enseignement du français avec les pères Armand Tremblay et Robert Houde, ce dernier enseignant aussi le latin.

La situation s'améliora vers 1952-1953 alors que la Faculté engage MM. René de Chantal et Jean Spekkens comme professeurs de français. Avec le père Julien, ils constituent ce qu'on appelait à l'époque «le triumvirat français». Ensemble, ils ont obtenu que les cours obligatoires de français soient portés de deux à quatre, en attendant une refonte prochaine des programmes. Ils ont aussi renforcé le secteur supérieur où œuvrait, jusque là seul, l'infatigable Séraphin Marion.

Quelques années après, l'équipe s'agrandit: Jean Ménard, Paul Wyczynski, Bernard Robert et Réjean Robidoux deviennent professeurs de français à l'Université d'Ottawa. La section française devient département. Le nouvel édifice des arts, au 165 de la rue Waller, contribue à l'essor des études françaises: pour la première fois, il compte des salles de cours convenables, des bureaux spacieux et une bibliothèque logée au sous-sol de la Faculté des Arts où tout n'est pas parfait mais où le service est nettement supérieur à ce que l'on pouvait obtenir auparavant au deuxième étage de l'édifice central. C'est là, dans une salle modeste, que le père Auguste Morisset était parvenu à loger une bibliothèque, le service de référence et son propre bureau qui servait à la fois à l'administration et au dépôt de livres.

À partir de 1956, le bureau du père Julien est situé au deuxième étage de la nouvelle Faculté des Arts. À huit heures du matin, il est déjà à son poste. À dix heures du soir, la porte de son bureau est encore ouverte. Il développe le programme, organise une bibliothèque départementale, reçoit et encourage les professeurs. Son bureau est un carrefour d'enthousiasme. On travaille en harmonie, on s'encourage mutuellement; tout effort est situé sous le signe de l'idéal qui est celui de la culture et de la langue françaises. M. Eugène Roberto se joint au département de français et se consacre plus particulièrement aux recherches sur Claudel. Presque en même temps, le père Roméo Arbour vient renforcer l'équipe dont plusieurs jeunes feront bientôt partie: Roger Le Moine, Jeanne et André Fortier, André Renaud, Cécile Cloutier, Jean-Louis Major, Louise Trudel, John Hare, François Gallays, Pierre Kunstmann. Parallèlement aux études françaises se développe le secteur de «French» où un progrès notable s'accomplit grâce au travail de plusieurs professeurs: Camille Mailhot, le père Charles Hamel, Mme Krupka, etc. Le père Julien engage d'autres professeurs: Michel Le Guern, André Magnan, Mme Marie-Laure Swiderski, Mme Françoise Kaye qui, en 1966, deviendra son adjointe. J'oublie certainement ici des noms. Mais ce qui est important, ce n'est pas le répertoire exhaustif des professeurs engagés entre 1950 et 1968, mais la mise en évidence du fait qu'à cette époque où l'argent était rare, le père Julien savait agir en véritable magicien. Il possédait un flair incontestable pour dénicher les hommes, pour communiquer avec eux et pour créer un esprit d'équipe.

Le père Julien s'intéressait également à bien d'autres choses: la chorale de l'Université d'Ottawa, l'enseignement de la diction, la Société dramatique de l'Université d'Ottawa. Le théâtre l'attirait toujours et il s'en est mêlé à partir de 1957 quand le père Ovila Gadouas tomba malade. On se souvient fort bien encore de la querelle du *Maître de Santiago* la veille et le lendemain de la présentation de cette pièce en décembre 1957, à la Salle académique de l'Université d'Ottawa. Les murs de Jéricho ont tremblé. Cette petite querelle littéraire a fait du bien en définitive aux «anciens» et aux «modernes». Il reste que le nom du père Julien demeure associé au théâtre dans l'Outaouais, avec ceux de Pierre et de Guy Beaulne, de Mlle Florence Castonguay et de Jean Herbiet, ce dernier engagé par le père Julien en 1958 comme professeur d'art dramatique.

Le père Julien a aussi grandement collaboré à la fondation et à l'évolution du Centre de recherche en littérature canadienne-française qui est devenu, depuis 1968, le Centre de recherche en civilisation canadienne-française (C.R.C.C.F.). Son sens de la réalité et de l'organisation a largement contribué à l'épanouissement du Centre. Il a été le premier à reconnaître la nécessité d'un atelier de recherche dans ce domaine précis. En octobre 1958, il était l'un des signataires d'une demande de création officielle d'un Centre de recherche. C'est aussi sous sa direction que le département de français a participé à l'organisation des cours d'initiation à la recherche et de littérature canadienne-française au vrai sens du mot.

Nous en connaissons aujourd'hui l'importance et le rayonnement. Le nom du père Julien est aussi connu au sein des sociétés savantes: Association des humanités, Association de linguistique, Association des professeurs de français dont il fut membre du premier conseil. Son activité est surtout remarquée au Conseil canadien des recherches sur les humanités dont il fut président en 1967. Pendant plusieurs années, il représenta l'Université d'Ottawa aux réunions de l'Association canadienne des enseignants de langue française et fut membre du Conseil général de 1966. Souvent invité comme membre de jury, il agit toujours avec respect et efficacité. En 1967, il reçut la médaille du Centenaire.

Pendant de longues années, le père Julien est associé à la direction des «Archives des lettres canadiennes». Dans les deux premiers volumes de cette collection, on peut lire ses comptes rendus sur le théâtre. Il en publie aussi plusieurs, en 1965 et en 1966, dans *Livres et Auteurs canadiens*, revue dirigée à l'époque par Adrien Thério. Nous connaissons aussi son essai de littérature comparée, *Tit-Coq et Antony. Analogie des structures, des personnages et des destins*, paru dans *Mélanges de civilisation canadienne-française offerts au professeur Paul Wyczynski* (Ottawa, E.U.O., 1977, p. 121-136). Il nous reste de lui également un volume en collaboration traduit de l'italien: *Règles pour le catalogue des imprimés* (Roma, Bibliotheca Vaticana, 1950, 402 p.).

Cette rétrospective témoigne de l'activité variée du père Julien entre 1950 et 1968, alors qu'il fut directeur du département de français à l'Université d'Ottawa. Si l'on me demandait aujourd'hui de brosser en quelques phrases le portrait de celui qui fut longtemps mon patron et qui demeure indéfectiblement mon ami, je dirais à peu près ceci: homme de grand cœur, d'intelligence toujours en éveil, d'accueil profondément fraternel, dévoué à la cause des lettres, honnête avec ses amis, discret et modeste partout où il faut agir pour accomplir les œuvres durables. Son intuition est remarquable, sa bonté plus qu'exemplaire; son sens des valeurs consiste à respecter les hommes et à les aimer...

Le père Julien prend aujourd'hui sa retraite. Nous lui souhaitons beaucoup de santé et de joie. Nous le croyons toujours des nôtres. Nous lui rendons hommage pour avoir organisé et dirigé pendant dix-huit ans le département des lettres françaises. Nous nous sommes rencontrés sur le champ de travail; nous demeurons unis par les liens d'une amitié qui se veut profonde et durable.

Louis-Joseph Béliveau

par Paul WYCZYNSKI*

Le 2 octobre 1897, *Le Monde illustré* publiait cette brève annonce:

> Notre aimable correspondant, M. L.-J. Béliveau, libraire, rue Notre-Dame, s'étant choisi une compagne selon son cœur, Mlle Bernadette Archambault, fille de M. U.-E. Archambault, directeur de l'école catholique du Plateau, lui a donné son nom avec son cœur, le 21 septembre, à la chapelle du Sacré-Cœur, église Notre-Dame[1].

Le mariage de la fille d'Urgel Archambault et du fils de feu Siméon Béliveau fut béni par l'abbé L.-Candide Thérien; cette cérémonie solennelle allait rester longtemps vivante dans l'esprit des parents et amis des nouveaux mariés[2].

Plusieurs membres de l'École littéraire de Montréal assistèrent au mariage dans la somptueuse chapelle du Sacré-Cœur, en l'église Notre-Dame. Le nouveau marié est d'ailleurs membre de ce cénacle; il est fort bien connu dans les milieux littéraires et contribue de temps en temps aux pages des journaux montréalais. Située au 1617, rue Notre-Dame, sa librairie est bien fréquentée par les fervents des nouveautés littéraires: Édouard-Zotique Massicotte, Albert Ferland, Henry Desjardins, Arthur de Bussières, Charles Gill, Émile Nelligan y bouquinent avec plaisir, y achètent un livre récent et y lisent avidement les journaux français que le jeune libraire fait venir en assez grand nombre directement de Paris.

Les collègues de Louis-Joseph Béliveau ont dû l'aimer beaucoup, particulièrement ceux de l'École littéraire de Montréal dont il avait fait partie dès 1896. Ces jeunes écrivains avaient décidé, à l'été de 1897, d'offrir à leur ami, en guise de cadeau de noces, un recueil de textes manuscrits.

> Que de visions évoque ce petit bouquin noir à la tranche dorée [s'étonne René-O. Boivin]. Visions d'ombrelles aux dentelles superposées si joliment coquettes au-dessus de visages au maquillage rare; de jupes froufroutantes de secrets et ballonnées sur des buscs amusants; d'extraordinaires bibis à l'équilibre instable sur des masses de cheveux noirs ou blonds; de princes-albert macabres sur des messieurs guindés aux moustaches raides; de jeunes filles bostonnantes sous les yeux de chaperons cancaniers et indulgents; de chevaux nerveux traînant les rutilantes victorias [...] c'est tout 1900 que ressuscite ce petit bouquin noir à la tranche dorée[3]...

---

* L'auteur est titulaire de recherche à l'Université d'Ottawa.

[1] «Mondanité», dans *Le Monde illustré*, 14ᵉ année, n° 700, 2 octobre 1897, p. 362.

[2] «Souvenir de mariage», album familial en possession de mesdames Marie-Thérèse-Yvonne Béliveau-Leney et de Marie-Alice-Irène Béliveau-Oudry, filles de Louis-Joseph Béliveau et de Bernadette Archambault.

[3] René-O. BOIVIN, «À l'époque où l'on offrait un recueil de poésies manuscrites comme cadeau de noces. Des vers de Ferland et autres. Nelligan épelait-il son nom Émil Nélighan?», dans *La Patrie* (section magazine), 5ᵉ année, n° 8, 19 février 1939, p. 17.

Collection Jean Béliveau

Louis-Joseph Béliveau à vingt-trois ans
La signature figure au verso de la photographie exécutée par Laprés & Lavergne de Montréal.

Effectivement, ce petit livre-souvenir se présente aujourd'hui comme un témoignage unique d'une époque et aussi comme un échantillon d'écritures où chaque écrivain fait valoir sa pensée, son sentiment, son style, son art d'autographe. Il contient cent trente-huit pages non numérotées de couleurs turquoise, grise, jaune, vieux rose et verdâtre, et trois feuilles d'encadrement, deux au début et une à la fin. Les pages ne sont pas toutes remplies. Dix écrivains y signent leurs textes: Albert Ferland, Jean Charbonneau, Arthur de Bussières, Émile Nelligan, Gustave Comte, G[eorges]-A. D[umont], E.-Z. Massicotte, Henry Desjardins, Germain Beaulieu, et le docteur Pierre Bédard[4].

Parmi les signataires qui offrent à leur collègue des textes en vers et en prose, il faut surtout retenir trois noms: Massicotte, de Bussières et Nelligan. Né en 1867, Massicotte, l'aîné du groupe, est aussi le plus expérimenté dans l'art d'écrire. Ses cinq poèmes dédiés à Béliveau chantent la femme (la circonstance s'y prête!); le sixième est teinté de nationalisme. Mais ce qui frappe, chez lui, c'est la perfection et la variété des formes: «La Valse» contient trois quintils en alexandrins bien musicaux; « Choisis » se veut un madrigal en trois quatrains composés de trois octosyllabes et d'un vers de quatre syllabes; «À l'aimée» et «Héros de la Nouvelle-France» sont des rondels, tandis que «Les Gants» et «Chérubins d'amour» sont conçus comme de jolis poèmes en prose. Massicotte est à l'aise lorsqu'il écrit selon les canons décadents ou symbolistes.

Arthur de Bussières excelle dans l'art du sonnet; ses deux textes, «Une Grecque» et «Comparaison» en sont de bons exemples: le premier tient de Heredia, le deuxième de Musset. Né en 1877, il travaille depuis quelques années à un recueil de sonnets auquel il voudrait donner le titre de «Bengalis». Il aime rêver d'horizons inconnus et peindre des portraits de femmes qu'il n'a jamais vues.

Le plus jeune du groupe est Émile Nelligan. Le 24 décembre 1897, il aura dix-huit ans. En février de la même année, il s'est joint au cénacle, parrainé par Arthur de Bussières. Il écrit, lui aussi, des poèmes inspirés par Millevoye, Verlaine et Baudelaire. Sa première pièce, «Rêve fantasque», parut dans *Le Samedi* du 13 juin 1896. Jeune et inexpérimenté, il est tout dévoué à la muse pour laquelle il a quitté le collège

---

[4] Voici la matière de l'album-souvenir de Louis-Joseph Béliveau. Germain BEAULIEU, «Envoi» (poésie-ouverture) [p. 1-2]; Albert FERLAND, «Floraisons bleues» (titre général) [p. 5]: «L'amour» [p. 5], «Pur baiser» [p. 8], «Septentrion» [p. 9-10], «Questions folles» [p. 10-11]; Jean CHARBONNEAU, «Quelques pensées» (titre général) [p. 13], extraits en prose: «Étude sur Balzac» [p. 15-17], «Étude sur le progrès par la pensée» [p. 17-18], «Étude sur l'histoire de la littérature», p. 18-20; Arthur DE BUSSIÈRES, extraits de *Les Bengalis* (titre général) [p. 23]: «Une Grecque» [p. 25], «Comparaison» [p. 27]; Émil NÉLIGHAN (prénom et nom originalement calligraphiés par le poète) [p. 29], un sonnet extrait de «Pauvre Enfance» (titre général) [p. 31]: «Salons Allemands» [p. 33]; Gustave COMTE, «Histoire chronologique du mariage à travers les âges (en quelques tableaux)» (titre général) [p. 39]: Ier tableau — «Au Paradis terrestre» [p. 39-40], IIe tableau — «Le Déluge» (prose) [p. 40-41], IIIe tableau — «Les Patriarches» (prose) [p. 41], IVe tableau — «Chez les Romains» (prose) [p. 41-42], V[e] tableau — «Le Moyen âge» (prose) [p. 42-43], VIe tableau — «Le Consulat et l'Empire» (prose) [p. 43], VIIe tableau — «1897» (prose) [p. 44]; G.A.D. [Georges-A. DUMONT], «Un extrait» (prose) [p. 49-52]; Édouard-Zotique MASSICOTTE, «Des proses et des vers» (titre général) [p. 57]: «La Valse» [p. 59], «À l'aimée» [p. 61], «Les Gants» (prose) [p. 63, 65], «Chérubin d'amour» (prose) [p. 67], «Choisis» [p. 69], «Héros de la Nouvelle-France» [p. 71]; Henry DESJARDINS, extraits de les «Enthousiasmes» (titre général) [p. 79], «To be or not to be... loved...» [p. 81, 83]; Germain BEAULIEU, «Quelques vers» (titre général) [p. 105]: «Préface» [p. 105], «Mariage» [p. 107, 109, 111], «Nuit étoilée» [p. 113], «Les Âges du Cœur» [p. 115, 117]; docteur Pierre BÉDARD, «Extraits de notes sur la littérature française» (titre général) [p. 119], «La Poésie au XVIIIe siècle» (prose), [p. 121-126].

Collection Jean Béliveau

Les signatures des dix membres de l'École littéraire de Montréal

Elles sont apposées aux écrits qui figurent dans l'album-souvenir offert en cadeau de noces à Louis-Joseph Béliveau en septembre 1897.

108

Sainte-Marie afin de se consacrer entièrement à l'art des vers. Il connaît Louis-Joseph Béliveau depuis six ans environ. Ensemble ils ont fréquenté le Mont Saint-Louis. Nelligan est aussi un visiteur assidu de la librairie que son ami a ouverte et où il aime bouquiner à son aise. Pour le mariage de Béliveau, Nelligan a composé un sonnet, «Salons allemands», dont le titre changera, selon les caprices du poète, en «Salons hongrois» ou en «Salons hollandais»... Peu importent les qualificatifs! Ce qui compte, c'est que le poème véhicule son rêve exotique qui s'en va partout et nulle part et qui traduit surtout sa nostalgie des pays lointains. À remarquer aussi que le jeune poète dont le père est Irlandais et la mère Canadienne française écrit à sa façon son nom: Émil Nélighan. Il laisse sous-entendre qu'il travaille à un recueil de poésies, car, précise-t-il, ce sonnet est «extrait de 'Pauvre Enfance'».

Il y aurait beaucoup à dire sur les poèmes amoureux d'un Albert Ferland, calligraphiés à la perfection, sur les essais littéraires d'un Jean Charbonneau et d'un Pierre Bédard, sur les tableautins d'un Gustave Comte, sur la réflexion en vers d'un Germain Beaulieu ou encore sur la pensée d'un Henry Desjardins qui brode en vers sur le thème shakespearien «to be or not to be». La plupart de ces textes sont des pièces de circonstance. La valeur réelle de ce bouquin réside surtout dans le témoignage tangible de dix écritures qui constituent un document précieux sur la littérature de la fin du XIXe siècle à Montréal. Les voix de ces écrivains, perpétuées dans ce manuscrit, témoignent d'une époque qui sera bientôt séculaire. Louis-Joseph Béliveau a bien fait d'avoir gardé ce document et de l'avoir présenté dans le cadre d'un article de René-O. Boivin, dans *La Patrie* du 19 février 1939.

* * *

Mais qui est Louis-Joseph Béliveau? Quelles sont ses origines? Comment se présente sa vie? Quel rôle a-t-il joué dans la vie littéraire autour de 1900? Voilà des questions auxquelles nous nous empressons de répondre.

Louis-Joseph Béliveau, que Doucet aimait appeler «ce brave Béliveau[5]» peut se vanter d'avoir un arbre généalogique intéressant. Les noms de ses ancêtres se mêlent, en effet, à l'histoire de l'Acadie qui abonde en événements héroïques. Jean Béliveau (né vers 1725) fut l'un des premiers colons de la baie Sainte-Marie. D'après les renseignements légués par la tradition familiale[6], son frère, Charles Béliveau, fut déporté, en 1755, à bord d'un senau (ancien bâtiment marchand à deux mâts, gréé comme un carré et portant un mât de tapecul). En route vers la Caroline du Sud, il se révolta avec un groupe de ses congénères, s'empara du bâtiment et revint victorieux au port de Saint-Jean le 8 janvier 1756. Le grand-père de l'écrivain, François Béliveau, né autour de 1800, s'installa à Saint-Gabriel-de-Brandon où il mourut en 1897. Ses onze enfants, ainsi que lui-même, prirent une part très active à la vie religieuse et économique de cet endroit. L'un de ses fils, Siméon, né le 21 avril 1844, se maria avec

---

[5] Louis-Joseph DOUCET, «La Mort de Bergère», dans *En regardant passer la vie. Vers et prose,* Montréal, La Maison J.-G. Yvon, 1925, p. 75.

[6] Jean BÉLIVEAU, «La Famille Béliveau: études et notes généalogiques», 1978, [19 feuillets]. Cahier dactylographié avec tableaux généalogiques, extraits de journaux et illustrations.

Héros de la Nouvelle-France

[poème autographe manuscrit signé E. Z. Massicotte]

Une Grecque.

[poème autographe manuscrit signé Arthur de Bussières]

Collection Jean Béliveau

Deux poèmes autographes

«Héros de la Nouvelle-France», «Une Grecque»: deux poèmes autographes signés Édouard-Zotique Massicotte et Arthur de Bussières, faisant partie de l'album-souvenir offert en cadeau de noces à Louis-Joseph Béliveau (p. 71, 25).

Collection Jean Béliveau

Un sonnet autographe d'Émile Nelligan

«Salons allemands», sonnet autographe inscrit dans l'album-souvenir de mariage offert à Louis-Joseph Béliveau (septembre 1897, p. 33). À la page 29 du même document figurent, calligraphiés, le prénom et le nom du poète: Émil Nélighan. À la page 31 se trouve cette dédicace: «À L. J. Béliveau un sonnet extrait de 'Pauvre Enfance'».

Mélina DesRoches: c'est de ce mariage que naquit, à Montréal, le 21 janvier 1874, l'écrivain Louis-Joseph Béliveau. À son tour, celui-ci épousera, en 1897, Bernadette Archambault qui lui donnera quatre enfants: Cécile, Paul, Alice, Marie-Thérèse. Marié en secondes noces avec Anna Belleville, le 1er octobre 1909, il aura un fils, Jean, qui deviendra le fidèle gardien des souvenirs familiaux.

La vie de Louis-Joseph Béliveau ne fut pas facile. Son père meurt le 6 septembre 1883; l'enfant n'a que neuf ans. Sa mère s'arrange tant bien que mal et change plusieurs fois de domicile: 346, rue Craig; 41, rue Germain; 259, rue Saint-Antoine; 15, carré Dalhousie; 89, rue Saint-Christophe, etc. Le 3 septembre 1888, Louis-Joseph entre comme pensionnaire au Mont Saint-Louis qu'il quittera un an après. Le 5 septembre 1889, il s'inscrit au Collège de Montréal. Mais il revient au Mont Saint-Louis et y fait sa classe de commerce jusqu'en 1893[7]. Il prend aussi des leçons de musique. À partir de cette date, il doit se débrouiller comme il le peut, en penchant à la fois vers le commerce et vers le journalisme.

---

[7]   La photographie de Louis-Joseph Béliveau se trouve dans «Un demi-siècle de Mont Saint-Louis» (p. 78), parmi les finissants de la classe de commerce, juin 1893.

W. E. Barden	L. C. Harmon	E. M. O'Brien	A. Naud	J. Bourassa	R. Charlebois	L. Barbeau	A. Pagnude
R. Sissons	F. Smith	J.-L. Béliveau	C. Coghlin	F. Sheelan	H. Ladouceur	L. Lussier	A. Richard
W. Irwin	W. Clifford	G. Neville	Fr. Bernard	A. Whitton	Fr. Modestus	H. Raymond	W. Coghlin
		I. Pellerin	J. Walker	J. Mantha	P. Amos	H. A. Ryan	

Collection Jean Béliveau

Louis-Joseph Béliveau au Mont St-Louis

Classe F, septembre 1889, l'étudiant (encerclé) est alors âgé de quinze ans.

Une chose est à souligner: bien que le jeune Louis-Joseph suive un cours de commerce, il manifeste une certaine prédilection pour les questions littéraires. En septembre 1891, une société littéraire est fondée: on l'appelle Académie Saint-Louis. Louis-Joseph Béliveau en occupe le poste de secrétaire. Le 1er octobre 1892, il devient président. Les procès-verbaux qu'il a rédigés témoignent d'un style soigné et d'une bonne connaissance du français. Le rapport annuel de l'Académie Saint-Louis pour 1891-1892 (que Béliveau a signé le 6 juin 1892) résume les grandes lignes de l'activité littéraire de l'institution qu'il fréquente. Nous présumons que la rencontre de Béliveau et de Nelligan date de ce jour-là: Nelligan fréquenta le Mont Saint-Louis de septembre 1890 jusqu'en juin 1893.

L'Académie Saint-Louis dont Béliveau est la cheville ouvrière sert aux jeunes élèves de foyer de culture où se font avec plus d'aisance lectures et exercices littéraires. On y lit Hugo, Musset, Delavigne... On y prépare des études biographiques sur Montcalm, Crémazie... On y écrit des poèmes. En 1891-1892, les membres sont au nombre de quinze. Au cours de huit mois ils ont tenu vingt-sept réunions. Dans son rapport annuel, Louis-Joseph Béliveau remarque:

> Ici nous avons exhibé tour à tour nos peines et nos joies, nos misères et nos consolations, quelques-uns même ont chanté un doux accord de leur lyre naissante, et leurs rêves dorés, et de vieilles espérances trop longtemps caressées. Nous apportions ici chaque dimanche nos humbles travaux littéraires qui n'étaient autre que le résumé, ou plutôt l'écho de nos sentiments et de nos inclinations, ou encore: le reflet de notre cœur et de notre esprit. Et comme dirait De Musset, nous venions
> chanter, vivre, pleurer, seuls, sans but, au hasard
> d'un sourire, d'un mot, d'un soupir, d'un regard[8].

Voilà un témoignage expressif qui vient de Louis-Joseph Béliveau lui-même. C'est lui qui anime le cénacle et le dirige: il est âgé de dix-huit ans.

Le don littéraire de Louis-Joseph Béliveau va s'affirmer aux contacts d'Édouard-Zotique Massicotte, de Germain Beaulieu et d'Albert Ferland. À partir de novembre 1895, il s'intéresse à l'École littéraire de Montréal dont il devient membre actif en 1896. Il habite alors au 77a, rue Saint-Hippolyte. Pendant deux ans, plus précisément jusqu'au 17 février 1899, il participe aux réunions du cénacle dont il devient trésorier le 14 septembre 1898. Les archives de l'École littéraire permettent d'établir que Béliveau a soumis à l'appréciation de ses collègues quelques poèmes: «Enfin» (1er octobre 1896), «Un cœur» (17 février 1897), «Vivat» (29 avril 1898), «Anniversaire» (20 mai 1898), et une poésie dont on ignore le titre (2 décembre 1898). En mars 1898, avec Germain Beaulieu et Firmin Picard, il fait partie d'un comité chargé d'accueillir René Doumic, critique français de passage à Montréal. À cette époque, il publie quelques poésies dans *Le Monde illustré*, signées tantôt de son nom, tantôt de son pseudonyme Ludo.

S'il démissionne comme membre de l'École en février 1899, c'est qu'il veut se consacrer entièrement à sa librairie. Située au 1617, rue Notre-Dame, la Librairie Béliveau-Archambault comprend un magasin de livres et de journaux et aussi une petite entreprise d'édition. Le nom définitif sera la Librairie ancienne et moderne. On y publie

---

8   «Rapport annuel de l'Académie Saint-Louis pour l'année 1891-92», rédigé et signé par le secrétaire, Louis-Joseph Béliveau, le 6 juin 1892, adressé au «Révérend Frère Directeur, à M. le Président et à Messieurs les sociétaires», p. 1. Manuscrit. Archives du Mont Saint-Louis.

114

La Librairie Ancienne et Moderne

OUVRAGES NEUFS ET D'OCCASION.

Dernières Nouveautés reçues chaque semaine

SPECIALITE : Commission en Librairie.

Se charge de procurer aucun ouvrage canadien ou étranger. Attention toute particulière aux commandes écrites ; le retour du courrier vous apportera toutes les informations désirées.

Choix de Papeterie .... Fournitures de Bureau

LIVRES DE PRIERES ET CHAPELETS

CATALOGUE EXPEDIE FRANCO SUR DEMANDE

Bouquinerie . Triage sur le Volet.

Toujours un choix de Volumes à Grand Rabais.

PRIME DU GRAND ALMANACH CANADIEN.

"LES VARIETES CANADIENNES"

Par WILFRID LAROSE

Avec une préface de LOUIS FRECHETTE

N.B.—Détachez ce coupon et adressez-nous-le avec 50 cts, pour recevoir franco "Les Variétés Canadiennes."

LOUIS J. BÉLIVEAU,

LIBRAIRE—COMMISSIONNAIRE—PAPETIER,

1617 Rue Notre-Dame, - Montréal.

LE

GRAND

Almanach

Canadien

Illustré

.. Pour 1899

Publié sous la direction de

E. Z. MASSICOTTE

EDITEUR

LOUIS J. BELIVEAU,

LIBRAIRE

1617, RUE NOTRE-DAME, MONTREAL, CANADA.

Frontispice et page de titre du *Grand Almanach canadien illustré pour 1899*.
L'ouvrage a été préparé par Édouard-Zotique Massicotte et publié par Louis-Joseph Béliveau.

Collection Jean Béliveau

des affiches, des dépliants, des petits livres à l'occasion, un almanach qui est une sorte de petite encyclopédie canadienne renseignant les Montréalais sur les affaires courantes: on y trouve des annonces, des calendriers, des statistiques, des biographies des hommes disparus, des illustrations des pièces en vers et en prose. L'almanach pour l'année 1899, publié par Béliveau, se distingue par son information riche et variée de même que par une belle tenue esthétique[9]. La résidence de la famille Béliveau se trouve alors au 693, rue Berri.

Il est difficile de suivre le développement de la Librairie ancienne et moderne. Il nous semble qu'elle a connu certaines difficultés. Il reste qu'en 1901 Louis-Joseph Béliveau devient journaliste à La Patrie et emménage au 852, rue Sanguinet.

En 1911, Béliveau va chercher fortune aux États-Unis. En 1914, on le trouve à New Bedford, Massachusetts, où il est directeur-rédacteur de la Feuille d'Érable, journal hebdomadaire de quatre pages au service des Franco-Américains. Il y publie des articles et des poèmes en prose le plus souvent signés de son pseudonyme: B. Livo. Ce journal est cependant de courte durée: quatorze livraisons entre le 7 février et le 9 mai 1914[10]. En 1916, Béliveau devient directeur du journal La Liberté, à Providence[11]. Peu de temps après, il est directeur de la section de la publicité au journal L'Indépendant de Fall River. Il quitte ce poste vers la fin de 1918. Le 22 février 1921, il est nommé gérant de la publicité et des ventes aux États-Unis pour la compagnie du docteur J.-O. Lambert.

En 1921, il retourne au Canada. Toujours publiciste, on le retrouve à Québec, au journal Le Soleil. En 1924, il rejoint le personnel de La Patrie où il travaillera jusqu'en 1940: il passera alors au journal Radio-Monde. Sa retraite commence en 1955. Peu de temps après il est hospitalisé à l'hôpital Saint-Joseph-de-Rosemont. C'est là, dans l'intimité d'une chambre austère, que le 1er octobre 1959 il célèbre, avec sa deuxième épouse Anna Belleville, ses noces d'or. À cette occasion, l'aumônier de l'hôpital, le père Léon Robillard, évoque les souvenirs d'une vie dans une époque déjà lointaine. Louis-Joseph Béliveau meurt le 2 août 1960.

* * *

---

[9] Il convient de consulter Le Grand Almanach canadien illustré pour 1899, sous la direction d'Édouard-Zotique MASSICOTTE, publié par Louis-Joseph Béliveau, [1898], 64 p.

[10] Dans la Feuille d'Érable de New Bedford, Massachusetts, Béliveau signe d'abord de son nom un éditorial: «La garde ne meurt pas» (7 février 1914). Il publie par la suite huit articles dont certains en prose poétique; ils sont signés B. LIVO: Entendons-nous (14 février), Mercis (21 février), Hivernale (28 février), Caremiades (7 mars), Charme printanier (21 mars), Rien, et pourtant... (28 mars), Alleluja! (11 avril), Shamrock vs. Feuille d'Érable (9 mai).

[11] L'idée de créer un nouveau journal fut bien accueillie par les Franco-Américains. On peut lire dans L'Écho de New-Bedford (8 mai 1916, p. 2) cette note: «Un nouveau journal «La Liberté» vient de paraître à Providence, R. I. Son directeur est M. Louis J. Béliveau. Providence devrait compter une colonie franco-américaine assez considérable pour faire vivre un journal hebdomadaire comme «La Liberté», et la présence d'un journal français au milieu d'elle ne saurait manquer de lui être profitable à plus d'un titre. «La Liberté», déclare son directeur, n'est pas une feuille exclusive, elle ne s'adresse pas particulièrement aux Franco-Américains, mais plutôt à tous ceux-là qui parlent et lisent le français. Travailler à l'éducation morale, sociale et politique de nos compatriotes, tout en s'efforçant de propager notre langue en la faisant apprécier encore davantage, telle est l'œuvre que nous entreprenons aujourd'hui. Et là se trouve également tout notre programme,» conclut le directeur de la nouvelle feuille, à laquelle nous souhaitons tout le succès possible.»

LA FEUILLE D'ÉRABLE

"MIEUX ET PLUS"

Première Année NEW-BEDFORD, MASS, LE 28 FEVRIER, 1914. No. 4.

LA FEUILLE D'ERABLE
Journal Hebdomadaire.

Adresse:
LA FEUILLE D'ERABLE
68 Pierce St.,
New Bedford, Mass.
Téléphones: Bell 379; Auto. 1191.

HIVERNALE

Il semblerait, depuis quelque temps, qu'un coin du pays natal s'est transporté dans ces parages.

Tout est comme "là-bas": neige, froid, glace, avec vraisemblablement, leur cortège habituel de plaisirs, mais aussi, hélas! pour plusieurs, de souffrances. Quelle radieuse féerie pour les jeunes qui gambadent sur la plaine enneigée! Aubaine très rare et d'autant mieux appréciée.

Le patin, le traîneau, la glissoire, cela émoustille, égale, réchauffe les petits coeurs qui battent à l'unisson.

Les amoureux tanguent sur la glace vive, et les vieux évoquent à plaisir les souvenirs d'antan. Le village qu'ils ont quitté, la ferme abandonnée, la sucrerie qui donne maintenant à d'autres le meilleur de sa sève; ils se remémorent tout cela, les aînés, en voyant les petiots et les grandes filles se divertir à qui mieux mieux sur la neige toute blanche et la glace vive où miroite leur jeunesse.

> "Souvenirs du jeune âge
> "Sont gravés dans mon coeur."

Auprès de l'âtre qui flamboit, il fait bon réchauffer son âme et y attisant le feu, des vieilles réméniscences... Ici, sous un ciel plus clément, la "Feuille d'Erable" s'épanouit quand même, malgré les froids et les antans. Ah! c'est qu'elle a pris racine droit dans le coeur de nos gens.

Pour fêter sa venue Dame Hiver s'est parée de son joli manteau d'hermine afin que garçons et filles, jeunes et vieux, puissent mieux se divertir sur la neige toute blanche et la glace vive où miroitent leurs plus beaux rêves!

EUGENIE, OU LE MARIAGE SANS REGRETS

("Le Nationaliste" de Montréal.)

L'eugénie est l'art délicat d'avoir de beaux enfants. Persuadés que la

Il semblerait, depuis quelque temps, qu'un coin du pays natal s'est

négociant de Grand Rapids (Michigan), avec une jeune fille de Denver. L'Aeolian Hall, où avait lieu la fête, était tout fleuri de roses. Aux sons du choeur nuptial de "Lohengrin", le couple fit son entrée, escorté par six demoiselles d'honneur, deux gris, qui

LE FRANCAIS EN 15 JOURS

Les dépêches de Paris, France, nous ont annoncé l'autre jour que le commandant Evans avait fait une conférence, en français, à la Sorbonne, mais on n'avait pas dit où et comment se tiraillait compagnon de Scott avait appris notre langue.

Voici ce qu'il nous révèle lui-même:

"Ma première intention, a-t-il déclaré à un journaliste, était de parler en anglais à la Sorbonne, mais on m'a dit que la moitié de l'auditoire ne comprendrait pas. Alors, je me suis dit que le seul parti à prendre était de travailler pour apprendre le français aussi bien que possible dans l'espace de temps qui me restait. Je n'avais que quinze jours devant moi. J'ai passé les cinq premières à Dieppe, où je suis resté avec M. Charles Rabot, qui a traduit en français les mémoires du capitaine Scott. J'ignorais alors tout de la langue française, sauf quelques petites phrases élémentaires, familières à tout Anglais. Mais les journées entières se sont passées à causer de l'expédition avec M. Rabot et à essayer de me guider par la traduction française de son livre. Quelques jours plus tard, je suis venu passer quatre jours à Paris. J'ai appris par coeur autant de mots que j'ai pu, de manière à avoir un vrai vocabulaire. Je ne me suis pas du tout occupé de grammaire et j'ai parlé autant que possible."

CHIEN SAVANT

Mademoiselle S... a une maison de campagne et un chien.

Collection Jean Béliveau

La page de titre de la *Feuille d'Érable*

Journal de Louis-Joseph Béliveau, 28 février 1914.

Louis-Joseph Béliveau est un homme aux multiples visages: jeune enthousiaste des lettres, libraire-éditeur, commerçant à l'occasion, journaliste, homme dévoué à la francophonie, poète... Comme la plupart des jeunes à la fin du XIXe siècle, il désire ardemment le renouvellement de la vie culturelle, l'amélioration de la situation économique des Canadiens français au pays et aux États-Unis. D'origine modeste, il doit travailler avec acharnement pour assurer à sa famille une vie décente.

Son nom s'associe à jamais à l'histoire de l'École littéraire de Montréal. L'album-souvenir qui lui fut offert par ses collègues en 1897 est un document précieux sur l'époque littéraire à laquelle il appartient. On connaît encore mal ses écrits de journaliste, qui jaunissent dans *Le Soleil*, *La Patrie* et *Radio-Monde* sous le couvert de l'anonymat. Sa prose poétique parue aux États-Unis est agréable à relire. Dans *Le Monde illustré* il a publié onze poèmes. Trois autres poèmes sont introuvables bien que mentionnés dans les procès-verbaux de l'École littéraire de Montréal. La collection Jean Béliveau contient quatre poèmes dactylographiés, non publiés. Voilà l'héritage d'un ami des lettres modeste, certes, mais néanmoins authentique et sincère.

Louis-Joseph Béliveau n'avait rien d'un révolutionnaire: c'était plutôt un homme calme, profondément attaché à la tradition nationale, aux valeurs religieuses de la société et de la famille. Son écriture en est marquée. Il écrit de gracieux souvenirs, des confidences sur un ton de ballade, des poèmes de circonstance comme celui dédié à Mgr Bruchési, des sonnets sentimentaux... Les formes qu'il emploie sont d'habitude de facture traditionnelle. Parfois, cependant, il recherche par la versification des effets qui rendraient mieux sa rêverie poétique:

> Il est une beauté qui me sourit en rêve,
> Un charme séducteur me poursuivant sans trêve,
> Tout le jour, seul, je songe, et quand revient la nuit,
> — Même jusqu'à l'aurore
> Et le matin encore —
> Pour dorer mon sommeil son souvenir reluit!
> Mais si j'y suis fidèle,
> Le sait-elle?
> Seuls mes hymnes du soir vont confier aux cieux
> Mes aveux[12].

Toujours sur une note d'amour, peu de temps avant son mariage, il scande ainsi sa «douce ivresse»:

> Oui: moins sur les lèvres qu'au cœur
> Je garde la douce saveur
> De ton baiser, ô ma charmante,
> Don sacré de ton âme aimante,
> Don de candeur.
>
> Oui! moins dans le cœur que dans l'âme,
> S'exhale, enfant, pour toi, ma flamme,
> Si de toi je suis amoureux,
> Laisse-moi respirer, heureux,
> Ton pur dictame[13]!

---

[12]   LUDO [pseudonyme de Louis-Joseph BÉLIVEAU], «Le sait-elle?», dans *Le Monde illustré*, 13e année, n° 654, 14 novembre 1896, p. 455.

[13]   Louis-Joseph BÉLIVEAU, «Douce Ivresse!», dans *Le Monde illustré*, 14e année, n° 700, 2 octobre 1897, p. 362. Avec la signature de l'auteur et la date de composition: «août 1897».

La poésie de Béliveau, on le voit bien, est un chant sans prétention, presque toujours adressé aux êtres qui lui sont chers. «Mon vieux père, remarque son fils Jean, avait toujours sa plume pour lui servir de trait d'union entre son cœur et sa pensée[14].» Cet aveu pourrait servir de guide à chaque lecteur qui se penche sur le sort de Louis-Joseph Béliveau, libraire-éditeur montréalais, journaliste et poète à l'occasion. Son nom se situe parmi ceux qui ont préparé le chemin à l'épanouissement des lettres québécoises et surtout à l'éclatement du génie d'Émile Nelligan.

APPENDICE

Les poèmes de Louis-Joseph Béliveau

«À ma mère», poème manuscrit en quatre quatrains, écrit la veille de son 20e anniversaire de naissance, soit le 20 janvier 1895. Manuscrit. Collection Jean Béliveau.

«Improvisation nocturne», dans *Le Monde illustré*, 13e année, n° 639, 1er août 1896, p. 215. Signé du pseudonyme Ludo.

«Enfin», poème lu à l'École littéraire de Montréal, 1er octobre 1896. Texte introuvable.

«Confiance», dans *Le Monde illustré*, 13e année, n° 648, 3 octobre 1896, p. 356. Poème écrit en septembre 1896.

«Le sait-elle?», dans *Le Monde illustré*, 13e année, n° 654, 14 novembre 1896, p. 455. Signé du pseudonyme Ludo.

«Chant de Noël», dans *Le Monde illustré*, 13e année, n° 660, 26 décembre 1896, p. 547.

«Chant d'hiver», dans *Le Monde illustré*, 13e année, n° 669, 27 février 1897, p. 694.

«Un cœur», dans *Le Monde illustré*, 13e année, n° 673, 27 mars 1897, p. 758. Lu à l'École littéraire de Montréal, le 17 février 1897.

«À Sa Grandeur Mgr Paul Bruchési», dans *Le Monde illustré*, 14e année, n° 692, 7 août 1897, p. 227.

«Consolation», dans *Le Monde illustré*, 14e année, n° 697, 11 septembre 1897, p. 310.

«Douce ivresse», dans *Le Monde illustré*, 14e année, n° 700, 2 octobre 1897, p. 362.

«Idéal», dans *Le Monde illustré*, 14e année, n° 709, 4 décembre 1897, p. 502.

«Vivat», dans *Le Monde illustré*, 15e année, n° 731, 7 mai 1898, p. 4.

«Anniversaire», lu à l'École littéraire de Montréal, le 20 mai 1898. Texte introuvable.

Une poésie (titre inconnu) lue à l'École littéraire de Montréal, le 2 décembre 1898. Texte introuvable.

«Impromptu», écrit le 12 avril 1945. Collection Jean Béliveau.

«75», écrit le 21 janvier 1949. Collection Jean Béliveau.

«Sénilité», sonnets jumeaux écrits le 21 janvier 1954. Collection Jean Béliveau.

---

[14] Jean Béliveau, lettre à Paul Wyczynski, le 9 juillet 1980. Nous tenons à remercier M. Jean Béliveau, fils de Louis-Joseph Béliveau, pour la précieuse collaboration qu'il nous a apportée lors de la préparation de cette étude.

L'Ontario français

Le français de Windsor

Le français canadien co-existe avec l'anglais, dans un contact souvent gêné, depuis 1763. La réaction entre les deux langues a suivi les modèles tracés par la démographie humaine et le mouvement de la population.

Le voyage qui entraîna la colonisation française de cette région eut lieu en 1701 sous la conduite de Cadillac, commençant à Montréal et finissant à Détroit. Par suite de la destruction en 1747 par des Hurons hostiles de la mission catholique sur l'Île au Bois Blanc (aujourd'hui anglicisé en *Bob-Lo*), il fut décidé de transférer le quartier général sur la rive sud de la rivière. Le nouveau fort fut appelé La Pointe de Montréal et se dressa à l'endroit où, actuellement, le pont Ambassador se prolonge dans Windsor. Au commencement, la conquête britannique n'eut que peu d'influence sur beaucoup d'aspects de la vie française de la nouvelle communauté; mais au cours des années, elle transforma cette petite colonie en un îlot de culture et de langue françaises situé à une distance de 600 milles de Montréal. Les conséquences de cet isolement linguistique et le fait que le français windsorois soit inséré dans une couche anglo-canadienne forment le sujet de la présente étude.

Windsor, la ville la plus méridionale du Canada, est nichée au bout extrême du comté d'Essex dans la province d'Ontario. Le climat est très tempéré et les Windsorois aiment faire remarquer que leur ville est située plus au sud que la frontière septentrionale de la Californie. Le comté d'Essex est également le comté le plus méridional du pays.

La métropole windsoroise comprend la ville de Windsor; les municipalités d'Amherstburg, Belle River, Essex et Tecumseh; le village de St. Clair Beach; et les communes d'Anderdon, Maidstone, Malden, Rochester, Sandwich South et Sandwich West. En plus de Belle River et Tecumseh, il y a plusieurs petites villes où le français est encore assez vigoureux: La Salle, River Canard et McGregor au sud de Windsor; Puce et Stony Point immédiatement à l'est; St. Joachim dans la partie nord-est du comté et Staples dans la partie est-centrale; Jeannette's Creek et Paincourt dans le comté voisin de Kent.

La population de la métropole windsoroise, selon le recensement de 1971, était de 258 645 dont 200 000 habitaient Windsor. L'origine raciale de cette population est distribuée comme suit: britannique, 124 340 ou 48,1%; française, 52 885 ou 20,4%. La statistique relative à la langue parlée le plus souvent à la maison se décompose comme suit: l'anglais, 221 075 ou 85,5%; le français, 10 205 ou 3,9%.

Il semble bien fondé de dire que le français de Windsor est une langue minoritaire sous l'hégémonie considérable de l'anglais langue dominante. Comme le fit remarquer Monsieur Alexander Hull Jr. dans sa thèse de doctorat intitulée *The Franco-Canadian Dialect of Windsor, Ontario*, il y a de nombreuses influences

---

*Paul Cassano est professeur au département de français de l'Université de Windsor.

<del>121</del>

anglaises en matière de vocabulaire. La dominance numérique des anglophones est cependant contre-balancée par certaines attitudes de résistance aux intrusions anglaises de la part de groupes francophones de la région qui deviennent de plus en plus actifs et militants en ce qui concerne non seulement la préservation mais aussi l'extension du français.

Une conviction répandue et profondément enracinée chez quelques observateurs profanes est celle-ci: l'anglais érode et détruit le coeur même du français. On perçoit le français comme ayant atteint le point final de la désagrégation de patois et on en blâme toujours en grande mesure l'anglais, la langue de contact. Monsieur Hull partage cette vue dans son aperçu de 1955:

> The contact with English is probably undermining the traditional phonemic and morphological systems, as well as the vocabulary of the dialect. The French of Windsor has been deeply penetrated.... by the English which surrounds it.

Nous ne nous proposons pas de répondre à toutes les questions soulevées par les observations de Monsieur Hull. Nous avons l'intention cependant, d'examiner une ou deux affirmations d'influence anglaise qu'il a faites.

La première affirmation morphologique avancée par Monsieur Hull concerne le genre des noms: «It is probable that the necessity for keeping the distinction of masculine and feminine alive is no longer keenly felt, perhaps through the influence of English.»

Les preuves de la vacillation entre les genres sont fort répandues et remontent très loin. Monsieur Hull lui-même en fournit quelques exemples:

> There is no distinction between *un* and *une* before a word with initial vowel (both are [yn], [oen], [en] or [én], which helps to bring about a confusion of genders in these words).... The general trend is for masculine nouns to become feminine, as *ils sont de la même âge; de l'air fraîche; on l-a un(e) été b'en chaude* [ʒ la ɛ̃ŋ etc 6ɛ̃ sŏơ]'we're having a very hot summer.'

Quand à l'ancienneté de la vacillation entre genres, on peut retracer ses antécédents jusqu'à la période du latin vulgaire:

> Si l'on se rappelle d'autre part que le patois [de Ruffieu-en-Valromey] est souvent resté fidèle au genre étymologique, alors que le français l'a modifié («aigle», «ongle»), que pour beaucoup de mots le français a longtemps hésité entre les deux genres («horloge», «orge», «affaire») et que ce flottement remonte souvent au latin vulgaire («sel», «serpent», «lièvre», «dimanche», «sable»), on comprendra mieux les nombreuses divergences de genre qu'on constate entre les mots patois et les formes françaises correspondantes.

Des preuves que l'hésitation entre genres a persisté jusque dans un français plus récent ne sont pas difficiles à trouver:

> «Un certain nombre de mots ont, au XVIᵉ siècle, un genre différent de celui qu'ils ont aujourd'hui, ou ils hésitent encore entre le masculin et le féminin... e.g. *Un cuiller, un dette, la sanc.*

Une hésitation pareille se trouve aussi en gascon qui, on le sait, n'est pas une variété du français mais plus proprement un sous-membre du provençal, et à certains égards plus proche de l'aragonais et du catalan:

> On peut remarquer dans ces formes une certaine confusion entre les deux genres. Tantôt c'est la forme féminine qui l'a emporté sur la masculine (*ta pay* 'ton père'), tantôt c'est l'inverse qui se produit (*ton may*, 'ta mère');...

Le deuxième trait morphologique que Monsieur Hull attribue précautionneusement à l'influence de l'anglais concerne l'emploi en français canadien de la locution *être après* avec l'infinitif, pour indiquer l'aspect progressif d'une action.

> Probably the most significant feature of the verb morphology and syntax in Windsor is the tendency to substitute periphrastic forms for the usual tenses, due no doubt partly to hesitations about irregularities, partly to the influence of English. The present denoting an action in progress is often replaced by *être après* with the infinitive: *elle est après polisher le plancher* [al èt apra pâlisê lë plãsê] (A) 'she is polishing the floor'. This usage is certainly influenced by the English progressive tense — it serves as a convenient method of distinguishing the two forms of present as in English.

Or, selon Georges Gougenheim, la locution en question remonte à la deuxième moitié du seizième siècle en français métropolitain:

> «Lorsqu'il *estoit après à dresser* des compositions.» [Bonaventure des Periers, *Recueil de Poésies*] (éd. Lacour, *Dédicaces*, cité par Frank et Chenevière, *Lex. de la langue de B. des P.*, Paris, 1888, p. 14, s.v. *après*.)

> «Antiochus possédoit toute l'Égypte et *estoit aprez à conquérir* Cypre.» ([Montaigne,] Essais, II, 24, éd. de 1804, III, 103, Littér, s.v. *après* hist.)

> «Un mien ami est après à faire un petit livre de méditations sur le mistère de la sainte union de Jacques Clement avecques vous.» (*Lettre d'un gentilhomme françois à dame Jacquette Clement*, 1590, Fournier, *Var.*, X. 61.)

On a retracé également des manifestations continentales modernes de cette locution. Par exemple, il se produit dans les dialectes d'Ollon et dans ceux de la région d'Aigle (Vaud), où, selon notre source, «le présent de *être* + après + infinitif signifie «être en train de...»

Un autre trait de la morphologie des verbes que Monsieur Hull a indiqué comme attribuable à l'influence de l'anglais touche à l'emploi périphrastique d'*aller* + infinitif pour indiquer le temps futur. Cette prétention suit immédiatement la discussion d'*être après* que nous venons d'examiner:

> The future is generally expressed by *aller* and the infinitive... and this construction is sometimes extended to replace the present in the stating of a general truth (there is a popular English parallel): *Par icite i' vont user des tracteurs* [par isit i võ y: zé dé traktœ:r]/ 'around here they use (they'll use) tractors'.

Un regard rapide jeté sur l'histoire révèle cette fois encore que cet usage est fortement enraciné dans les traditions linguistiques du français métropolitain: le présent et l'imparfait du verbe *aller* servent, comme nous le verrons, d'auxiliaires du futur prochain. Le présent semble peu employé comme suppléant du futur dans les propositions subordonnées conditionnelles: il ajoute une idée d'accidentel; de plus, sa valeur affective est assez marquée: il exprime qu'on ne désire pas, qu'on redoute même l'accomplissement d'une action:

> On ne me verra point survivre à votre gloire
> Si vous allez commettre une action si noire.
> (Racine, *Britannicus*, v. 1376, Marty-Laveaux, *Lex.*, s.v. aller.)

Il est évident ici encore que Monsieur Hull a négligé de considérer les faits historiques de la langue française. Nous omettons une discussion de l'usage de *aller* + infinitif fonctionnant comme futur parce que son existence enracinée, indépendante de l'influence anglaise, est évidente.

L'affirmation suivante, celle-ci atténuée, de l'influence anglaise avancée par Monsieur Hull porte sur l'usage du possessif avec certaines parties du corps en des contextes où selon lui on éviterait un tel usage en français standard: «The possessives may be used in cases where they would be avoided in standard French, as with parts of the body. This may be due to the influence of English. Example: *J'ai fermé mes yeux* [zé fârmé méz jφ] (A) 'I closed my eyes.'»

Bien qu'il soit possible que la structure parallèle en anglais ait joué un rôle de renforcement dans la densité de diffusion de l'usage en français canadien du possessif avec les parties du corps, il y a des indications bien connues et bien documentées que le français populaire a un usage exactement pareil. Larousse exhorte le lecteur: «L'article à la place de l'adjectif possessif: (J'ai mal à la tête.../et non à ma tête/).» Là encore, le rapport avec l'influence anglaise dans ce contexte est assez ténu. Un parallèle intéressant et peut-être suggestif est offert par le gascon:

> Le gascon ne remplace pas l'adjectif possessif par l'article lorsqu'il s'agit d'une chose inséparable de la personne. Ainsi, tandis que le français dit: il m'a fait mal au pied, on dira en gascon: qué m'a heyt maw *aw mé pè* (à mon pied).

Monsieur Hull formule une affirmation plus confiante dans le cas de l'emploi des formes passives des verbes:

> Another result of the influence of English is the frequent use of passive forms of the verb, in sentences where it would be avoided in standard French (*le sarrasin est usé pour les crêpes* 'buckwheat is used for pancakes'). Examples like these could be multiplied indefinitely with long observations of these people's speech. They illustrate the effect produced by long, intimate contact of two languages, one dominant and the other subordinate.

En effet, en plus de l'usage évidemment anglicisé de *user*, il est clair que l'usage en français continental standard serait probablement: 'on se sert du sarrasin pour faire les crêpes'; ou 'on emploie le sarrasin pour faire les crêpes', ou peut-être 'le sarrasin sert à faire les crêpes.' Cependant, il est un fait bien connu que la forme passive peut être employée en français continental standard et qu'effectivement on l'y trouve parfois. Larousse, par exemple, donne une définition du blé dont voici une partie:

> ... Nom vulgaire d'un genre de graminées dont le nom scientifique est *triticum* et dont le grain est universellement employé pour la fabrication du pain...

Notre remarque principale est donc que, même si l'on peut attribuer l'usage en question — ou tout autre usage — à l'influence anglaise, elle serait d'un type tout à fait différent si le nouveau trait emprunté n'avait pas de précédent dans le système emprunteur. Nous ne voulons pas sous-estimer le rôle et l'importance de tout emprunt, calque ou transfert; nous voulons simplement distinguer entre ce qui se trouve déjà dans un système et ce qui lui est nouveau.

Nous ne disons pas, et ne voulons pas impliquer, que des emprunts et des transferts de l'anglais n'ont pas eu lieu. Il y en a bien des exemples: *cette job paye bien* 'that job pays well', *tu regardes bien* 'you look well', *un ami proche* 'a close friend', *l'année ronde* 'the year round', etc. Mais nous disons bien que les prétentions que nous avons soumises à l'épreuve probante de la validation ou bien (i) ne sont pas basées sur des faits, ou bien (ii) sont extrêmement ténues ou bien (iii) peuvent être attribuées sans ambiguïté à l'influence anglaise mais ne constituent pas l'introduction en français canadien de traits ou de racines qui n'y existaient pas déjà.

La montée de l'anglicisation chez les jeunes Franco-Ontariens

par Charles CASTONGUAY *

Dans une série d'articles fondés sur les premières publications des résultats du recensement de 1971, Pierre Allard a déjà dressé un bilan quantitatif de l'utilisation du français au foyer en Ontario[1]. Il importe d'ajouter à ce premier bilan quelques précisions sur le comportement linguistique des Franco-Ontariens par groupe d'âge, à partir de données rendues disponibles après l'étude de M. Allard.

Les données du recensement par groupe d'âge montrent que les jeunes adultes franco-ontariens sont plus enclins que ne l'étaient leurs aînés à adopter l'anglais comme langue principale en famille. Le recensement ne donne aucun signe d'un ralentissement dans l'anglicisation chez les générations montantes. Ailleurs que dans les cinq comtés de l'est de l'Ontario et quatre comtés du nord, l'anglicisation des Franco-Ontariens a franchi ce qui semblerait un point de non retour, soit un taux d'anglicisation de plus de 50 pour cent de la jeune population active.

LA LANGUE PARLÉE PAR GROUPE D'ÂGE.

C'est en observant la langue parlée à la maison par les Franco-Ontariens de différents groupes d'âge qu'on constate un affaiblissement dans la rétention du français chez les jeunes générations. Notons d'abord que c'est généralement après l'adolescence et avant l'âge de trente ou trente-cinq ans que l'individu fait son choix linguistique définitif. Cette période de transition a été confirmée par nos observations et par celles de John de Vries, de l'Université Carleton[2].

Pour bien déterminer l'attrait actuel de l'anglais sur les Franco-Ontariens, examinons donc dans le Tableau 1, l'option linguistique des jeunes adultes de langue maternelle française de 35 à 44 ans. Même s'ils n'ont pas quitté la période de la vie où un transfert linguistique est possible, nous signalons aussi au Tableau 1 le com-

Tableau 1 — *Langue principale parlée à la maison par la population de langue maternelle française en Ontario, par groupe d'âge.*

	20-24 ans	25-34 ans	35-44 ans	45-64 ans	65 et plus
francais	28 700	45 100	37 500	57 700	23 300
anglais	15 300	28 700	25 800	34 000	9 400
taux d'an-glicisation	35%	39%	41%	37%	29%

---

*L'auteur est professeur au Département des mathématiques de l'Université d'Ottawa.

[1]Voir *Le Droit* du 30 octobre au 3 novembre 1973. Voir également Ronald D'COSTA,*La population franco-ontarienne: quelques aspects démographiques*, dans *Situation de la recherche sur la vie française en Ontario*, A.C.F.A.S., Montréal, et C.R.C.C.F., Université d'Ottawa, 1975.

[2]De Vries a étudié les transferts linguistiques chez la minorité suédoise en Finlande. Voir son *Net Effects of Language Shift in Finland*, dans *Acta Sociologica*, vol.17, n° 2, 1974.

portement linguistique des jeunes adultes de 20 à 24 ans et de 25 à 34 ans, comme indice de l'avenir. Nous y relevons également le choix de langue effectué par des générations plus âgées (45 à 64 ans et 65 ans et plus), comme indicateur de la force d'attraction de l'anglais sur les jeunes adultes franco-ontariens dans le passé.

Le calcul du *taux d'anglicisation* de chaque groupe d'âge, soit la proportion de Franco-Ontariens qui optent pour l'anglais en famille, permet de comparer le comportement linguistique des différents groupes d'âge (voir la dernière rangée du tableau). Cette comparaison révèle qu'à l'heure actuelle, 40 pour cent des jeunes adultes franco-ontariens parlent l'anglais comme langue principale au foyer. Les taux d'anglicisation inférieurs des 45 à 64 ans et des 65 ans et plus témoignent d'une meilleure rétention du français dans le passé, chez les jeunes adultes franco-ontariens de l'époque, aujourd'hui plus âgés. Et les taux d'anglicisation déjà très élevés des 20 à 24 ans et des 25 à 34 ans, qui n'ont pas encore traversé complètement la période de la vie où surviennent la plupart des transferts linguistiques, présagent d'une anglicisation toujours plus forte pour l'avenir.

Les taux d'anglicisation présentés par M. Allard n'étaient pas aussi élevés que ceux du Tableau 1 et des tableaux qui suivent. Ne disposant pas de données par groupe d'âge, M. Allard a calculé des pourcentages globaux, groupant ensemble enfants, adultes et vieillards dans une même population. Ce qui a pour effet de baisser les taux d'anglicisation, puisque les enfants et les adolescents vivent d'ordinaire avec leurs parents et donc, parlent le plus souvent à la maison leur langue maternelle. Nous préférons écarter les enfants et les adolescents de ces calculs, puisque ce n'est qu'en accédant à une vie familiale autonome qu'un individu témoigne de son choix linguistique définitif.

La perte du français à la maison conduit, à moyen terme, à une anglicisation qui est loin d'être superficielle. C'est la langue parlée à la maison par les adultes qui détermine la langue maternelle des enfants. Et le recensement montre que plus de 80 pour cent des Ontariens d'origine ethnique française, mais de langue maternelle anglaise, sont unilingues anglais. Des 737 000 Ontariens d'origine ethnique française, seulement 330 000 parlent encore le français comme première langue en famille, tandis que 406 000 préfèrent l'anglais, et 240 000 de ces derniers sont unilingues anglais.

Le recensement présente donc une image plutôt refroidissante de la situation globale du français en Ontario.

LA SURVIE DU FRANÇAIS PAR RÉGION

Dans neuf des cinquante-trois divisions de recensement en Ontario, le taux d'anglicisation des jeunes adultes franco-ontariens est inférieur à la moyenne provinciale de 40 pour cent, relevée au Tableau 1. Ces 9 divisions constituent deux régions homogènes de l'est ontarien: Glengarry, Ottawa-Carleton, Prescott, Russell et Stormont, et du nord: Cochrane, Nipissing, Sudbury et Timiskaming. Le Tableau 2 présente les taux d'anglicisation par groupe d'âge pour ces deux régions.

126

Tableau 2 — *Taux d'anglicisation par groupe d'âge dans deux régions ontariennes*

	20-24 ans	25-34 ans	35-44 ans	45-64 ans	65 et plus
est ontarien	19%	22%	22%	18%	13%
nord ontarien	24%	24%	23%	22%	14%

On retrouve dans ces deux régions la même variation dans les taux d'anglicisation par groupe d'âge qu'au Tableau 1. L'anglicisation des jeunes se poursuit à un rythme croissant, comparée à celle qui sévissait dans le passé (à noter l'anglicisation relativement faible des 65 ans et plus), et les taux élevés déjà atteints par les groupes encore engagés dans la période cruciale de 18 à 30 ans ne laissent prévoir pour le moment aucune amélioration, au contraire.

Partout ailleurs, dans les 44 autres divisions de recensement de l'Ontario, le taux d'anglicisation des jeunes adultes franco-ontariens est supérieur à la moyenne provinciale de 40 pour cent. Dans Algoma, le taux d'anglicisation est de 45 pour cent; il dépasse 50 pour cent dans toutes les autres divisions. La moyenne pour l'ensemble de ces 44 divisions est un taux d'anglicisation de plus de 60 pour cent des jeunes adultes.

Le sociologue Frank Vallee de l'Université Carleton a suggéré le taux d'anglicisation de 50 pour cent comme point de non retour, comme cap d'une anglicisation irréversible, qu'aucun bricolage institutionnel ne saurait désormais freiner[3]. Si on accepte cette façon de voir, la résistance collective à l'anglicisation est désormais inutile dans les 44 divisions à l'extérieur des régions de l'est et du nord ontariens désignées plus haut, avec l'exception possible d'Algoma.

L'AVENIR DU FRANÇAIS EN ONTARIO.

On peut chercher de diverses façons à mettre en doute les résultats du recensement de 1971. Mais l'ampleur du phénomène d'anglicisation en Ontario, mesurée par le recensement, invite à ignorer les ergotistes et à aborder la recherche de nouvelles solutions dans un esprit de réalisme des plus sobres.

L'avenir du français en Ontario se joue actuellement dans les régions de l'est et du nord relevées plus haut. Si on croit à cet avenir, il faut imaginer des transformations institutionnelles draconiennes, susceptibles de réduire le rythme d'anglicisation déjà trop élevé qui sévit actuellement dans ces deux dernières régions.

La francophonie ontarienne a-t-elle encore la volonté et les moyens de ce faire?

---

[3]Frank VALLEE et Albert DUFOUR, *The Bilingual Belt: a Garrotte for the French?*, dans *Revue de l'Université Laurentienne*, vol. 6, n° 2, 1974.

Quatre générations de femmes

Une exposition intitulée «L'Ontario français: femmes d'hier» a été présentée au Centre universitaire, du 29 octobre au 5 novembre 1982. Cette photographie de quatre générations de femmes fait
partie de la collection Lionel Boileau du Centre La Sainte-Famille de Rockland. Elle représente,
debout, Mme Drouin et sa fille Exilia, et, assises, sa petite-fille Ida et son arrière-petite-fille Margot
(Clarence, Ontario, circa 1900).

L'ampleur des mariages mixtes chez les jeunes époux de langue maternelle française en Ontario et au Nouveau-Brunswick

par Charles CASTONGUAY*

Les mariages mixtes ou, plus précisément, les mariages *hétérolinguistiques*[1], figurent parmi les tout premiers facteurs explicatifs à venir à l'esprit lorsqu'on cherche à comprendre la montée de l'anglicisation observée auprès des jeunes Canadiens de langue maternelle française[2]. Pour chacune des neuf minorités provinciales à l'extérieur du Québec, les données du recensement de 1971 révèlent en effet une progression régulière du *taux d'exogamie linguistique*, c'est-à-dire du pourcentage de personnes mariées de langue maternelle française qui ont contracté un mariage hétérolinguistique, à mesure qu'on parcourt les groupes d'âge en allant des groupes les plus âgés aux groupes les plus jeunes[3]. À l'intérieur de chacune de ces neuf provinces, le *taux d'anglicisation*, soit la fraction de personnes de langue maternelle française qui ont adopté l'anglais comme principale langue d'usage au foyer, varie néanmoins sensiblement d'une région à l'autre, en fonction surtout de la concentration de la population francophone. Cartwright a examiné la variation des taux d'anglicisation relevés en 1971 dans diverses régions intraprovinciales des provinces maritimes et, à la demande du Groupe d'étude des arts dans la vie franco-ontarienne, l'auteur en a fait de même pour l'Ontario[4]. Nous voulons apporter ici un complément d'informations à ces analyses régionales de l'anglicisation en Ontario et au Nouveau-Brunswick, en examinant, dans ces deux provinces qui comptent les plus importantes minorités canadiennes-françaises, la proportion des mariages hétérolinguistiques déclarés en 1971 par les personnes mariées de langue maternelle française de divers groupes d'âge dans quelques grandes régions franco-ontariennes et acadiennes.

Nous croyons utile à cette fin de répartir l'Ontario en trois grandes régions: l'Est, le Nord et le Sud, suivant la répartition utilisée par le Groupe d'étude des arts dans la vie franco-ontarienne, et de diviser le Nouveau-Brunswick en deux: d'une part le Nord et l'Est, que nous appellerons aussi la *région acadienne*, et d'autre part le Sud et l'Ouest

---

* L'auteur est professeur agrégé au département de mathématiques de l'Université d'Ottawa. Les données nécessaires à cette étude ont été obtenues de Statistique Canada grâce à une subvention du Centre international de recherches sur le bilinguisme de l'Université Laval.

[1] Par mariage mixte ou hétérolinguistique, nous entendons un mariage où l'un des conjoints est de langue maternelle française et l'autre pas.

[2] Voir par exemple du même auteur, «La montée de l'anglicisation chez les jeunes Franco-Ontariens», *Bulletin* du Centre de recherche en civilisation canadienne-française, n° 12, avril 1976, p. 5-7.

[3] Voir du même auteur, «Exogamie et anglicisation chez les minorités canadiennes-françaises», *Revue canadienne de sociologie et d'anthropologie*, vol. 16, n° 1, février 1979 (à paraître).

[4] CARTWRIGHT, D., *Les zones linguistiques au Canada. Supplément de référence au Rapport du Deuxième conseil consultatif des districts bilingues*, Ottawa, Information Canada, 1976; et P. SAVARD, R. BEAUCHAMP, et P. THOMPSON, *Cultiver sa différence: Rapport sur les arts dans la vie franco-ontarienne*, Toronto, Conseil des Arts de l'Ontario, 1977. Voir encore VERNEX, J.-C. et al., *Atlas de l'Acadie*, Moncton, Éditions d'Acadie, 1976.

suivant approximativement le tracé suggéré par Joy[5]. Chacune de ces trois régions ontariennes ainsi que la région acadienne du Nouveau-Brunswick comptait en 1971 environ 70 000 personnes mariées de langue maternelle française et cohabitant avec leur conjoint, alors que la région sud et ouest du Nouveau-Brunswick en comptait en tout un peu plus de 6 000. Sauf pour cette dernière région, donc, les taux d'exogamie présentés au tableau ci-dessous se fondent sur des populations par groupes d'âge suffisamment nombreuses pour garantir la validité des tendances qu'ils démontrent.

Taux d'exogamie linguistique (en pour cent) chez les personnes mariées de langue maternelle française, par groupes d'âge, recensement de 1971						
	15-24 ans	25-34 ans	35-44 ans	45-54 ans	55-64 ans	65 ans et plus
Ontario:						
est	27,6	24,7	22,9	19,9	15,9	11,8
nord	25,1	22,2	19,0	18,1	15,0	8,6
sud	53,1	52,1	48,3	43,6	37,2	30,0
Nouveau-Brunswick:						
région acadienne	9,4	9,3	8,1	7,2	5,8	3,5
sud et ouest	50,6	42,1	41,2	36,2	29,3	26,1

Dans l'est ontarien, on voit d'après notre tableau que si le taux d'exogamie du contingent des 65 ans et plus n'était que d'environ 10%, de groupe d'âge en groupe d'âge il augmente très régulièrement pour atteindre plus de 25% chez les plus jeunes mariés de 15 à 24 ans. Or ces derniers se sont nécessairement mariés au cours de la décennie précédant le recensement de 1971, alors que, par exemple, la grande majorité des conjoints âgés en 1971 de 65 ans et plus se sont mariés bien avant la dernière guerre mondiale. On peut donc affirmer que le taux d'exogamie linguistique chez la population de langue maternelle française de l'Est ontarien est passé de 10% à 25% en l'espace d'une quarantaine d'années. Aussi, la progression régulière et soutenue du taux d'exogamie par groupe d'âge ne laisse-t-elle aucune raison de prévoir un quelconque ralentissement de ce phénomène dans le proche avenir. Enfin, les données de 1971 touchant le choix de langue d'usage effectué au sein des couples hétérolinguistiques dont l'un des conjoints est de langue maternelle française, montrent que dans la région métropolitaine d'Ottawa qui regroupe la majorité des francophones de l'Est ontarien, plus de 90% de ces mariages mixtes forment des foyers de langue d'usage anglaise, et ce, quel que soit le groupe d'âge étudié.

Le Nord ontarien présente au tableau une progression de l'exogamie en tout point semblable à celle observée dans l'Est. Là aussi, des données sur les transferts

---

[5] Joy, R., *Languages in Conflict*, Toronto, McClelland and Stewart, 1972. Plus précisément, selon l'identification des régions économiques provinciales utilisée par Statistique Canada, en Ontario, notre région Est correspond à la région économique n° 1, la région Nord correspond à la région économique n° 9, et le Sud englobe tout le reste de la province, alors qu'au Nouveau-Brunswick, notre région acadienne correspond à la somme des régions économiques provinciales n°s 1, 2 et 5.

linguistiques obtenues par l'auteur pour la région métropolitaine de Sudbury confirment que, comme à Ottawa, les mariages mixtes les plus récents produisent la même proportion de foyers anglophones, soit encore plus de 90%, que les mariages plus anciens. Puisque environ les trois quarts des jeunes Ontariens de langue maternelle française âgés de 15 à 24 ans en 1971 étaient encore célibataires à cette époque, et puisqu'il n'y a aucune raison de croire que leur taux d'exogamie ou que leur choix de langue d'usage éventuels différeront sensiblement de ceux des 15 à 24 ans déjà mariés en 1971, il faut prévoir, pour les francophonies du Nord comme de l'Est ontariens, des taux d'anglicisation futurs encore plus élevés que ceux constatés en 1971.

Pour leur part, les régions du Sud ontarien et du Sud et de l'Ouest du Nouveau-Brunswick se ressemblent également, en ce que dans chacune de ces régions les taux d'exogamie au tableau passent de 25% chez les 65 ans et plus à un peu plus de 50% chez les 15 à 24 ans. Si dans l'Est et le Nord ontariens, l'ampleur toujours croissante de l'exogamie linguistique et la constance du choix de l'anglais comme langue d'usage dans les foyers mixtes laissent bien peu de raisons d'espérer même un quelconque ralentissement du phénomène d'anglicisation, il faut convenir que dans les régions sud de nos deux provinces où les mariages linguistiquement homogènes, ou *homolinguistiques*, sont désormais l'exception plutôt que la règle, la partie est définitivement perdue.

La région acadienne du Nouveau-Brunswick se découpe très nettement de ces sombres perspectives. Dans cette région, pour chaque groupe d'âge on relèvera au tableau des taux d'exogamie encore relativement faibles, même chez les plus jeunes. Et en y regardant de plus près, on observera un ralentissement certain du rythme de croissance de l'exogamie, qui ne semble plus devoir franchir le cap de 10% chez les mariages les plus récents, ce qui tranche avec une progression jadis assez marquée chez les groupes plus âgés. Si on ajoute à ces observations le fait qu'au Nouveau-Brunswick, environ 20% des couples hétérolinguistiques choisissent le français comme langue d'usage au foyer, l'avenir acadien dans cette région demeure tout à fait intéressant.

Soulignons pour terminer une seule des nombreuses implications de ces taux d'exogamie pour l'Est et le Nord ontariens. Figurons-nous un échantillon de 200 jeunes mariés de langue maternelle française, dont 100 femmes et 100 hommes. Dans l'une ou l'autre de ces deux régions où le taux d'exogamie actuel (ou, du moins, celui en vigueur en 1971) était d'environ un quart, disons que 75 des jeunes hommes seraient mariés à autant de ces jeunes femmes, formant 75 foyers linguistiquement homogènes, du moins quant à la langue maternelle[6]. Mais 25 des jeunes hommes ainsi que 25 des jeunes femmes auraient des conjoints de langue maternelle autre que française, formant ainsi un total de 50 couples hétérolinguistiques dont la vaste majorité seraient de langue d'usage anglaise. En 1971, donc, nos 200 jeunes auraient formé 75 foyers homolinguistiques et, pour la plupart, francophones de langue d'usage, en regard de quelque 50 foyers hétérolinguistiques, et surtout anglophones.

Vu la progression continue de l'exogamie dans l'Est et le Nord ontariens, il se formerait donc à l'heure actuelle dans ces régions presque autant de mariages mixtes

---

[6] Il se trouve qu'à Ottawa et à Sudbury, environ 10% des couples homolinguistiques, dont les deux conjoints sont de langue maternelle française, ont déclaré en 1971 l'anglais comme principale langue d'usage au foyer.

avec un seul conjoint de langue maternelle française. L'étude des taux d'exogamie par groupes d'âge nous aide donc à comprendre non pas seulement la montée du taux d'anglicisation chez les jeunes Franco-Ontariens, mais aussi la crise que traverse actuellement le système scolaire franco-ontarien. Car du fait qu'une fraction importante des nombreux couples hétérolinguistiques anglophones, dont l'un des conjoints est de langue maternelle française, placent leurs enfants (anglophones) dans les écoles françaises afin que leurs rejetons puissent toucher cette partie de leur héritage et devenir bilingues, la croissance soutenue des taux d'exogamie ne peut que conduire l'école franco-ontarienne, en autant qu'elle tienne à demeurer française, à se redéfinir plus clairement et à se restructurer en conséquence. L'éclairage offert par cet élément fondamental de la démographie des groupes linguistiques donne ainsi un relief aussi pressant qu'inéluctable à la présente revendication de commissions scolaires françaises homogènes en Ontario.

Cette évolution dans le domaine scolaire pourrait fort bien se doubler d'une évolution parallèle dans l'identité même des Franco-Ontariens, ceux-ci se voyant entraînés par la force des choses à se définir de plus en plus nettement en termes de la langue d'usage française, plutôt qu'en fonction d'une ascendance paternelle ou maternelle quelconque. Il est clair, par contre, que si pour conserver leur francité les écoles franco-ontariennes de demain n'accueillent plus qu'une faible partie des enfants issus de mariages mixtes, elles se couperont d'un pourcentage grandissant de leur clientèle possible. Dilemme qui ne devrait pas atteindre les mêmes dimensions, du moins pas avant longtemps, dans le Nouveau-Brunswick acadien.

Le père Germain Lemieux,
directeur du Centre franco-ontarien de folklore[1]

par René DIONNE*

Il était une fois, — c'est là, en cette durée de l'esprit, qui échappe au temps, que commencent et se passent toutes les aventures précieuses et belles, — un jeune homme, — jésuite, pour tout confesser, — né à Cap-Chat, en Gaspésie, que ses Supérieurs envoyèrent enseigner au Collège du Sacré-Cœur à Sudbury. C'était loin, bien loin, — ce l'est encore, pour nous du moins, — mais les étudiants de ce collège classique, plus âgés, d'ordinaire, que ceux des institutions semblables au Québec, étaient aussi plus sérieux et mieux et davantage motivés, nous disait-on, que ceux du Québec, — c'était en 1941, — et je ne connais aucun de ces professeurs ainsi envoyés, et considérés presque comme des missionnaires, qui n'ait fait l'éloge de ses élèves et du milieu étudiant, et qui ne se soit attaché solidement à cet Ontario après y avoir passé quelques années. Et cela arriva au jeune jésuite Germain Lemieux, aujourd'hui folkloriste de réputation international (et je n'entends pas par là que sa réputation a franchi la seule frontière ontarienne pour atteindre les seules limites du Québec), rassembleur de centaines de contes, de milliers de chansons et de je ne sais combien de centaines ou de milliers de documents folkloriques de toutes sortes, qui attendent, aux Archives du Centre franco-ontarien de folklore de l'Université de Sudbury, que de jeunes chercheurs — on pourrait les appeler les valeureux d'aujourd'hui — aient le courage de prendre la relève de celui qui, vers la soixantaine, a osé s'atteler à la gigantesque tâche d'éditer une trentaine de volumes (20 000 pages) de contes franco-ontariens.

Il y aurait tout un conte à faire, qui serait à la fois dramatique et merveilleux, avec la vie très remplie de cet homme qui, venu en un pays rude et dénudé auquel on ne reconnaissait qu'une seule richesse, toute matérielle, et très provisoire, — on le sent bien ces temps-ci, — le nickel de l'INCO, découvrit un château tout garni de richesses qui ne meurent pas: celles de l'esprit et du cœur humain. L'on évoquerait ce temps où le folkloriste faisait sa cueillette de documents avec des moyens de fortune et devait assister, impuissant parce que sans aide suffisante, à la disparition prévisiblement certaine de ses archives les plus précieuses: de solides vieillards de 80, 90 ou 95 ans, à la mémoire longue et bien fournie, frères de race de ceux que le voyageur Lebeau rencontrait sur les routes du Québec au milieu du dix-huitième siècle et qui n'étaient point du tout caducs à quatre-vingts ans. Qui dira les souffrances de cet homme qui a vu disparaître, faute de moyens, une richesse incommensurable qui échappait aux pauvres que nous sommes encore, non pas culturellement ni intellectuellement, mais financièrement?

L'on ne saurait trop insister sur cette situation bâtarde d'un peuple démuni dont on laisse souvent avec bonne conscience perdre l'héritage, parce que, aux yeux des riches qui les dominent, ces pauvres n'ont rien à donner, bien plus sont méprisables. Pendant longtemps, au Canada français, — consolons-nous, en songeant que nous ne sommes pas les seuls colonisés, — l'on a importé à grand prix, mieux: à «gros» prix, des richesses fallacieuses parce que non naturelles, artificielles, bonnes tout au plus à nous faire survivre,

---

[1] Présentation faite par René Dionne lors du Salon du Livre tenu à Ottawa le 24 février 1978 dans le cadre de la Semaine franco-ontarienne.

* L'auteur est professeur au département de lettres françaises de l'Université d'Ottawa.

Un conteur franco-ontarien

Photo Bob Keir

Nous avons déjà présenté à nos lecteurs le Centre de folklore franco-ontarien dirigé par le père Germain Lemieux. En 1973, il entreprenait de publier aux Éditions Bellarmin ses contes franco-ontariens. Depuis ce temps, six volumes ont paru. Nous voyons ici représentés le père Lemieux et l'un de ses prolifiques conteurs, Aldéric Perreault, dont le répertoire couvre la presque totalité du tome I de la série *Les vieux m'ont conté*. Un de ses récits, *La belle perdrix verte*, a été adapté en bandes illustrées par Claude Poirier et Serge Wilson aux Éditions Héritage Inc.

134

alors que les aliments naturels de notre esprit étaient laissés pour compte, inexploités, voire méprisés. Heureusement, les temps ont changé et continuent de changer. Les Canadiens français ont appris que leur cœur était aussi humain que celui des autres, leur esprit tout aussi valable, et ils veulent que leurs intellectuels (je n'ai pas voulu employer le mot élite, vous devinez pourquoi) les respectent et les servent comme il se doit. Peu à peu, les universités non seulement ont accepté que l'homme canadien-français soit objet de science, mais ont dû le reconnaître comme capable de science, et son histoire et sa culture (j'entends le mot dans son sens le plus large) commencent d'être mieux jaugées, parce que l'on sait mieux voir aujourd'hui, cent ans après le vœu exprimé par le grand François-Xavier Garneau, que l'histoire et la richesse d'une nation, c'est, par-delà le luxe financier et culturel de son élite (j'emploie le mot à dessein, cette fois), la vie la plus profonde de tous ses fils et filles dans toutes ses manifestations, individuelles avant que d'être collectives. Vous me permettrez, Père Lemieux, d'illustrer ma pensée en citant le passage suivant que j'emprunte à la communication que, le 28 novembre 1974, vous avez donnée au Centre de recherche en civilisation canadienne-française de cette université sur la «Documentation orale au Nouvel-Ontario»; ce texte, qui est un témoignage d'une très haute portée, me semble aussi une flagrante leçon à l'adresse des «snobs de l'esprit» que, universitaires, nous sommes souvent portés à devenir, sinon à être:

> On ne connaît pas vraiment la richesse de la culture d'un peuple si l'on ne fréquente pas la classe paysanne, si l'on ne franchit pas les murs des éternels préjugés qui séparent le professeur d'université de l'illettré des villages reculés. Ce ne sont pas les gouvernements ni les présidents d'universités qui ont conservé dans leurs notes ou leur mémoire la version musicale de «marianson», de la «belle Germine» ou du «roi Renaud», encore moins celle du «Beau Foudroyant». Qui de nos illustres sociologues a découvert le conte du roi Rhampsinite ailleurs que dans Hérodote? Sans jamais avoir étudié le grec ou l'Égyptologie, dix, quinze de nos vieux bûcherons peuvent vous parler, avec assurance, des deux voleurs qui se sont introduits dans la fameuse banque d'un ancien roi. Le vieux conteur Alphonse Brault, de Lavigne, en Ontario, n'avait jamais lu l'Hérodote ou les écrivains du Moyen Âge; pourtant, il rapporte, dans des termes plus pathétiques que l'historien grec, comment les deux voleurs, en se guidant sur une boussole (!) primitive, ont creusé un tunnel allant de la cave de leur demeure à la cave de la banque du roi. Qui de nos professeurs de Génie a découvert dans Hérodote le tour de force de ces deux voleurs, à Ninive, plusieurs siècles avant l'ère chrétienne! Le folkloriste qui rapporte ici ces faits a pris connaissance de la finesse des deux voleurs, dans la version Brault, avant de la retrouver dans Hérodote.

Heureusement, mon Révérend Père, vous n'êtes pas le seul à avoir compris cette leçon, et c'est qui fait espérer que, de plus en plus, les Universités, les restrictions budgétaires aidant, considéreront que leur tour de haut savoir ne peut s'empêcher, si elle ne veut risquer de pencher sûrement, — car il n'y a aucun déshonneur, mais seulement quelque danger à pencher comme la tour de Pise, — de reposer solidement sur des assises régionales qui permettent à tous d'entrer de plain-pied dans le bâtiment et d'accéder à ses hautes sphères, comme l'on dit, en gravissant tout naturellement des escaliers intérieurs plutôt que d'y pénétrer, comme les astronautes dans leurs ogives lunaires (sic), en y grimpant par une échelle tout extérieure et en portant des costumes imperméables; et alors comment savoir? Vous avez tous compris que l'Université d'Ottawa et l'Université de Sudbury, de par leurs origines et leurs traditions et grâce à des chercheurs comme le Père Germain Lemieux et Pierre Savard, entre autres, grâce aussi aux Centres de recherche que ces professeurs dirigent avec intelligence et efficacité, échappent à ce danger. Il n'est, pour illustrer ce dernier point, que de s'attarder à la seule bibliographie des œuvres du P. Lemieux: elle comprend, outre Les vieux m'ont conté qui en sont à leur dixième tome, une quinzaine d'ouvrages publiés depuis 1949: Folklore franco-ontarien: chansons, I et II, De Sumer au

Canada français sur les ailes de la tradition, Les Jongleurs du billochet, conteurs et contes, Placide-Eustache: sources et parallèles du conte-type 938, etc. Il y a donc «de quoi à chercher et trouver» du côté de la littérature orale et régionale, et ce chemin de recherche mène tout autant que les autres à la célébrité, voire à la reconnaissance du monde universitaire. N'a-t-on pas dit et écrit que le folkloriste Luc Lacourcière était, de tous les universitaires canadiens-français, celui qui jouissait de la plus grande réputation internationale? M'est avis que le Père Germain Lemieux, à mesure que ses «vieux» seront connus, verra sa réputation approcher celle de l'autre, ce qui n'est pas peu dire. C'est donc en toute confiance que je vous «livre» à sa science et à son dire; tout jeune encore, il sait quand même, comme ses vieux et à leur exemple, conter en beauté, avec ou sans billochet.

Pourquoi étudier la littérature franco-ontarienne?

par René DIONNE*

La rencontre de ce soir[1] se situant dans le cadre d'une célébration de l'Ontario français, j'ai cru bon de choisir un sujet se rapportant à la littérature franco-ontarienne, domaine dans lequel j'ai travaillé depuis six ans, à la fois comme simple chercheur et comme membre fondateur et coordonnateur du Groupe interuniversitaire d'études franco-ontariennes. Et si je pose la question suivante: «À quoi sert l'étude de la littérature franco-ontarienne?», c'est que je ne suis pas sûr encore que l'on ait suffisamment réussi à expliciter clairement les éléments d'une réponse que les Franco-Ontariens sentent d'instinct. Les quelques idées que je vais exprimer se présentent donc comme un essai de contribution utile à cette explication.

La littérature québécoise.

Il y a quelques années, — cela veut dire moins de dix ans, et peut-être moins de six ans, — l'on ne parlait guère de littérature franco-ontarienne. Les quelques œuvres que l'on reconnaissait comme originaires de l'Ontario français se retrouvaient sous l'appellation de littérature canadienne ou de littérature canadienne-française, selon les époques ou les auteurs. C'est sous la même appellation, d'ailleurs, que l'on désignait la littérature du Québec avant les années soixante. Mais en ce temps-là a commencé de souffler la Révolution tranquille; peu à peu, les Québécois ont appris à reconnaître dans la poésie du groupe de l'Hexagone un certain appel du pays qui, la politique aidant, devait aboutir à transformer idéalement la province de Québec en État national. De plus en plus, les francophones de cette province ont refusé de s'appeler Canadiens ou Canadiens français; ils ont voulu marquer leur différence en ne s'appelant plus, même au plan international, que Québécois. Leur littérature, davantage québécoise depuis 1958 par ses thèmes et ses aspirations, n'a guère été désignée autrement après 1970; elle a cependant continué, dans un geste impérialiste, à réclamer comme œuvre québécoise toute œuvre française produite au Canada. La littérature affirmait son identité en même temps que la nation, mais à la différence de cette dernière, ou plus qu'elle devrais-je plutôt dire, elle se faisait colonisatrice après avoir été elle-même colonisée par la littérature française. À en croire les Québécois, tout ce qui était français au Canada aurait dû s'appeler québécois et faire partie du Québec culturel.

La littérature acadienne.

Bientôt les Acadiens s'insurgèrent contre cette façon de faire et de penser, ceux du Nouveau-Brunswick surtout, qui forment environ trente-sept pour cent de la population de leur province. Eux aussi avaient un passé et un pays dont ils avaient été dépossédés

---

* L'auteur est professeur au département des lettres françaises de l'Université d'Ottawa.
[1] Conférence prononcée au campus de Cornwall de l'Université d'Ottawa, le 9 novembre 1981.

et qu'ils avaient reconquis; s'ils n'étaient pas les maîtres exclusifs de ce pays, ils n'en étaient pas moins les possesseurs propres d'une histoire et d'une culture qu'ils avaient faites et exprimées non seulement dans leur vie quotidienne, mais aussi dans une littérature orale et écrite. De l'orale, les Québécois de l'Université Laval avaient depuis longtemps reconnu la valeur; quant à l'écrite, l'on n'en avait guère eu cure jusque-là, mais les temps changeaient: une petite romancière acadienne, Antonine Maillet, auteur de *La Sagouine* en 1971, commençait à percer au Québec vers le même temps qu'un poète, Léonard Forest, publiait l'un des meilleurs recueils de poésie du début des années soixante-dix: *Saisons antérieures* (1973). Peu de temps auparavant, Marguerite Maillet, une Acadienne, cousine de l'autre comme il se doit et professeur à l'Université de Moncton, s'était inscrite à l'un de mes cours à l'Université d'Ottawa. Nos idées sur la littérature régionale se rencontrèrent et elle décida de rédiger, sous ma direction, une thèse de doctorat qui serait ni plus ni moins qu'une histoire du développement de la littérature écrite en Acadie. En même temps, elle réussit à faire mettre cette littérature au programme du département d'études françaises de l'Université de Moncton, où existait depuis 1968 un Centre d'études acadiennes qui est devenu le meilleur centre de documentation sur les Acadiens et leur culture. Naturellement, Marguerite Maillet prit en charge le cours de littérature acadienne et travailla à son développement; les heures d'enseignement doublèrent, puis triplèrent, et le programme du département comprend maintenant six cours de littérature acadienne, soit au baccalauréat trois cours de littérature écrite et deux de littérature orale, et à la maîtrise un cours de littérature écrite. Avec l'aide de deux collaborateurs, Marguerite Maillet, devenue directrice de son département, publia en 1979, aux jeunes Éditions d'Acadie, une excellente *Anthologie de textes littéraires acadiens, 1606-1975* (643 p.), puis contribua à un riche volume sur *Les Acadiens des Maritimes*. Il y a une semaine, elle déposait à l'Université d'Ottawa sa thèse de doctorat, qui deviendra, une fois publiée en volume, dès l'an prochain j'espère, la première histoire complète de la littérature acadienne. En moins de dix ans, grâce à l'énergie et au courage d'une personne qui avait su deviner les aspirations de ses concitoyens et vivre au diapason du mouvement littéraire acadien, — les œuvres s'étant multipliées rapidement au cours de la décennie, — la littérature acadienne avait pu se tailler une bonne place à l'Université. L'on ne pourra plus nier son existence au Canada et il est question que des cours de littérature acadienne se donnent bientôt à l'étranger, entre autres, à l'Université de Rennes en France.

Une littérature colonisée.

La littérature franco-ontarienne devrait-elle être en retard sur l'acadienne? Que non! Bien sûr, les Franco-Ontariens n'ont pas une histoire aussi dramatique que celle des Acadiens; à sa façon cependant, elle est aussi héroïque. Moins que les Acadiens peut-être, ils ont été isolés du Québec, leur pays d'origine, alors que la France surtout a été le pays d'origine des Acadiens. Les Franco-Ontariens sont cependant deux fois plus nombreux que leurs compatriotes des Maritimes; il se trouve aussi que les œuvres franco-ontariennes sont plus nombreuses que celles d'Acadie et que la littérature orale de l'Ontario français est d'une grande richesse.

Sans doute, la littérature franco-ontarienne est entrée à l'Université d'Ottawa en 1976, puis à l'Université Laurentienne et au Collège universitaire Glendon, — et il ne faut pas omettre de dire que, grâce au père Germain Lemieux, elle était déjà, dans sa partie orale, présente à l'Université de Sudbury qui avait succédé au Collège du Sacré-Cœur. Elle n'est cependant pas entrée ici sans difficulté; je dois même dire que si je n'avais pas profité du fait que j'étais un tout nouveau directeur de département pour l'imposer, elle n'y serait peut-être pas encore. À quoi tient cette situation? D'abord, je pense, à un certain manque de confiance en eux-mêmes des Franco-Ontariens et à leur absence bien involontaire, je dirais même forcée, des postes de décision; puis, surtout, à un fort état de dépendance de professeurs étrangers, Français, puis Québécois. Ces gens d'ailleurs, imbus de leur supériorité, croient souvent rendre un service inestimable en transmettant aux pauvres d'ici, — ainsi jugent-ils instinctivement les minoritaires que sont les Franco-Ontariens, — la bonne parole de leur culture et de leur savoir. En toute bonne conscience, ils assimilent et colonisent. Par le fait même, manque à se créer chez les éduqués la confiance en leurs propres ressources; s'éduquer dans de telles conditions, c'est devenir autre, alors que s'éduquer, normalement, c'est devenir soi, c'est-à-dire apprendre à se connaître et à développer ses virtualités propres. Nous naissons tous individués, originaux, dans un environnement particulier, original; devenir nous-mêmes, c'est grandir en conformité avec nous-mêmes, avec le milieu dans lequel notre naissance nous a placés. Toute bonne pédagogie aujourd'hui reconnaît qu'il faut partir de ce qu'est l'élève, et de ce qu'est son milieu, pour le faire croître en sagesse et en science.

Une littérature à s'approprier.

Cette bonne pédagogie, pourquoi ne s'appliquerait-elle pas dans le cas du Franco-Ontarien? Ce dernier n'est ni Français ni Québécois; il est d'une autre province, voire d'un autre pays pour un bon nombre de Québécois: il est d'Ontario, il vit dans un milieu bilingue la plupart du temps, doté d'institutions propres, et c'est dans ce milieu qu'il aura à vivre et à agir. Pour le faire avec aise et efficacité, avec goût aussi, il doit savoir qui il est, avec qui il est, où il est. Si la bonne pédagogie québécoise veut que, à l'école primaire, l'enfant prenne d'abord conscience de ce qu'est sa famille, puis de son milieu d'écolier, qu'il découvre sa rue, puis son quartier, puis sa région, puis son pays, pourquoi n'en irait-il pas de même dans le cas du petit Franco-Ontarien? N'a-t-il pas lui aussi à assumer ses origines familiales, puis à habiter sa province et son pays? En toute bonne logique, oui.

Cela implique donc que la pédagogie des écoles françaises de l'Ontario soit bien articulée sur les besoins de l'élève qui doit apprendre à se connaître en apprenant à ouvrir les yeux sur son milieu. Et le milieu, c'est autant le passé qui a créé les conditions de la vie présente que le présent global de l'Ontario et du Canada, et les perspectives d'avenir de l'un et de l'autre. Ce que je viens de dire concerne tout autant la pédagogie universitaire que celle du primaire et du secondaire. Un bon professeur n'enseigne pas de la même façon à Ottawa qu'à Québec ou à Montréal ou à Toronto; les étudiants qui sont devant lui viennent de milieux différents et ils se préparent à vivre dans des milieux différents. La forme que prend nécessairement un enseignement adapté engendre tout aussi nécessairement un programme adapté aux besoins et aux aspirations de l'étudiant. On vient à l'université pour apprendre; on y vient chercher la science, mais le savoir aussi et la sagesse. En d'autres termes, on y vient apprendre pour vivre bien et mieux, l'être humain n'étant pas qu'une intelligence, mais un corps aussi, et surtout un cœur qui anime l'un et l'autre. À quoi bon des études universitaires si elles n'aboutissent pas à une meilleure qualité et efficacité de vie? À quoi bon la littérature si elle ne mène pas à une meilleure connaissance de soi en fonction de ce mieux vivre qui conditionne le plein épanouissement du soi de l'individu et de sa société? De cela, je crois, les étudiants d'aujourd'hui sont plus conscients que jamais, et c'est dommage que l'on ne réponde pas toujours à leur désir de santé intellectuelle.

Dans cette perspective, l'étude de la littérature franco-ontarienne, entre autres domaines, s'avère pour nous, Franco-Ontariens de naissance ou d'adoption, un instrument de connaissance extrêmement précieux: nous avons besoin d'étudier les œuvres du passé et du présent, nous avons besoin également d'en créer de nouvelles à notre image et à notre ressemblance. Peu importe le jugement que les autres peuvent porter sur les œuvres de notre littérature; elles sont de nous, nous ne saurions les dédaigner sans nous mépriser nous-mêmes. Sont-elles pauvres, elles incarnent notre pauvreté même qu'il faut assumer, étape nécessaire sur la voie de la croissance et du dépassement de soi. Il faut les prendre en charge, comme on se prend en main; il faut les lire, non pas comme un pur reflet de nous-mêmes, — ce serait du narcissisme vain, — mais comme une expression de nous-mêmes: elles nous disent à nous et aux autres. Les lire, c'est leur prêter notre moi pour qu'elles grandissent en même temps que nous croissons avec elles et par elles: plus personne ne doute aujourd'hui qu'une littérature n'existe vraiment qu'à travers les différentes lectures qu'on en fait génération après génération. Les œuvres n'existent pas seules; elles existent par nous, avec nous, lecteurs. Nous sommes donc responsables de l'existence de notre littérature; vous êtes donc responsables de l'existence de la littérature franco-ontarienne.

Requiem pour un événement théâtral qui n'a presque pas eu lieu
ou
Post-mortem de *Qui qui l'a Marie c't'elle-là?*

par Tibor EGERVARI*

Pourquoi écrire sur un spectacle d'il y a plus de trois ans et qui, selon toute vraisemblance, était un échec? Si encore il s'agissait d'un succès, la question ne se poserait pas ou elle se poserait différemment. Mais le mieux qu'on puisse faire avec un échec c'est de l'oublier. À moins qu'on veuille s'interroger sur sa signification.

Les échecs, comme les succès, se déterminent par les points de vue de deux groupes distincts: le public et la critique. De nos jours, le public, sollicité de toute part, se contente souvent de ne pas venir: une marque assez évidente de sa désapprobation. S'il s'est dérangé, et s'il reste jusqu'à la fin, il applaudira poliment même s'il n'est pas satisfait, marquant ainsi une réserve bien coupable. (Les seules manifestations vraiment hostiles sont réservées aux audaces qui ne relèvent pas du domaine de l'esthétique. Ces cas sont assez rares dans une société qui craint de moins en moins la puissance subversive du théâtre. Mais si le scandale éclate, il assure presque automatiquement le succès public comme dans le cas de *Les fées ont soif*.) Cette attitude, qui tranche avec celle des siècles passés où il n'était pas rare qu'on sifflât une pièce pendant des heures durant, a faussé considérablement la vie théâtrale car le jugement du public lui est primordial. Cependant, l'exercice de ce jugement est soumis à des servitudes particulières.

Le théâtre est l'art de l'instant puisqu'il n'existe qu'entre la première et la dernière représentations. Le jugement, également instantané, ne peut se reposer que sur la mémoire d'un spectacle précédent ou sur l'expectation d'un autre à venir. Contrairement au lecteur du roman ou au visiteur du musée, qui peuvent ignorer le temps en comparant deux ou plusieurs ouvrages, le spectateur est captif.

Captif du temps, il l'est également de son siège c'est-à-dire d'un espace précis. Enfin, il est captif de la foule qui, comme l'on sait, est bien autre chose que la somme des individus qui la composent.

Cette triple servitude lui confère également des droits qui sont loin d'être négligeables. De même qu'un souper ne peut avoir lieu que si les invités s'y présentent au même moment, au même endroit, et prennent place au milieu d'autres convives, le premier et plus important droit du spectateur est que son absence met fin, *ipso facto,* à l'événement théâtral. Peut-être est-ce cette similitude qui a donné un nom bien culinaire à l'autre versant de la rencontre. Dans le langage théâtral le mot «plateau» désigne la partie visible de la scène, mais aussi, plus subtilement, l'ensemble des comédiens (un beau plateau =

---

* L'auteur est directeur de la Comédie des Deux Rives et du département de théâtre de l'Université d'Ottawa.

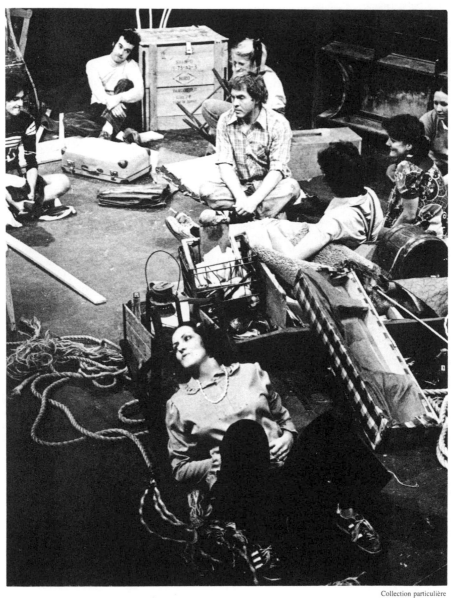

Collection particulière

Une scène de *Qui qui l'a Marie c't' elle-là?*
Cette répétition publique a été présentée par la Comédie des Deux Rives à l'automne de 1979.

142

une belle troupe). Parallèlement, «salle» désigne un endroit mais aussi l'ensemble des spectateurs (une belle salle = beaucoup de monde).

Donc, lorsque le plateau est présenté à la salle, l'événement peut avoir lieu. Encore faut-il que «passe le courant» c'est-à-dire que le spectateur exerce son jugement instantané et continu, dont les boules blanches sont les applaudissements ou les rires, si c'est une comédie, et les boules noires les sifflets ou les rires encore, dans le cas d'une tragédie. Or, comme on l'a vu plus haut, il y a de moins en moins de boules noires.

Le critique est un spectateur spécialisé. Certes il est soumis aux mêmes servitudes que les autres spectateurs mais si, en principe, il ne peut exercer son droit à l'absence, il est censé se rattraper par la distribution des boules. À cet égard, son action s'oriente dans deux directions. Vers le plateau, ce qui va de soi, mais aussi vers les autres spectateurs qui, soit s'y soumettent en n'allant qu'aux événements recommandés, soit comparent leur jugement à celui du critique. (On pourrait remarquer qu'il n'y a peut-être pas moins de «gérants d'estrade» au théâtre que dans les stades, sauf qu'ils se prennent plutôt pour des critiques en ne manifestant pas bruyamment mais en devisant autour d'un pot.)

Cette influence sur la salle prend toute sa dimension si on la compare à celle exercée par des critiques d'autres manifestations artistiques. Si l'étude qui porte sur Ronsard ou Ovide ne s'adresse bien évidemment qu'au lecteur qui peut consulter à loisir les ouvrages en question, en revanche, personne ne verra jamais plus la création des *Belles-Sœurs*. Mais il arrive parfois que l'œuvre du critique soit une œuvre d'art en soi, et c'est peut-être là qu'éclate la différence avec le plus de clarté. Qu'il parle de la Berma ou de Vermeer, Proust demeure le même romancier génial. Mais la «Vue de Delft» est théoriquement à portée de notre regard, alors que nous ne connaîtrons les accents raciniens de la Berma qu'à travers le prisme du narrateur. Le chef-d'œuvre de la mémoire et du temps nous fait toucher du doigt la nature du théâtre. À l'art de l'éphémère répond l'éphémère jugement de l'instant et de la mémoire.

Si donc un spectacle, *Qui qui l'a Marie c't'elle-là?* ou *Le Grand Nord des Franco-Ontariens* en l'occurrence, est considéré comme un échec, c'est soit que le public n'est pas venu, soit qu'en venant il n'a pas distribué assez de boules blanches, soit encore que les critiques en ont fait de même, soit enfin, que ces situations se sont présentées simultanément. Et dire que l'on s'est arrêté aux répétitions publiques! Que s'est-il donc passé?

Genèse abrégée.

Vers la fin des années 1970 la Franco-Ontarie est dans l'air, comme on dit. L'auteur du mot est également auteur d'un rapport qui porte son nom. Le président de la Commission Savard m'aborde donc un jour et suggère de faire un spectacle sur Hearst. À peu près à la même époque, le directeur du département d'histoire, Susan M. Trofimenkoff, m'apprend qu'à l'automne 1979 son département sera l'hôte du congrès annuel de l'Institut d'histoire de l'Amérique française et qu'un spectacle ferait bien dans le tableau. Un collègue, Michel Laporte, me parle d'un spectacle documentaire. Deux étudiants, Solange Caron et Philippe Beaulne s'y intéressent. Gaetan Vallières, grand spécialiste du nord de l'Ontario français n'est pas loin et offre sa compétence. Le Centre de recherche en civilisation canadienne-française m'accorde une modeste subvention. Et vogue la galère!

143

À la fin de l'été 1979 une documentation phénoménale est réunie. Margaret Coderre-Williams, la décoratrice, se met de la partie ainsi que le compositeur Marius Tremblay. Réginald Bélair, auteur de trois poèmes remarquables, nous autorise à les utiliser. Ce sera les seuls textes «littéraires». Le reste des paroles prononcées auront pour origine des lettres et des suppliques, des articles de journaux et des pétitions, des contrats et des statuts de société, etc.

Les étudiants sont enthousiastes, mais les répétitions piétinent quelque peu. Le matériel est inusité, et la date de la première approche. Nous savons que nous ne serons pas prêts. Je ressors un vieux rêve: présenter quelques répétitions au public, recueillir ses commentaires, puis remettre l'ouvrage sur le métier et en faire un spectacle. On s'y rallie.

Finalement, j'impose un style qui ne sort pas tout seul des répétitions. Ce sera une bande d'enfants qui dans un grenier rejoue, telle une cérémonie, l'histoire de l'aventure du Nord. Ça ne plaît pas à tout le monde mais on s'y rallie tout de même.

Nous nous entendons sur sept tableaux: l'Initiation, le Combat des évêques, le Voyagement, le Défrichement, Noël, la Crise, la Fête, et vogue la galère de nouveau!

La première «répétition publique» est offerte aux congressistes, donc à des historiens. Une belle discussion s'engage à la fin. On espère.

Apocalypse.

Puis, au fil des jours, nous nous rendons à l'évidence: c'est l'échec. La critique est gentille, comme il convient face à une bonne cause, mais le cœur n'y est pas, les boules blanches non plus. Le public qui vient est poli mais plutôt indifférent. Ça semble lui passer à vingt pieds au-dessus de la tête. Les comparaisons fusent: *La Parole et la Loi* de la Corvée était tellement bien, etc. La morosité s'installe. Pourtant je sais que, d'un point de vue purement théâtral, le spectacle ne mérite pas une telle froideur. Alors?

Alors on s'est trompé de public. Racine — dont les mânes sont assez généreuses pour me pardonner cette comparaison fade — n'aurait jamais eu la bêtise d'aller parler d'Andromaque ou d'Oreste à un public ignorant Homère et la guerre de Troie. Or, pour l'immense majorité de notre public, le nom de Mgr Hallé n'évoquait strictement rien.

La théorie exposée plus haut est donc incomplète. Il ne suffit pas de situer un événement théâtral dans la continuité du temps esthétique pour que le jugement du public puisse s'exercer. Il faut encore que sa mémoire collective ou individuelle contienne les schèmes que le spectacle entend utiliser. À défaut, mais ce n'est qu'un pis-aller, il faut que le spectacle assure lui-même la dissémination de ces schèmes. Nous avons ignoré la loi et n'avons pas utilisé son substitut.

Il ne restait plus qu'une solution: aller trouver le public de notre spectacle à venir, quelque part dans le Nord. Nous l'avons envisagée et nous y avons cru quelque temps. Mais l'hiver est dur et les énergies se sont effritées. Le projet a fait long feu.

Aurait-il fait un tabac[1] à Hearst ou à Moonbeam? Nous ne le saurons jamais. Pourtant, lorsque des mois plus tard un collègue originaire du Nord m'a félicité du spectacle, j'ai regretté que nous n'y soyons pas allés. Comme j'ai regretté de n'avoir pas eu le courage de M. de Voltaire qui, un jour de grande cabale, s'est penché en dehors de sa loge pour encourager ainsi ses supporteurs: «Applaudissez braves Athéniens! C'est du Sophocle tout pur!»

Mais, après tout, ce n'était pas du Sophocle, loin de là! Cet événement théâtral est donc retourné au fond des mémoires d'où nous l'avions tiré pour quelques répétitions publiques. Il y restera pour toujours à moins qu'un spectateur, au hasard de ses rêveries, ne l'en tire un jour et ne l'utilise à sa guise.

---

[1] Comme tous les métiers, le théâtre affectionne un jargon où figurent en bonne place les synonymes de succès ou d'échec. «Faire un tabac» est une des rares expressions qui existent pour décrire un triomphe. Assez étrangement, il semble y avoir plus de choix pour son contraire: «faire un four», «faire un bide», «se ramasser», etc.

Portrait de Philippe Landry par Eugène Hamel, huile sur toile, 2' 1'' x 2' 6'', 1909. Collection CRCCF.

Eugène Hamel (1845-1932), neveu de Théophile Hamel, a étudié à Rome, à Florence et à Bruxelles.

Philippe Landry (1846-1919), président du Sénat canadien de 1911 à 1917. Président de l'Association canadienne-française de l'Ontario de 1915 à 1919. Il démissionne de son poste de sénateur en 1917 pour se consacrer à la cause franco-ontarienne. On retrouve de ses traits dans *L'Appel de la race* de Lionel Groulx. Le Centre possède des archives le concernant.

146

La religion dans la littérature franco-ontarienne contemporaine

par Paul GAY*

À première vue, on s'étonnerait de trouver dans la littérature franco-ontarienne contemporaine des prises de position directes contre la religion chez un peuple qui, jusqu'à tout récemment, dépendait en tout et pour tout du clergé. «Au tournant du siècle, affirme Robert Choquette, le clergé est le fer de lance de tous les projets d'envergure des Franco-Ontariens» (*L'Ontario français. Historique*, p. 146). Qu'on pense, par exemple, sans remonter bien haut dans le passé, à l'abbé Lionel Séguin qui, dit Yolande Grisé, «prit, partout et toujours, une part active dans la vie spirituelle et temporelle des communautés franco-ontariennes» (Yolande Grisé, *Pour se faire un nom*, p. 111). Qu'on pense au fameux père Thériault de Timmins. Qu'on pense au curé Barrette d'Ottawa, fondateur de l'Ordre de Jacques-Cartier. «Autrefois, lit-on dans le *Prof-Ont de Timmins*, le curé dirigeait sa paroisse tambour battant, il s'occupait de toutes les affaires paroissiales. Sa juridiction s'étendait parfois beaucoup plus loin que le domaine spirituel» (p. 131).

Quand on parle ici de religion, c'est-à-dire de culte rendu à la divinité, il ne s'agit pas de religion naturelle, ni de religion protestante, ni de cette part d'idéal qui fait entendre sourdement sa voix dans toute vie humaine, ni de vague sentiment religieux romantique, mais de la religion catholique romaine, avec ses dogmes et ses prescriptions morales, puisque toute religion comprend ses canons particuliers, directeurs de la morale.

Le souci des valeurs spirituelles créa longtemps au Canada français la grande équivoque de l'union de l'art et de la morale. Pour Napoléon Bourassa, Casgrain et Cie, l'art ne pouvait viser qu'à un seul but: la louange de Dieu et l'apostolat. Disons tout de suite que la jeune littérature franco-ontarienne rejette complètement ce diktat, puisque, la plupart du temps, cette littérature ne parle pas de religion, ne l'attaque pas: elle l'ignore.

En même temps, elle sépare la langue de la foi. Elle ne veut plus entendre parler de «langue gardienne de la foi», ce slogan dénoncé par le grand adversaire Fallon et propagé par le clergé catholique français. Bourget, Tardivel, Laflèche et Cie voulaient que «Canadien français» signifiât automatiquement catholique. Qui ne voit ici une dangereuse identité, au détriment même de la foi catholique, universelle de sa nature, s'adressant à toutes les langues, à toutes les races.

I. La religion vue par nos historiens.

Le terrain ainsi déblayé, l'objet de cette causerie prétend montrer comment nos historiens franco-ontariens (car l'histoire dépend autant de l'art que de la science), comment nos critiques littéraires, comment nos poètes, comment nos romanciers, comment

---

* Ce texte a été lu par le père Gay le 5 novembre 1982 à l'Université d'Ottawa, lors d'un colloque sur «La langue et la foi: langue, culture et religion dans l'Ontario français d'aujourd'hui», et reproduit en entier dans *Le Droit* du 6 novembre 1982.

nos conteurs, comment nos dramaturges évoquent et perçoivent la religion dans leurs œuvres.

Tout d'abord, à l'unanimité, nos historiens actuels, Arthur Godbout, Robert Choquette, Jacques Grimard, André Lapierre, Gaetan Vallières louent le rôle du clergé et des communautés religieuses dans la défense des valeurs matérielles, spirituelles et intellectuelles des Franco-Ontariens. À tel point que Jacques Grimard peut écrire: «Jusqu'en 1940, le clergé et les communautés religieuses assument la plupart des fonctions sociales dans la société civile» (*L'Ontario français par l'image*, p. 221). Tous les Franco-Ontariens, lorsque le Règlement XVII (1912-1927) voudra leur enlever leur langue et leur âme, s'uniront dans une union sacrée autour du clergé. À ce moment, remarque Choquette, les Franco-Ontariens se sont forgé une identité.

On admet alors difficilement — au moins en ce qui concerne les Franco-Ontariens — la pensée du critique Jean Éthier-Blais. Pour lui, l'Église canadienne a permis aux Canadiens français de durer, non de vivre. Pour lui, la religion a empêché les Canadiens français de se tenir debout devant le vainqueur (*Dictionnaire de moi-même*, p. 86). Est-ce que Mgr E.A. Latulippe, le père Charlebois, o.m.i., Napoléon Belcourt, L.-Philippe Landry, Aurélien Bélanger, les héroïnes de l'école Guigues, Jeanne Lajoie, Alfred Longpré, Gustave Lacasse, Samuel Genest, les Jésuites de Sudbury et tant d'autres ne «se sont pas tenus debout devant le vainqueur» en s'appuyant sur la religion catholique elle-même?

II. La religion vue par nos poètes.

Si nous passons maintenant au genre littéraire le plus édité, la poésie — fait d'autant plus révélateur que souvent les recueils de poèmes mûrissent en œuvres collectives — voici ce que nous constatons.

Le Dieu des chrétiens, tout simple et adorable, de Marie Sylvia, du père Charles-Émile Claude, fait place au Dieu métaphysique de Jean Ménard, de Richard Casavant, d'Alain Beauregard et de Cécile Cloutier. Ce Dieu d'amour, on Le retrouve sous son commandement de charité fraternelle dans les poèmes de Danielle Martin ou ceux de Jocelyne Villeneuve pour qui la religion, bien loin de diminuer l'art, lui confère un sens profond. *Des gestes seront posés* de Jocelyne Villeneuve est certainement le plus beau livre franco-ontarien de création littéraire par la hauteur de la pensée et la force du style.

Mais, de plus en plus, s'implante le culte de la patrie. Chez Robert Dickson et Jean-Marc Dalpé, les cris à la défense de la patrie n'utilisent la religion que sous forme de folklore, de regret nostalgique du passé.

Un autre dieu, dans la poésie actuelle, s'appelle la nature et l'union mystique aux forces du cosmos, par exemple chez Guy Lizotte *(Cicatrice)*, Jean Éthier-Blais *(Asies)*, Gaston Tremblay *(Souvenances)*, à moins qu'un surréalisme intransigeant et outré ne fasse de l'homme le nombril de l'univers, comme chez Patrice Desbiens *(L'Espace qui reste)*.

III. La religion vue par nos romanciers.

Héritiers d'une longue tradition conservatrice, les anciens romanciers soutenaient d'une part que l'État dépend de l'Église, d'autre part que les mariages mixtes détruisent la foi et que race française et foi catholique ne peuvent se séparer. *L'Appel de la race* devait toujours l'emporter.

Les romanciers récents, eux, décrivent tout simplement la puissance du clergé et des institutions religieuses, comme Mariline dans *Le Flambeau sacré* et Whissel-Tregonning dans *Kitty le gai pinson*. La tradition conservatrice, *Dodécaèdre* du jésuite René Champagne semble la regretter, tandis qu'Hélène Brodeur montre au vif dans *Chroniques du Nouvel-Ontario* les traits de mœurs religieux des environs de 1920: un curé qui impose la vocation à des jeunes par lui dominés; les appels de la chair après le vœu de chasteté; les bons prêtres du temps; le fanatisme religieux catholique et protestant.

Quant au récent roman de Doric Germain, *La Vengeance de l'orignal,* point d'allusion à la religion. Dans nos temps d'extrême civilisation, est-il décent d'évoquer en public le sentiment religieux?

Il faut nettement mettre à part le cas de Gérard Bessette, Franco-Ontarien d'adoption. Je remercie M. Réjean Robidoux, ami et spécialiste de Bessette, de m'avoir indiqué l'évolution de ce romancier. Né à l'ombre du clocher, Gérard Bessette, même après avoir passé deux ans et demi chez les Jésuites du Collège Saint-Ignace, s'affranchit de la pratique religieuse à l'époque de ses études universitaires pour verser dans l'indifférence métaphysique et l'anticléricalisme. Qui ne se souvient du *Libraire* et des *Pédagogues,* véritables bombes dans la mare québécoise? À cause de ses idées, Bessette subit un certain ostracisme de la part des Québécois — dans les années '40 et '50 — qui contribua à l'éloigner du Québec. «Un peu malgré lui, d'après *Mes romans et moi,* il s'est trouvé donner aux mânes, dans *Les Anthropoïdes,* une importance qu'il n'avait pas calculée au départ. Dans *Le Semestre* (roman bilan), il fait profession d'un déterminisme philosophique total: c'est la pierre d'assise de son freudisme» (notes de R. Robidoux à P. Gay[1]).

IV. La religion vue par nos conteurs.

Dans le genre cousin du roman qui s'appelle le conte, sorte de rupture avec le monde, apparition d'une forme du sacré, on s'aperçoit que l'étrange et l'extraordinaire ne relèvent pas en général des mystères chrétiens, bien que l'on rencontre parfois des réminiscences bibliques spontanées. Seule, une fête chrétienne, inspiratrice émouvante, la fête de Noël, porte le conte à une grande hauteur mystique, comme il appert dans les deux plus beaux récits des deux premiers volumes de l'anthologie de Yolande Grisé: le premier d'Agathe Legault, le second d'Ambroise Arsenault.

Cependant, puisque le conte révèle le plus intime d'un peuple, étudier l'attitude du populaire devant la religion devient d'un grand intérêt. J'ai choisi comme exemple le tome 16 des *Vieux m'ont conté* où il est souvent question de religion.

Dans ce tome 16, on reconnaît la grande tradition catholique dans le respect des rites chrétiens ou dans la foi en la prière publique au moment des incendies ou des grands désastres. Ainsi, l'évêque de Saint-Boniface «conjure» les tourtes (p. 61) et le père Astor

---

[1] Un tout récent roman, *Temps pascal* de Daniel POLIQUIN (Montréal, Cercle du livre de France, 1982), prend le contre-pied des historiens ontarois modernes. Pour notre jeune romancier, ce sont des laïcs — des hommes de la trempe de l'anticlérical Médéric Dutrisac — qui, dans l'Ontario-Nord, ont tenu tête aux Anglais et même au clergé catholique pour défendre la langue française au temps du Règlement XVII. Ne verse-t-on pas ici (mais c'est un roman!) dans l'anachronisme?

«conjure» les chenilles et les sauterelles (p. 191). Quant aux prêtres, le peuple les vénère, encore que trois récits salaces tendent à jeter sur eux le mépris. Par ailleurs, on croit aux sorcières; on voit la main vengeresse de Dieu dans des accidents absolument fortuits; on craint les jeteux de sorts (dont il importe de déjouer les maléfices par l'immolation d'une poule noire au croisement des routes); on affirme les apparitions de revenants dans les cimetières; on entretient la peur chez les jeunes par des récits diaboliques, les mêmes que l'on trouve au Québec et dont a parlé Jean Du Berger dans *Le Diable dans les légendes du Canada français*. En conclusion, respect pour la religion, parfois déformée, et, par réaction, moqueries, puisqu'on aime bien rire des «puissances» qui nous dominent.

V. La religion vue par nos dramaturges.

Le genre théâtral, «l'instrument culturel le plus vivant et le plus populaire» *(Rapport Savard)* montre sans doute le mieux la position des jeunes devant la religion. Le plus grand nombre de pièces franco-ontariennes décrit une société qui s'apparente de plus en plus à la société mondiale. Comme le remarquait avec à-propos Gaetan Vallières: «La collectivité franco-ontarienne partage les tensions socio-économiques, politiques et culturelles contemporaines», c'est-à-dire une société qui se sépare de plus en plus de la religion comme l'État se sépare de l'Église, et qui ignore pratiquement les principes moraux. Que de pièces qui exposent — parfois en les approuvant — l'avortement, l'homosexualité, la prostitution! Notre théâtre moderne donne trop souvent l'image d'un monde loin, loin de l'Église.

Il convient cependant de signaler les pièces inspirées par l'élément essentiel de la religion: la charité. Je pense par exemple aux œuvres de Danielle Martin, de Paul Doucet, de Jacqueline Martin, de Pierre Pelletier, et d'autres encore.

Mais il est vrai de dire qu'on trouve la pensée avancée des jeunes dans deux pièces révélatrices: *La Parole et la Loi* de La Corvée; *Lavalléville* d'André Paiement.

La Parole et la Loi offre sa sympathie à la religion dans la mesure où le clergé défendit les Franco-Ontariens au temps du sinistre Règlement XVII. Ce sentiment s'efface dans la scène 13 où un prêtre naïf tombe dans le ridicule. Dans cette pièce, vieille et actuelle, les jeunes n'acceptent plus que la langue soit gardienne de la foi. Ils n'acceptent plus la solution des berceaux: «On r'commence pas la revanche des berceaux»; pire que cela: ils ne croient plus à la «Cause». Ainsi, tout semble tomber par terre.

Quant à *Lavalléville*, farce cauchemardesque, on notera d'abord sa base immorale: Adolphe tue son frère Hermès avec la complicité d'Adèle, femme d'Hermès, qu'il épouse ensuite. On notera surtout que ce qui remplace Dieu, c'est le Soleil auquel on s'adresse comme à Dieu: «Soleil mon chef!» Un immense soleil, forgé par Ambroise, remplace l'ostensoir des églises. Serait-ce exagéré d'y voir un rappel du Râ des Égyptiens, de l'Apollon des Grecs, de la Sûrya des Hindous? Rimbaud lui-même n'appelait-il pas l'homme «le fils du Soleil»?

On remarquera également que dans une autre pièce d'André Paiement, plus douce celle-là, *La Vie et les temps de Médéric Boileau,* on lit à la dernière ligne de la dernière scène: «Un soleil d'or se couche silencieusement derrière lui» (il s'agit de Médé, l'ami de Médéric).

Conclusion.

Si toute littérature exprime à sa façon la pensée d'un peuple, on voit avec quelle prudence il faut juger la religion de la société franco-ontarienne par sa littérature seule. Dans la littérature comme dans la vie, tout se complique, surtout à une époque où les adultes et les jeunes préservent jalousement leur autonomie.

Archives du C.R.C.C.F.

ALBERT CONSTANTINEAU, 1866-1944

Né à St-Eugène, dans le comté de Prescott en Ontario, du mariage de Georges Constantineau, marchand, et de Joséphine Roy, il poursuit ses études classiques au Collège Bourget à Rigaud. Il étudie ensuite au Osgoode Hall, à Toronto, et est admis au Barreau ontarien le 30 janvier 1890. Dès 1900, il est nommé juge des comtés unis de Prescott et Russell. En 1919, il devient juge du nouveau district de Carleton, Prescott et Russell auquel furent adjoints, en 1928, les comtés de Lanark et Renfrew. Tout au long de sa vie, il se montre très actif dans la défense du fait français et dans le maintien et la promotion de la culture française en Ontario et au Canada. En 1891, il est président de la Société St-Jean-Baptiste du comté de Prescott. Entre 1895 et 1898, il est propriétaire et rédacteur du journal français *L'Interprète*, publié à l'Orignal. En 1910, il participe à la fondation de l'A.C.F.O. Par la suite, il devient directeur du Festival dramatique du Canada et assume, auprès d'autres organismes culturels, des fonctions du même ordre. Son nom reste intimement lié à l'histoire des Franco-Ontariens.

L'évolution de la langue des travailleurs de la forêt de la région de Hearst

par Doric GERMAIN*

Avant de commencer, je dois vous avouer que je parlerai d'un sujet que je ne connais pas à fond. En fait, je crois qu'il n'y a personne qui le connaisse parfaitement pour la bonne raison que les premières recherches effectuées sur ce sujet sont encore toutes récentes.

Il s'agit de la langue parlée par les Franco-Ontariens de la région de Hearst. Au cours de mes études en littérature et en linguistique et surtout lors de la rédaction d'une thèse de maîtrise sur le vocabulaire militaire dans *La Chanson de Roland*, je me suis posé maintes questions sur la façon dont nous parlons. J'en suis aussi venu à penser que notre langue n'est finalement pas différente des autres, qu'elle se comporte selon les mêmes lois, qu'elle évolue de la même façon dans les mêmes circonstances, etc. J'en suis de plus en plus convaincu. Il n'y a rien de tel pour démystifier une langue, pour abattre les préjugés en faveur ou contre elle que de se mettre à l'analyser.

La manière dont nous prononçons les mots, le sens que nous leur attribuons, les emprunts que nous faisons à l'anglais surtout, tout cela s'explique, tout a une raison et les autres langues n'agissent pas autrement. Les Français qui sourient quand nous disons «embarquer en automobile» («embarquer» étant tiré du mot barque) ne craignent pas de dire «arriver chez soi», mot tiré de rive. Dans les deux cas, il s'agit d'une extension de sens, d'une généralisation d'un terme d'usage maritime obtenue par figure de style et répandue dans l'usage courant. Pourquoi ce mode de création de mots leur serait-il permis à eux et non pas à nous?

Les emprunts à l'anglais ont aussi leur raison d'être: ils comblent des lacunes. Si nous employons le terme anglais alors qu'un terme français existe, ce n'est pas nécessairement par paresse mais souvent parce que la technologie est américaine et que nous obtenons un outil ou une pièce de machinerie quelconque avant même que le terme français ne soit inventé. Je ne tente pas ici de justifier les anglicismes, mais seulement d'en expliquer les causes.

Quant à l'accent, il serait difficile de déterminer si c'est le nôtre ou celui des Français qui a le plus évolué depuis la Conquête de 1760. Si l'on en croit les phonéticiens, Louis XIV n'a jamais dit: «L'état, c'est moi», mais bien «l'état, c'é moé!».

Une langue n'est, somme toute, qu'un complexe instrument de communication avec nos semblables et un mode de perception du monde qui nous entoure. Notre langue à nous, aussi bien que celle des autres, nous permet de communiquer et nous offre cette vision du monde. Elle change, elle évolue, elle emprunte des mots? Elle abolit des règles, ampute des sons? C'est normal. Elle est vivante et elle s'adapte.

---

*Doric Germain est professeur au Collège universitaire de Hearst.

153

C'est un peu pour vérifier mes théories et aussi par curiosité que j'ai entrepris, il y a plus d'un an, une recherche plus systématique sur le vocabulaire des travailleurs en forêt du Nord-Est de l'Ontario. Je voulais diviser en plusieurs secteurs la tâche trop vaste d'étudier la langue des Franco-Ontariens et j'ai choisi en premier lieu le travail en forêt parce que chez nous c'est un secteur important de l'activité. Il suffirait ensuite d'étudier la langue des autres secteurs, par exemple celles de l'enseignement ou de la mécanique, etc., pour obtenir une image plus globale de la langue des Franco-Ontariens.

La méthode employée était simple. Il s'agissait de parler avec des travailleurs en forêt pour constituer une liste des termes qui me paraissaient intéressants. Dans une seconde étape, je demandais aux travailleurs d'écrire chacun des mots, de les prononcer, de m'expliquer ce qu'ils signifiaient et de me dire l'origine de ces mots.

Avec ces renseignements, j'ai constitué un lexique dans lequel j'ai inclus la forme écrite du mot, sa catégorie grammaticale, sa transcription phonétique, son étymologie réelle (quand elle m'était connue) et celle que lui attribuait les travailleurs (croyez-moi, ce n'est pas toujours la même!) et enfin le ou les sens du mot avec parfois quelques notes pour en souligner un aspect intéressant.

Je me suis rendu compte que la langue des travailleurs est essentiellement une langue parlée. Quand on demande aux gens d'écrire un mot, ils hésitent et l'écrivent différemment selon qu'ils sont plus ou moins instruits, selon qu'ils parlent anglais ou non, selon qu'ils sont jeunes ou vieux. Celui qui ne parle pas du tout l'anglais peut écrire *back-hoe* «baco» ou *tougher* «tofer». Ceux qui parlent l'anglais écrivent habituellement le mot selon l'orthographe anglaise. Les gens moins instruits écrivent à l'oreille: *steam* devient «stim» et bas-cul «bacu».

La prononciation des mots est plus uniforme, quoiqu'il existe là aussi des différences entre les jeunes et les vieux, entre ceux qui parlent l'anglais et ceux qui ne le parlent pas. Les jeunes ont tendance à prononcer les mots d'origine anglaise à l'anglaise alors que les vieux francisent plus. Le jeune dira par exemple «une *blade* de t'*chain saw*» alors que le travailleur plus âgé dira une «*blade* de scie à chaîne».

La partie la plus drôle de l'enquête est celle où l'on demande aux gens s'ils connaissent l'origine des mots. À en croire certains, bas-cul s'écrirait «bat-cul» et la première partie du mot viendrait du verbe battre; «*bléser* une *trail*» de l'anglais *to blaze*, technique par laquelle on fait un tracé de chemin en entaillant l'écorce des arbres viendrait de «blesser» un arbre. Brin de scie (prononcé bretzi) viendrait de brin plutôt que de bran. «Shoboy», de l'anglais *chore boy* viendrait du français chaud. «Cull», de l'anglais *cull*, viendrait du français colle.

Le lexique une fois constitué, j'ai essayé d'en dégager certaines constantes, de les comparer à mes hypothèses de départ et de les énoncer en guise de conclusion. Permettez-moi de vous en présenter quelques-unes.

Les mots proviennent de deux sources principales: l'anglais et le français. Parmi ceux qui proviennent du français, il y en a un certain nombre qui n'ont pas changé de sens. Il ne présentent donc pas grand intérêt pour la recherche, étant des mots français réguliers. D'autres ont changé de sens par certains procédés bien connus d'évolution sémantique, procédés communs à toutes les langues. En voici quelques exemples.

«Bretter» en ancien français signifiait se battre souvent en duel. Le bretteur, un jeune noble oisif, devait son nom à ce qu'il tirait souvent son épée de la bretelle. Dans les chantiers, le bretteux, c'est un fainéant. Le mot a donc perdu la partie désuète de son sens pour ne conserver que la partie actuelle.

Le mot «truie» désigne la femelle du porc mais aussi une chaudière de chauffage ronde montée sur quatre pattes courtes. Il y a donc eu transfert de sens par métonymie. Que ceux que ce phénomène surprend songent que notre mot bien français «tête» vient du latin *testa* et signifiait à l'origine «cruche». Même transfert de sens par métonymie, par similarité entre les objets.

Les mots d'origine française ont une saveur bien particulière. Nul ne saurait contester que, même s'ils ne sont pas dans le *Larousse*, des termes comme brûlots, arachis, brunante, corps mort, bûcheuse et chargeuse sont tout de même des mots hautement descriptifs et imagés.

Les emprunts à l'anglais sont, règle générale, d'autant plus assimilés au français, c'est-à-dire d'autant plus perçus comme des mots français par les gens, qu'ils sont anciens. Sans savoir leur origine exacte, tous ceux que j'ai interrogés m'ont affirmé catégoriquement que des mots comme drave, de l'anglais *drive*, pitoune de l'anglais *happy town* étaient bien des mots d'origine française. On me disait par exemple: «Il faut bien que ça vienne du français, ça ne ressemble pas à de l'anglais». La même chose se produisait dans le cas de réguine de l'anglais *rigging*, calvette de *culvert* ou bécosse de *back-house*. Étant perçus comme des mots français, ces termes ont donc une indépendance particulière qui leur permet d'évoluer. Ainsi réguine et bécosse ont pu acquérir une nuance péjorative qu'ils n'avaient certainement pas en anglais.

Les autres mots, ceux que les gens perçoivent comme des mots anglais sont souvent prononcés à l'anglaise, surtout par les jeunes. Ainsi on prononce *chain saw* avec un T initial, t'*choker*, d'*job*, etc.

Un autre fait qu'il me paraît important de souligner est ressorti de l'étude: il semble que plus l'outillage que l'on décrit est moderne, plus la proportion des mots d'origine anglaise employés pour le décrire est forte. Autrefois, on bûchait avec des haches, des scies et des crochets à pitoune. On transportait le bois avec des chevaux qui avaient des attelages, des colliers et des bas-culs. Aujourd'hui, on «*slash* à la *chain-saw*,» on «*skid* les *logs* avec des *timber-jacks* ou des *tree-farmers* munis de *chokers*». Il me semble que ces faits parlent d'eux-mêmes; l'assimilation linguistique progresse et la modernisation y est pour beaucoup.

Je m'attendais à trouver plusieurs mots d'origine autre qu'anglaise ou française. Il y a eu d'importants contingents d'émigrés dans le nord de l'Ontario, des Finnois, des Portugais, etc. Cependant, ils ne semblent pas avoir exercé d'influence sur la langue des francophones.

La francisation des termes empruntés à l'anglais est souvent incomplète. Il est courant de prononcer une occlusive devant les consonnes fricatives initiales comme dans les mots anglais d'*jack*, d'*job* et d'*jumper*. Dans la bouche d'un Français de France, ces mêmes mots seraient *jack*, *job* et *jumper*. De même, les gens ont tendance à prononcer les *r* et les *l* à l'anglaise dans les mots d'origine anglaise, ce qui donne *slasher, rack*. Cette deuxième remarque appelle une nuance. L'usage ne l'a pas encore généralisée mais je crois que dans une génération, ce sera fait.

Même le phénomène de la nasalisation, phénomène universel en français, est partiel seulement en Ontario. On prononce *gang* là où le Français dit «gangue» et *bunch* là où on s'attendrait en français à bonche. Seul «jumper» est entièrement nasalisé.

Il y a aussi différents phénomènes de réduction des sons. Les finales des mots en souffrent particulièrement. Abattre devient «abatt», casque devient «casse», gaft devient «gaffe». Le procédé inverse, l'étoffement, existe aussi. Devant certaines consonnes initiales dures, on introduit une voyelle. Ainsi copeau devient «écopeau», vis donne «avis» et squelette, «esquelette». Que ceux que cela étonne songent que le mot français école a été formé de la même façon, de «escole» venant de *scola* en latin. C'est là une façon qu'a le français d'adoucir les initiales trop brusques. Alors que l'Anglais s'accomode bien de *school*, le Français avait de la difficulté à prononcer «scole». Il en a donc fait «escole» puis école. De la même façon, le Franco-Ontarien, à qui le mot squelette écorche la bouche l'adoucit en «esquelette». Il est également à souligner que ces étoffements peuvent provenir d'erreur de division entre l'article et le nom, la forme pluriel «les squelettes» étant identique à la forme du singulier étoffée l'«esquelette». Cette confusion confirme que la langue des Franco-Ontariens est essentiellement orale, une telle erreur n'étant possible que chez des gens qui ne visualisent pas la forme écrite du mot.

On peut noter un effort considérable d'adaptation des mots au système grammatical du français. Les verbes empruntés sont dotés d'une terminaison française en «er» dans des mots comme *skid*er, *batch*er, *bunch*er, *cruis*er, *grad*er et les noms avec une terminaison en «eur» ou «eux» dans skideux, batcheux, cruiseur ou gradeur. Cette adaptation est, bien sûr, nécessaire à la cohérence du système.

Comme vous pouvez le constater, les recherches que j'ai faites sur la langue des travailleurs en forêt du nord de l'Ontario, quoique très sommaires, ont permis d'effleurer un certain nombre de points intéressants et de déceler quelques tendances de la langue. Ce ne sont là pourtant que des bribes, quelques pièces isolées d'un vaste casse-tête que nous ne parviendrons probablement jamais à assembler complètement.

L'étape suivante, et c'est celle à laquelle je voudrais travailler dans les années qui viendront, serait d'explorer le vocabulaire dans d'autres sphères d'activités des Franco-Ontariens. Il faudrait aussi l'apport d'autres disciplines dans cette étude, de sociologues, de psychologues, d'historiens pour analyser les faits probablement trop secs, trop techniques auxquels arrive ce genre d'étude. En d'autres mots, ce n'est qu'un début. Mais le succès de nos recherches est peut-être beaucoup plus important pour les Franco-Ontariens que nous ne l'imaginons à prime abord. Si nous laissons les choses aller d'elles-mêmes, tout nous permet de croire qu'elles continueront comme par le passé, c'est-à-dire vers l'anglicisation. Et je crois fermement que notre survivance comme Franco-Ontariens dépend, avant tout, d'une meilleure connaissance de nous-mêmes.

Le bulletin de l'Union Saint-Joseph

par Jacques GRIMARD

Principal véhicule de l'information, avant que la radio et la télévision n'envahissent le champ des communications, la presse écrite constitue un révélateur important des courants idéologiques et des mouvements d'opinion d'une société. Les historiens l'ont compris et l'appellent souvent à témoigner. Qu'on songe, par exemple, pour le Québec, à l'ouvrage de Jean-Paul Bernard sur les Rouges[1] et à celui de Claude Galarneau à propos des relations franco-canadiennes au cours du demi-siècle qui a suivi la conquête[2]. Au cours des dernières années, quelques instruments de recherche ont aussi été préparés afin de faciliter l'accès à ce type de sources. Le répertoire de la presse québécoise d'André Beaulieu et Jean Hamelin, dont le second volume de la deuxième édition vient de paraître, rend d'inestimables services[3]. La liste annotée des journaux ethno-culturels ontariens, préparée par Duncan McLaren, n'est pas moins utile malgré son caractère plus limité[4].

Une attention particulière est parallèlement accordée à la cueillette et à la conservation de ces précieux témoins du passé. Ainsi, le Centre de recherche en civilisation canadienne-française vient d'acquérir une collection presque complète[5] et unique de l'organe officiel d'une mutuelle d'assurance maintenant connue sous la raison sociale de l'Union du Canada Assurance-Vie.[6]

Tableau 1 — *Titres du bulletin de l'Union Saint-Joseph, 1895-1941.*

Mai 1895 — avril 1897	L'Union Saint-Joseph
Mai 1897 — juillet 1900	Bulletin officiel de l'Union Saint-Joseph
Août 1900 — mai 1925	Le Prévoyant
Juin 1925 — juillet 1941	L'Union Saint-Joseph du Canada

[1]J.-P. BERNARD. *Les Rouges. Libéralisme, nationalisme et anticléricalisme au milieu du XIXe siècle.* Montréal, Presses de l'Université du Québec, 1971, XX, 394 p.

[2]Claude GALARNEAU. *La France devant l'opinion canadienne (1760-1815),* Québec, Presses de l'Université Laval; Paris, Librairie Armand Colin, 1970, XI , 400 p., «Les cahiers de l'Institut d'histoire», n° 16.

[3]André BEAULIEU et Jean HAMELIN, *La presse québécoise des origines à nos jours, tome premier: 1764-1859,* Québec, Presses de l'Université Laval, 1974, XI, 268 p.

[4]Duncan McLAREN. *Ontario Ethno-Cultural Newspapers, 1835-1972,* Toronto et Buffalo, University of Toronto Press.

[5]Les numéros de février et juillet 1908 ainsi que ceux parus entre janvier 1933 et juillet 1934 manquent à notre collection.

[6]À l'origine, cette coopérative d'assurance fondée le 22 mars 1863 et incorporée l'année suivante, était connue sous le nom de l'Union Saint-Joseph d'Ottawa [C.R.C.C.F., Fonds Union du Canada, *Séance 1863-1870,* procès-verbal de la première réunion de la société, 22 mars 1863; *Acte pour incorporer l'Union Saint-Joseph d'Ottawa* dans *Constitution et règlements de l'Union Saint-Joseph d'Ottawa,* Ottawa, Imprimerie Le Canada, 1887, p. VI-VIII]. En 1905, par suite de l'élargissement du champ d'opération de la société, l'appellation fut changée en celle de l'Union Saint-Joseph du Canada [Charles LECLERC, *L'Union Saint-Joseph du Canada. Son histoire. Son oeuvre. Ses Artisans,* Ottawa, [s.é.], 2 juin 1939, p. 14]. Ce n'est qu'en 1956, que l'entreprise devait adopter le nom qu'on lui connaît présentement.

Lancé le 15 mai 1895, le journal devait afficher, comme l'indique le Tableau 1, quatre titres différents, au cours des quarante-six années de son existence.

Aux variations de dénomination sont venus s'ajouter les changements de format, de mise en pages et de présentation.

Tableau 2 — *Transformations physiques du bulletin de l'Union Saint-Joseph, 1895-1941.*

Période	Dimensions	Mise en pages	Nombre de pages
Mai 1895 — déc. 1896	8½" X 12"	2 colonnes	4 pages
Jan. 1897 — oct. 1908	6¼" X 9¼"	texte étalé sur une pleine page	8 à 24 pages
Nov. 1908 — déc. 1930	9¼" X 13"	2, 3 et 4 colonnes	généralement 8 pages[7]
Jan. 1931 — déc. 1939	10" X 14"	idem	idem
Jan. 1940 — juil. 1941	9" X 12"	2 et 3 colonnes	environ 15 pages

Vingt mois après la parution du premier numéro, les éditeurs[8] délaissaient le format tabloid au profit d'un support aux dimensions plus réduites qui donnait au bulletin l'aspect d'une brochure. Ils revinrent, à peu de choses près, à la formule originale à compter de 1908. Jusqu'en 1939, l'organe conserva la même tenue dépouillée et proprement journalistique. Mais en 1940, il fit complètement peau neuve. La nouvelle version offrait l'aspect d'un magazine, à la mise en pages plus aérée, abondamment illustré et d'une présentation moins sobre. Dans l'esprit des publicistes de la société, elle répondait sans doute mieux aux goûts et aux besoins différents d'une nouvelle génération de lecteurs.

Entre 1895 et 1941, date probable de sa disparition[9], le journal n'a pas toujours

---

[7]Le numéro de novembre 1908 fait exception à la règle et contient 16 pages.

[8]En 1895, l'administration et la rédaction du bulletin furent confiées à Joseph N. Rattey, alors vice-président de l'Union Saint-Joseph d'Ottawa [*L'Union Saint-Joseph*, vol. 1, n° 1, 15 mai 1895, 1ère page]. Nous ignorons qui lui succéda, mais nous savons qu'à partir de 1909, Charles Leclerc assuma la direction du journal et signa régulièrement les éditoriaux jusqu'à la fin de 1939.

[9]En avril 1941, l'Union faisait paraître son premier *Bulletin du Percepteur*. S'adressant aux agents de la société, il ne remplaçait pas l'organe officiel préparé à l'intention de tous les membres [*Union Saint-Joseph du Canada. Bulletin du Percepteur*, vol. I, n° 1, avril 1941, p. 1]. Malgré tout, il ne semble pas que la publication de l'organe officiel ait été poursuivie au-delà de l'été 1941.

connu un rythme de parution régulier. Jusqu'en 1919, les éditeurs n'éprouvèrent pas de difficulté à assurer la sortie de leur feuille, le 15 de chaque mois[10]. Mais, comme l'indique le Tableau 3, à compter du début des années 20, ils ne furent plus en mesure de maintenir cette régularité. Le cadre limité de cette présentation ne nous autorise pas à nous attarder sur les causes de cette irrégularité. Il est possible que la question monétaire y ait été pour quelque chose. Seule une étude comparative du financement et des coûts de production du bulletin nous permettrait d'élucider le problème. Nous savons qu'à certaines époques, les éditeurs eurent recours aux annonces publicitaires pour financer leurs opérations. Mais, entre 1902 et 1940, nous ne retrouvons plus trace de commanditaires. Restait le revenu des abonnements. À l'origine, un abonnement annuel ne coûtait que vingt-cinq sous. Le prix fut haussé à un dollar en février 1901, et semble-t-il, maintenu à ce niveau jusqu'en 1941[11]. Cette stabilité, jointe à l'absence de participation de commanditaires et à l'augmentation certaine des coûts d'opération, a probablement contribué à accroître les problèmes de financement du bulletin. Mais à ce stade-ci de la recherche, il est encore trop tôt pour évaluer l'influence de chacun de ces facteurs sur le rythme de parution du journal et sur sa disparition.

Tableau 3 — *Fréquence de parution du Bulletin de l'Union Saint-Joseph du Canada, 1895 — 1941.*

Dates	Périodicité	Dates	Périodicité
Mai 1895 — août 1904	mensuel	Juin — août 1928	trimestriel
Sept. — déc. 1904	bimestriel	Sept. — déc. 1928	un numéro pour quatre mois
Jan. 1905 — août 1908	mensuel	Jan. — mars 1929	trimestriel
Sept. — oct. 1908	bimestriel	Avr. — juil. 1929	un numéro pour quatre mois
Nov. 1908 — oct. 1919	mensuel		
Nov. 1919 — août 1922	bimestriel	Août 1929 — avr. 1930	trimestriel
Sept. 1922 — avr. 1923	paraît tous les quatre mois	Mai — sept. 1930	un numéro pour cinq mois
Avr. — juin 1923	trimestriel	Oct. 1930 — juin 1931	trimestriel
Juil. — oct. 1923	bimestriel	Juil. — août 1931	bimestriel
Nov. 1923 — oct. 1924	trimestriel	Juil. 1931	mensuel
Nov. 1924 — fév. 1925	bimestriel	Juil. — sept. 1931	trimestriel
Mars — août 1925	trimestriel	Oct. — déc. 1931	aucune parution
Sept. 1925 — avr. 1926	paraît tous les quatre mois	Jan. — juin 1932	trimestriel
Mai — juil. 1926	trimestriel	Juil. 1932 — déc. 1934	semestriel
Août — déc. 1926	un numéro pour cinq mois	Jan. — juin 1935	trimestriel
Jan. — juin 1927	trimestriel	Juil. — août 1935	bimestriel
Juil. 1927	mensuel	Sept. 1935 — déc. 1938	paraît tous les quatre mois
Août 1927 — jan. 1928	trimestriel	Jan. — juin 1939	trimestriel
Févr. — mai 1928	un numéro pour quatre mois	Juil. — août 1939	bimestriel
		Sept. — déc. 1939	un numéro pour quatre mois
		Jan. 1940 — juil. 1941	semestriel

[10]Sauf à l'automne 1904 et en septembre — octobre 1908, où les lecteurs ne reçurent qu'un numéro par deux mois.

[11]Ac.McKim, ed., *The McKim's Directory of Canadian Publications*, 1941, p.199.

En dépit des changements d'identification, des transformations physiques et des délais de publication, le bulletin d'information de l'Union Saint-Joseph demeura fidèle aux objectifs que lui avaient fixés les premiers éditeurs. En 1940, tout comme en 1895, il continuait à renseigner les membres sur les affaires de la société[12]. Mais plus qu'une simple feuille de renseignements financiers et administratifs, il se présentait comme un instrument de publicité au service de l'Union Saint-Joseph. Le président et le secrétaire du conseil d'administration le déclaraient sans ambages à l'été 1895: «Des articles de fond seront publiés sur les avantages des sociétés de secours mutuels; et en particulier ceux qu'offrent [sic] l'Union Saint-Joseph.»[13] Enfin, refusant de se laisser enfermer dans le cadre limité des opérations financières de l'entreprise qu'il représentait, le journal informait ses lecteurs «des nouvelles du monde ouvrier» et des activités des sociétés patriotiques. Il n'hésitait pas non plus à se prononcer sur «la question sociale»[14] et à se porter à la défense de la cause française au Canada. En fait, comme en témoigne le contenu des éditoriaux, il prenait position sur tous les problèmes: bilinguisme, Règlement XVII, féminisme, conscription, etc.

Au terme de cette présentation, plusieurs questions restent encore sans réponse. Des travaux devront être entrepris sur la diffusion et le rayonnement du journal, sur l'impact des changements et transformations signalés plus haut, sur les techniques de présentation et leur valeur sociologique, sur le contenu idéologique, voire même sur la langue et le style des rédacteurs et des collaborateurs. Alors seulement, sera-t-il possible de bien connaître cette feuille et d'ouvrir la porte sur une étude plus élargie du bulletin d'information.

---

[12]*L'Union Saint-Joseph*, Ottawa, vol. 1, n° 2, 15 juin 1895, p.7. À l'origine, la lecture des nouvelles administratives et financières était obligatoire pour les membres. C'est là qu'entre autres choses, ils retrouvaient la liste de décès des assurés pour lesquels ils devaient verser une contribution. Le retard dans le paiement des cotisations entraînait pour les retardataires la perte des bénéfices de maladie auxquels ils avaient au préalable contribué [*ibid.*, p. 6].
[13]*L'Union Saint-Joseph*, vol. 1, n° 3, Ottawa, 15 juillet 1895, p. 10.
[14]*L'Union Saint-Joseph*, vol. 1, n° 2, Ottawa, 15 juin 1895, p. 7.

Le français des milieux ruraux de Prescott-Russell

par André LAPIERRE*

On a beaucoup parlé, on parle toujours et on parlera encore demain du phénomène de l'assimilation des Franco-Ontariens. J'ai moi-même abordé le problème à plusieurs reprises et comme vous, j'ai eu l'occasion de m'en inquiéter vivement. Et pourtant, j'ai la témérité de vous entretenir aujourd'hui non pas de disparition du français, mais de son maintien; non pas de survie mais de vie normale; non pas d'assimilation mais d'identité francophone authentique, et tout cela, en Ontario.

Ces constatations, à prime abord étonnantes, découlent des recherches préliminaires que je poursuis actuellement dans les comtés unis de Prescott-Russell en vue d'une enquête linguistique d'envergure sur le français de cette région, que je compte bien entreprendre dès l'an prochain. J'ai accumulé jusqu'ici une documentation variée qui me permet d'affirmer dès maintenant que l'isolat auquel je m'intéresse est non seulement très riche sur le plan linguistique mais aussi privilégié. Si je me réfère aux sombres révélations du recensement de 1971, on se souviendra que seulement 48% des Franco-Ontariens maintiennent le français comme langue d'usage. Plus de la moitié a donc cessé la pratique du français. Tel n'est pas le cas toutefois des 4 comtés suivants: Cochrane et Témiskaming dans le Nord, Prescott-Russell dans l'Est où l'usage du français reste bien vivant. Dans les deux comtés qui nous intéressent, la population francophone n'a d'ailleurs fait que croître depuis la période de la colonisation, passant de 25% en 1851 à 82% en 1971. Nous sommes donc en présence d'une des plus fortes concentrations francophones de la province.

Depuis janvier de cette année, je suis allé avec mes étudiants de dialectologie sur le terrain procéder à une enquête-pilote sur le maintien du français. Nous avons isolé un certain nombre de villes et de villages pour nos travaux, en concentrant nos efforts sur la région de Casselman/St-Albert et ce sont les résultats de nos enquêtes préliminaires que je voudrais présenter ici.

Les comtés de Prescott-Russell étant surtout à vocation agricole, c'est dans le travail de la terre que nous sommes d'abord allés puiser les premiers éléments de notre dossier et c'est en faisant ce pèlerinage aux sources mêmes de la vie de cette communauté linguistique que nous avons pu découvrir une authentique présence française en terre ontarienne. Ces cultivateurs, jeunes et vieux, travaillent dans une langue: le français. Bien sûr, ils doivent à l'occasion avoir recours à l'anglais, lors de l'achat de bêtes ou de fournitures, ou encore lors de la vente de leur lait au *Ontario Milk Board*, mais hormis ces contacts avec la vie de l'extérieur, la vie quotidienne se déroule en français et dans un cadre français comme je le montrerai tout à l'heure. Mais quel français me direz-vous. C'est ce que nous sommes allés voir.

---

*André Lapierre est professeur de linguistique à la Faculté des Arts de l'Université d'Ottawa.

Essentiellement, la langue parlée par ces cultivateurs ressemble beaucoup au franco-québécois et le contraire aurait de quoi étonner, la quasi-totalité de ces cultivateurs ayant leurs racines ancestrales au pays du Québec. Il est donc normal de retrouver, sur le plan phonétique, des phénomènes tels l'ouverture du / ɛ / en /a/ dans certains contextes; la palatalisation de /t/ et /d/ en /ts/ et /dz/; le relâchement des voyelles tendues en syllabe accentuée fermée par une consonne allongeante.

Ces phénomènes, bien connus des phonéticiens, se retrouvent généralement sur l'ensemble du territoire québécois. Je ne voudrais pas m'étendre davantage sur l'aspect phonétique, d'abord parce que je ne suis pas phonéticien et ensuite parce que les divergences phonétiques des parlers français au Canada ne m'apparaissent pas aussi convaincantes et intéressantes que dans les dialectes de France, par exemple. Je me suis surtout attardé à l'aspect lexical et dans ce sens, j'ai prêté une attention toute particulière au vocabulaire du travail de la terre. Je voulais savoir, entre autres, si cette région se distinguait des autres régions du Canada français agricole par des mots ou expressions différentes; si l'environnement anglais allait introduire dans le lexique une proportion plus ou moins considérable d'anglicismes. Je suis donc allé interviewer les gens du pays.

J'ai dit au début que je travaillais dans un secteur privilégié et c'est vrai. Partout où je suis allé, j'ai été bien accueilli et les cultivateurs se sont volontiers pliés à mes nombreuses questions. J'ai même été gâté par la qualité des informateurs: il est en effet possible d'interviewer de vieilles personnes qui se souviennent encore de leurs parents qui sont venus coloniser ce coin du pays ontarien, qui les ont vu défricher, «faire de la terre neuve»; ils se souviennent de leurs propres travaux, ils ont vu et se rappellent les nombreuses transformations que le temps et les techniques nouvelles ont apporté à leur travail: l'arrivée de l'électricité par exemple ou encore le remplacement du cheval par le tracteur; ils voient encore aujourd'hui leurs enfants prendre en main les terres qu'ils ont léguées, de sorte qu'il est possible, à travers un seul informateur, de reconstituer le lexique du travail de la terre depuis ses origines jusqu'à nos jours. Au seul chapitre des clôtures, par exemple, on apprend que le premier type, formé de souches, s'appelait CLÔTURE D'EMBARRAS. Ces clôtures ont fait place aux CLÔTURES DE BOULINS ou de BILLOCHETS qui, à leur tour, ont été remplacées par des CLÔTURES CARREAUTÉES avec des fils de fer se coupant à angle droit, que l'on peut voir encore aujourd'hui surmontées de ce que les cultivateurs appellent BROCHE PIQUANTE et qui fait plus que piquer vous diront ceux qui s'y sont fait prendre.

J'ai donc obtenu une documentation inestimable pour mon travail ainsi qu'un certain nombre de vieux mots et expressions. Par exemple: FAILLIR, au sens de BRISER: «les clôtures faillissent souvent»; ÉCHANTILLON au sens de «outil de mesure servant à déterminer la partie des bardeaux d'une toiture qui ne sera pas recouverte par les bardeaux superposés». Ces mots sont attestés au *Glossaire du parler français au Canada* et leur utilisation en terre ontarienne ne manquera pas d'intéresser ceux qui, à l'heure actuelle, sont à préparer l'histoire du lexique français au pays. Je parle bien sûr de Marcel Juneau et de son équipe à l'Université Laval. De plus, ces renseignements seront utiles à une éventuelle réédition de *l'Atlas linguistique du Canada français* dont la publication est imminente mais qui ne comporte que 10 enquêtes pour tout l'Ontario français.

Je suis aussi allé voir de jeunes agriculteurs et contrairement à ce qu'on pourrait croire, le changement des techniques d'exploitation agricole, inspiré du modèle américain, n'a pas entraîné une invasion démesurée de mots anglais dans leur lexique. Au contraire, nous avons même relevé des cas d'appellation française: les vaches, tout comme les poules de 1977, ne quittent plus l'étable: elles y sont 365 jours par année dans ce que les Américains appellent des *FREE STALLS*; à Casselman, on a baptisé ces *FREE STALLS* de LOGETTES; on tire toujours les vaches deux fois par jour, mais cela se fait maintenant automatiquement, 8 vaches à la fois, dans ce que les cultivateurs appellent LE SALON DE TRAITE au lieu d'utiliser l'expression anglaise *MILK PARLOR*. À l'heure où l'on part aux champs en tracteur avec cabine climatisée, radio AM-FM stéréo, on ne s'attend guère à trouver des survivances des vieux termes de l'exploitation traditionnelle des terres. Et pourtant, en utilisant des extraits d'un questionnaire préparé par mon collègue Thomas Lavoie de Chicoutimi et qui porte sur la langue des paysans du Saguenay-Lac St-Jean, on a pu noter à Casselman bien des mots identiques aux deux régions: on appelle toujours TRÉCARRÉ le piquet servant à délimiter les terres; le ROULANT de ferme signifie les machines d'exploitation; on va toujours CASSER les épis de blé d'Inde quand il s'agit de les cueillir; la rigole de purin s'appelle le DALOT et on désigne toujours du terme BATTERIE l'aire de la grange où les voitures entrent. On retrouve bien sûr des mots anglais mais leur concentration ne paraît pas exagérée. Pas aussi forte, en tout cas, que celle que remarque Doric Germain dans le vocabulaire des travailleurs en forêt du Nord-Est ontarien. Dans son lexique de 250 mots, j'en relève au moins 120 qui sont anglais ou dérivés de mots anglais. Tout près de la moitié donc. Cette concentration s'explique, entre autres, par le caractère industriel de l'exploitation forestière, industrie contrôlée largement par des intérêts anglophones, alors qu'il n'a jamais été question, dans Prescott-Russell, d'industrie agricole. Il s'agit essentiellement d'exploitations de caractère plutôt artisanal, au sens large du terme. De plus, dans la langue de nos cultivateurs, ces emprunts à l'anglais n'affectent en rien la syntaxe de la phrase qui reste française. On a du reste remarqué que bien des anglicismes lexicaux attestés à Casselman étaient tout aussi courants au Saguenay-Lac St-Jean: *BOTCHER*, PRENDRE UN *BREAK*, UNE *SLEIGH*, UNE *WAGIN*, LA *TRACK* À FOURCHE, UN *BUGGY*, etc. Ce qui a surtout retenu mon attention, ce sont les expressions françaises qui n'apparaissent pas au questionnaire de mon collègue Lavoie. Il est encore trop tôt pour dire s'ils sont caractéristiques de la région. J'en suis encore au stade de la documentation. Voici à titre d'exemple quelques spécimens:

1. Être en sueur: TRAVERSER (LES CHAMPS) À LA NAGE.
2. Préparer une terre pour les semences: ROULOTTER.
3. Une carriole: UNE MENNONITE.
4. Un travailleur maladroit: UN POLUCK.
5. Terrain nouvellement labouré: UN FRICHE.
6. Mettre dans le silo: ENSILER.
7. Foin qui reste après le passage de la chargeuse: LES PETITES RÂCLURES.

On le voit bien, cette langue des paysans est beaucoup plus colorée, plus riche, plus créative qu'on aurait pu le croire à prime abord; il est donc permis de croire qu'en poursuivant davantage nos enquêtes, nous arriverons à donner une image plus juste des caractéristiques lexicales du français de cette région.

Nous avons dit, au début, que la vie quotidienne de ces cultivateurs se déroulait en français et aussi dans un cadre français. C'est un des aspects les plus étonnants du maintien du français dans cette région puisque, en plein territoire ontarien, on trouve plusieurs exemples d'affichage (public et individuel) unilingue français: c'est d'ailleurs une des premières choses qui saute aux yeux dès qu'on parcourt à pied ces villages.

J'ai préparé un petit document photographique[1] qui porte sur quatre villages en particulier: St-Albert et Casselman dans Russell, St-Isidore et Ste-Rose dans Prescott. Que l'on trouve des affiches bilingues dans cette région, cela me paraît normal; mais qu'un conseil municipal décide de désigner ses rues non seulement avec des noms français mais aussi à l'aide de panneaux unilingues français, voilà qui traduit à mes yeux une volonté d'identité française peu commune. Je me demande, du reste, dans quelle mesure ces affiches sont légales en Ontario, où seul l'anglais revêt un caractère officiel, et si, d'autre part, on retrouve de pareils exemples ailleurs en Franco-Ontarie. J'ai passé au crible quinze villages. De ceux-ci, quatre n'ont pas de noms de rues. Il reste donc 11 villages et je n'en ai trouvé qu'un seul (Limoges) où les noms de rues étaient anglais et étaient désignés en anglais (Mabel St., Main St., Herbert St.). Partout ailleurs, les noms de rues sont:

1. soit français ou anglais, avec désignation bilingue (L'Orignal)

> ex: RUE LONGUEUIL STREET
> RUE WATER STREET

2. soit français, sans désignation (Alfred, Bourget, Embrun)

> ex: ST JEAN BAPTISTE
> STE JEANNE D'ARC
> BLAIS, ÉTHIER, LAVAL

3. soit français avec désignation française seulement (St-Albert, St-Isidore)

> ex: RUE ST-PAUL
> RUE STE-CATHERINE

Cette dernière catégorie a de quoi étonner le visiteur anglophone qui, venant du sud, doit traverser les terres de Prescott-Russell pour aller rejoindre la route 17 au nord. Il ne peut se méprendre sur le caractère francophone de cette région, d'autant plus que tous les cultivateurs d'expression française — et je n'ai pas encore trouvé d'exception — affichent fièrement le nom de leur ferme en français.

Quel bilan tirer de ces recherches préliminaires? D'une part, je suis plus convaincu que jamais de la nécessité d'une enquête linguistique d'envergure dans cette région: il faudra concevoir et rédiger un questionnaire de type dialectal pour inventorier le lexique du travail de la ferme et de la vie rurale de ces comtés; il faudra aussi procéder à des enquêtes systématiques et songer éventuellement à une solide monographie régionale qui s'ajouterait à d'autres en voie de réalisation à l'heure actuelle pour que cette partie de l'Ontario français occupe la place qu'elle mérite dans l'histoire de la langue française au Canada.

---

[1]Que l'on pourra consulter aux Archives du C.R.C.C.F.

D'autre part, et bien qu'il s'agisse d'un milieu rural où, dit-on, les traditions sont tenaces, les Franco-Ontariens auraient intérêt à s'inspirer de l'exemple que leur donne cette communauté francophone de 44 000 habitants qui a bien démontré qu'il est possible en Ontario de vivre en français. Bien sûr, le péril de l'assimilation sera toujours présent, je ne le nie pas, mais dans la mosaïque de plus en plus complexe et nuancée de l'Ontario français, on devra tenir compte non seulement des assimilés mais aussi de ceux qui ont su préserver, envers et contre tout, l'héritage français de nos ancêtres.

Fonds privé

Un village franco-ontarien de l'Est
Embrun, village situé à une trentaine de milles à l'est d'Ottawa, dans le comté de Prescott-Russell, fait partie du territoire étudié par André Lapierre et son équipe.

Dessin au feutre noir sur papier journal non imprimé de Pierre Pelletier.

Collection particulière

Séraphin Marion

Un octogénaire franco-ontarien se raconte*

Cher Monsieur Marion,

Vous avez montré votre intérêt pour la littérature d'ici dès le début de vos études puisque vous avez fait des relations de voyage du XVIIe siècle le sujet d'une thèse dont la soutenance est à elle seule prestigieuse. Ne devait-elle pas vous valoir le second doctorat en littérature décerné par la Sorbonne à un Canadien français après celui de Paul Morin? Ensuite, vous vous êtes penché sur la production des XVIIIe, XIXe et même XXe siècles car vous n'avez pas négligé non plus vos contemporains. Si d'aucuns vous ont comparé à un pionnier, je préférerais pour ma part vous comparer aux découvreurs des temps anciens puisque non seulement vous avez abordé à une *terra incognita*, mais encore vous avez tout comme eux fait la relation de vos expéditions en des ouvrages sur les relations de voyage du XVIIe siècle, sur Pierre Boucher et aussi sur les lettres canadiennes d'autrefois. Sans compter *En feuilletant nos écrivains* et *Sur les pas de nos littérateurs*. Et ce, à une époque où monseigneur Camille Roy réduisait la littérature à l'état de comprimés que souvent monseigneur Émile Chartier ingurgitait sans les vraiment digérer.

Vous disposiez alors de moyens bien précaires dont vous nous parlerez sans doute. Les bibliothèques étaient pauvres, les archives mal organisées, les collections de journaux, de revues et d'ouvrages incomplètes, et les moyens financiers qui permettent souvent aux chercheurs de s'entourer d'assistants, inexistants. Surtout, n'avait pas été mise au point cette merveilleuse machine qui devait révolutionner la recherche, soit la photocopieuse.

En dépit de ces carences, vous avez produit une œuvre considérable et dont le grand mérite — on revient ici à votre rôle de découvreur — consiste à avoir révélé ces vastes territoires de la littérature qui s'étendent sur plus de deux siècles et dont vos contemporains ne se faisaient pas une idée plus précise qu'Hérodote des terres situées par-delà la «grand mer océane». Comme vous l'avez écrit: «C'est en marchant qu'on démontre le mouvement; c'est en parlant de la littérature canadienne-française d'autrefois qu'on en atteste l'existence». Et tant pis pour Louvigny de Montigny! Depuis, les sentiers que vous avez tracés n'ont cessé d'être empruntés par vos émules. Ils sont même devenus de larges avenues où le trafic est constant et souvent trop rapide, ce qui nuit à l'appréhension des détails. Les synthèses sont trop souvent filles de la vitesse. Mais trève de métaphore! Cher Monsieur Marion, vous avez perçu tous les problèmes qui intéressent les spécialistes d'aujourd'hui. On peut ne pas être d'accord avec vos interprétations, mais on ne peut que difficilement contester votre science et votre perspicacité. Et, pour vous taquiner, devrais-je relever ce lapsus par lequel vous faites remonter la littérature antibonapartiste au milieu du XVIIIe siècle?

Ainsi que tous les découvreurs — excusez si je retombe dans ma manie — vous avez parcouru et réinventé un monde que vous avez traduit dans la perspective de vos

---

* Conférence prononcée à l'Université d'Ottawa le 23 janvier 1980 par Séraphin Marion. Présentation par Roger Le Moine, professeur titulaire au département des Lettres françaises de l'Université d'Ottawa.

convictions religieuses et politiques. Dès 1927, dans votre ouvrage sur Pierre Boucher, vous écriviez: «L'histoire serait une science vaine ou un amusement de dilettante, si elle ne consistait que dans la résurrection intégrale des époques disparues. Après avoir pris connaissance des actes de l'humanité, l'historien tente de relier le passé au présent, et s'efforce de scruter l'avenir». Vous avez cru dans l'engagement et, ce faisant, vous avez montré votre profonde connaissance de l'humaine nature puisque les historiens qui professent la plus froide des objectivités, en dépit de combien d'échecs depuis Pierre Bayle, s'illusionnent sur eux-mêmes à moins qu'ils ne veuillent illusionner leurs lecteurs.

Mais cet engagement ne vous a pas fait oublier la beauté des textes alors que vos devanciers percevaient les œuvres en fonction de la seule morale. Le style vous enchante; celui des autres et aussi le vôtre. À vous lire, on sent que l'acte d'écrire provoque chez vous une sorte de délectation, voire d'exaltation qu'amplifie encore la conception manichéenne que vous vous faites de l'existence; cela transparaît dans l'allure même de votre phrase ainsi que dans le choix des figures de style et du vocabulaire qui est volontiers martial. En guise d'exemple, permettez que je donne le titre des chapitres du tome six de vos *Lettres canadiennes* lequel s'intitule d'ailleurs *La querelle des humanistes*. Les voici: *Origines de la controverse, Premiers coups d'épée, Guerre ouverte, Interventions de Rome et de Paris, Guerre sans quartier, Lendemain de bataille* et *Double coup de foudre*. Et la couverture montre, outre deux têtes de curés, deux épées séparées par un éclair, celui de l'éditeur. Au risque de paraître irrévérencieux, je me suis amusé à imaginer le roman que vous auriez pu écrire si vous aviez eu la fantaisie de vous adonner à ce genre; et j'entrevois de fiers chevaliers boutant l'ennemi hors du royaume avec une impétuosité rappelant l'ancienne *furia francese*. Contrairement à la plupart de vos contemporains, vous pouvez d'autant plus facilement donner libre cours à votre imagination que vous maîtrisez votre sujet ainsi que les ressources de la langue. Dans votre cas, Pégase n'est pas valétudinaire; il a repris du poil de la bête. Et ce n'est sans doute pas le moindre charme de votre prose un tantinet vieillotte que de s'apparenter à celle des auteurs français dans lesquels vous vous êtes formé et que vous n'avez cessé de pratiquer.

Cher Monsieur Marion, vous avez été le premier historien de nos lettres à traiter d'une façon systématique toute la période d'avant 1900 et je ne doute pas que plusieurs de ceux qui s'y intéressent maintenant se soient initiés dans l'une ou l'autre de vos œuvres. Après les découvreurs viennent les colonisateurs. C'est ce que nous sommes par rapport à vous. Et nous vous en savons gré.

Roger LE MOINE

Le mercredi 23 janvier 1980

Monsieur Le Moine,

Comment commencer cette causerie à bâtons rompus sans tout d'abord vous remercier des propos par trop aimables que vous venez de tenir à mon endroit. La pauvre nature humaine est ainsi constituée que, même quand ils sont exagérés, les compliments font toujours plaisir. Mais aujourd'hui j'ai deux motifs qui m'incitent à vous adresser de vifs remerciements. Dans le numéro de décembre du *Bulletin* n° 19 du Centre de recherche en civilisation canadienne-française, vous avez déclaré sans ambages que, avec mes *Lettres canadiennes d'autrefois*, j'avais élevé le premier monument de notre critique.

J'en conclus que votre qualité maîtresse est l'obligeance. J'ajouterais même que votre deuxième qualité maîtresse — si tant est qu'on puisse en avoir deux — c'est le courage. Car il vous en a fallu, du courage, pour présenter à vos élèves ainsi qu'à vos collègues quelqu'un qui n'est plus jeune, quelqu'un qui compte beaucoup de printemps, d'étés, d'automnes et d'hivers. Vous avez osé présenter à cet auditoire un authentique vieillard qui, il y a deux mois, a célébré ses quatre-vingt-trois ans bien sonnés.

Vous avez donc devant vous un octogénaire qui voudrait se raconter. Tentative peut-être bien téméraire. Vous connaissez une des plus célèbres fables de La Fontaine: «Un octogénaire plantait. Passe encore de bâtir, mais planter à cet âge!» Et le bonhomme La Fontaine de donner au vieillard présomptueux un conseil qui vaut son pesant d'or:

Ne songez désormais qu'à vos erreurs passées,
Quittez les longs espoirs et les vastes pensées.

Je suivrai ce sage conseil. Pendant l'heure qui m'est accordée, je deviendrai, à mon corps défendant, un adepte de l'introversion et je parlerai de moi, puisque c'est ce qu'on m'a demandé de faire.

Je suis né à Ottawa dans une maison sise sur l'avenue du Collège. Car c'est ainsi qu'on l'appelait au début du siècle. Aujourd'hui elle est devenue la rue Copernicus. J'ai vu le jour dans le voisinage de l'Université d'Ottawa, sur la Côte de Sable.

Il y avait donc beaucoup de sable dans la cour de notre maison. Une cour clôturée avec une porte qui fermait à clef. Aîné d'une famille de six enfants, je jouais seul avec du sable dans ma cour. J'essayais de créer de petits bonshommes, de construire des châteaux minuscules qui s'écroulaient toujours trop vite. À mon insu, j'imitais les Danaïdes condamnées à remplir d'eau un tonneau sans fond.

Bientôt, le soir, dans la maison, les lampes à l'huile firent place à des ampoules électriques bleuâtres, jaunâtres, grisâtres qui éclairaient fort mal. On les considérait quand même comme des merveilles: faire du feu ou de la lumière sans allumette! Je n'en croyais pas mes yeux d'enfant.

Puis nos trottoirs de bois furent remplacés par des trottoirs en ciment. On m'acheta alors un tricycle. Je sortis donc de ma cour. Je me rendais jusqu'au coin de l'avenue du Collège et de la rue Osgoode puis je revenais précipitamment chez moi. Je craignais l'inconnu.

Je ne parlais pas un mot de la langue de Shakespeare. Les enfants qui s'amusaient dans l'avenue du Collège étaient presque tous anglophones. Quand ils m'apercevaient ils chantaient le distique bien connu et alors populaire:

French pea soup and Johnny cake
Make the Frenchman's belly ache.

J'aurai donc connu, à un âge très tendre, ce qui deviendrait ultérieurement les «deux solitudes» de Hugh MacLennan.

Puis vint pour moi le temps d'aller à l'école primaire, à l'école Garneau sise non loin de chez moi, sur la rue Cumberland. École sous la direction des Sœurs Grises de la Croix comme on les appelait alors. Ma première institutrice fut un ange de bonté: sœur Marie-Virginie.

Que de belles heures s'écoulèrent pendant cette année scolaire 1902-1903. À plus de soixante-quinze ans de distance, elles n'ont rien perdu de leur pittoresque, de leur relief et de leur tranquille beauté. Je songe surtout aux prestigieuses histoires saintes qu'on nous racontait le vendredi après-midi quand nous avions été sages comme des images.

La directrice de l'école Garneau était une maîtresse femme répondant au nom de sœur Marie-de-Lourdes. Au bout de trois ans j'eus la bonne fortune de tomber sous sa coupe. L'année scolaire se terminait en juin par une lecture du palmarès et par la distribution des prix, c'est-à-dire une distribution de beaux gros volumes dorés sur tranche et publiés par la Maison Mame, à Paris.

Cette distribution de prix servait de prétexte à une séance musicale et littéraire. Alors le sous-sol de l'église du Sacré-Cœur ne suffisait pas à contenir les centaines de personnes qui s'y précipitaient pour applaudir à nos succès. Dès les premiers beaux jours du printemps, on songeait à la fête. Quelquefois on «trichait» un tantinet en consacrant aux répétitions des heures assignées à l'étude. Et sœur Marie-de-Lourdes, avec sa volonté de fer, entendait bien remuer ciel et terre pour régaler un auditoire qui devait être nombreux et distingué.

Je dis bien «distingué». Le dimanche, à la grand-messe, ne voyions-nous pas entrer dans la grande allée de l'église les Sir Wilfrid Laurier, les juges Taschereau, les ministres Brodeur et Lemieux, et tant d'autres personnages qui, nous confiait-on, présidaient aux destinées du Canada. S'il prenait fantaisie à tous ces grands hommes de venir à notre séance? Sait-on jamais? Cette pensée qui nous flattait nous donnait aussi la chair de poule.

Pour la séance de juin 1904, sœur Marie-de-Lourdes avait eu l'heureuse idée d'une cantate appropriée à la circonstance. Cantate intitulée «La guerre des deux roses». Sur la scène, une quarantaine d'enfants divisés en deux groupes distincts: vingt petites filles et vingt petits garçons. Chaque petit garçon arborait une rose à sa boutonnière; chaque petite fille portait à la ceinture une rose blanche. Laquelle des deux roses était la plus belle, la plus digne de conquérir la faveur de l'auditoire en général et du révérend père curé en particulier? Car c'était lui le juge de l'original et naïf débat.

Sœur Marie-de-Lourdes avait décidé que la cantate serait précédée de la récitation d'un poème expliquant ce qui devait suivre. En somme il lui fallait un petit maître de cérémonie. C'est le cas de répéter un vers de la chanson du petit navire, puisque «le sort tomba sur le plus jeune». C'est à moi que fut conféré l'honneur redoutable et redouté d'ouvrir la séance par la lecture d'un petit poème. Quand je dis «petit», c'est une manière de parler: ce petit poème comportait une cinquantaine de vers que je devais apprendre par cœur. Était-il sage d'exiger d'un enfant pareil effort? J'eus beau protester, force me fut de commencer, dès les premiers jours de mai, à fixer dans ma mémoire les fameux vers. Je les sus bientôt comme mon «Notre Père». Même s'il y a de cela plus de soixante-quinze ans, la plupart d'entre eux ont triomphé de l'oubli. Je me souviens surtout du début du poème:

> Amis, connaissez-vous la guerre des deux roses?
> Rassurez-vous et n'ayez nul souci
> De Lancastre ou d'York. Tout autres sont les causes
> Des beaux exploits que je viens dire ici.
> Comme je parcourais ce matin le parterre,
> Heureux député de vos cœurs,
> Pour cueillir un bouquet de fête à notre Père,
> Parmi nos plus riantes fleurs,
> J'entendis tout à coup des paroles étranges
> Qui sortaient des rosiers fleuris
> Pures étaient leurs voix comme celles des anges
> Qui chantent dans le paradis.

Ces voix, on l'a deviné, émanaient de deux roses: une rose rouge et une rose blanche. Elles se disputaient... si tant est que des roses puissent se disputer. Chacune prétendait être la plus parfaite pour le bouquet de fête destiné au R.P. curé. Dans l'ardeur de la lutte, la rose rouge... rougissait évidemment, tandis que la rose blanche... pâlissait de dépit. Comment mettre fin à un semblable combat de fleurs? Je me rappelle que je frappais du pied en m'écriant: «C'est assez disputé. J'en appelle au goût de l'Archange des fleurs». Un peu plus loin j'ajoutais:

> Pour les mettre d'accord, ne sachant trop que faire,
> Je les cueillis toutes les deux.
> Et maintenant je veux, tendre et vénéré Père,
> Qu'elles s'expliquent sous vos yeux.

Mon rôle était terminé, je respirais. Mais il y en avait un dans la salle qui n'était pas précisément à son aise. C'était l'Archange des fleurs, c'est-à-dire le R.P. curé. Il devait terminer la guerre des deux roses et accorder la palme à qui de droit. Ce qui, entre parenthèses, prouve que toutes les époques suscitent des problèmes épineux.

Le R.P. Xiste Portelance, o.m.i., curé de la paroisse du Sacré-Cœur à Ottawa, était un homme capable de trancher un pareil nœud gordien. Orateur remarquable, d'une belle prestance, il eut fait un bon diplomate. Il cueillit, lui aussi, les deux roses et déclara les aimer d'un amour égal. Ainsi la mémorable séance se termina dans l'allégresse générale. Pourquoi faut-il que, dans la vie, de pareilles heures passent avec une foudroyante rapidité pour ne laisser derrière elles qu'un lumineux, mais trop étroit sillage que la «mer du monde» aura tôt fait d'abolir pour toujours.

Un jour vint où je dus m'émanciper de la souriante tutelle des Sœurs Grises pour commencer un cours classique avec les pères Oblats de l'Université d'Ottawa.

C'était alors une institution privée où les Franco-Ontariens recevaient une instruction et une éducation conformes à leur langue et à leur foi. Par contre, cette maison n'obtenait pas un sou ni du gouvernement ontarien, ni du gouvernement fédéral, ni bien sûr du gouvernement québécois. Elle subsistait grâce à des prodiges de dévouement et d'abnégation. Ses professeurs enseignaient pour des salaires ridiculement bas, tellement bas que les laïcs mariés ne songeaient même pas à s'y intégrer, incapables qu'ils eussent été de faire vivre une femme et des enfants. Cette situation financière était pire que celle des collèges classiques du Québec faiblement subventionnés, eux, par le gouvernement du Québec. En une pareille conjoncture, d'aucuns ont parlé de monopole. Monopole? Oui certes c'en était un, mais un monopole de souffrances, de sacrifices, d'héroïsme. Ce sont ces maisons qui au Québec d'abord, puis en Ontario et dans tous les principaux centres de la «diaspora» canadienne-française ont formé notre élite. Autrement notre peuple eut été sans prêtres, sans médecins, sans avocats, sans notaires, sans savants, sans professions libérales. Tous ces chers anciens ont bien mérité de la petite patrie canadienne-française.

Quelques-uns de mes professeurs en imposaient par leur science et par leur sainteté. Je leur garde une reconnaissance qui s'éteindra seulement à la fin de mes jours. Ne soyons pas des ingrats et ne leur reprochons pas de n'avoir pu accomplir des miracles avec les maigres dollars qu'ils recevaient de leurs élèves.

Plusieurs de ces professeurs venaient de France, chassés du sol natal par la persécution religieuse qui sévissait alors dans notre ancienne mère patrie. Comme quoi à quelque chose malheur est bon. C'est nous, Canadiens français, qui avons été bénéficiaires d'un pareil ostracisme. L'un d'entre eux contribua fortement à orienter ma vie.

Originaire de l'Alsace, le père Joseph Boyon, o.m.i. était alors professeur de littérature française à l'Université d'Ottawa. Pour lui, l'art de bien vivre était de faire de sa vie une œuvre d'art. Esthète consommé, il nous révéla le beau sous toutes ses formes. Il possédait presque tous les critiques littéraires de la France au début du XIXe siècle. Il nous apprit à les lire, la plume à la main, et à en extraire la «substantifique moelle». C'est ainsi que René Doumic, Ferdinand Brunetière, Jules Lemaître, Gustave Lanson, Ferdinand Brunot nous devinrent familiers. Le père Boyon ne méprisait pas la poétique traditionnelle et ne tenait pas l'obscurité profonde pour le signe infaillible du génie.

Par contre, ce maître des lettres françaises ne nous a jamais dit un traître mot sur la littérature du Canada français.

Ici je constate tout simplement un fait; je n'émets pas une critique. J'aurais d'ailleurs mauvaise grâce à me plaindre d'une lacune qui était alors le lot de presque toutes nos universités.

Avant d'enseigner une discipline, il faut y croire. Or, au début du siècle, non seulement dans l'Ontario français, mais aussi dans le Québec, on se posait, sur nos lettres canadiennes la question cruciale que voici: existent-elles? Et bon nombre de nos intellectuels répondaient par un non catégorique.

Olivar Asselin, alors le meilleur de nos journalistes, niait cette existence. Au sentiment de celui qui prêta main-forte à Henri Bourassa, fondateur du *Devoir* en 1910,

172

tout notre passé littéraire n'était rien d'autre — j'emploie à dessein son expression imagée — que «notre vieille ferblanterie nationale».

Mgr Camille Roy niait le bien-fondé de cette constatation. Pionnier de la critique littéraire au Canada français, le recteur de l'Université Laval faisait tout au moins semblant d'espérer en l'avenir des lettres canadiennes.

Avec une bienveillance souvent exagérée, il accueillait les rares auteurs de cette époque. Il ne les étrillait pas; il ne les flagellait pas; il ne les assommait pas; il ne les clouait pas au pilori. En 1924, son *À l'ombre des érables* lui obtint ultérieurement le prix David. Cette distinction échauffa la bile d'Olivar Asselin qui l'accusa «de peser des chiures de mouches dans une balance faite de toiles d'araignées».

À partir de ce moment-là, comme on le pense bien, Camille Roy et Olivar Asselin ne ressemblèrent en aucune façon aux deux pigeons du bonhomme La Fontaine, qui «s'aimaient d'amour tendre».

En 1910, avec la fondation du *Devoir*, une immense espérance illumina le Canada français en général et l'Ontario français en particulier. À des journaux bleus ou rouges tous imbus d'un détestable esprit de parti qui permettait à nos adversaires de mieux régner en nous divisant, se substitua un journal libre. Henri Bourassa fut le porte-parole et le champion de toutes les minorités françaises en Amérique du Nord. Omer Héroux, son fidèle collaborateur, vint très souvent à la rescousse des Franco-Ontariens, victimes dès 1912 d'un odieux Règlement XVII qui bannissait l'enseignement du français dans nos écoles primaires.

Trois ans plus tard, en 1913, *Le Droit* d'Ottawa emboîta le pas au *Devoir*. Cette atmosphère de liberté, de patriotisme et d'enthousiasme encouragea plusieurs de nos écrivains et favorisa l'essor d'une littérature qui traversait encore une période difficile.

Veut-on un autre exemple de ce dédain transcendant pour nos lettres?

De 1939 à 1958, c'est-à-dire pendant vingt ans, j'ai rédigé et publié neuf volumes, de plus de deux cents pages, sur *Les Lettres canadiennes d'autrefois*. Un jour le cher Louvigny de Montigny, taquin à ses heures, me présente à un Français de France, de passage à Ottawa: «Monsieur, dit de Montigny narquois, je vous présente Marion, auteur de neuf bouquins sur *Les Lettres canadiennes*... qui n'existent pas!»

On admettra que, au cours des années '20, il fallait une certaine audace, voire un peu de témérité, pour entreprendre un travail de bénédictin sur nos origines littéraires. Je ne voulais surtout pas être accusé de «peser des chiures de mouches dans une balance faite de toiles d'araignées». Crainte bien naturelle pour moi, à cette époque. Crainte qui avec le temps se transformera en obsession.

C'est en étudiant l'histoire littéraire de la France que cette véritable hantise se dissipa.

Au XVIe siècle, les Français ont, eux aussi, tourné le dos à leur littérature nationale sous le fallacieux prétexte qu'elle n'avait jusqu'alors engendré que des insignifiances. On n'a pas oublié là-dessus l'une des plus importantes consignes de Ronsard à ses disciples. Le plus grand poète de la Renaissance française n'y va pas de main morte: «puis laisse toutes ces vieilles poésies francoyses au Jeux floraux de

Thoulouze et au puy de Rouan comme rondeaux, ballades, vyrelaiz, chants royaux, chansons et autres telles épisseries qui corrompent le goust de notre langue».

«Autres telles épisseries», «vieille ferblanterie nationale»: deux étiquettes, l'une française, l'autre canadienne, qui se répondent à trois mille milles et à trois siècles de distance.

On démontre le mouvement en marchant. Au lieu d'aligner sur le sujet des syllogismes en baroco ou en baralipton, c'est en parlant de nos lettres qu'on en atteste l'existence; il est bon d'en préconiser l'étude, mais il est préférable de joindre l'exemple aux paroles. Notre histoire tout court renferme peut-être plusieurs «perles ignorées»; dans le premier quart de notre siècle, notre histoire littéraire n'offrait rien de semblable. Par contre, j'ai toujours cru qu'elle procure à ses adeptes quantité de plaisirs rares. À ceux qui ont alors bien voulu me faire l'honneur de m'accompagner dans l'exploration d'un domaine qui est le nôtre, j'ai cru pouvoir démontrer que si, depuis leur berceau, nos lettres n'avaient pas encore réalisé d'exceptionnels progrès, elles n'en demeuraient pas moins un magnifique témoignage: le témoignage d'un petit peuple qui refuse de mourir et dont la devise, «Je me souviens», n'est que la transposition, ou peu s'en faut, de cette autre devise bien française: «Petit bonhomme vit encore».

Aujourd'hui ce petit bonhomme est devenu un adolescent optimiste et conquérant. On l'étudie dans toutes les universités canadiennes et dans plusieurs universités américaines. Avec son folklore, ses chansons, ses comédies, ses tragédies, ses romans, sa poésie, ses dissertations de toutes les espèces, il s'impose à l'attention affectueuse des Parisiens, des Français de la province, des francophones de la Belgique, de la Suisse, sans oublier les francophones africains. On parle de lui aux quatre coins du monde.

En 1976, la maison Fides de Montréal a publié un maître ouvrage de MM. Réginald Hamel, John Hare et Paul Wyczynski. Il est intitulé: *Dictionnaire pratique des auteurs québécois*, source de référence de quelque six cents auteurs de langue française au Québec et dans les autres provinces du Canada.

Cette initiative connut un éclatant succès. Elle remonte aux toutes premières origines de la vie de l'esprit au Canada français et elle met en pleine lumière avec nos auteurs contemporains les pionniers de nos lettres canadiennes.

Mais revenons au père Boyon. Il m'a fourni l'occasion d'ouvrir une trop longue parenthèse dont je veux m'excuser auprès de vous.

La dernière année du cours classique permettait aux élèves d'obtenir un grade alors convoité — aujourd'hui il ne l'est plus — le grade du B.A., du baccalauréat ès arts. Depuis longtemps j'avais recueilli des renseignements sur un thème littéraire qui me plaisait et qui aurait sans doute l'heur de ne pas déplaire à mon professeur de littérature française: le sentiment de la nature dans les lettres françaises depuis le Moyen Âge jusqu'à nos jours. Bref l'étude du paysage français avec moult divisions et subdivisions: *descriptions objectives* et *subjectives* de la nature; *sentiments artistiques, philosophiques et poétiques de la nature* sans oublier la définition du sentiment de la nature, c'est-à-dire l'attrait que produit sur nous la création et ses merveilles, mais surtout la faculté de saisir entre le monde matériel et le monde moral de mystérieux rapports. Il en résulta

174

une thèse d'une quarantaine de pages dont je ne fus pas trop mécontent puisqu'elle me valut 98 points sur 100.

Cette thèse devait jouer un rôle extraordinaire dans la conquête de mes autres grades académiques, au Canada comme en France.

Mon baccalauréat — mon B.A. — obtenu, comment ne pas songer à mon M.A., à la maîtrise ès arts. Je résolus d'étoffer ma thèse, de l'enrichir avec des développements plus nombreux et, si possible, plus pertinents. Il restait à franchir un obstacle majeur, un obstacle apparemment infranchissable. À l'Université d'Ottawa de cette époque, nul cours ne conduisait à l'obtention de la maîtrise.

Le R. P. Marcotte, o.m.i., présidait alors aux destinées de mon *alma mater*. Je le connaissais bien. Avec une parfaite désinvolture, je lui exposai mon petit problème. Il me dit: «Prêtez-moi votre thèse, j'aimerais la lire». Je ne demandais pas mieux que d'accéder à un si aimable désir. À mon attente se mêlaient quelques grains d'anxiété.

Et voici qu'un beau matin le recteur me téléphone et me dit: «J'ai lu votre thèse; elle mérite une maîtrise. Nous vous l'accordons sans plus tarder.»

Sans soutenance, je devins maître ès arts de l'Université d'Ottawa. Évidemment les choses sont un peu plus compliquées aujourd'hui pour les étudiants comme pour les professeurs. Mais n'allons pas condamner pour autant une époque: nécessité n'a pas de loi.

Il me fallait désormais gagner ma vie. Je choisis d'entrer dans la carrière de l'enseignement. Je devins membre du corps professoral de l'Université d'Ottawa avec un salaire mensuel de $75. Pas pendant douze mois, pendant dix mois seulement puisque, en juillet et en août, je ne travaillais pas.

À partir de ce moment, les impondérables ont soutenu un rôle de premier plan dans mon existence. De par sa nature, un impondérable est quelque chose qui ne pèse pas. Sur le plan humain, s'entend. Mais, sur le plan divin, beaucoup d'impondérables finissent par avoir beaucoup de poids. Ce qui revient à dire que l'homme s'agite, mais Dieu le mène. La Providence n'est pas un vain mot.

Ma première année d'enseignement s'achevait; déjà le beau printemps nous était revenu. Parmi les pensionnaires à l'Université se trouvait un jeune godelureau répondant au nom d'Yves Masson, fils du docteur Damien Masson, alors l'un des médecins les plus réputés de Montréal et aussi l'un des plus fortunés. Yves n'était pas précisément un bourreau de travail. Intelligent mais paresseux, il avait passé sous la férule de plusieurs professeurs privés sans donner satisfaction à l'un ou à l'autre d'entre eux. De guerre lasse, ses parents tentèrent l'expérience d'un séjour à l'Université d'Ottawa.

Il se tirait d'affaire sauf en mathématiques. Sa mère vint à Ottawa afin de consulter là-dessus le recteur de l'Université, le R. P. Louis Rhéaume, ultérieurement évêque d'Haileybury. Elle demanda au recteur de lui désigner quelqu'un qui pourrait, pendant les mois de mai et juin, donner à son fils des leçons privées en mathématiques. Ainsi Yves n'aurait pas à doubler une classe, recommencer son année scolaire en septembre. C'est moi qui fus désigné pour enseigner les mathématiques à Yves. Pendant huit semaines, nous essayâmes de rattraper le temps perdu.

J'étais de quelques années seulement plus âgé que lui. En peu de temps nous sommes devenus des camarades, j'allais dire des copains. Il comprenait tout ce qu'on lui expliquait. Mais nulle initiative, nul entrain, nulle passion pour les études. N'empêche que j'avais réussi — partiellement tout au moins — là où tant d'autres avaient échoué.

Madame Masson ne l'ignorait pas. Vers la fin de juin, elle revint à Ottawa et me dit: «Ma fille, ma sœur, Yves et moi, nous partirons bientôt pour Old Orchard où nous passerons deux mois dans notre maison sise au bord de la mer. Mon fils se plaît en votre compagnie et avec vous il apprend quelque chose sans renâcler. Consentiriez-vous à lui continuer vos cours dans notre maison à Old Orchard, où vous auriez des émoluments en plus du vivre et du couvert?»

J'acceptai sans la moindre hésitation: c'était pour moi une aubaine authentique à maints égards. Je donnais mes cours non pas dans la maison mais sur la plage, Yves et moi en costume de bain. Lectures et écritures alternaient avec des plongeons dans l'eau salée et roborative. Bref des vacances idéales pour le maître et l'élève qui étonnait ses parents par sa docilité et son entrain.

Mais les beaux jours passent toujours avec la rapidité de l'éclair. Dès la fin d'août, je m'apprêtais à rentrer à Ottawa, lorsque Mme Masson m'aborda de nouveau et me dit: «Le mois prochain, en septembre, ma fille, ma sœur et moi quitterons Montréal pour Paris où ma fille suivra des cours au Conservatoire. Vous réussissez avec Yves. Pourquoi ne pas continuer ces cours avec lui, à Paris, dans notre maison à Neuilly-sur-Seine? En matinée vous pourriez suivre des cours en Sorbonne pendant qu'Yves ferait ses devoirs et étudierait ses leçons; les après-midi vous enseigneriez à Yves.»

Dès le début de mon adolescence, je caressais un beau rêve: aller à Paris et m'inscrire comme étudiant à la Sorbonne. Rêve alors irréalisable. Je le croyais du moins et pour cause. Il n'existait à peu près pas — surtout pour un Franco-Ontarien — de bourses d'études ou d'enseignement. Là-dessus Mme Masson m'avait ouvert des perspectives troublantes, exaltantes, impensables quelques mois plus tôt. Je n'en croyais pas mes oreilles. N'était-ce pas là un conte à dormir debout?

Force me fut de me rendre à l'évidence quand, vers la mi-septembre, avec mon élève et mes compagnes, à New York, je montai à bord de *La Touraine*, petit bateau français de la Compagnie générale Transatlantique, la fameuse Transat de l'époque. Neuf jours de traversée! Neuf jours d'un incœrcible mal de mer! Je n'ai jamais eu le pied marin. Puis arrivée au Havre. Puis le train pour Paris.

Paris! La Ville-Lumière! La Ville auguste! Paris vue pour la première fois avec les yeux de mes vingt ans! Mais trève d'envolées artistiques et poétiques. Revenons à nos moutons, c'est-à-dire, en l'occurrence, à Yves Masson, à sa mère, à sa sœur, à sa tante.

Force me fut de me composer un horaire de travail qui ne prêtait, en aucune façon, le flanc à la rêverie ou au farniente. Le voici dans toute sa nudité et sa rigidité.

Lever à 6h.30 et petit déjeuner. De 7h. à 7h.30 il me fallait marcher de la rue du Roule jusqu'à la porte Maillot où je prenais le métro. Correspondance au Châtelet, puis arrêt à la sortie Saint-Sulpice d'où je devais galoper jusqu'à la Sorbonne. Trois heures de cours avec pauses — sans café! — donnés par trois professeurs, dans l'amphithéâtre Descartes, à une centaine d'élèves qui prenaient des notes pendant trois heures d'affilée. Puis à 11h.30 nouvelle galopade, la même distance que celle du matin, mais parcourue en sens inverse, puis arrivée à la maison de la rue du Roule, non loin du Bois de Boulogne. La famille Masson m'attendait à 1h., au moment où se prenait le déjeuner.

De 2h. à 5h. j'enseignais à Yves. De 5h. à 6h. j'allais sur le toit faire les cent pas. Dîner à 6h. Petite promenade à 7h. À 8h. je devais corriger les devoirs, préparer les leçons pour le lendemain, relever mes notes de Sorbonne. À 10h. coucher. Le lendemain ça recommençait.

Cela 6 jours par semaine. Le dimanche, impossible de faire la grasse matinée: j'étais trop habitué à me lever à 6h.30. Messe à 10h. Je consacrais une partie de l'après-midi à la rédaction de lettres destinées à mes parents et à mes amis du Canada.

Voulez-vous une preuve — une seule mais suffisante preuve — de l'emploi de mon temps? Pendant les quatre premiers mois de mon séjour à Paris, je n'ai pas trouvé le moyen d'aller une seule fois au théâtre, ni bien sûr à l'Opéra.

On me permettra d'ouvrir ici une parenthèse sur les professeurs dont j'ai suivi les cours en Sorbonne.

La majorité d'entre eux étaient d'excellents professeurs. Ils avaient le don de nous communiquer le feu sacré. Ils nous enseignaient le Moyen Âge et la Renaissance, le classicisme, le XVIIIe siècle, bref toutes les écoles littéraires de France, de même que l'histoire de l'art, la morphologie et que sais-je encore. Les élèves qui subissaient avec succès l'examen écrit et l'examen oral de la fin de l'année académique recevaient leur diplôme d'études supérieures en civilisation française. Une Alsacienne obtint le premier prix. Le deuxième prix me fut accordé.

Il me tarde de vous parler de mon professeur favori: Célestin Bouglé qui enseignait la sociologie. En politique il était socialiste. Excellent professeur, il était aussi passé maître dans l'art de s'adresser aux foules.

Un jour il nous annonça que son prochain cours porterait sur Bossuet. Il va sans dire que Bossuet n'était pas pour moi un inconnu. À l'Université d'Ottawa, on s'était plusieurs fois appesanti sur l'Aigle de Meaux. Bouglé présenterait-il son sujet sous un nouveau jour? S'écarterait-il là-dessus des voies traditionnelles? Je bouillais d'impatience. Il arriva que ce cours me ravit d'admiration et d'enthousiasme. Je descendis quatre à quatre les gradins de l'amphithéâtre, au moment où Bouglé quittait sa tribune, pour lui dire mon émerveillement, ma satisfaction, ma gratitude.

Venant d'un Canadien, ce témoignage ne déplut pas à l'éminent professeur. Des liens d'amitié s'établirent entre nous. Quelques jours avant les vacances estivales, il m'invita, ainsi qu'une dizaine d'étudiants, à déjeuner tout bonnement dans sa maison. Son épouse me prodigua amabilité et attention. Entre autres choses, elle me dit: «Je me souviens facilement de votre prénom. Mon mari s'appelle Célestin et vous, Séraphin. C'est presque le même prénom!»

Je ferme ici ma parenthèse. Mais vous n'avez pas fini d'entendre parler de Célestin Bouglé.

Rentré à Ottawa en août 1919, j'étais en quête d'une position. J'appris fortuitement que le poste de professeur de français au Collège militaire royal du Canada était vacant. Au Canada, comme chacun le sait, l'éducation relève des provinces. Mais le Collège militaire, entité du ministère de la Défense nationale, dépendait d'Ottawa. Il me fallait donc passer par la Commission de la Fonction publique. Avec mon diplôme de la Sorbonne, j'arrivai facilement bon premier. Dès la mi-septembre, je commençai à exercer mes fonctions avec un traitement de $150 par mois, non pas pendant dix mois, comme autrefois, mais bel et bien pendant douze mois. Ce n'était pas le Pérou. Pour moi, jeune blanc-bec sans le sou, c'était une bénédiction du ciel.

À cette époque, c'est-à-dire il y a une soixantaine d'années, les professeurs du Collège militaire ne menaient, en aucune façon, une vie de galérien: une dizaine d'heures d'enseignement par semaine ne constituait pas précisément une corvée. J'avais beaucoup de temps libre. Situation idéale pour moi qui n'avais aucune intention de pratiquer la politique des bras croisés. La devise de Fouquet devint ma maxime: «Quo non ascendam?» Où ne monterais-je pas? Avec ma maîtrise ès arts, mon diplôme de Sorbonne, mes amis de Paris, pourquoi n'oserais-je pas convoiter un autre parchemin de l'un des centres les plus réputés de la culture universitaire?

Étais-je né sous d'heureux auspices? Toujours est-il que la fortune me sourit dès le début de ma longue entreprise. Ma maîtrise ès arts de l'Université d'Ottawa me permettrait peut-être d'obtenir une équivalence de diplôme en Sorbonne. J'appris bientôt que cette maîtrise était l'égale d'une licence ès lettres. Un dernier obstacle disparaissait donc de la voie susceptible de me conduire au doctorat.

178

Le sort en était jeté: je rédigerais une thèse sur les *Relations des Voyageurs français en Nouvelle-France au XVIIe siècle*. J'aurais un collaborateur précieux en la personne du R. P. Louis Le Jeune, o.m.i., auteur d'un monumental *Dictionnaire général du Canada* en deux volumes de plus de neuf cents pages chacun. Aujourd'hui encore, cet ouvrage fait autorité. Le P. Le Jeune me connaissait depuis mon enfance. Breton bretonnant, il était arrivé au Canada au début du siècle. Il devait passer le reste de ses jours au Juniorat du Sacré-Cœur d'Ottawa, paroisse où je fus baptisé. La courbe de mon destin était déjà ascendante; elle monterait bientôt en flèche lors d'une coïncidence extraordinaire, imprévisible, qui me fut on ne peut plus favorable.

C'était, si je ne m'abuse, en l'année 1921. L'Université McGill, de Montréal, célébrait le centenaire de sa fondation. Elle profita de l'occasion pour inviter quelques-unes des universités-sœurs d'Amérique et d'Europe, sans oublier il va sans dire la Sorbonne, à déléguer un représentant qui prendrait part aux solennelles assises dont Montréal serait le théâtre au cours de l'automne 1921.

Le corps professoral de la Sorbonne accepta l'aimable invitation et choisit son délégué. Vous avez déjà deviné son nom. Eh oui! C'était Célestin Bouglé! Invraisemblable, mais vrai! Encore une fois un impondérable influerait fortement sur mon destin. Ainsi va la vie.

De Kingston, sur-le-champ, j'écrivis à mon ancien professeur. Je lui souhaitai la plus cordiale bienvenue au Canada. Je lui exprimai mon désappointement de ne pouvoir lui serrer la main à Montréal, puisque mes cours au Collège militaire m'en empêcheraient. Mais, une fois les assises terminées à Montréal, ne lui serait-il pas loisible de venir à Kingston? Juste avant sa rentrée en France? Il me répondit par le retour du courrier.

Pareille invitation ne pouvait arriver à un moment plus propice. Il avait décidé de ne pas quitter notre pays sans voir les chutes du Niagara. Selon son expression pittoresque qu'il aimait dire à tout venant, on ne pouvait tout de même pas lui demander de «brûler les chutes»! Or Kingston est environ à mi-chemin entre Montréal et Niagara. C'était là une première raison de s'y arrêter. Il y en avait une deuxième, encore plus intéressante. Un impondérable qui avait du poids.

Il arrivait, comme par hasard, que Célestin Bouglé était examinateur officiel à Saint-Cyr, l'École militaire de France, l'équivalent — au sens large du terme — du Collège militaire de Kingston. Quand Sir Archibald Macdonnell, K.C.B., C.M.G., D.S.O., commandant du Collège militaire eut vent de cette nouvelle, il me fit venir à son bureau et me dit: «Il faut absolument que M. Bouglé s'arrête pendant quelques heures au Collège militaire; nous lui ferons une réception officielle; nous lui rendrons les honneurs qui lui sont dus; il parlera à tous les élèves réunis dans la salle Sir Arthur Currie».

C'est exactement ce qui se produisit, au grand étonnement et à la vive satisfaction de l'illustre visiteur. Seulement il y avait, en tout cela, un hic formidable: Bouglé ne parlait pas et ne comprenait pas un traître mot d'anglais! Je lui dis: «Tout votre discours aux *gentlemen cadets* sera donc donné en français. Or plusieurs d'entre eux ne comprennent pas le français. Tel est aussi le cas du général Macdonnell. Alors qu'allons-nous faire?» «C'est très simple, répondit Bouglé. C'est vous qui traduirez de vive voix mon discours.»

179

J'acceptai volontiers. Dans ma candeur naïve, je croyais pouvoir résumer en quelques minutes cette allocution de quinze à vingt minutes. Je connaissais mal mon personnage.

Il me plaça à côté de lui, face à l'auditoire. Il prononça une première phrase puis me dit: «Marion, traduisez»!

Il me fallait traduire phrase par phrase! Tâche infiniment plus difficile devant ces cadets dont quelques-uns, originaires de Montréal, comprenaient le français et pouvaient par conséquent savoir si le traducteur faisait bien son boulot. Pour rien au monde je ne voulais être un de ces traducteurs qui sont des traîtres: tra*du*ttore, tra*di*ttore, selon l'adage italien.

Le lendemain, avant de partir pour Niagara, Bouglé me posa une question à brûle-pourpoint: «Quand reviendrez-vous à Paris pour votre thèse de doctorat? Je suis à votre disposition. Ma secrétaire s'occupera de votre manuscrit qui pourrait être imprimé par les Presses universitaires de France.»

Avec un pareil stimulant, mon ardeur au travail ne connut plus de bornes. Les semaines et les mois passaient trop vite. Tant et si bien que, dès le printemps de 1923, mon ancien professeur de sociologie recevait mon manuscrit. Ultérieurement il fut accepté. Le secrétaire de la Faculté me fit savoir que l'examen oral aurait lieu à la fin de juin.

Il me restait à ne pas abdiquer devant une dernière difficulté. Le doctorat de l'Université de Paris comporte la présentation de deux thèses: une thèse majeure, il va sans dire. En l'occurrence, ce serait pour moi mes *Relations des Voyageurs* centrées sur l'histoire du Canada. Donc thèse canadienne. On exigeait aussi une thèse mineure, non écrite, sur les lettres françaises. C'est ici que m'arriva comme marée en carême ma thèse de maîtrise à l'Université d'Ottawa: *Histoire littéraire du sentiment de la nature dans les lettres françaises depuis les origines jusqu'à nos jours*. Matière trop vaste au sentiment du secrétaire de la Faculté. Il avait raison! Il exigea le titre suivant: *Le sentiment de la nature en France au XVIIIe siècle*.

Une terreur panique s'empara de moi. Et pour cause! À l'Université d'Ottawa, nous avions sauté presque à pieds joints le XVIIIe siècle, le contre-pied du Grand Siècle, le siècle de l'Encyclopédie, de Diderot, de Voltaire et d'autres mécréants. Bref, le XVIIIe siècle était mon talon d'Achille. Mais une autre déveine m'attendait. J'appris bientôt que l'examinateur de cette thèse mineure ne serait nul autre que Daniel Mornet, auteur d'un énorme bouquin de plus de mille pages sur le sentiment de la nature au XVIIIe siècle. Ouvrage épuisé mais qui se trouvait sûrement à la Bibliothèque nationale de Paris.

Je hâtai mon arrivée à Paris. À peine installé à l'hôtel Jean-Bart, rue Jean-Bart, à quelques pas du jardin du Luxembourg, je courus à la Bibliothèque nationale où je mis la main sur le fameux ouvrage. Je le lus en entier, non pas en diagonale, mais la plume à la main. Je le résumai le mieux possible. Je pris quantité de notes. Bref, quand je me présentai, un matin de la fin de juin 1923, devant un jury de trois professeurs, dont M. Daniel Mornet, je n'étais pas fiérot, mais je n'avais pas non plus un complexe d'infériorité trop prononcé.

Avec les professeurs André Le Breton et Charles Cestre qui s'occupaient de ma thèse majeure, je ne commis pas trop d'impairs. Ces deux heures me parurent quand même très longues. Restait la troisième heure, la dernière avec Daniel Mornet. Épreuve décisive, redoutable, redoutée! Je n'en menais pas large! Voici l'essentiel du dialogue entre ce grand spécialiste et le pauvre impétrant canadien: «Monsieur, me demanda-t-il, qu'est-ce que vous avez lu sur le paysage dans les lettres françaises?» Et moi d'arborer mon plus beau sourire et de lui répondre sans ambages: «J'ai lu votre monumental ouvrage sur ce sujet».

Il fit une pause. Puis s'adressant à l'auditoire de l'amphithéâtre Descartes, il ajouta: «Constater que ses ouvrages sont lus ne déplaît jamais à un auteur». Puis tournant ses regards vers moi, il me posa l'astucieuse question que voici: «Vous avez lu mon travail qui renferme une multitude d'assertions. Je suis sûr que vous n'avez pas approuvé au moins une d'entre elles. J'aimerais connaître les raisons qui ont motivé votre objection?»

J'avais pensé à tout sauf à cela. Contredire Daniel Mornet! J'en vis trente-six chandelles! Une sueur froide se répandit sur mon front. Un peu plus et j'aurais cru ma dernière heure venue!

Je ne savais absolument pas quoi dire. Afin de gagner du temps, j'eus recours à des précautions oratoires qui ne valaient pas cher; je fendis des cheveux en quatre: «Maître, quand vous me demandez de vous contredire, je suppose que vos paroles ont dépassé votre pensée. Il s'agit plutôt de nuances, de divergences d'opinions sur des points de peu d'importance, non pas de contradictions nettes et claires entre vous et moi.» Plus je parlais, plus je bafouillais; mais je gagnais du temps.

Et tout à coup il me vint une véritable inspiration, une chance inespérée. Je dus cette bonne fortune à ma thèse de maîtrise de l'Université d'Ottawa. Comme quoi les thèses servent parfois à quelque chose.

Je vous l'ai déjà dit: le XVIIIe siècle était mon talon d'Achille. Par contre, le père Boyon s'était appesanti sur le romantisme français sans oublier l'un des grands ancêtres du romantisme: Jean-Jacques Rousseau.

Daniel Mornet prétendait que l'amour de la nature et du paysage chez Jean-Jacques Rousseau était quelque chose de naturel, d'inné. Rousseau avait réagi spontanément contre les précieuses du Grand Siècle et leurs salons où se donnaient rendez-vous de beaux esprits, insensibles comme des souches aux beautés de la création.

À cette thèse j'opposai, avec toute la discrétion possible, mon opinion que je croyais fondée sur des faits indéniables.

Rousseau était un socialiste avant la lettre. Il aimait l'humanité. Il voulait se vouer au relèvement de l'humanité. Mais les hommes ne l'avaient pas compris; ils l'avaient même combattu et forcé à se réfugier en Suisse. Alors me vint aux lèvres ma phrase salvatrice, celle que j'avais consignée, noir sur blanc, et que je retrouve aujourd'hui même, soixante ans plus tard, à la page dix-neuf de ma thèse. La voici:

Le cœur humain est ainsi fait qu'il doit se donner à quelqu'un ou à quelque chose. Les hommes avaient banni Rousseau de leurs réunions; la nature le reçut avec une sollicitude toute maternelle et lui prodigua les consolations qu'il avait en vain cherchées chez les hommes.

> Donc chez Jean-Jacques l'amour des paysages n'était pas quelque chose de naturel et d'inné, mais plutôt une réaction contre l'ingratitude des hommes. Ne pouvant se donner à quelqu'un Rousseau s'était donné à quelque chose.

Mon examen oral était terminé. Et aussi mon quart d'heure rabelaisien.

* * *

Au début de l'année 1925, je quittai le Collège militaire de Kingston pour devenir traducteur de documents officiels aux Archives nationales à Ottawa. Je n'abandonnais pas pour autant l'enseignement. Dès l'année 1926, le père Joseph Hébert, o.m.i., recteur de l'Université d'Ottawa, me pria de fonder, avec quelques collègues, une École des gradués, une école qui permettrait aux élèves de conquérir une maîtrise ès arts, un doctorat en philosophie ou un doctorat ès lettres. Il voulait combler ainsi une immense lacune dont souffraient depuis longtemps bon nombre de Franco-Ontariens obligés de fréquenter, à leur grand détriment, des institutions anglo-ontariennes pour obtenir ces grades académiques.

Les débuts de cette école furent on ne peut plus modestes. Depuis octobre jusqu'à la fin de mai, les élèves et leurs professeurs se réunissaient chaque samedi dans un édifice vieillot surnommé «le vieux poulailler». De 1h.30 à 2h.30 je conseillais certains élèves en quête d'un grade supérieur. De 2h.30 à 3h.30 j'enseignais la littérature française. Puis une pause sans café! Puis de 3h.35 à 4h.30 un nouveau cours sur les mêmes sujets. À 4h.30 d'autres élèves me demandaient des renseignements, quelques-uns m'apportaient un chapitre de leur thèse avec prière de leur indiquer certaines modifications qui peut-être s'imposaient. Bref, tout l'après-midi y passait. À la fin de l'année, c'était la lecture des thèses terminées, les examens oraux, la collation des grades, etc.

J'ai travaillé ainsi de 1926 à 1952. Plus d'un quart de siècle. Quels étaient mes émoluments? Je ne vous demanderai pas de deviner ce que je recevais *par mois*: je vous le donnerais en dix, en cent, en mille que vous ne pourriez me répondre correctement. Je vous dirai alors ce que je recevais *par année* au cours de ce quart de siècle. En moyenne, $350! Ici je ne critique personne. Je constate. Surtout je ne blâme pas les Oblats de l'Université d'Ottawa qui enseignaient eux aussi pour des prunes. Il fallait avoir un enthousiasme débordant, beaucoup de feu sacré pour agir ainsi. Nous en avions à revendre. Et, pour reprendre un bel alexandrin, «je le ferais encore si j'avais à le faire».

Environ la moitié de mes élèves étaient des laïcs; l'autre moitié, des religieux et des religieuses: Frères des Écoles chrétiennes, Frères du Sacré-Cœur, Sœurs de l'Institut Jeanne d'Arc, Sœurs de Nicolet, Sœurs de la Congrégation, mais surtout des Sœurs Grises de la Croix. Moi qui avais appris les rudiments du savoir avec les Sœurs Grises de l'école Garneau, j'enseignais maintenant les éléments du haut savoir à d'autres Sœurs Grises. Étrange retour des choses! Ainsi le présent prolongeait un cher passé, toujours vivace en mon esprit. L'une d'entre elles eut même l'honneur de conquérir haut la main le premier doctorat ès lettres de l'Université d'Ottawa: sœur Paul-Émile, de regrettée mémoire. Son ouvrage sur le *Renouveau marial dans la littérature française* obtint une grande diffusion non seulement au Canada, mais même en France, avec une édition spéciale sortie des presses de la maison Spes.

Mais voici bien l'envers de la gloire. Un livre tout récent, imprimé s'il vous plaît à Ottawa et intitulé: *Bing sur la Ring, Bang sur la Rang* — titre farfelu et grotesque si jamais il en fut — fourmille de fautes grammaticales et typographiques. Les coquilles y abondent. La plus formidable d'entre elles concerne l'ouvrage de sœur Paul-Émile. Son *Renouveau marial dans les lettres françaises* devient *Renouveau marital...*! Voilà qui a dû chagriner l'ombre malheureuse de la chère sœur.

En une autre conjoncture, une sœur grise jusqu'alors très assidue et très attentive me faussa soudainement compagnie. Elle préparait pourtant une thèse de maîtrise. Quelle était la cause d'un départ si subit? La maladie? La monotonie des cours? L'insuccès du professeur? Je me perdais en conjectures.

Quelques jours plus tard, l'annonce d'une grande nouvelle perça le mystère. Cette élève était entre-temps devenue supérieure générale des Sœurs Grises de la Croix d'Ottawa. Je ne pouvais tout de même pas l'accuser d'avoir fait l'école buissonnière ni lui donner un pensum. C'était la révérende mère André Corsini, elle aussi de regrettée mémoire.

Pendant un quart de siècle, j'ai donc connu peu de loisirs les samedis après-midi. Pour d'autres raisons, les dimanches après-midi étaient à l'avenant.

Président de la Société des conférences de l'Université d'Ottawa pendant treize années consécutives, nous recevions le dimanche après-midi des conférenciers venus des quatre coins du Québec et du Canada anglophone. Presque tous des personnages: Alexandre Taschereau, Maurice Duplessis, Athanase David, l'abbé Lionel Groulx, Henri Bourassa, le colonel Bovey de l'Université McGill, M. Jeanneret de l'Université de Toronto, Mgr Émile Chartier, vice-recteur de l'Université de Montréal, Jean Knight, premier ambassadeur de France au Canada, les délégués apostoliques Mgr Andrea Cassulo, Mgr Antoniutti, le juge Thibodeau Rinfret de la Cour suprême du Canada et combien d'autres. Il me fallait souvent les recevoir à la gare, les conduire à domicile et passer la majeure partie de la journée avec eux. Bref, les fins de semaines me fatiguaient plus que la semaine de cinq jours et demi que je passais aux Archives. Car mon vrai gagne-pain, c'était aux Archives que je l'obtenais. Aux Archives des années '20.

Aujourd'hui les Archives ont considérablement amélioré les conditions de travail de leur personnel et des chercheurs: tout est catalogué, indexé, étiqueté et, au besoin, photocopié. Au début de ma carrière aux Archives, les plus futés avaient recours au système D (se débrouiller tout seul). Au sous-sol, se trouvaient des collections plus ou moins complètes de nos anciens journaux: *Le Canadien, La Minerve, Le Mercury, La Gazette de Montréal*, etc. J'attachais, et avec raison, une importance particulière au plus ancien d'entre eux: *La Gazette de Québec* fondée en 1764, quelques années seulement après la cession du Canada à l'Angleterre. Journal bilingue — comme quoi le bilinguisme plonge de profondes racines dans notre pays — il prenait figure de journal officiel. La correspondance entre Québec et Londres, les dépêches du secrétaire des colonies, les ordonnances des gouverneurs et des lieutenants-gouverneurs étaient publiées dans cette *Gazette*, en anglais et en français. D'autre part, notre rapport annuel, bilingue lui aussi, comprenait souvent la reproduction de ces textes. Je feuilletais fébrilement cette *Gazette*. Quand je découvrais quelques-uns de ces documents avec traduction française en regard, j'évitais ainsi des semaines de travail ardu: je n'avais

Les «Sept» à Ottawa en décembre 1944

Archives de l'Université d'Ottawa

Nos lecteurs reconnaîtront, de gauche à droite, assis: Gustave Lanctot, Pierre Daviault, Louvigny de Montigny, Marius Barbeau; debout: Séraphin Marion, Robert de Roquebrune, Marcel Dugas. Cette belle photographie fait partie du fonds Séraphin Marion aux Archives de l'Université d'Ottawa.

qu'à copier la traduction avec toutes ses infidélités. Défense de modifier ou de corriger quoi que ce soit. Défense de porter une main sacrilège sur tout ce qui émanait de l'Autorité.

Et c'est ainsi que pendant un autre quart de siècle passé aux Archives, je feuilletai des liasses et des liasses de journaux du Canada français d'autrefois. Je finis par constater qu'il m'était loisible de concilier mon travail officiel avec mes intérêts personnels et de faire ainsi, en tout bien tout honneur, d'une pierre deux coups et même plusieurs coups. Ici nul conflit d'intérêts, mais plutôt convergence d'intérêts dont bénéficiaient les deux partis. Et honni soit qui mal y pense, selon la fière devise de l'ordre anglais de la Jarretière.

Ces feuilles jaunies par le temps, usées par la poussière, rendues fragiles par la chaleur se lisaient très mal. Mes yeux en ont souffert. Mais j'estime avoir été amplement payé de mes efforts. Car me voici arrivé à l'origine de mon œuvre maîtresse, de mes *Lettres canadiennes d'autrefois* en neuf volumes de deux cents pages chacun, publiés de 1939 à 1958, c'est-à-dire pendant une vingtaine d'années alors que j'étais à la fleur de mon âge.

En lisant ces pages de nos vieux journaux, je me rendis compte que l'histoire littéraire des Canadiens français commençait par le journal.

Prosateurs et poètes, dans le Canada français du XVIIIᵉ siècle, ne pouvaient se payer le luxe de publier des ouvrages qui auraient occasionné des dépenses considérables. Par contre, rien ne les empêchait de se servir de quelques colonnes d'un journal pour offrir aux lecteurs des fragments de leurs ouvrages qui verraient le jour beaucoup plus tard. C'est ainsi que se comportèrent Étienne Parent, Michel Bibaud, François-Xavier Garneau, Antoine Gérin-Lajoie et bon nombre de leurs successeurs.

Pierre Daviault, décédé en 1964, a ainsi caractérisé mes *Lettres canadiennes d'autrefois*: «Histoire littéraire fluviale [...]. Il a découvert la première tragédie canadienne, le premier roman canadien, le premier je ne sais quoi encore. Espérons qu'il découvrira le premier discours de Saint-Jean-Baptiste et qu'il poursuivra son fructueux travail d'exploration si profitable à l'histoire de notre littérature canadienne.»

Mon enquête me permettait aussi de découvrir les origines et les développements, en terre canadienne, de certaines idéologies importées de France: le voltairianisme, la littérature révolutionnaire, la littérature antirévolutionnaire et la littérature antibonapartiste de *La Gazette de Québec*; le voltairianisme de *La Gazette littéraire de Montréal*; à partir de 1806, dans *Le Canadien, Le Courrier de Québec, Le Vrai Canadien, Le Spectateur, L'Aurore* et même *La Minerve*, une littérature antibonapartiste dont les invectives ne le cédaient en rien à celles de *La Gazette de Québec*; pendant la deuxième moitié du XIXᵉ siècle, la question du gaumisme qui suscita un duel oratoire entre l'abbé Alexis Pelletier et l'abbé T. A. Chandonnet. Mais je m'excuse de vous importuner avec tous ces détails fastidieux. Qu'il me suffise de vous dire la joie que j'ai éprouvée récemment en apprenant de l'un de vos collègues que plusieurs de vos élèves consultent avec profit mes *Lettres canadiennes*. Avec mes propos trop méticuleux, je ne voudrais pas être accusé de porter de l'eau à la rivière.

Et voilà! J'aurai donc passé une bonne partie de ma vie intellectuelle dans la compagnie de braves gens. Car ces fondateurs de nos lettres canadiennes étaient, dans l'immense majorité des cas, de braves gens.

J'avoue avoir toujours eu un faible pour ces pionniers. À eux la monotonie des semailles, à d'autres plus heureux le réconfort des moissons. À eux l'inexpérience, les tâtonnements, les rebuffades, quelquefois le mépris; à leurs successeurs la sûreté d'exécution, les encouragements, la considération, les éloges. Mais à ces initiateurs revient le mérite d'avoir osé quand tant d'autres pratiquaient la politique du silence et de l'inaction.

Sans doute est-il difficile de ne pas s'impatienter quelquefois devant les lacunes et les maladresses de plusieurs de ces braves gens, fils de leurs œuvres. Mais les êtres et les choses qu'ils évoquent apparaissent dans leur premier matin, au printemps des lettres du Canada français, tout imprégnés de jeunesse, d'optimisme et d'espoir. Ils me plaisent en dépit de leurs insuffisances.

Le caractère de la grande beauté, dit Goethe, c'est de tendre à la cime de la nature humaine et de ne tenir aux lieux et aux temps que par la racine. Mistral a résumé cette pensée dans une formule concrète: sur la terre des ancêtres, il faut bâtir aussi haut que possible.

Nos chers anciens ont élevé de peine et de misère, sur les bords du Saint-Laurent, une toute petite cabane; ils ont construit sur pilotis une fragile habitation. Ils n'ont pas bâti très haut; mais les pilotis plongent profondément dans la terre ancestrale.

Et voici que je me prends à exhumer du fond de mes souvenirs une strophe de l'immortelle élégie de Thomas Gray composée dans un cimetière de campagne:

Full many a gem of purest ray serene
The dark, unfathom'd caves of ocean bear;
Full many a flower is born to blush unseen,
And waste its sweetness in the desert air.

Qui sait si, placés sur un autre théâtre, dans un autre siècle, ces obscurs devanciers, au Canada français, n'eussent pas soutenu un tout autre rôle? Peut-être ne leur a-t-il manqué que des instruments plus appropriés et une ambiance plus favorable pour mettre beaucoup de richesses au jour, dans ces emblavures canadiennes où dormait la promesse de lointaines moissons.

Séraphin Marion

186

Croyance et incroyance chez les Nord-Ontariens
Bilan de la dernière décennie

par Denis PION*

Introduction.

Dans un premier temps, je veux situer le présent bilan sur la religion des Nord-Ontariens de la dernière décennie dans un contexte historique plus large et revenir sur quelques repaires qui vous sont sans doute familiers. Dans un deuxième temps, qui constitue l'essentiel de ce que j'ai à vous dire, je m'essaierai à dessiner quelques traits caractéristiques de la croyance des Nord-Ontariens à partir de quelques enquêtes et études sur le milieu. Enfin, je donnerai quelques conclusions provisoires qui tenteront de placer l'évolution de la religion des Nord-Ontariens dans le contexte culturel actuel.

I. Le contexte historique de la religion des Nord-Ontariens: quelques repaires.

De 1860 à 1960: une société traditionnelle.

L'établissement de colonies d'émigrés canadiens-français dans le Nord-Ontario date de cent ans à peine, et la majorité des Nord-Ontariens a des racines familiales qui ne remontent pas plus avant que la troisième ou quatrième génération. Le milieu ne fait que commencer à sentir le besoin d'identifier ses traditions en sol nord-ontarien et à démarquer son passé historique par rapport à la société québécoise des origines.

Ce qui caractérise cette nouvelle société, tant au plan économique que culturel et religieux, c'est d'abord son état de minoritaire. La très grande majorité des Nord-Ontariens appartient à la classe ouvrière ou paysanne. Les Canadiens français qui ont émigré dans ce pays l'ont fait pour des raisons économiques et ont constitué jusqu'à ces dernières années une bonne partie de la masse des travailleurs dans les mines et les forêts ainsi que dans la petite paysannerie. Leur relative faiblesse économique était compensée en partie par leur instinct de conservation qui les a fait se regrouper, autour de la paroisse, dans des communautés assez homogènes sur les plans culturel et religieux. Toutefois, les réalités socio-économiques et politiques de la province, où tous les pouvoirs de décision leur étaient étrangers, faisaient en sorte que les Nord-Ontariens francophones et catholiques étaient fortement marginalisés par rapport à la majorité anglophone et protestante. De sorte que, même avec leurs traditions culturelles et religieuses qui leur servaient d'encadrement et de support, ils demeuraient minoritaires à tous points de vue.

Il n'est pas étonnant que dans ce contexte de survivance la famille et la religion aient joué un rôle prépondérant comme foyers et symboles des valeurs à maintenir contre toute influence étrangère. Le père, comme chef de famille, et le curé, comme chef spirituel de la communauté, ont exercé l'autorité incontestée de pourvoyeurs, de rassembleurs et

---

* Cette conférence a été prononcée à l'Université d'Ottawa le 5 novembre 1982 par le père Pion, s.j., professeur au département des sciences religieuses de l'Université de Sudbury, lors du colloque sur «La langue et la foi».

Archives du C.R.C.C.F.

Le reposoir de la Fête-Dieu

Cette photographie a été prise devant la résidence du Dʳ Joseph Woods d'Ottawa, en 1927, et fait partie de la collection Jean Woods aux Archives du Centre.

de censeurs. Dans une société encore pauvre en leaders, l'Église a joué un rôle de suppléance incontesté dans le domaine de l'éducation, des services hospitaliers, de la militance nationaliste, de la culture. Il est facile de constater qu'il n'y a jamais eu d'anticléricalisme déclaré dans cette société où toutes les compétences pouvaient être mises à contribution sans se nuire.

Il y a bien eu, ici et là, des foyers localisés de rouspétance, mais l'alliance naturelle de la religion et de la culture est demeurée tout ce temps un fait acquis de civilisation. «La religion donne à cette société son ciment culturel et symbolique[1].»

De 1960 à nos jours: une société pluraliste.

L'avènement de la société industrielle, avec le phénomène accéléré de l'urbanisation, provoquera, ici comme ailleurs, un éclatement progressif des structures traditionnelles d'influence et d'identification. La famille et la paroisse ne sont plus les seuls pôles de référence à une époque où les communications ont rendu le foyer et le village perméables à des systèmes de valeurs en continuelle interaction. La société traditionnelle a été remplacée par une société pluraliste où l'individu est soumis à toute une gamme de choix et à tout un réseau de médiations. Une scolarisation plus poussée accentue encore le phénomène d'individualisation d'une société de plus en plus ouverte à toutes les influences.

Dans ce contexte, les Nord-Ontariens ont été soumis au même mouvement de sécularisation que nous constatons dans tous les pays occidentaux de chrétienté traditionnelle. En moins de dix ans, l'intégration de la population aux valeurs de la vie urbaine a amené une privatisation de la religion[2]. L'appartenance à l'Église est devenue une question personnelle et l'influence de la religion se fait sentir surtout au niveau de la conscience individuelle. La sécularisation des hôpitaux, la disparition de quelques écoles secondaires privées au profit de tout un réseau d'écoles secondaires publiques, la prise en main progressive par les laïcs de l'avenir culturel et idéologique de la francophonie, établissent de plus en plus une séparation de fait entre les instances religieuses et civiles. Les prises de position de l'A.C.F.O. et de l'A.E.F.O. montrent bien, à l'échelle de la province, que ces associations de Franco-Ontariens ont fait la distinction entre la religion et la culture et que les combats sont désormais menés au nom de la culture et non de la religion. Toutefois, le système des écoles séparées maintient fermement sa conception de l'éducation chrétienne traditionnelle.

Chose certaine, il faut constater que la sécularisation du milieu francophone nord-ontarien s'est faite dans beaucoup de domaines et que l'unanimité d'avant 1960 autour de la religion et de la culture n'existe plus. Ceci ne veut pas dire toutefois que l'Église a perdu toute influence et que la paroisse n'est plus un foyer de rassemblements et d'initiatives, loin de là. Car, après la vague de désaffection religieuse des années '60, le Nord-Ontario a connu, comme un peu partout en Occident, un renouveau religieux qui s'est manifesté dans la redécouverte de la prière et de l'expérience religieuse dans des groupes comme le Mouvement charismatique, les Cursillos, Marriage Encounter, les

---

[1]   Donald DENNIE, «Le fait religieux à Sudbury», dans *Revue de l'Université Laurentienne*, juin 1971, p. 19.
[2]   *Id.*, *Idéologies et dilemmes d'une Église diocésaine en état de recherche*, copie ronéotypée, Sudbury, 1973, p. 56.

sessions A.L.P.E.C., R3, A.C.L.E. On ne sait pas encore comment ces groupes évolueront mais il est certain qu'ils ont déjà contribué en partie au renouveau des paroisses.

II. Résultats d'enquêtes depuis 1970.

Quel est présentement l'état de la croyance des francophones du Nord-Ontario? Si, comme tout le monde le dit, «la religion n'est plus la même», qu'y a-t-il de changé au juste? Est-ce vrai qu'il y a une désaffection vis-à-vis de la religion en général et plus spécifiquement de la religion catholique? Si tel est le cas, comment se manifeste cette désaffection et, surtout, à partir de quel type de religion? S'agit-il d'une baisse de la pratique religieuse uniquement, ou plus simplement de changements dans les habitudes et les comportements religieux, ou encore, de façon plus radicale, d'un changement profond d'attitude qui entraîne un questionnement sérieux de la foi? Doit-on faire état d'un phénomène nouveau par son ampleur et commencer à parler d'un processus vers l'incroyance, ou constater plus simplement les signes d'une religion en état de transformation progressive? Telles sont quelques-unes des questions que nous pouvons nous poser et auxquelles j'essaierai de répondre.

Nature des enquêtes.

Laissez-moi auparavant vous dire un mot de la nature des enquêtes sur lesquelles je baserai mes réflexions et quelques-unes de mes conclusions provisoires. Tout d'abord il y a eu, en 1971, l'enquête sociologique menée par le professeur Donald Dennie du département de sociologie de l'Université Laurentienne. Le but de l'enquête, commandée par le diocèse du Sault-Ste-Marie, était de «situer les catholiques francophones [...] dans leurs attitudes et leurs comportements à l'égard de l'Église en général et des paroisses en particulier[3]». Cette enquête par questionnaire, conduite dans trois paroisses de la région de Sudbury, était surtout centrée sur l'appartenance ecclésiale mais elle comporte des données importantes sur les croyances, les connaissances et les attitudes religieuses d'une population dont les âges s'échelonnent de 16 à 50 ans et plus.

Cinq ans plus tard, pendant l'année 1976, j'ai entrepris une enquête par interviews auprès de 500 personnes des régions de Sudbury et du Nipissing. Cette enquête, qui n'avait rien de scientifique et qui était conduite par les étudiants de mon cours sur «Croyance et incroyance au Canada français», avait pour but d'évaluer dans quelle mesure on pouvait déceler un commencement de distanciation critique face à la religion en général et aux croyances et pratiques du catholicisme en particulier.

L'année suivante et jusqu'à la fin de 1978, j'ai poursuivi cette recherche sur une base plus scientifique avec la collaboration d'un étudiant qui terminait sa double spécialisation en psychologie et en sociologie à l'Université Laurentienne, partiellement sous la direction du professeur Donald Dennie. Cette enquête de psychosociologie religieuse ambitionnait de mesurer quatre composantes de la religion des Nord-Ontariens, à savoir les croyances religieuses, les connaissances religieuses, le sentiment religieux et la pratique religieuse. Cette enquête par questionnaire fut menée dans la région du Tri-Town, auprès de la population adulte et des étudiants de l'école secondaire Ste-Marie, puis dans

---

[3] *Id., Les Catholiques francophones de Chelmsford,* Sudbury, 1972, p. 1; voir aussi *Les Catholiques francophones de New Sudbury,* Sudbury, 1972, p. 1.

la région de Sudbury auprès de la population adulte et des étudiants de l'Université (Laurentienne), d'une école secondaire publique (Macdonald-Cartier), et d'une école secondaire privée (le Collège Notre-Dame). L'échantillonnage totalisait plus de 1 000 répondants, ce qui constitue plus de 3 pour cent de la population étudiée.

Traits de la religion des Nord-Ontariens.

À partir des enquêtes ci-dessus mentionnées et des observations qui proviennent d'autres sources, on pourrait relever les traits caractéristiques suivants de la religion des francophones du Nord-Ontario.

● Les Nord-Ontariens s'identifient massivement comme *croyants en Dieu,* à plus de 90 pour cent pour l'ensemble. L'autre 10 pour cent est constitué en bonne partie par ceux qui ont laissé la question d'identité religieuse sans réponse et par ceux qui s'identifient comme athées ou déistes. On remarque une nette démarcation chez les étudiants de la Laurentienne et ceux de l'école publique secondaire Macdonald-Cartier où le pourcentage de ceux qui ne s'identifient pas comme chrétiens ou catholiques se situe à plus de 17 pour cent. Les jeunes du Tri-Town et ceux du Collège Notre-Dame par ailleurs suivent la courbe des adultes (moins de 10 pour cent).

● Une deuxième caractéristique qui ressort des études sur le milieu a trait à l'identité culturelle des Nord-Ontariens en rapport avec la religion. Il semble bien que *le lien traditionnel entre la langue et la foi est rompu.* Dans son étude sur le fait religieux à Sudbury, le professeur Dennie concluait ainsi: «Malheureusement, l'ère de la foi gardienne de la langue est révolue[4].» Ce jugement est corroboré en grande partie par l'enquête de 1978. En effet, nous avions posé une question sur l'identité culturelle des répondants qui s'intitulait comme suit:

Dans quel milieu aimeriez-vous vivre si vous en aviez le choix (n.b. un seul choix)?

Dans un milieu:

— entièrement francophone
— entièrement anglophone
— majoritairement francophone
— majoritairement anglophone
— moitié francophone et moitié anglophone.

Plus de 60 pour cent des répondants choisissent comme idéal culturel un milieu où francophones et anglophones sont en proportion à peu près égale (ce que l'on pourrait appeler l'idéal «bilingue») et un autre 20 pour cent préfèrent un milieu à majorité francophone. Seuls les étudiants de l'Université Laurentienne visent en majorité un milieu soit entièrement ou majoritairement francophone (20 et 34 pour cent). Or, nous n'avons trouvé aucune corrélation significative entre l'identification religieuse (nominale et réelle) et l'identification culturelle, ce qui tendrait à confirmer le divorce entre la langue et la culture, d'une part, et la religion, d'autre part. D'autres indices viendraient corroborer ce diagnostic, comme l'augmentation des mariages mixtes et la participation croissante à des organismes inter-églises, où la barrière linguistique et culturelle est tombée.

---

[4]   *Id.,* «Le fait religieux à Sudbury», dans *Revue de l'Université Laurentienne,* juin 1971, p. 22.

• Un troisième trait caractéristique: *la force du sentiment religieux*. Nous avions déjà noté dans notre préenquête par interviews la grande importance que les Nord-Ontariens accordent à la religion et la croissance de cette valeur avec l'âge. Les enquêtes par questionnaire ont révélé qu'au-delà de 80 pour cent des répondants sont intéressés soit à entendre parler de religion, soit à recevoir des informations d'ordre religieux et qu'ils réagissent favorablement devant l'expression de sentiments religieux. Au niveau de l'idéal, à savoir s'ils aimeraient devenir plus religieux et que la religion joue un plus grand rôle dans la vie des gens, les résultats sont plus partagés: les adultes sont d'accord à plus de 80 pour cent, tandis que la moyenne baisse à moins de 60 pour cent chez les étudiants et que le plus grand nombre manifeste un accord non qualifié.

• Le quatrième trait est tout aussi marqué que le précédent. On note en effet une *pratique religieuse élevée*. Par pratique religieuse, nous n'entendons pas seulement la pratique dominicale mais également la participation à des mouvements religieux et la prière. La pratique dominicale régulière est à plus de 70 pour cent dans le Tri-Town, avec une pratique occasionnelle et irrégulière d'un peu moins de 30 pour cent; dans la région de Sudbury elle se chiffre à plus de 60 pour cent, avec une pratique occasionnelle et irrégulière de plus de 30 pour cent. Les étudiants font baisser sensiblement la moyenne dans les deux régions mais les chiffres sont plus élevés que ceux enregistrés par le professeur Dennie sept ans plus tôt. L'abstention totale chez les étudiants du secondaire se situe à moins de 8 pour cent. Pour la prière, les taux sont un peu moins élevés que pour la pratique dominicale mais ils se répartissent dans les mêmes proportions. Enfin, la participation à des organismes ou à des mouvements religieux est étonnamment élevée chez les adultes, les étudiants de la Laurentienne et du Collège Notre-Dame (de 25 à 16 et à 14 pour cent), et plus faible chez les étudiants des secondaires publics (7 pour cent).

• Cinquièmement, les *connaissances religieuses sont plutôt faibles* dans l'ensemble. Nous avions déjà remarqué dans la préenquête par interviews que les principales difficultés au plan de la foi venaient d'un manque de compréhension plutôt que d'un manque d'assentiment aux formulations du credo traditionnel. L'enquête par questionnaire a confirmé cette observation. C'est chez les étudiants des deux écoles secondaires publiques de Sudbury et de New Liskeard que le taux de connaissances est le plus faible; la meilleure connaissance du phénomène religieux se trouve chez les étudiants de l'Université Laurentienne. Il n'est pas étonnant de constater la très forte corrélation entre l'élément cognitif de la foi et le milieu intellectuel le plus propice à l'acquisition des connaissances.

• Sixièmement, *c'est au niveau des croyances que les choses sont moins claires et tranchées* et où on décèle le moins de consistance dans la façon d'exprimer son assentiment. Dans la préenquête nous avions décelé certaines difficultés sérieuses d'assentiment face à la divinité du Christ, à la virginité de Marie et à la vie après la mort plus particulièrement, et il nous était apparu que la foi dans l'Église comme représentante du Christ était tout spécialement ébranlée. La critique de la religion, selon nos conclusions à cette étape, était dirigée presque uniquement contre l'Église, une Église qui est perçue comme en dehors, au-dessus, à côté du peuple de Dieu. C'est le principe d'autorité qui semblait mis en cause dans l'Église, soit dans l'enseignement moral et dogmatique, soit dans ses ministres et dans l'organisation de la vie ecclésiale. À ces quatre niveaux on pouvait parler, semble-t-il, d'une crise de confiance suite aux changements rapides intervenus dans l'Église et dans la société.

192

L'enquête de 1978 permettait de choisir entre plusieurs affirmations sur Dieu, le Christ, l'Église, la vie après la mort, la Sainte Vierge, la création du monde, les miracles, le salut. Nous pouvons constater, comme l'avait fait Donald Dennie sept ans plus tôt, que sur la plupart de ce qu'on appelle ces «vérités de foi» les croyants sont divisés sur la façon de les exprimer. La formulation traditionnelle de la foi est encore assez bien conservée chez les adultes, mais chez les jeunes il y a une nette distanciation par rapport à la foi de l'Église, en ce qui concerne notamment la paternité de Dieu, la divinité de Jésus-Christ, la vie après la mort, la maternité divine de Marie, la possibilité des miracles. Mais l'écart le plus significatif, pour l'ensemble de la population étudiée, concerne la croyance en l'Église. On y voit moins le lieu de l'action de l'Esprit-Saint et plus l'institution dirigée par des hommes. Aussi, on croit beaucoup moins en l'Église comme voie privilégiée du salut.

Il est à noter ici, pour conserver de justes perspectives, que la formulation des croyances et leur compréhension est le lieu le plus susceptible de fluctuations dans toute religion puisque c'est là surtout qu'intervient l'enseignement et l'interprétation du donné révélé. De sorte qu'il est normal d'y constater une évolution qui respecte les mentalités et s'adapte aux changements culturels. Ce n'est qu'après une génération ou deux qu'on est en mesure de juger des changements significatifs au niveau des croyances. D'ailleurs, c'est habituellement au niveau du sentiment religieux et de la pratique religieuse que les premiers signes de l'incroyance se font sentir, ce qui n'est pas le cas pour le Nord-Ontario.

III. Conclusions provisoires.

Revenons maintenant à notre question initiale et demandons-nous si la religion des Nord-Ontariens est entrée dans un processus d'incroyance ou s'il ne s'agit pas plutôt d'une évolution de la croyance en rapport avec les changements culturels de la société dans son ensemble.

● Sans préjuger bien entendu de l'évolution religieuse des individus — qui restera toujours en grande partie inaccessible aux observations scientifiques —, on peut dire que, dans l'ensemble, l'incroyance reste un phénomène étranger aux Nord-Ontariens. Nous en voulons pour preuve supplémentaire l'observation plus minutieuse du groupe des répondants, en majorité chez les jeunes, qui ne s'identifient pas comme chrétiens ou catholiques. L'écart entre l'attitude verbale (la façon dont ils s'identifient) et l'attitude réelle (leurs croyances, leurs sentiments et leur pratique) est tel qu'on ne peut en réalité les classer dans une typologie de l'incroyance. Par ailleurs, si on vérifie la performance de ceux qui s'identifient comme croyants, on trouve là aussi des contradictions évidentes. De sorte que nous nous trouvons plutôt devant un phénomène de changement, de mutation religieuse, qui peut aller dans le sens d'une croyance plus authentique ou d'une incroyance réelle.

● Plusieurs indices nous portent à penser que le type d'évolution religieuse que connaît le Nord-Ontario est en rapport avec le passage d'un monde culturel à un autre et, qu'avant même de parler de crise religieuse, nous devrions parler de crise de culture. Comme le disait Fernand Dumont en 1981, lors du colloque sur la religion et la culture, «dans la mutation de notre culture [...] la crise de la religion en est une parmi d'autres[5]».

---

[5] Fernand DUMONT, «La religion dans une culture en mutation», dans *Critère*, n° 32, p. 101.

Le véritable changement dans le Nord-Ontario s'est opéré au niveau des modèles culturels. Nous passons d'un monde centré sur la trilogie famille-école-paroisse — avec son contrôle social autoritaire, ses appuis sociologiques puissants, et qui reçoit sa cohésion de son état de minoritaire en lutte pour la survie — à un monde centré sur l'individu, soumis au pluralisme des valeurs et des institutions, ouvert à un horizon culturel mondial, et livré au choix de la conscience individuelle. C'est entre ces deux modèles culturels que se situe le malaise ressenti à propos de la religion et c'est par le passage d'un modèle à un autre, de façon progressive et non brutale comme on l'a vu, qu'on peut expliquer, il me semble, la plupart des écarts que nous avons repérés par rapport à la religion traditionnelle. La distance critique face à l'Église, la diversité dans la formulation de la foi, l'insistance sur la conscience individuelle, autant d'indices qui pointent vers un nouveau contexte culturel où la croyance est appelée à relever de nouveaux défis qu'elle ne pourra surmonter que par une foi plus authentique.

La cathédrale d'Alexandria, Ontario

194

L'affaire Amyot: rapports entre Franco-Ontariens et Québécois dans les années 1920

par Pierre SAVARD

Les rapports entre les Canadiens français du Québec et leurs compatriotes francophones de la diaspora canadienne n'ont pas toujours été aussi idylliques que la mythologie du nationalisme traditionnel l'a laissé entendre ou que la simple ignorance de l'histoire peut le laisser supposer. On a vu des débats passionnés et douloureux dès le XIXᵉ siècle, comme celui qui allait opposer dans les années 1880 Jules-Paul Tardivel, rédacteur-propriétaire de la *Vérité* de Québec et Mᵍʳ Taché alors vénérable évêque de Saint-Boniface. Le journaliste québécois dont l'audience est grande dans les milieux cléricaux et nationalistes dit nettement aux Québécois francophones en mal d'émigrer qu'ils ont tout à perdre, au point de vue culturel, à passer au Manitoba[1]. Le débat continue de faire rage au XXᵉ siècle. Une série d'incidents mettant aux prises des Franco-Ontariens et un homme d'affaires canadien-français de la ville de Québec dans les années 1920, jettent quelque lumière sur ces débats grâce à la riche documentation que constituent les archives de l'Association canadienne-française de l'Ontario[2].

Georges-Élie Amyot (1856-1930) constitue un des représentants les plus remarqués de la petite élite d'hommes d'affaires canadiens-français de la ville de Québec du tournant du XIXᵉ siècle et du premier tiers de ce siècle. Fils de ses œuvres, il est né à Saint-Augustin, paroisse rurale à l'ouest de Québec où ses ancêtres sont établis depuis plusieurs générations. En quelques années, il lance une série d'établissements heureux: une manufacture de corsets qui comptera des succursales à Montréal et à Toronto (Dominion Corset Ltd.), une manufacture de boîtes de carton (Quebec Paper Box Ltd.) et une brasserie (Georges E. Amyot Brewing Co. Ltd.). Ce «marchand et manufacturier» cumule bientôt les présidences (Home Life Association, National Breweries Ltd., Quebec Board of Trade...). Amyot a deux fils et trois filles. L'un d'eux, L.J. Adjutor succèdera à son père à la tête de florissantes affaires après avoir étudié au *Upper Canada College* de Toronto. Georges-Élie Amyot dirige ses entreprises de son bureau de la rue Dorchester à St-Roch de Québec et possède la villa de Larpinière à Ste-Foy, alors paisible et agreste paroisse de la banlieue de Québec. Il défraie le coût du monument en l'honneur de l'historien François-Xavier Garneau, dévoilé à Québec le 10 octobre 1912.

---

[1] *La Vérité*, 24 avril 1886 et 5 avril 1890. La thèse de doctorat de Robert Painchaud sur l'Église catholique et l'émigration française dans l'Ouest canadien de 1870 à 1914, soutenue en 1976 à l'Université d'Ottawa, fournit une excellente analyse de ces difficiles rapports.

[2] Fondée en 1910 d'un sursaut des francophones ontariens en butte aux tracasseries qui mèneront au Règlement XVII, l'Association canadienne-française d'éducation de l'Ontario (devenue l'A.C.F.O. en 1968) a été pendant des générations le point de ralliement des plus ardents défenseurs de la culture canadienne-française dans la province. Son histoire qui reste à écrire est évoquée dans de nombreux écrits de circonstance et dans les travaux historiques de Robert Choquette, Peter Oliver, Ramsay Cook. Ses riches archives ont été versées, à partir de 1970, au Centre de recherche en civilisation canadienne-française de l'Université d'Ottawa. Le classement sommaire est terminé et un premier volume d'inventaire (par dossiers) a déjà été publié en 1976. On voit par le présent travail que l'intérêt de ces papiers dépasse largement l'Ontario français.

Ce geste de mécénat assez unique dans nos annales révèle la place importante de l'homme d'affaires dans son temps. En 1900, il est créé lieutenant-colonel honoraire du 61e Régiment. Membre du Conseil législatif, il fait preuve en 1912 de sa descendance noble auprès du Collège des Armes du Canada et se fait admettre dans la corporation de la noblesse. En effet, son ancêtre venu au pays en 1635 avait été ennobli par Louis XIV, mais les lettres n'avaient jamais été enregistrées[3].

En 1923, il y a à Ottawa au moins deux banques qui représentent les intérêts canadiens-français, la Banque d'Hochelaga et la Banque Nationale. La seconde est sous le contrôle de Georges-Élie Amyot, président de l'institution. Aux dires mêmes d'Amyot, «la Banque Nationale est installée à Ottawa depuis un grand nombre d'années. Elle a dans cette ville des propriétés importantes; elle a un bureau superbe et elle a fait beaucoup pour essayer de se créer une clientèle.» Cependant elle n'a fait que perdre de l'argent[4]. Au début de 1923, a lieu un échange de lettres entre l'A.C.F.E.O. et le président de la Banque Nationale. Il semble que l'A.C.F.E.O. se soit élevée contre la nomination d'un «huguenot anglifié» comme directeur de la succursale[5]. Dans une lettre du 4 juin 1923, le président de la Banque Nationale adresse une réponse à l'A.C.F.E.O. qui va mettre le feu aux poudres. Après avoir rappelé le peu de succès de sa succursale outaouaise, il en attribue carrément la faute «à la clientèle canadienne-française, qui de droit nous appartient [et qui] semble favoriser les banques anglaises à l'exclusion des banques canadiennes-françaises». À la vérité, la question semble avoir été moins simple. Deux ans plus tard, le père Charles Charlebois expliquera à un correspondant que si la Banque Nationale a perdu de l'argent à Ottawa c'est dû à une mauvaise administration. À preuve, les excellentes affaires que fait la Banque d'Hochelaga installée à Ottawa depuis quelques années seulement et ce, même si son personnel «laisse un peu à désirer[6]». Pour rassurer ses correspondants, Amyot joint une liste d'actionnaires, riche d'enseignements, dont tous les noms sont canadiens-français. Des 94 noms de personnes ou d'organismes, 57 sont des corporations religieuses ou des membres du clergé, le plus souvent curés de paroisses du diocèse de Québec. Le groupe suivant est celui des marchands (12), suivi des professionnels (7): juges, avocats, notaires, médecins, ingénieurs civils. Le reste est composé de quelques rentiers, d'un industriel, de deux capitaines de vaisseaux, d'un professeur et d'un commis. Les plus importants actionnaires par le nombre de «shares» détenus sont la successsion d'un marchand de Québec, un marchand de la Vieille Capitale, la Corporation épiscopale catholique romaine de Québec, un industriel de Saint-André de Kamouraska, un marchand de Québec, la Caisse d'économie de Notre-Dame de Québec, la Corporation de la Cité de Québec et le Collège de Ste-Anne-de-la-Pocatière.

---

[3] Henry James MORGAN, *The Canadian Men and Women of the Time* (2e éd., 1912) p. 22-23; INSTITUT GÉNÉALOGIQUE DROUIN, *Dictionnaire national des Canadiens-français*, tome 3, Montréal, 1958, p. 1357. Sur le fils Amyot voir H. HARRISON, *National Reference Book*.
[4] Amyot à Edmond Cloutier, secrétaire de l'A.C.F.E.O., 4 juin 1923. Lettre conservée dans le Fonds A.C.F.O. (dossiers personnels: Amyot, Elie (sir) au C.R.C.C.F., comme toutes les autres pièces de correspondance citées. En 1860, la Banque Nationale s'établit à Québec. En 1924, elle est absorbée par la Banque d'Hochelaga, créée en 1873, qui deviendra la Banque Canadienne Nationale (B.C.N.).
[5] Cloutier à l'abbé Maxime Fortin, 14 juin 1923. Il s'agit sans doute de William P. Le Mesurier qui a remplacé N. Lavoie.
[6] Charlebois à Thomas Poulin, 4 mars 1925.

L'A.C.F.E.O. aurait peut-être encaissé le coup sans mot dire si Amyot n'avait pas assorti sa lettre d'une leçon de patriotisme et de reproches à l'association même. Faisant état de quarante années d'expérience à Ottawa, il déplore que ses «compatriotes d'Ontario» ne l'aient jamais beaucoup encouragé. En affaires, ils n'ont généralement fait que reculer à cause du peu de sympathie que leur ont témoigné les leurs. Et il se demande si l'A.C.F.E.O. elle-même «avance»? En terminant, il rappelle qu'il n'a pas de leçon à recevoir des Franco-Ontariens si peu «conséquents avec eux-mêmes». Comme Canadien français, il a la conviction «d'avoir fait [son] devoir, et [son] devoir peut-être plus que bien d'autres».

L'industriel québécois jette encore de l'huile sur le feu lors d'un échange de lettres avec le Cercle Lamarche de Toronto quelques mois plus tard. Dans une lettre circulaire du 7 décembre 1923, le cercle semble avoir invité des hommes d'affaires à promouvoir le nationalisme économique canadien-français. Amyot répond le 20 décembre: «nous devons vous dire de suite que nous ne sommes pas pour nous exposer en quoi que ce soit avec nos clients non plus avec [sic] nos fournisseurs». Ici encore, il ne rate pas l'occasion de faire la leçon aux Franco-Ontariens. Le passage mérite d'être cité ici: «Savez-vous que nous nous sommes souvent demandés pourquoi les Canadiens français veulent-ils aller faire de petites colonies françaises ici et là, quand ils pourraient très bien habiter la Province de Québec et s'y trouver aussi bien qu'en Ontario ou ailleurs [...]; dès le moment qu'ils veulent habiter d'autres provinces, nous ne voyons pas qu'il soit possible ou même raisonnable de s'attendre que cette province qu'ils adoptent pour leurs lieux de résidence, devrait se mettre à parler leur langue; le fait est qu'aucun de ces Canadiens français [ne] réclame ce droit, mais il s'introduit un petit groupe de messieurs, qui veulent en retirer quelque chose pour eux-mêmes, soit en popularité, ou en posant en martyrs, même souvent dans leur intérêt personnel, et qui veulent faire du capital quelconque en agissant ainsi [...]; quantité de Canadiens français vivent à Toronto, Manitoba ou dans la Nouvelle-Angleterre, simplement parce qu'ils croient mieux y faire leurs affaires, ou simplement encore dans le seul but de se changer d'endroit. Personne [ne] peut [sic] empêcher un pareil mouvement, mais nous sommes d'avis que ceux qui veulent vivre en dehors de la Province le font à leurs risques et périls, et il ne nous appartient pas de créer de petites Frances dans ces provinces. Plus il se fera de mouvements dans ce sens, moins vous réussirez à accomplir quoi que ce soit[7].»

Le secrétaire du Cercle Lamarche rétorque qu'il est surpris de la réponse de la «grande compagnie» (Amyot a répondu au nom de Dominion Corset). Il renvoie Amyot aux leçons de l'historien Garneau auquel l'industriel a fait élever un monument, lui rappelle que l'Ontario français compte 248 000 francophones, se défend de xénophobie autant que du reproche de poser au martyr et déclare que «nos conseillers les plus ardents» sont des «gens d'une autre nationalité et d'une autre croyance que la nôtre». Enfin, il rappelle que deux ans auparavant, le président de la Banque Nationale attachait assez d'importance aux «petites Frances» hors du Québec pour se documenter auprès de lui afin d'y établir des succursales de sa banque[8]. Copie de la correspondance est expédiée à l'A.C.F.E.O.

---

[7]Amyot à Hector Lemieux, secrétaire du Cercle Lamarche, 20 décembre 1923.
[8]Le secrétaire du Cercle Lamarche à Dominion Corset, sans lieu ni date, «lettre non personnelle».

L'A.C.F.E.O. n'a pas tardé à se renseigner sur cet adversaire de taille. Le secrétaire s'informe auprès de l'abbé Maxime Fortin du Secrétariat des Syndicats catholiques de Québec de la condition ouvrière dans les manufactures Amyot. Une première réponse se lit ainsi: «L'hygiène y est parfaitement observée; on dit que pour ce qui regarde la moralité, les risques y sont réduits au minimum. D'un autre côté, les heures de travail y sont très longues; la très très grande majorité des salaires très petits: $3.00, $4.00, $5.00 et $6.00 par semaine. De plus, Monsieur Georges-Élie Amyot ne permettrait pour aucune considération que ses ouvrières veuillent se protéger par un syndicat, même catholique. Je crois enfin qu'à peu près toutes ces ouvrières travaillent à la pièce, c'est-à-dire sous le 'sweating system'.» Quelques semaines plus tard, un informateur des Syndicats catholiques apporte des précisions complémentaires. Il s'agit du salaire de deux jeunes filles qui travaillent à la pièce depuis le début de l'année. À partir des feuilles de paie, la moyenne s'établit à 40 et 32 dollars par mois. Le correspondant rappelle que les pensions ordinaires sont de 6 à 7 dollars par semaine. Et les chefs de départements gagnent 12 dollars par semaine, tandis que les nouvelles employées touchent entre 3 et 7 dollars par semaine[9]. Thomas Poulin écrit à Charlebois en épilogue, deux ans plus tard, que les «énormités» d'Amyot ne l'étonnent en rien. Il n'y a que le titre ronflant de «colonel» qui sache ouvrir «le cœur-coffre-fort» de l'industriel. «Dommage», d'ajouter malicieusement le journaliste, «que les 'petites Frances' de l'Ontario n'ait [sic] pas su jouer cette corde qui leur aurait tout obtenu[10]».

Cet épisode rappelle une des contradictions inhérentes au nationalisme canadien-français traditionnel. Amyot représente une bourgeoisie d'affaires qui compose fort bien avec la majorité anglophone tout en ne se gênant pas de morigéner ses compatriotes pour leur manque d'encouragement. Poussé à bout, il va même jusqu'à jeter allègrement par-dessus bord les droits et les aspirations des Canadiens français d'autres provinces. C'était s'attirer les foudres de l'A.C.F.E.O. qui tolérait, moins encore que tout autre, le mépris des Canadiens français du Québec.

---

[9]W. Rodrigue (?) à Edmond Cloutier, Québec, 18 août 1923.
[10]Poulin à Charlebois, 10 mars 1925. Venu du *Droit* à l'*Action catholique*, Thomas Poulin est spécialiste des questions ouvrières. Un des fondateurs des syndicats nationaux et catholiques, il sera secrétaire de la Confédération des travailleurs catholiques à Québec. Il meurt prématurément en 1934 à 46 ans.

Le vitrail de la Côte de Sable d'Ottawa

par Carol SHEEDY*

Le vitrail, mosaïque de pièces de verre coloré comprises à l'intérieur d'un réseau de plombs, est connu depuis l'époque romaine. Il atteint un des sommets de sa popularité au cours du Haut Moyen Âge européen, aux 12e et 13e siècles. Pendant deux siècles, les facettes multicolores du vitrail complètent l'élan vertical des cathédrales gothiques. Les artisans du Moyen Âge comprennent l'importance pour l'esthétique du vitrail de la relation entre la lumière, les couleurs du verre et les lignes créées par l'armature des tiges de fer. Cet heureux équilibre se maintient pendant deux siècles. Cependant, au moment de la Renaissance et de ses découvertes scientifiques, le vitrail se transforme; il devient une imitation de la peinture sur chevalet. L'artisan se contente d'imiter cet art en reproduisant sur de grandes plaques de verre blanc des motifs empruntés aux thèmes traditionnels de la peinture.

Au milieu du XIXe siècle, l'intérêt pour le vitrail de conception médiévale (une mosaïque de verre translucide coloré inséré dans un châssis de tiges de plombs) renaît en Angleterre avec le *Gothic Revival*. Ce mouvement d'artistes qui se sentent menacés par l'industrialisation prône un retour aux métiers et aux techniques du Moyen Âge. Le vitrail ancien redevient très vite populaire et les vitraux apparaissent dans les résidences privées d'Angleterre, de France et d'Allemagne. Au 19e siècle et au début du 20e, la mode anglaise influence fortement l'architecture et l'art décoratif au Canada. Cet effet explique le nombre considérable de vitraux recensés dans la Côte de Sable d'Ottawa.

Dès ses débuts, la Côte de Sable (Sandy Hill) abrite une population assez aisée qui se compose à la fois de hauts fonctionnaires, de médecins, d'avocats, d'ouvriers spécialisés et d'employés de bureaux. Les différentes demeures reflètent le niveau d'aisance de leurs propriétaires, tant par le choix des matériaux de construction (brique, stuc, bois, pierre taillée) que par le degré de complexité de leurs vitraux. Il existe, en fait, plus de 13 différentes catégories de verre utilisées dans un vitrail dont certaines sont beaucoup plus dispendieuses que d'autres. Plusieurs verres sont texturés, tels que le verre alvéolé, le verre givré, le verre martelé et le verre à côtes. L'artisan obtient cette texture particulière en coulant la pâte de verre en fusion entre deux rouleaux qui impriment l'effet désiré sur la surface de la feuille de verre. Pour obtenir la couleur souhaitée, il ajoute à la pâte en fusion des oxydes métalliques. Le rouge et l'orange sont les deux couleurs les plus dispendieuses, car elles exigent l'addition de sels d'or. Une autre façon d'ajouter de la couleur à un vitrail est l'emploi des *glass jewels*; il s'agit de cabochons colorés dont la surface est taillée comme celle des pierres précieuses et de culs de bouteille à surface plate. Ces additions sont très populaires; plus le bijou est gros, plus il reflète la lumière et bien sûr, plus il coûte cher.

La fabrication du vitrail suppose l'utilisation consciente de la ligne et de la couleur. L'artisan qui conçoit un vitrail doit tenir compte des tiges de plomb qui re-

* Carol Sheedy prépare actuellement une maîtrise en histoire sous la direction du professeur Fernand Ouellet. La présente recherche a été subventionnée par le CRCCF.

tiennent les morceaux de verre de différentes couleurs et maintiennent le vitrail ensemble. Chaque addition de couleur implique un changement de morceau de verre et nécessite la présence d'une tige de plomb. L'évaluation de la qualité d'un vitrail se fait par l'analyse de la relation qui existe entre les lignes noires tracées par les tiges de plomb et les zones de couleurs créées par le verre. Un vitrail de bonne qualité présente une répartition équilibrée de la couleur et son dessin complète harmonieusement la couleur.

Le recensement des vitraux encore intacts dans la Côte de Sable révèle que ce mode de décoration était très populaire auprès de sa population. Il s'y trouve plus de 450 vitraux répartis dans 150 maisons. Une seule de ces maisons regroupe 34 vitraux, dans un ensemble qui paraît avoir été conçu spécialement pour cette demeure. On y constate une relation étroite entre le thème des autres détails architectoniques et le motif des vitraux. Il en est ainsi pour plusieurs autres groupes de vitraux. D'autre part, certaines maisons du type *rowhouses* construites par le même entrepreneur comportent chacune en façade, le même motif de vitrail. C'est le cas de 12 maisons situées côte à côte dans le secteur sud du quartier. Les motifs et les styles des vitraux sont très variés: motifs végétaux et floraux stylisés, dessins géométriques, représentations figuratives et contrastes de textures.

Une dernière preuve de la popularité du vitrail dans la Côte de Sable est le nombre de verriers qui en fabriquent dans la ville d'Ottawa. Deux *glass stainers* sont inscrits au bottin commercial d'Ottawa des années 1866-1867. L'un d'entre eux, William McKay, fabricant des vitraux des édifices du Parlement, annonce son atelier jusqu'en 1870. Après un temps mort, les affiches d'un artisan verrier reparaîtront en 1891. En 1892, les artisans sont répartis dans 4 ateliers; en 1895, leur nombre s'élève à 8. Le marché du vitrail à Ottawa est une entreprise très rentable comme le prouvent les annonces de ces ateliers qui occupent souvent en caractères gras une page entière de l'annuaire.

L'étude du vitrail dans la Côte de Sable nous permet d'aborder d'une façon inédite notre héritage culturel. Manifestation du goût des habitants en matière d'art décoratif, il présente une image de leur conception de la beauté. Le vitrail faisait partie de leur monde quotidien et reflète nécessairement leurs préoccupations esthétiques et leurs ambitions d'avancement social.

BIBLIOGRAPHIE

ARMITAGE, E. L., *Stained Glass; History, Technique and Practice*, London, Hill, 1960.

BERNSTEIN, J. W., *Stained Glass Craft*, New York, MacMillan, 1973.

LEE, Lawrence, *Stained Glass*, London, Oxford University Press, 1967.

Ottawa City Directory, Toronto, Might's Directory Company of Toronto, 1891, 1892, 1895.

Ottawa City Directory, Ottawa, Woodburn Printing Co., 1866-1867, 1868, 1869, 1870.

Traducteurs et traduction

Pierre Daviault et les débuts
de l'enseignement de la traduction au Canada

par Jean DELISLE*

L'École de traducteurs et d'interprètes de l'Université d'Ottawa célèbre en 1981 son dixième anniversaire de fondation. Il y a dix ans, en effet, le sénat de cette institution bilingue lui accordait le statut de département au sein de la Faculté des Arts. Sa création, le 1ᵉʳ juillet 1971, couronnait aussi trente-cinq ans d'enseignement de la traduction à l'université. Dans le bref historique qui suit, nous aimerions rappeler les circonstances qui ont entouré l'instauration des premiers cours de traduction à cette université et rendre hommage au pionnier de l'enseignement de la traduction au pays, Pierre Daviault.

Le mercredi 28 juin 1936, le père Joseph Hébert, recteur de l'université, préside une réunion ordinaire du conseil de la Faculté des Arts. Sont présents les RR. PP. Henri Poupart et Dominat Caron, respectivement doyen et secrétaire de la faculté, ainsi que huit autres membres du conseil[1]. La proposition suivante figure à l'ordre du jour: «Fondation d'un cours de traduction [...] de deux ans conduisant au diplôme de deuxième classe à la fin de la première année, et au diplôme de première classe à la fin de la seconde année[2]». L'adoption à l'unanimité de cette proposition fait de l'Université d'Ottawa la première maison d'enseignement supérieur au Canada à dispenser une telle formation[3]. L'auteur de cette proposition est un traducteur parlementaire, Pierre Daviault, qui compte déjà à son actif trois publications sur la traduction[4].

Né à Saint-Jérôme de Terrebonne, au Québec, en 1899, Pierre Daviault est courriériste parlementaire du journal *La Presse* de 1923 à 1925. Dès 1925, il quitte le journalisme pour embrasser la carrière de traducteur. Il est affecté aux débats. Promu sous-chef de ce service en 1939, il en devient le chef en 1946. Après avoir été pendant

---

* L'auteur est professeur agrégé à l'École de traducteurs et d'interprètes de l'Université d'Ottawa.

[1] Il s'agit des RR. PP. Marcotte, Sénécal, Pelletier, Renaud, Royal, Saint-Denis, Danis et Leblanc.

[2] *Cahiers des délibérations de la Faculté des arts*, 22 décembre 1914 au 20 octobre 1942, Archives de l'Université Saint-Paul, p. 176. À cette même réunion furent aussi créés un cours d'administration publique et les cours par correspondance.

[3] Georges Panneton inaugure ses premiers cours à Montréal quatre ans plus tard et fonde son Institut de traduction en 1942. Il faut attendre 1968 pour voir apparaître la première école de traduction au pays, celle de l'Université de Montréal; son programme de jour, d'une durée de trois ans, conduit à une licence. Depuis cette date, cinq autres écoles professionnelles et une dizaine de programmes ont vu le jour au pays.

[4] *L'expression juste en traduction*. Notes de traduction, 1ᵉʳᵉ série (1931). *Questions de langage*. Notes de traduction, 2ᵉ série (1933). En 1936, une refonte de ces deux ouvrages paraît sous le titre *L'expression juste en traduction*. Cinq ans plus tard, l'auteur publie *Traduction...* Notes de traduction, 3ᵉ série. Dans ces livres, Pierre Daviault analyse des termes anglais dont la signification est obscure ou les nuances difficiles à saisir. Ses ouvrages ont été d'un grand secours aux traducteurs à une époque où les bons outils de travail étaient encore rares. Il faut se rappeler que la première édition du *Harrap's français-anglais* ne paraît qu'en 1934 et la partie II, anglais-français, qu'en 1939. En 1962, Pierre Daviault a réuni en un seul volume ses trois recueils de notes de traduction sous le titre *Langage et traduction* (réimprimé en 1972).

Archives du Centre

Pierre Daviault (1899-1964)

204

deux ans le premier surintendant adjoint du Bureau des traductions, il est nommé surintendant en 1955, poste qu'il occupe jusqu'à sa mort, survenue en novembre 1964. Pierre Daviault a été honoré de nombreuses distinctions. En 1935, il reçoit une médaille de l'Académie française et, en 1952, la prestigieuse Société royale du Canada, dont il est membre depuis 1940, reconnaît à son tour les mérites du traducteur-lexicographe et le choisit comme premier récipiendaire de sa médaille Chauveau. Ces quelques dates ne rendent pas justice, cependant, à ce maître-traducteur qui aimait à se désigner lui-même familièrement comme un chien de garde du français au Canada. Journaliste et traducteur, ce pionnier de l'enseignement de la traduction au pays a, en outre, été haut fonctionnaire, historien, lexicographe, écrivain, directeur-fondateur de revues, président de sociétés savantes et littéraires, et animateur d'associations de traducteurs.

Ses initiatives en pédagogie de la traduction ne se limitent pas à proposer l'instauration d'un cours universitaire de traduction. Éminemment conscient des difficultés inhérentes à la pratique de ce métier, Pierre Daviault ne croyait pas que l'on puisse devenir traducteur professionnel compétent du jour au lendemain. L'art de *bien* traduire s'acquiert par l'étude réfléchie des langues et une pratique assidue de l'écriture. Cela est d'autant plus vrai dans un pays bilingue comme le Canada où le contact quotidien du français et de l'anglais crée un milieu propice aux interférences. Même les traducteurs les plus avertis ne doivent jamais relâcher leur vigilance. Aussi, en tant que surintendant, Pierre Daviault organise-t-il au Bureau des traductions des cours de perfectionnement afin de prémunir les jeunes traducteurs contre les chausse-trapes et les mille et un traquenards du métier. Il crée, également à ce même bureau, une véritable école de formation de stagiaires recrutés par voie de concours.

La traduction professionnelle s'enseigne donc pour la première fois à l'université en 1936, et Pierre Daviault se voit confier, comme il se devait, le cours nouvellement créé. Il le donnera sans interruption, pendant vingt-sept ans[5]. Dès 1937, l'annuaire de la Faculté des Arts fait mention d'un cours de traduction «unique en son genre, conduisant à la carrière de traducteur[6]» sous la rubrique des «cours spéciaux» au nombre desquels on retrouve, outre la traduction, des cours de langues (italien, allemand, espagnol), d'administration publique et de journalisme. Libre d'accès et offert le soir, le cours de traduction ne conduit pas à un diplôme universitaire mais à un certificat de première ou de deuxième classe. Les étudiants, dont le nombre varie de quinze à quarante, selon les années, se recrutent parmi les futurs candidats à l'examen de la Commission de la fonction publique et parmi les jeunes traducteurs de l'État désirant se préparer à subir un examen de compétence ou d'avancement.

Comment s'enseigne la traduction à la fin des années '30 à l'Université d'Ottawa? Dans une lettre qu'il adresse en 1943 au père recteur, Pierre Daviault précise sa méthode d'enseignement:

> [...] au cours de mes leçons, j'expose à mes élèves la théorie de la traduction, mais aussi des indications sur le vocabulaire et en outre sur la transposition des syntaxes anglaise et française d'une langue à l'autre. Au surplus je leur communique toutes les règles, toutes les notions, tous les «trucs» du métier, qui leur sont sans doute d'un grand secours. [...]

---

[5] Nous conservons à l'E.T.I. les notes de cours (80 pages dactylographiées) de sa première année d'enseignement. La première leçon eut lieu le premier octobre 1936 et la dernière, le dix-neuf mai 1937.
[6] Annuaire de la Faculté des Arts, 1937-1938, p. B-13.

Mais il y a plus. À mon cours, ils acquièrent une expérience pratique véritable. En effet, les élèves ont chaque semaine un texte à traduire, qu'ils me remettent et que je corrige avec grand soin, puis que je commente en classe, relevant les erreurs commises et éclairant sur les règles applicables. Puis je distribue un modèle de traduction de ce texte. Les élèves font ainsi trente «devoirs» par année, soit soixante durant les deux années de cours. La pratique qu'ils acquièrent ainsi, toujours sous la direction d'un traducteur d'expérience, vaut évidemment de longs mois d'expérience sans guide.

Mon cours comporte trente leçons par année et a une durée de deux ans. Chaque leçon dure plus d'une heure mais les élèves travaillent plusieurs heures chaque semaine chez eux, de sorte que, dans les deux années du cours, on peut dire qu'ils consacrent au moins trois cents heures à une traduction dirigée[7].

Aujourd'hui encore, les écoles de traduction au pays n'appliquent pas d'autre méthode que celle-là, attestant que la pédagogie des cours pratiques de traduction n'a pas beaucoup évolué depuis quarante-cinq ans. L'E.T.I., cependant, fait de la didactique de la traduction son sujet de recherche de prédilection et s'efforce de renouveler cette pédagogie en cherchant à organiser un peu plus méthodiquement et efficacement l'enseignement pratique des rudiments de l'art de traduire.

Jusqu'en 1950, la Faculté des Arts n'a offert qu'un cours de traduction de l'anglais au français, celui de Pierre Daviault. Mais à partir de 1950, Clément Beauchamp, traducteur très en vue dans la capitale et premier francophone à avoir été élu au poste prestigieux de président de l'Institut professionnel du Service civil du Canada (1936), inaugure un cours de traduction du français à l'anglais qui attirera surtout des personnes désireuses d'améliorer leur connaissance de l'anglais.

La carrière de Clément Beauchamp présente plusieurs points communs avec celle de son collègue et ami, Pierre Daviault. Né à Templeton-est, au Québec, en 1888, Clément Beauchamp fait ses études à l'Université d'Ottawa. De 1915 à 1919, il est correspondant parlementaire de *La Patrie* et de 1919 à 1925, membre du personnel de rédaction de l'*Ottawa Journal*. Vivement impressionné par son aisance à manier le français et l'anglais, l'orateur de la Chambre des communes, l'Honorable Rodolphe Lemieux, lui conseille d'entrer au service de la traduction des débats, ce qu'il fait en 1925, la même année que Daviault. En 1929, les traducteurs de la Chambre des communes le choisissent pour les représenter auprès de la Commission Beatty qui enquête sur les services techniques et professionnels de l'administration fédérale et recommande un relèvement sensible des traitements. À sa mort, survenue tragiquement la veille de Noël 1951, il est membre du personnel de la traduction générale du Bureau des traductions.

Le nouveau cours, que Clément Beauchamp aura donné durant un an à peine, est confié successivement à Joseph-Henriot Mayer, à Irène Arnould et enfin, à Denys Goulet qui en est le titulaire de 1956 à 1968.

Vers le milieu des années '60, les deux universités de la capitale, Carleton et Ottawa, songent à mettre sur pied, conjointement, une école professionnelle de traduction et d'interprétation afin de répondre à la demande croissante de traducteurs

---

[7] Lettre de Pierre Daviault (Ottawa, 22 novembre 1943) au père Philippe Cornellier (Ottawa), Archives de l'Université Saint-Paul, fonds AR 1942 C 81Z, pièce 123. Dans un article intitulé «L'enseignement de la traduction à Ottawa», le pédagogue précise la place qu'il accorde à la théorie et à la pratique dans ses cours (*Journal des traducteurs*, vol. II, n° 4, 1957, p. 152-153).

compétents. Le comité mixte, composé de représentants des départements d'anglais et de français[8], chargé d'étudier la question dépose son rapport en juillet 1965[9]. Ce projet ne s'est pas matérialisé cependant, pour des raisons politiques et administratives. Il est frappant de constater, néanmoins, à quel point le programme d'études élaboré il y a plus de quinze ans, par des personnes étant ni pédagogues de la traduction, ni traducteurs professionnels, est équilibré et correspond, dans les grandes lignes, au programme actuel de l'E.T.I. On y retrouve les trois grands types de cours de tout bon programme actuel de formation de traducteurs: *a)* perfectionnement des connaissances linguistiques, *b)* rédaction et *précis writing, c)* culture générale.

L'Université d'Ottawa n'eut pas son école de traduction, mais elle proposa tout au moins un programme dans cette discipline. Le nouveau département de linguistique et langues modernes créé en 1968 et dirigé par Guy Rondeau offre en effet à partir de cette date un programme de traduction conduisant à une maîtrise en linguistique appliquée (option traduction). Louis G. Kelly se voit confier la responsabilité de ce programme. Une expérience de trois ans ou plus du métier de traducteur donne droit à une équivalence de dix crédits; en outre, les cours de phonétique sont remplacés par des séminaires pratiques de traduction. Outre Émile Boucher qui avait succédé à Pierre Daviault en 1965, Michel Boisvert et Roch Blais, tous deux traducteurs au Secrétariat d'État, Irène de Buisseret compte au nombre des professeurs à la leçon très estimés des étudiants.

Moins de deux ans après que la linguistique eut pris la traduction sous son aile, il apparaît évident au directeur, Guy Rondeau, que le programme de traduction s'insère mal dans ce département et qu'il faut le dégager des structures universitaires traditionnelles. Une école autonome, croit-il, pourra plus facilement confier des cours à des traducteurs de métier et dispenser une formation vraiment professionnelle. Elle pourra aussi mieux suivre l'évolution du marché et se développer plus librement. L'avenir lui donnera raison.

Après avoir arrêté, de concert avec Guy Rondeau, les grandes lignes d'un projet d'école, le père Quirion recommande au vice-recteur à l'enseignement et à la recherche, Maurice Chagnon, de créer, sans délai, une école professionnelle de traduction[10]. À l'appui de sa recommandation, le doyen invoque l'urgence de former des traducteurs pour répondre à la demande du marché, le caractère bilingue de l'université qui lui commande de jouer un rôle de premier plan en ce domaine et, enfin, le nombre imposant d'étudiants inscrits au programme de traduction du département de linguistique. La fondation de cette école lui apparaît, en outre, comme une étape normale du développement de l'enseignement de la traduction à l'Université d'Ottawa. Les formalités administratives ayant suivi leur cours, l'École de traducteurs et d'interprètes est officiellement constituée le 1er juillet 1971 et reçoit le statut de département au sein de la Faculté des Arts.

---

[8] J. S. Tassie, H. B. Neatby et D. M. L. Farr représentaient l'Université Carleton, B. Julien, E. O'Grady et R. Lavigne, l'Université d'Ottawa.

[9] Lettre de D. M. L. Farr (Ottawa, 20 juillet 1965) au père Jean-Marie Quirion (Ottawa), respectivement doyens de l'Université Carleton et de l'Université d'Ottawa, Archives de l'Université d'Ottawa, boîte 2245, chemise 325; rapport de dix pages annexé à la lettre.

[10] Lettre du père J.-M. Quirion (Ottawa, 25 août 1970) à Maurice Chagnon (Ottawa), Archives de l'Université d'Ottawa, carton 434, chemise 388.

À la direction de la nouvelle école, le doyen nomme un traducteur de carrière, Émile Boucher, natif de Rogerville, au Nouveau-Brunswick. Des études en droit, en comptabilité, en sciences sociales et en économie le préparent bien à la carrière qui sera celle de toute sa vie, la traduction. Dès 1938, il devient traducteur parlementaire à Ottawa: dix ans à la Chambre des communes et six ans aux lois. À partir de 1954, il est chef de la traduction au ministère du Commerce qu'il quitte en 1964 pour aller fonder le service de traduction du Conseil économique du Canada.

Au sujet des programmes, Émile Boucher note dans le premier rapport annuel de l'E.T.I.:

> [...] l'École a reçu du Département de linguistique et de langues modernes un programme d'études qu'elle a gardé sans changement durant l'année qui s'achève et que, à cause de la date tardive de sa fondation, elle gardera encore l'an prochain.
>
> Ce programme a suivi une évolution constante depuis son établissement en 1968. D'abord très fortement axé sur la linguistique, il s'est graduellement orienté vers la traduction proprement dite, tout en laissant une place, jugée nécessaire, à la linguistique.
>
> Cependant cette évolution n'est pas terminée. Le programme devra être de plus en plus adapté au besoin de la formation de traducteurs[11].

Atteint d'une maladie incurable, Émile Boucher se voit contraint de remettre sa démission à la fin de 1972. Il décède le 12 mars 1973, après avoir été directeur pendant un an et demi. «M. Boucher, écrit son collègue et ami Éphrem Boudreau, avait consacré trente-cinq années de sa vie à la carrière de la traduction. Dans tous les postes qu'il a occupés, il s'est fait remarquer par sa haute compétence professionnelle et par un don inné pour l'administration[12].»

À la tête de l'école se succèdent Fred Glaus (1973-1975), Brian Harris (1975-1979) et Roda P. Roberts (depuis 1979). L'enseignement de la traduction à l'Université d'Ottawa a connu une évolution constante depuis 1936 et le rythme de cette évolution s'est beaucoup accéléré depuis cinq ou six ans. Ne dispensant qu'un seul cours à l'origine, cette institution en offre aujourd'hui trente-deux, et ce, quarante-cinq ans plus tard. En 1980-1981, ses deux cent dix étudiants se répartissent dans quatre programmes et soixante-neuf sections. Attentive à l'évolution du marché sur laquelle elle modèle la sienne, l'E.T.I. compte poursuivre avec le même dynamisme et le même esprit d'innovation sa double vocation d'école professionnelle et de département universitaire.

Pierre Daviault, l'une des figures dominantes des annales de la traduction au pays, avait raison d'écrire en 1957:

> Du point de vue de l'enseignement de la traduction, Ottawa se trouve dans une situation à part. Il existe en effet, dans la capitale, un groupe considérable et homogène de traducteurs professionnels: ceux de l'État. C'est à Ottawa que se sont formées les premières associations de traducteurs, ayant pour objectif moins l'intérêt matériel de leurs membres que leur perfectionnement d'ordre technique. On peut vraiment dire qu'au Canada les premiers travaux méthodiques sur des questions de traduction ont eu lieu à Ottawa, plus précisément à l'*Association technologique de langue française*. Il existe donc dans la capitale, et depuis longtemps, une ambiance favorable à la formation des traducteurs[13].

---

[11] Émile BOUCHER, *Rapport de l'année 1971-1972*, École de traducteurs et d'interprètes, juin 1972, p. 1 (inédit).

[12] Éphrem BOUDREAU, «Émile Boucher (1909-1973)», dans *Translatio*, vol. 11, n° 1, juin 1973, p. 15-16.

[13] Pierre DAVIAULT, «L'enseignement de la traduction à Ottawa», dans *Journal des traducteurs*, vol. II, n° 4, 1957, p. 152; en italique dans le texte.

Destitution de traducteurs
au temps de l'affaire Riel

par Suzanne LAFRENIÈRE*

Lorsque s'ouvre à Ottawa la deuxième session de la sixième législature, le 23 février 1888[1], ils sont huit traducteurs francophones employés à la traduction des débats de la Chambre des communes. Cinq sont d'allégeance conservatrice, trois des libéraux déclarés; tous sont journalistes et travaillent, les uns pour des journaux ministériels, les autres pour des journaux libéraux ou indépendants. Lors de leur nomination, ils ont reçu l'assurance qu'ils pourraient poursuivre leur carrière de journalistes et de militants politiques. Même, au cours de l'année 1884, les «honorables députés» avaient refusé aux traducteurs l'augmentation de traitement que ceux-ci réclamaient «parce qu'ils étaient journalistes et pouvaient gagner ailleurs»; le secrétaire d'État, Sir J.-A. Chapleau avait alors affirmé:

> Nous n'avons pas à juger des qualifications politiques des reporters et des traducteurs. Les seules qualifications à examiner sont celles des connaissances et de l'habileté et de la classification générale.

Cependant, au début de la dite session, soit le 25 février, on destituait les trois traducteurs libéraux pour leurs activités au cours de la campagne électorale de janvier-février 1887, qui avait reporté au pouvoir les conservateurs avec leur chef, Sir John A. Macdonald.

Mais rappelons quelques faits. Louis Riel avait été pendu le 16 novembre 1885 malgré l'indignation de tous les Canadiens français, les mises en garde des chefs libéraux, les pétitions nombreuses et les protestations véhémentes qui s'étaient élevées de partout au Québec et en Nouvelle-Angleterre[2], cependant que trois ministres canadiens-français, J.-A. Chapleau, Hector Langevin et Adolphe Caron s'étaient rangés à l'avis de leur chef et avaient accepté l'exécution de Riel, «donnant ainsi raison aux Orangistes de Toronto, francophobes et fanatiques».

Cette exécution avait divisé le pays entre «pendards» et «non-pendards», ces derniers se retrouvant évidemment dans la population canadienne-française. Elle avait provoqué, au Québec, la création du «mouvement national» qui, pendant quelque temps, rallia conservateurs et libéraux également indignés de l'affront infligé, à travers Riel, à tous les Canadiens français.

Toutefois, si fort était chez nous l'esprit de parti qu'aux élections générales de 1887 tous les comtés du Québec furent pourvus de candidats conservateurs, de ceux-là

---

* Chercheur libre et docteur de troisième cycle (Nice), Suzanne Lafrenière a été professeur au département des lettres françaises de l'Université d'Ottawa.

[1] *Débats de la Chambre des Communes*, 1884, 1887, 1888; *Votes and Proceedings*, Appendix 1. Contient les lettres adressées à l'Honorable J.-A. Ouimet par MM. Chapleau, Ives, E. Tremblay, R. Tremblay, Poirier et autres; *Histoire de la Province de Québec*, par Robert RUMILLY, tomes IV et V.

[2] Rémi Tremblay, entre autres, était alors rédacteur à *L'Indépendant* de Fall River et il avait rempli les pages de son journal avec cette affaire Riel.

mêmes qui s'étaient dissociés, qui avaient critiqué leurs chefs. Si fort était cet esprit de parti que les conservateurs réussirent, le 22 février 1887, à faire élire au Québec un député sur deux, même si les libéraux avaient fait toute la campagne sur l'affaire Riel.

Les traducteurs libéraux ne furent pas inquiétés pendant la première session — du 13 avril au 23 juin — qui suivit les élections générales. Mais le 25 février, soit deux jours après la rentrée parlementaire, chacun d'eux reçut du président de la Chambre, l'Honorable Joseph-Aldéric Ouimet, une lettre l'avisant de sa destitution.

Que s'était-il passé? Deux plaintes étaient parvenues au président. L'une, datée du 22 mai 1887, vient de Chapleau. Il écrit:

> [...] messieurs Ernest Tremblay, Eudore Poirier et Rémi Tremblay ont agi avec une indescriptible violence durant la dernière campagne électorale tant sur les tribunes que dans la presse, ils ont dit et écrit des choses si offensantes et si calomniatrices que je ne veux ni leur parler, ni les saluer, et je dis sincèrement que leur présence au Parlement est pour moi une nuisance à laquelle, à mon avis, personne n'a le droit de soumettre un membre du Parlement.

Puis, de l'attaque générale, Chapleau passe à la particulière: Eudore Poirier l'a traité de «pendard», d'«ignoble spéculateur», d'«esclave des loges orangistes», de «renégat de sa foi et de sa nationalité», d'«homme pour qui la vérité est un mot vide...» Ernest Tremblay «a écrit et publié contre lui un pamphlet[3]». Chapleau confesse qu'il vient de le lire «il y a une semaine ou deux». Or, le pamphlet avait paru en décembre 1885 et Chapleau en avait reçu «les deux premières copies sorties des presses et brochées». C'était une *Réponse* au *Manifeste* qu'il avait publié dans *La Minerve* du 2 décembre et qu'il présentait comme «un exposé franc et loyal» des raisons qui avaient dicté sa conduite dans l'affaire Riel. Chapleau ajoute que le même Tremblay a fait campagne pour les libéraux, qu'il a travaillé dans plusieurs comtés et maltraité de nombreux candidats du parti ministériel.

Quant à Rémi Tremblay, ses diatribes auraient été particulièrement violentes. Chapleau lui fait l'honneur de citer maints passages empruntés à ses articles publiés dans les journaux. Sa lettre reproduit même au complet un poème satirique, *Les Chevaliers du Nœud Coulant*, inspiré à Rémi Tremblay par une colère en fermentation depuis quinze mois. La satire, l'ironie, les lourdes accusations ponctuées d'épithètes infamantes, la menace du châtiment sont réunies en un seul faisceau sous la plume du poète indigné.

Le deuxième plaignant est le député des comtés unis de Richmond-Wolfe, le député William Bullock Ives. Sa plainte est dirigée contre le seul Rémi Tremblay qui a pris «une part extrêmement active» contre lui durant les élections. De là, il conclut que le traducteur «est inapte à remplir la fonction qu'il occupe». Et comme Chapleau, il avoue ne pas pouvoir supporter la vue de Tremblay. Pour appuyer sa plainte, il produit des lettres de quelques électeurs de son comté, portant tous des noms bien français.

Le président de la Chambre achemine les plaintes des Honorables Ives et Chapleau aux accusés. Dans leurs réponses, tous trois invoquent l'entente préalable les autorisant à faire de la politique active, tous trois nient avoir attaqué les personnes, affirmant s'en être pris aux seules idées et s'en être tenus à la seule politique. Ernest Tremblay dit

---

[3]   *Réponse à M. J.-A. Chapleau*, St-Hyacinthe, L'Union, 1885, 80 p.

avoir toujours gardé «la plus grande réserve dans les discussions publiques» et avoir toujours «fait la distinction entre les opinions, les fonctions et les personnes». Eudore Poirier, s'il admet avoir usé d'expressions «peut-être en quelque manière désagréables à l'honorable Secrétaire d'État», nie fortement l'avoir jamais calomnié. Enfin, Rémi Tremblay déclare n'être pas homme «à user d'un langage indigne d'un gentleman»; il reconnaît qu'il a pu «avoir des adversaires, mais pas d'ennemis». Tous trois souhaitent présenter leur défense à la Chambre des députés devant lesquels ils sont responsables.

Le président soumet alors les plaintes des Honorables Ives et Chapleau, avec les réponses des accusés, au comité des débats présidé par le conservateur Alphonse Desjardins; il demande qu'une enquête soit instituée et qu'un rapport «juste et impartial» soit présenté à la Chambre qui devra décider de l'action à prendre en réponse à la demande des plaignants. Mais le comité se désiste: il n'a été créé que pour la surveillance des reportages, de la traduction et de la distribution des débats; aussi renvoie-t-il le dossier au président pour que celui-ci agisse «comme il jugera le mieux». Mais le président refuse de porter seul la responsabilité de la destitution et de s'exposer par là à la censure libérale qui ne manquerait pas de s'exprimer. Alors, il réfère le cas des traducteurs au comité de la Chambre (bureau de l'Économie intérieure). Les commissaires présents — le 22 février — Sir John A. Macdonald, Sir Hector Langevin, J.-O. Costignan et lui-même en viennent à la conclusion que:

> [...] il n'est pas dans l'intérêt public que messieurs Rémi Tremblay, Ernest Tremblay et Eudore Poirier continuent leur travail au Hansard; en conséquence, le Comité presse le Président d'avertir «ces trois personnes» de leur destitution.

Les députés de l'opposition se saisissent de l'affaire et leur chef, Laurier, porte la cause des traducteurs devant la Chambre dès le 28 février car, à son avis, le président a excédé ses pouvoirs. Il demande que soient remis à tous les députés les documents concernant la destitution des traducteurs. Les libéraux conduisent le débat sur deux terrains, le juridique et le politique: primo, en destituant des traducteurs engagés par la Chambre, le président a outrepassé ses pouvoirs et, secundo, les trois destitués sont coupables avant tout d'être libéraux. C'est cette deuxième question qui sera le plus longuement et le plus chaudement débattue, l'opposition libérale étant manifestement heureuse de rappeler aux conservateurs l'ignominie de novembre 1885. Laurier cependant voudra s'en tenir au seul aspect juridique. Les traducteurs, dit-il, sont employés quatre mois par année et en dehors des sessions ils sont libres, comme tout citoyen de notre libre Canada, de faire, dire, écrire ce qu'ils veulent bien, ils sont libres de faire de la politique active. Ce privilège, ajoute-t-il, les huit traducteurs l'ont exercé, tous ont pris une part active aux dernières élections. Laurier établit ensuite que la destitution des trois traducteurs libéraux n'a aucun rapport avec leur emploi et qu'il s'agit bien d'une affaire de politique partisane. Les traducteurs libéraux sont destitués parce qu'ils ont milité en faveur des candidats libéraux, qu'ils ont fait pour le parti libéral «ce que les cinq autres faisaient pour le parti conservateur». Et il ajoute:

> Les chefs conservateurs savent bien cela, aussi accusent-ils les trois libéraux non pas d'avoir fait de la politique mais d'avoir insulté grossièrement quelques membres de cette Chambre.

Laurier reproche au président d'avoir attendu l'ouverture de la session pour avertir les traducteurs de leur destitution, leur causant ainsi de graves préjudices matériels[4]. Mais Chapleau prend la défense du président:

---

4   Ernest et Rémi Tremblay avaient emménagé à Ottawa avec leurs familles.

[...] il pensait que les trois traducteurs auraient assez de décence et d'amour-propre pour ne pas se montrer à la Chambre après ...

Il soutient que c'est «au nom de la dignité de la Chambre et de sa propre dignité» qu'il approuve la punition servie par le président.

D'une intervention à l'autre, les libéraux en viennent à ce qu'ils croient être le vrai motif de l'accusation: les «injures», les «choses offensantes et calomnieuses» proférées ou écrites par les traducteurs libéraux se rapportent toutes à l'affaire Riel, aux comportements et aux conduites de certains membres du gouvernement, notamment des trois chefs conservateurs canadiens-français qui ont alors soutenu le clan orangiste. Les députés rappellent que c'est toute la presse québécoise, tant conservatrice que libérale, qui fut violente au temps de cette affaire, que de très nombreux et «honorables députés conservateurs» ont alors usé d'un langage très violent pour condamner leurs chefs. Habilement, les députés libéraux tirent de la brochure de Tremblay des citations empruntées aux discours et aux écrits des plus éminents parmi les députés conservateurs qui ont tous condamné la politique des chefs. Avec un brin de malice, le libéral Langelier constate que tous les députés conservateurs qui, au lendemain de l'exécution de Riel se séparaient de leurs chefs, qui, dans toutes les assemblées publiques offraient leur démission ou promettaient de la remettre, n'en avaient pas moins sollicité un nouveau mandat et siégeaient en ce jour à côté de ceux qu'ils avaient dénoncés.

Les libéraux avaient la partie facile et la conclusion était évidente: les coupables de violence verbale, ce n'était pas le libéral Ernest Tremblay, mais d'authentiques conservateurs dont il avait rapporté les paroles et les écrits dans sa *Réponse à Chapleau*.

Le député Ives fut malhabile en avouant qu'il avait accusé Rémi Tremblay parce que celui-ci «lui avait fait perdre trop de votes». Alors, le libéral Mullock se rit de «l'extrême sensibilité» de messieurs Ives et Chapleau qui les a forcés à se plaindre... plusieurs mois après avoir été offensés. Pour expliquer ces sensibilités à retardement, le libéral Langelier suggère que «probablement de nouveaux aspirants, conservateurs, s'étaient présentés et désiraient prendre la place de nos trois amis». L'ironique Mullock va plus loin:

> C'est la politique du gouvernement tory de destituer tous ceux qui ne votent pas pour lui [...] aucun homme n'aura de position dans cette administration tory s'il ne plie le genou devant Baal [Sir John A. Macdonald].

Enfin, un député conservateur anglophone eut la maladresse de lire à haute voix le poème de Rémi Tremblay, *Les Chevaliers du Nœud Coulant* que tous les députés avaient en main; ce qui fit bien rire l'opposition libérale. Quant à Rémi Tremblay, il s'en réjouissait encore en 1923 quand il publia ses souvenirs[5].

Le débat fut très long et comporta bien des répétitions, mais aussi quelques anecdotes savoureuses. Les libéraux épuisèrent leur arsenal d'arguments, de preuves et de contre-accusations; les conservateurs ne purent que parer les coups, opposant aux flèches de leurs adversaires le solide bouclier de leur majorité. Le premier ministre soumit au vote une proposition de Chapleau, amendée, en faveur de la destitution.

---

[5] *Pierre qui roule*, Montréal, Beauchemin, 1923, 234 p.

Laurier s'abstint de tout commentaire durant le débat portant sur l'affaire Riel; il prit la parole avant le vote pour redire son opposition à la liberté reconnue aux traducteurs de faire de la politique active. Puis, il dit:

> Si mon honorable ami [Chapleau] juge coupables les trois traducteurs libéraux, c'est aussi les cinq conservateurs qu'il faut punir [...] il vaudrait mieux oublier le passé et adopter une nouvelle politique car la règle a été violée parce qu'elle est défectueuse.

En condamnant d'avance le vote qu'il prévoit en faveur de la destitution, il ajoute:

> On va choisir trois victimes parce qu'ils ont offensé la majorité de cette Chambre, tandis que ceux qui ont offensé la minorité seront payés et protégés par cette même majorité.

Le libéral Mills résume la situation:

> Des hommes siègent du côté ministériel qui ont dit des choses plus violentes contre le gouvernement que ceux qu'on se propose de destituer [...] la motion de sir John a pour but de consacrer un système de DEUX POIDS DEUX MESURES dans la justice à rendre aux différentes catégories d'employés du service civil.

Mais les conservateurs ayant la majorité absolue, la bataille était perdue d'avance: il y eut cent treize voix en faveur de la destitution et soixante et une voix contre.

Ernest Tremblay et Eudore Poirier trouvèrent de l'emploi l'un à Montréal, l'autre à Québec. Rémi Tremblay fit la session à Ottawa, à la tribune des journalistes, à titre de correspondant de *L'Étendard*. Puis, revenu à Montréal après la session, il prépara une réédition de son roman *Un Revenant*[6] et l'édition d'un recueil de poésies[7].

---

[6] *Un Revenant. Épisode de la Guerre de Sécession aux États-Unis*, Montréal, Typographie de *La Patrie*, 1884, 437 p.
[7] *Coups d'aile et coups de bec*, Montréal, Imprimerie Gebbardt-Berthiaume, 1888, 266 p.

Archives du Centre

Émile Boucher (1909-1973)

L'Association technologique de langue française d'Ottawa 1920-1956

par Dominique Leduc*

Avec ses quelque cent treize mille habitants, Ottawa est, en 1920, une ville déjà florissante qui a redoré son blason et cherche à se montrer digne d'être la capitale du pays. Les bagarres de rue entre *Shiners* et *Kenocks* sont choses du passé; elles ont cédé la place à une atmosphère guindée et empreinte de formalisme. Les francophones, établis principalement dans le quartier de la Côte-de-Sable, représentent le quart de sa population. Cette minorité commence à s'affirmer par le biais d'associations profession-nelles, récréatives et littéraires gravitant autour de l'Institut canadien-français d'Ottawa fondé en 1852. Les traducteurs sont entraînés par ce mouvement et prennent conscience du rôle qu'ils peuvent jouer. Tous fonctionnaires fédéraux, ils se donnent pour mission d'épurer la langue des textes législatifs et administratifs émanant du gouvernement fédéral et de faire augmenter le nombre de publications disponibles en français. Ils souhaitent ainsi apporter leur contribution à la survivance de la langue française en sol canadien, ou tout au moins dans la capitale, en servant de pont entre la population francophone et l'administration, massivement dominée par les anglophones. Ces gens cultivés et laborieux, d'anciens journalistes pour la plupart, décident, au lendemain de la première guerre mondiale, de conjuguer leurs efforts en vue de réaliser cet ambitieux programme d'action.

Les fondateurs.

C'est Louis d'Ornano qui, le premier, eut l'idée de regrouper les traducteurs en association. Né au Brésil où son père était premier consul de France, il s'établit au Canada en 1896 et enseigne d'abord le français à Sackville, au Nouveau-Brunswick. Après avoir été journaliste à *La Presse,* il entre, en 1908, au ministère de la Marine à titre de traducteur, poste qu'il occupe jusqu'en 1932, peu avant sa mort[1]. En novembre 1920, il invite par circulaire tous les fonctionnaires fédéraux faisant usage de la langue française à se regrouper en association. Pour lancer son projet, d'Ornano s'entoure des personnalités suivantes: Arthur Beauchesne, alors greffier adjoint de la Chambre des communes, Jobson Paradis, traducteur et chef des publications au ministère des Mines, et enfin, Jules Tremblay, poète et traducteur aux Communes. Fils de Rémi Tremblay, ce dernier est tour à tour journaliste au *Canada français,* à *La Patrie,* à *La Presse,* au *Devoir,* au *Canada* et au *Herald* de Montréal. En 1913, il est l'un des dix traducteurs affectés au nouveau Service des livres bleus et chargés de la traduction des rapports de certaines commissions parlementaires, des prévisions de dépenses et de l'exposé

---

* L'auteur, diplômée de l'École de traducteurs et d'interprètes de l'Université d'Ottawa, a obtenu une subvention du C.R.C.C.F. pour effectuer cette recherche.
[1] Hector Carbonneau, conférence inédite, février 1962.

budgétaire du ministre des Finances. Il sera ensuite nommé sous-chef de l'Ordre du Jour qu'il rédigera jusqu'à sa mort survenue en 1927[2].

La fondation.

Le 10 novembre 1920, une quarantaine de personnes réunies à la Bibliothèque publique d'Ottawa donnent leur adhésion au projet de Louis d'Ornano et fondent l'Association technologique de langue française d'Ottawa

> [...] dans le but de rallier sous une même devise de travail et de confraternité, tous les traducteurs de l'Administration fédérale; de stimuler par une organisation systématique, la production de travaux technologiques; d'établir un courant sympathique de collaboration dans les recherches, plus d'uniformité et de propriété dans l'usage des termes techniques afférents à la traduction des documents officiels[3].

L'Association regroupe à la fois les traducteurs parlementaires et ceux qui se font appeler «traducteurs ministériels», ainsi que toute personne ayant à cœur l'épanouissement de la langue française. Elle se veut une association professionnelle: sa création suit de près celle de l'Institut professionnel du Service civil qui mettra un certain temps, cependant, avant de reconnaître le caractère «technique» du travail des traducteurs. Les traducteurs fédéraux n'étaient pas novices dans la défense de leurs intérêts. Ils avaient fini par obtenir en 1908, après vingt-trois ans de hautes luttes, un salaire égal à celui des sténographes du Parlement. Aussi, dès sa fondation, l'Association s'emploie-t-elle à faire reconnaître le groupe des traducteurs par l'Institut professionnel. Elle y parviendra en 1928, grâce à l'appui du secrétaire d'État, Fernand Rinfret, ancien journaliste et futur maire de Montréal.

Lors de sa reconnaissance par l'Institut, le groupe des «Technical Translators» comptait vingt-deux membres[4]. C'est sans doute en prévision de cette reconnaissance que l'Association se qualifie, dès 1920, de «technologique». Il fallait démontrer aux membres de l'Institut que le métier de traducteur exige des connaissances spécialisées. Dans un long article paru dans *The Civil Service Review* en 1929, Hector Carbonneau écrit:

> La traduction des documents officiels s'adresse en effet à toutes les branches où s'exerce le génie humain. Aujourd'hui surtout, tous les intérêts de l'homme, de plus en plus spécialisés, trouvent leur expression dans les documents parlementaires et administratifs[5].

Au nombre des membres fondateurs de l'Association qui en signent le registre officiel, on relève les noms de Gustave Lanctot, Francis-J. Audet, Maurice Morrisset, Rodolphe Girard, Louvigny de Montigny, Adélard Chartrand, Henri Grignon, Domitien-T. Robichaud, Oscar Paradis, Léon Gérin (fils d'Antoine Gérin-Lajoie), A.-H. Beaubien.

La structure de l'A.T.L.F.O.

L'A.T.L.F.O. reçoit ses lettres patentes du gouvernement de l'Ontario le 2 mars 1921. Son bureau se compose de quinze membres qui se réunissent sur convocation du

---

2   Procès-verbal de la séance de fondation de l'A.T.L.F.O.
3   *Bulletin de l'A.T.L.F.O.*, vol. 1, n° 1, mars 1951, p. 12.
4   *The Institute Bulletin*, vol. 7, n° 2, février 1928.
5   Hector CARBONNEAU, «Du caractère technique et professionnel de la traduction», dans *The Civil Service Review*, juin 1929, p. 34.

président ou de trois membres de cette assemblée. Les réunions se tiennent au salon de l'Institut canadien-français d'Ottawa qui accueille volontiers sous son aile les associations francophones de la région. La revue de l'Institut, *Les Annales,* réserve une large place aux activités et aux travaux de l'A.T.L.F.O.

L'Association compte quatre catégories de membres:

— membres honoraires: toute sommité ayant brillamment servi la cause de la langue française au Canada.

— membres bienfaiteurs: toute personne ayant rendu des services signalés à l'Association.

— membres correspondants: hommes de lettres et savants du Canada et de l'étranger.

— membres actifs: toute personne désireuse de faciliter l'accomplissement des buts de l'Association pourvu que son admission soit recommandée par le bureau et prononcée ensuite par les quatre cinquièmes des membres actifs assistant à une assemblée générale[6].

Les activités de l'A.T.L.F.O.

Dotée de ses structures, l'Association ne tarde pas à entreprendre son œuvre d'épuration de la langue française en organisant des causeries technologiques portant, par exemple, sur l'industrie forestière (John Sylvain), l'assurance (J.-M. Lavoie), les mines (J. Paradis), la statistique (S. Durantel) ou l'automobilisme (J.-L. Hudon). Au cours de ces rencontres, véritables séances de perfectionnement, les membres enrichissent leur vocabulaire et élargissent leurs connaissances générales; la qualité de leurs traductions s'en trouve directement rehaussée.

Dès 1922, *Le Droit* publie régulièrement le compte rendu des réunions et causeries données sous les auspices de l'A.T.L.F.O. au salon de l'Institut canadien-français d'Ottawa. Les sujets discutés vont du fonctionnement d'une machine à écrire, au droit, en passant par le *Parisian French.* Gratuites, les séances s'adressent à tous ceux qui s'intéressent aux questions de linguistique et de lexicologie[7]. Ces causeries ont grandement contribué à l'animation de la vie intellectuelle francophone dans la capitale. À sa réunion du 10 octobre 1923, l'Association crée un comité du lexique devant s'enquérir des possibilités de publication et de dissémination des travaux des membres[8].

La même année, une section féminine est créée. Dirigée par Mlle McInnes, elle regroupe quinze membres. Les femmes, qui allaient obtenir le droit de vote en 1929, réclamaient alors l'égalité dans tous les domaines. En 1924, une section anglaise est aussi formée.

Sous la présidence de H.-P. Arsenault, l'assemblée annuelle de l'A.T.L.F.O. de 1925 réunit près de deux cents personnes. L'enthousiasme règne au sein de l'Association qui intensifie son action sur divers fronts: campagne de recrutement, publication de lexiques, propagande active en faveur de la traduction française de toutes les

---

[6] *Bulletin de l'A.T.L.F.O.,* vol. 1, n° 1, mars 1951, p. 13-14.

[7] «Réouverture des séances de l'ass. tech.», dans *Le Droit,* le 29 septembre 1923.

[8] «M.J.M. Lavoie à l'Ass. tech.», dans *Le Droit,* le 13 octobre 1923.

publications officielles, formation de sections dans les autres provinces, reconnaissance officielle de la compétence de l'association en matière de traduction. Les membres se réunissent deux fois par mois, d'octobre à mai, et versent une cotisation annuelle d'un dollar.

Lors des séances d'étude, les participants proposent des équivalences françaises pour rendre certains termes techniques ou administratifs anglais et dressent des lexiques bilingues. (Cette formule ressemble à celle qui sera adoptée une vingtaine d'années plus tard par les traducteurs de la Société des traducteurs de Montréal, fondée en 1940 et rebaptisée en 1965 la Société des traducteurs du Québec.) Les résultats de ces travaux sont ensuite ronéotypés et distribués aux membres. Du 4 avril au 18 novembre 1925, *Le Droit* publie la lettre «A» du «Lexique de l'Association technologique» qui, dans la capitale, joue le rôle d'une véritable petite «académie de traduction» selon le mot du journaliste de *La Presse*, Georges Langlois. Lors de l'assemblée annuelle de 1927, les membres décident d'adresser une demande de subvention à l'État afin de colliger et de publier leurs travaux lexicologiques sous une forme plus soignée. Ils invoquent, à l'appui de leur demande, leurs efforts d'épuration de la langue des textes officiels.

À cette même réunion, le président C.-H. Carbonneau fait état de la correspondance échangée entre l'Association et l'Institut professionnel du Service civil concernant le redressement du salaire des traducteurs fédéraux; il propose l'adoption d'une résolution visant à faire reconnaître le caractère technique des travaux exécutés par les traducteurs administratifs et parlementaires[9]. Après de longues négociations avec l'Institut, Fernand Rinfret avait rendu public, en avril 1927, les augmentations salariales accordées aux fonctionnaires[10]. L'année suivante, on l'a déjà vu, les traducteurs techniques obtiennent une reconnaissance officielle de l'Institut. Les premières démarches en vue de la reconnaissance professionnelle des traducteurs remonteraient donc aux années vingt.

Vers 1930, l'Association s'affilie à la Société royale du Canada et élargit ainsi son rayonnement. Le *Citizen* reconnaît que l'organisme «has accomplished so much for Canada during its existence» et on peut lire dans *Le Droit* que les traducteurs «se distinguent par leur grande conscience professionnelle, par leur amour de la pensée et du verbe français[11]».

Au nombre des principaux artisans de cette réussite, il convient de mentionner les noms de C.-H. Carbonneau, auteur du fameux *Vocabulaire général* publié au début des années soixante, de Louis-Joseph Chagnon, président du cercle littéraire de l'Institut canadien-français, de Domitien-T. Robichaud, vice-président de l'Institut et premier surintendant du Bureau fédéral des traductions, dont le fils, Raymond, fera une brillante carrière d'interprète parlementaire.

L'A.T.L.F.O. et *Le Droit*.

Le quotidien *Le Droit* a beaucoup contribué à faire connaître l'A.T.L.F.O. en publiant régulièrement, à partir de 1922, le compte rendu des réunions et des

---

9   «Importante assemblée de l'Ass. tech.», dans *Le Droit*, le 28 octobre 1927.
10   *The Institute Bulletin*, vol. 7, n° 2, février 1928, p. 14.
11   «O. Chaput élu président de la Techno.», dans *Le Droit*, 20 janvier 1931, p. 1.

conférences organisées par l'Association. En 1924, C.-H. Carbonneau, alors secrétaire, y signe une «Chronique de l'Ass. tech.» par laquelle il renseigne les lecteurs sur les buts de l'Association et ses activités.

Le principal «allié» de l'A.T.L.F.O. au *Droit* est sans contredit Charles Gautier qui, de 1913 à 1948, fut successivement chef des nouvelles, directeur de la rédaction et secrétaire administratif du quotidien. Vers la fin de 1923, il fait paraître une série de trois éditoriaux sur «la traduction dans les ministères[12]» dans lesquels il dénonce, d'une part le retard de la parution des traductions françaises des documents émanant du gouvernement central et, d'autre part, la faible proportion de publications officielles traduites en français. Sur six cent douze documents produits en anglais, cent quatre-vingt-dix seulement sont disponibles en version française, soit trente et un pour cent. Il n'exige rien de moins que la traduction de la totalité des documents fédéraux, ce qui va tout à fait dans le sens des revendications des traducteurs de l'époque.

Dans un autre éditorial, il loue le magnifique travail de l'Association technologique et invite toutes les personnes de «bonnes volontés» à collaborer à la rédaction du lexique de termes techniques[13].

Il ne fait aucun doute que *Le Droit* a apporté un appui inestimable à la jeune association et aux traducteurs. C'est en portant le débat sur la place publique que les traducteurs ont pu rallier des sympathisants à leur cause, accroître le prestige de leur profession au sein de la Fonction publique fédérale et faire augmenter sensiblement le nombre de publications officielles traduites en français.

La controverse de la centralisation.

Dès 1924, il est question de regrouper les traducteurs fédéraux et de les placer sous la responsabilité d'un bureau central. Ce projet, qualifié d'«utopiste» et de «condamnable» par Charles Gautier, suscite une levée de boucliers. «Chaque ministère doit avoir son propre personnel de traducteurs[14]», écrit l'éditorialiste.

Au début des années trente, un certain malaise pèse sur l'administration fédérale et une réorganisation des services de traduction est prévisible. En pleine crise économique, le gouvernement de R. B. Bennett réduit les budgets et met à pied un grand nombre de traducteurs surnuméraires. Ceux qui échappent au couperet des mesures d'austérité sont surchargés de travail et les services de traduction multiplient les demandes d'aide au premier ministre qui reste sourd à leurs appels. D'autres traducteurs recourent de façon immodérée au Service des livres bleus pour se prévaloir de leur privilège de prendre congé dès la fin de la session[15]. Le scandale finit par éclater et, en dépit de l'impopularité de la mesure, la loi Cahan sur la centralisation est adoptée à l'été de 1934. Cette loi dans laquelle les membres de l'A.T.L.F.O. et de la Société Saint-Jean-Baptiste voient une «attaque pernicieuse contre le bilinguisme» permet de réorganiser les services de traduction du gouvernement fédéral; désormais, tous les traducteurs fédéraux relèvent d'une même unité administrative, le Bureau des traduc-

---

[12]   «La traduction dans les ministères», dans *Le Droit*, les 9, 10 et 13 novembre 1923.
[13]   «L'A.T.L.F.O.», dans *Le Droit*, le 23 novembre 1923.
[14]   Charles GAUTIER, «Centralisation et traduction», dans *Le Droit*, le 8 février 1924.
[15]   Hector CARBONNEAU, conférence inédite, février 1962.

tions, sans que les ministères soient privés pour autant de leur service de traduction. La centralisation était purement de nature administrative. Domitien-T. Robichaud, ancien président de l'A.T.L.F.O., est nommé surintendant du nouveau bureau, le 1er octobre 1934.

Quelque peu bouleversée par cette réorganisation, l'Association n'en continue pas moins à se réunir deux fois par mois au grand salon de l'Institut canadien-français d'Ottawa. Pendant les dix années qui suivront la centralisation, l'A.T.L.F.O. se manifeste peu d'autant plus que le monde est en guerre. En 1942, neuf traducteurs sont détachés du Bureau des traductions pour travailler à la rédaction du *Dictionnaire militaire anglais-français, français-anglais*[16]. La majorité d'entre eux sont membres de l'A.T.L.F.O. L'Association se dote, en 1950, d'un *Bulletin* dont le premier numéro paraît en 1951. On s'explique mal qu'il ait fallu attendre trente ans avant que l'A.T.L.F.O. ne songe à ce projet.

En 1950, le journaliste Georges Langlois écrit dans *La Presse* au sujet de l'Association technologique:

> Ses membres apportent modestement leur contribution à une œuvre pourtant plus fructueuse peut-être que celle de bien d'autres qui visent davantage à briller [...] C'est grâce à l'Association technologique que la traduction française s'est améliorée à Ottawa. C'est aussi grâce à ses efforts que les traducteurs ont cessé d'être nommés au petit bonheur ou selon les caprices de la politique pour ne plus être admis qu'après un examen sévère[17].

En janvier 1953, l'A.T.L.F.O. inaugure un centre de lexicologie qui devient, quelques mois plus tard, un service de l'État; ce centre est à l'origine du Service de terminologie actuel[18].

L'évolution du rôle de l'A.T.L.F.O.

Doyenne des associations de traducteurs au pays, l'A.T.L.F.O. se voit invitée, en 1953, à participer à Paris, «sous l'égide de l'UNESCO, à une conférence préparatoire à la fondation d'une Fédération internationale des traducteurs[19]» regroupant les sociétés nationales de traducteurs.

La F.I.T. reconnaît en 1954 l'A.T.L.F.O. comme la société la plus représentative des traducteurs au Canada. Mais une difficulté surgit du fait que celle-ci ne compte pas uniquement des traducteurs dans ses rangs, mais aussi des gens ayant à cœur la défense et le progrès de la langue française au Canada. C'est Émile Boucher, alors président de l'A.T.L.F.O. et qui deviendra en 1971 le premier directeur de la nouvelle École de traducteurs et d'interprètes de l'Université d'Ottawa[20], qui saisit les membres de cette réalité et propose l'établissement de normes précises d'admission à l'Association[21].

---

[16] Il s'agit de Pierre Daviault, Charles Lamb, Henriot Mayer, Guillaume Dunn, Raymond Robichaud, Jacques Gouin, Édouard Bellemare, Léopold Lamontagne et Paul Bousquet.

[17] *La Presse*, le 11 novembre 1950.

[18] «Extraits de l'exposé du président de l'Association», dans *Bulletin de l'A.T.I.O.*, vol. 3, n° 2, mars-avril 1964, p. 20.

[19] *Ibid.*

[20] Voir l'article de Jean DELISLE, «Historique de l'enseignement de la traduction à l'Université d'Ottawa», dans *Revue de l'Université d'Ottawa*, vol. 51, n° 3, juillet-septembre 1981, p. 15-20.

[21] *Bulletin de l'A.T.L.F.O.*, vol. 5, n° 5.

Comme en fait foi la correspondance qui lui est adressée en novembre 1955 par le président de l'Association canadienne des traducteurs diplômés, F. Beauregard, et par le vice-président de l'Association des diplômés de l'Institut de traduction, le révérend frère Stanislas-Joseph, les autres sociétés de traducteurs s'intéressent vivement à la question et souhaitent le regroupement de tous les traducteurs du pays en une société nationale.

Entre-temps, à Ottawa, Hervé Bernard fait paraître en octobre 1955 un mémoire au nom des membres de l'A.T.L.F.O. et résume leurs vues sur l'opportunité de modifier le nom et la constitution de l'Association technologique. Le comité d'orientation *ad hoc* formé par l'A.T.L.F.O. recommande à l'unanimité de prendre les mesures nécessaires pour s'adapter à la situation[22].

La transformation de l'A.T.L.F.O.

C'est ainsi que naît en 1956 la Société des traducteurs et interprètes du Canada (S.T.I.C.). Pour devenir membre de cette nouvelle société, il faut réussir un examen ou posséder une expérience professionnelle de la traduction. La S.T.I.C. devient l'organisme canadien habilité à représenter les traducteurs canadiens sur le plan international.

Peu après la création de la S.T.I.C., l'Association technologique de langue française d'Ottawa se désiste de son titre de représentante officielle du Canada auprès de la F.I.T. et s'affilie à la S.T.I.C. Elle change son nom et adopte de nouveaux statuts; elle s'appellera désormais la Société des traducteurs et interprètes d'Ottawa (S.T.I.O.) mais poursuivra sensiblement les mêmes buts que l'A.T.L.F.O. Elle jouira d'une autonomie interne et aura des normes d'admission aussi élevées que la S.T.I.C.

En 1958, la S.T.I.O. compte cent quarante-six membres titulaires, seize membres associés et six membres honoraires (MM. Daviault, la Durantaye, Beaubien, Beauchesne, Robichaud et Pelletier) qui se répartissent dans seize ministères et douze services de l'État[23].

La dissolution de l'Association technologique entraîne la disparition de son *Bulletin* (publié de 1951 à 1957) «afin que tous les efforts, financiers et autres, puissent porter vers la [...] publication d'un organe imprimé à plus grand tirage qui soit représentatif de tous les traducteurs du Canada [...]»[24]. Le *Bulletin* sera effectivement remplacé, à partir d'avril 1959, par une lettre mensuelle.

Enfin en 1961, la Société des traducteurs et interprètes d'Ottawa (S.T.I.O.) change à nouveau son nom en celui d'Association des traducteurs et interprètes de l'Ontario (A.T.I.O.) pour éviter la confusion avec la S.T.I.C. et permettre à un plus grand nombre de traducteurs d'adhérer à l'association provinciale.

L'A.T.I.O. est donc l'héritière directe de l'A.T.L.F.O. et peut s'honorer du titre de doyenne des associations de traducteurs au pays.

---

[22] Archives de l'A.T.I.O.
[23] Jacques GOUIN, «Rubrique de la S.T.I.O.», dans *Journal des traducteurs,* vol. III, n° 4; vol. IV, n° 1, 1959, p. 46-47.
[24] *Ibid.*

Livres et bibliothèques

L'*Histoire du Canada* de François-Xavier Garneau au Collège de Sainte-Anne-de-la-Pocatière

par Jean-Paul HUDON*

Lorsque paraît en août 1845 le premier volume de l'*Histoire du Canada*[1] de François-Xavier Garneau, les uns accueillent l'ouvrage avec éloges alors que d'autres le critiquent sévèrement. Considérée comme l'œuvre littéraire du XIXe siècle canadien-français, l'*Histoire du Canada* connaît trois éditions du vivant de l'auteur qui a eu soin de remanier son texte suite à diverses critiques.

Comme la diffusion de l'ouvrage de Garneau est mal connue, il n'est pas facile de montrer clairement à quel moment les différentes éditions de l'*Histoire du Canada* ont été en usage dans les séminaires ou collèges classiques. Une analyse de certains écrits de l'abbé Henri-Raymond Casgrain, ancien élève et professeur au Collège de Sainte-Anne-de-la-Pocatière[2], et d'autres documents retrouvés à la bibliothèque et aux archives de cette institution nous permet de déterminer quelle place y occupa l'*Histoire du Canada* de Garneau. Ainsi, nous serons à même de confronter les affirmations de Casgrain et d'établir le plus rigoureusement possible quelle édition de Garneau fut accessible aux élèves du Collège de Sainte-Anne-de-la-Pocatière. Tel est le but de notre recherche.

Dans son essai intitulé *Le mouvement littéraire en Canada*, Henri-Raymond Casgrain décrit avec emphase comment les élèves du Collège de Sainte-Anne-de-la-Pocatière ont accueilli la parution de l'*Histoire du Canada* de Garneau:

> Nous n'oublierons jamais l'impression profonde que produisit, sur nos jeunes imaginations d'étudiants, l'apparition de l'*Histoire du Canada* de M. Garneau. Ce livre était une révélation pour nous[3].

À première vue, le lecteur pourrait croire que le critique se réfère à la première édition de l'*Histoire du Canada*. Mais lorsque l'on sait qu'en 1845 Casgrain vient de terminer sa classe de troisième au collège et qu'il est à peine âgé de quatorze ans, il y a lieu de mettre en doute cet enthousiasme, d'autant plus que l'ouvrage de Garneau n'est pas accessible aux élèves de l'institution. En effet, le préfet des études, l'abbé Thomas-Benjamin Pelletier a sévèrement critiqué l'*Histoire du Canada* de Garneau peu après sa parution. Écrivant sous le pseudonyme «Y[4]», Pelletier avait démontré dans un premier

---

* Jean-Paul Hudon est l'auteur d'une thèse de doctorat sur l'abbé Henri-Raymond Casgrain.

[1] François-Xavier GARNEAU, *Histoire du Canada depuis sa découverte jusqu'à nos jours*, Québec, 4 vol.: t. I: Imprimerie de N. Aubin, 1845, 558 p.; t. II: 1846, 577 p.; t. III: Imprimerie de Fréchette & frère, 1848, 566 p.; t. IV: imprimé par John Lovell, 1852, 325 p.

[2] Le Collège de Sainte-Anne-de-la-Pocatière a été fondé en 1827 par l'abbé Charles-François Painchaud.

[3] Henri-Raymond CASGRAIN, «Le mouvement littéraire en Canada», dans *Le Foyer canadien*, t. IV, 1866, p. 4.

[4] Voir Marc LEBEL, «Garneau, disciple de Michelet», dans *Bulletin* du Centre de recherche en civilisation canadienne-française, n° 9, décembre 1974, p. 3.

LIVRE ONZIÈME

Chapitre I.

Despotisme militaire.—Abolition et rétablissement des anciennes
lois.—1760-1774.

1. Après la pose des armes, la paix la plus profonde
régna dans tout le pays. L'on ne se serait pas aperçu
que l'on sortait d'une longue et sanglante guerre, si
tant de dévastations n'avaient été commises, surtout
dans le gouvernement de Québec, où il ne restait plus
que des ruines et des cendres. Ce district avait été
occupé pendant deux ans par des armées ennemies ;
la capitale, assiégée deux fois, avait été bombardée et
anéantie ; les environs, qui avaient servi de théâtre à
trois batailles, portaient toutes les traces d'une lutte
acharnée. Les habitants ruinés, décimés par le feu
sur tant de champs de bataille, ne songèrent plus qu'à
se renfermer sur leurs terres pour réparer leurs pertes ;
et, s'isolant de leurs nouveaux maîtres, ils parurent
vouloir, à la faveur de leur régime paroissial, se livrer
exclusivement à l'agriculture.

2. Les vainqueurs travaillèrent à mettre en sûreté
leur précieuse conquête. Le Canada fut traité en pays
barbare, sans gouvernement régulier et sans loi. Un
régime purement militaire y fut établi et subsista jusqu'en 1764.

3. Le traité de Versailles lui ayant confirmé la possession de la Nouvelle-France, l'Angleterre commença
par la démembrer. Le Labrador, depuis la rivière

1. Quel aspect offrait le pays après la pose des armes ?
2. Que firent les vainqueurs à la cessation des hostilités, et comment
le Canada fut-il traité ?
3. Après le traité de Versailles, qu'est-ce que l'Angleterre fit de la
Nouvelle-France, et quels changements furent ordonnés dans l'organisation civile et politique du Canada ? Qui fut nommé gouverneur de
cette province ?

G

Collection particulière

Une page de la quatrième édition [1865] de l'*Abrégé* de Garneau.

F.X. GARNEAU, *Abrégé de l'Histoire du Canada depuis sa découverte jusqu'à 1840, à l'usage des maisons
d'éducation*, 4ᵉ édition, Québec, A. Côté, 1865, iv-197-iii p. Approuvé par le Conseil de l'Instruction
publique du Bas-Canada.

article que ce volume, malgré ses qualités littéraires et les vues patriotiques de l'auteur, faisait montre d'un esprit qui le rendait suspect «à tout Canadien religieux et *national*[5]». Fallait-il donner libre accès à cette œuvre dans les collèges classiques? L'abbé Pelletier s'en remettait alors au bon jugement des pédagogues[6]. Il est donc peu probable que les autorités du collège aient laissé l'*Histoire du Canada* entre les mains des élèves.

Mais si l'engouement des élèves du Collège de Sainte-Anne-de-la-Pocatière pour l'œuvre de Garneau ne se situe pas au moment où paraît la première édition, quand se manifeste-t-il? Peut-être bien lors de la seconde édition en 1852[7]. Casgrain précise dans ses *Souvenances canadiennes* que son intérêt pour l'histoire du Canada se développe et s'intensifie lorsqu'il lit les articles que l'abbé Charles Trudelle publie dans l'*Abeille*, en 1852, au sujet de la colonisation des Cantons de l'Est. Cette série d'articles, de même que la lecture en communauté de l'ouvrage de Francisco Giuseppe BRESSANI, *Relation abrégée de quelques missions des S. pères de la Compagnie de Jésus dans la Nouvelle-France*, traduit de l'italien en 1852 par le père Félix Martin, auraient vivement impressionné Casgrain[8], alors étudiant en deuxième année de philosophie. D'après lui, tous «les écoliers intelligents au collège partag[èrent] [son] enthousiasme[9]». Cette admiration collective pour les martyrs du Canada aurait en quelque sorte préparé les élèves du collège «à apprécier l'*Histoire du Canada* de Garneau, alors en cours de publication et dont le premier volume fut bientôt après mis entre [leurs mains][10]». Bien que l'on soit porté à croire que Casgrain fait allusion à la seconde édition, aucun document d'archives ne confirme les propos de l'abbé qui semble anticiper ses souvenirs.

Un autre texte du biographe de Garneau nous permet toutefois d'énoncer une hypothèse des plus plausibles. Dans son étude intitulée *Notre passé littéraire et nos deux historiens*, conférence lue à la Société royale du Canada en mai 1882, Casgrain rapporte des faits sur lesquels il faut se pencher. Alors qu'il était professeur au Collège de Sainte-Anne-de-la-Pocatière, vingt-cinq ans auparavant, l'abbé se souvient de Louis-Honoré Fréchette, élève de versification, qui lisait «par une tiède matinée de juin [1857] des passages détachés» de l'*Histoire du Canada* de Garneau à quelques camarades réunis à la cour de récréation[11]. Encore une fois, il décrit l'enthousiasme, l'exaltation des élèves à la lecture de l'ouvrage. Ces extraits que lisait Fréchette étaient sans doute tirés de l'*Abrégé de l'Histoire du Canada depuis sa découverte jusqu'à 1840*[12], ouvrage que Garneau a fait paraître, en 1856, à l'usage des maisons d'éducation avec

[5] Y (pseudonyme de l'abbé Thomas-Benjamin PELLETIER), «Histoire du Canada», dans *Le Canadien*, vol. 15, n° 100, 12 décembre 1845 [p. 2].

[6] *Ibid.*

[7] François-Xavier GARNEAU, *Histoire du Canada depuis sa découverte jusqu'à nos jours*, Québec, John Lovell, 1852, 3 vol.: t. I: xxii - 377 p.; t. II: 454 p.; t. III: 410 p.

[8] Henri-Raymond CASGRAIN, *Souvenances canadiennes*, Archives du Collège de Sainte-Anne-de-la-Pocatière (désormais A.C.S.A.P.), t. II, ch. 15, p. 82-83.

[9] *Ibid.*, p. 83.

[10] *Ibid.*

[11] *Id.*, «Notre passé littéraire et nos deux historiens», dans *Oeuvres complètes*, t. I, Montréal, Beauchemin & fils, 1896, p. 402.

[12] François-Xavier GARNEAU, *L'Abrégé de l'Histoire du Canada depuis sa découverte jusqu'à 1840*, Québec, A. Côté, 1856, iv-247 p.-iv; Montréal, J.B. Rolland, 1858, iv-197 p.-iii; Montréal, Beauchemin & Payette, 1858, iv-197 p.-iii; Québec, A. Côté, 1858, iv-197 p.-iii; Québec, A. Côté, 1864, iv-197 p.-iii.

l'imprimatur de l'archevêché de Québec. Un examen des divers exemplaires retrouvés à la bibliothèque du Collège de Sainte-Anne-de-la-Pocatière tend à confirmer notre hypothèse.

Parmi les six exemplaires[13], deux d'entre eux méritent une attention particulière à cause des annotations manuscrites rédigées à la page-titre. Analysons de plus près ces deux volumes de l'édition de 1856. Dans le premier apparaît la signature de Hyacinthe Gagnon, ecclésiastique. Qui est cet homme? Élève au Collège de Sainte-Anne-de-la-Pocatière de septembre 1848 à juillet 1857, il embrasse la prêtrise et étudie la théologie à Sainte-Anne de 1857 à 1859, tout en occupant le poste de maître de salle (1857-1858) ou enseignant l'algèbre et le dessin (1858-1859). Cet ecclésiastique possédait donc l'ouvrage de Garneau. Mais l'a-t-il conservé? Non. Gagnon en fit don à un élève de troisième au cours commercial, Maximilien Hudon. Sur la page-titre de l'*Abrégé de l'Histoire du Canada*, Gagnon a écrit ces mots: «Donné à Maximilien Hudon le 20 avril jour de la fête de St-Maxime 1858». Voilà une première indication permettant d'établir que ce volume de François-Xavier Garneau est entre les mains des élèves du collège. Le second exemplaire de 1856 confirme ce fait puisque lui aussi porte une signature, celle d'Alphonse Pelletier, et le millésime 1857. Si Alphonse Pelletier, alors élève du cours commercial, a en sa possession l'*Abrégé de l'Histoire du Canada* en 1857, il est tout à fait plausible que d'autres élèves de l'institution l'aient également. Les extraits que Louis-Honoré Fréchette aurait lus à ses camarades en juin 1857 pourraient provenir de l'un de ces exemplaires. L'*Abrégé de l'Histoire du Canada depuis sa découverte jusqu'à 1840* a sans doute été adopté au Collège de Sainte-Anne-de-la-Pocatière pendant quelques années car, avant 1856, l'institution ne disposait pas de manuels d'histoire du Canada mais plutôt de notes de cours.

Un document retrouvé aux archives du collège est très explicite à ce sujet. En effet, dans son rapport au surintendant des écoles, l'abbé François Pilote dresse la liste des volumes en usage au collège. Que révèle cette liste? Le supérieur du collège y indique, au sujet du manuel d'histoire du Canada: «Histoire du Canada par les élèves eux-mêmes d'après les notes prises aux leçons du maître[14]». Ainsi les élèves du Collège de Sainte-Anne-de-la-Pocatière n'ont pas eu accès aux deux premières éditions de l'*Histoire du Canada* de Garneau. Et si des élèves du cours commercial avaient entre leurs mains l'*Abrégé de l'Histoire du Canada depuis sa découverte jusqu'à 1840* de Garneau, ceux de rhétorique faisaient usage vers les années 1870 de l'*Histoire du Canada*[15] de l'abbé Charles-Honoré Laverdière. Voilà ce que révèle un document énumérant le programme des examens au Collège de Sainte-Anne-de-la-Pocatière à certaines périodes. Ainsi, en 1871[16] et 1874-1875[17], les élèves de rhétorique étudient leur examen d'histoire du Canada en utilisant l'ouvrage de Laverdière. Y avait-il

---

[13] Le Collège de Sainte-Anne-de-la-Pocatière possède deux exemplaires de l'édition de 1856, trois de l'édition de 1858 (un de chaque imprimeur) et un de l'édition de 1864.

[14] Rapport de François Pilote, supérieur du collège, au surintendant des écoles, 22 juillet 1856, A.C.S.A.P., fonds Procure, carton 44, doc. n° LII. Ce document nous apprend également qu'en 1856 la bibliothèque des élèves comprenait 1 000 volumes alors que celle des prêtres contenait 5 000 ouvrages.

[15] Charles-Honoré LAVERDIÈRE, *Histoire du Canada à l'usage des maisons d'éducation*, Québec, Augustin Côté, 1869, iv-230 p.-vi.

[16] A.C.S.A.P., document 300.1, p. 69.

[17] *Ibid.*, p. 113.

d'autres manuels d'histoire du Canada dans les diverses classes du cours commercial et du cours classique? Nous ne pouvons répondre à cette question car aucun document d'archives n'a été retrouvé au collège.

Cette étude concernant la place de l'*Histoire du Canada* de Garneau au Collège de Sainte-Anne-de-la-Pocatière jette un éclairage nouveau sur l'utilisation de l'ouvrage de l'historien. Garneau a été lu au collège mais ce n'est qu'après 1856 que les élèves de l'institution ont pu avoir entre leurs mains l'*Abrégé de l'Histoire du Canada depuis sa découverte jusqu'à 1840* puisque avant cette date ils n'avaient que les notes recueillies par leur professeur d'histoire du Canada. Bien que les deux premières éditions de l'*Histoire du Canada* de François-Xavier Garneau aient connu une certaine diffusion au Canada français, leur accueil dans les collèges classiques, notamment au Collège de Sainte-Anne-de-la-Pocatière, n'a pas été aussi enthousiaste que l'a écrit l'abbé Henri-Raymond Casgrain. Il faut espérer que d'autres recherches dans les archives de différents collèges classiques permettront de mieux connaître l'importance réelle accordée à l'ouvrage de Garneau dans ces institutions.

Archives du C.R.C.C.F.

L'édifice de l'Institut canadien-français d'Ottawa dans *L'Opinion publique* du 8 novembre 1877

L'Institut a été fondé en 1852. Il a emménagé dans l'édifice reproduit ci-haut en 1877. Aujourd'hui encore, on peut voir cette construction à Ottawa, rue York, près de la rue Sussex; elle est actuellement la propriété de la Commission de la capitale nationale. Quant à l'Institut proprement dit, ce cercle socio-culturel existe toujours et compte plus de mille membres. L'Institut vient de céder gracieusement ses archives au C.R.C.C.F. On y trouve des documents qui remontent à la fin des années 1870.

La conférence publique à Montréal
au milieu du XIXe siècle:
l'exemple du Cabinet de lecture paroissial

par Marcel LAJEUNESSE*

La seconde moitié du XIXe siècle fut l'âge d'or des associations littéraires au Québec. On a en a recensé plus de cent trente[1]. Quelle que soit l'appellation précise (institut canadien, institut canadien-français, institut national, institut des artisans, union catholique, cabinet de lecture, cercle catholique, société de discussion), chaque type d'association possède ses caractéristiques propres, mais retient des ressemblances communes. Il favorise le développement intellectuel de ses membres et de la population locale par des réunions, par des conférences privées ou publiques, par des débats, par la lecture de journaux et par la création de bibliothèques.

Devant la création et le succès des nombreuses associations littéraires, l'Assemblée législative de la province du Canada fut amenée à modifier les lois qui les régissaient[2] et à verser des subventions aux «institutions publiques, Littéraire, Scientifiques et d'Éducation[3]». L'Institut canadien de Montréal, fondé en 1844, avait, avec le Mechanics' Institute, fait école au Bas-Canada. Au cours des années 1848-1849, se produisit, en relation avec les événements européens (la Révolution de Février et la Révolution romaine), une cassure entre le clergé ultramontain et les libéraux du Bas-Canada, membres en vue de l'Institut canadien et rédacteurs du journal L'Avenir. L'évêque de Montréal, Mgr Bourget, avait encouragé, en mai 1852, la fondation de l'Institut national, par suite d'une dissension née de l'entrée dans la lutte politique de l'Institut canadien. L'Institut national avait les mêmes buts et les mêmes moyens que l'Institut canadien, mais il offrait, en plus, une double garantie: le patronage de l'évêque et l'orthodoxie de sa bibliothèque; ceci avait pour effet de rassurer les catholiques qui croyaient à l'action d'une association littéraire, mais qui étaient inquiets de l'audace de certains dirigeants de l'Institut canadien. Pourtant, l'Institut national ne réussit jamais à faire le poids avec son rival et vivota jusqu'en 1855[4]. Le journal L'Avenir, disparu en novembre 1852, reparaissait en janvier 1856 et servait de tribune aux libéraux radicaux. L'Institut canadien possédait dans sa bibliothèque un bon nombre de volumes à l'index et refusait toute censure. Les porte-parole rouges demandaient la séparation de l'Église et de l'État et prônaient la neutralité scolaire. L'Institut canadien de Montréal devenait un épouvantail à conservateurs.

Les Sulpiciens engagés dans l'Œuvre des bons livres depuis 1844, ne pouvaient rester à l'écart de la lutte à l'Institut canadien. En février 1857, était fondé le Cabinet de lecture paroissial. Ce qui importait au fondateur, le sulpicien Louis Regourd, et aux responsables

---

*   Marcel Lajeunesse est professeur à l'École de bibliothéconomie de l'Université de Montréal.

[1]   Yvan Lamonde, «Liste alphabétique de noms de lieux où existèrent des associations «littéraires» au Québec (1840-1900)», Recherches sociographiques, vol. XVI, n° 2 (mai-août 1975), p. 277-280.
[2]   Statuts du Canada, 1851, 14e & 15e Victoria, chap. 86; 1856, 19e Victoria, chap. 51.
[3]   Journaux de l'Assemblée législative de la Province du Canada, session 1856, vol. 14, p. CXVI.
[4]   Léon Pouliot, «L'Institut Canadien de Montréal et l'Institut National», Revue d'histoire de l'Amérique française, vol. 14, n° 4 (mars 1961), p. 481-486.

du Cabinet de lecture, c'était d'établir un foyer prestigieux et puissant d'orthodoxie face à un Institut canadien qui l'était de moins en moins à leurs yeux.

Le 2 mars 1857 eurent lieu les deux premières conférences du Cabinet de lecture: l'architecte Adolphe Lévêque lut un essai sur l'architecture chrétienne et le supérieur de Saint-Sulpice, Dominique Granet, parla de «l'autorité en philosophie». Quelques semaines plus tard, à la mi-mars, l'avocat Louis-W. Marchand aborda «L'heureuse influence des Cabinets de lecture et l'influence funeste des mauvais romans», et le jésuite Firmin Vignon fit un plaidoyer sur «La présence du prêtre dans un Cabinet de lecture». Le ton était donné. Le Cabinet de lecture serait un foyer de culture chrétienne, une œuvre d'apostolat laïque, sous la direction vigilante des clercs.

Au printemps 1858, à la suite des trois célèbres lettres pastorales de Mgr Bourget à l'endroit de l'Institut canadien, cent trente-huit membres démissionnèrent de l'Institut canadien qui rejetait les accusations de l'évêque et qui affirmait sa seule compétence en ses propres affaires. De même que les anciens membres de l'Institut national avaient formé le noyau du Cabinet de lecture, de même les membres démissionnaires de l'Institut canadien formèrent la plus grande part de l'Institut canadien-français, établi, en mai 1858, selon le modèle de l'Institut qu'ils avaient quitté.

Au même moment, en avril 1858, le jésuite Firmin Vignon faisait de l'Union catholique, qui n'avait été depuis 1854 qu'une simple congrégation de la Sainte Vierge au Collège Sainte-Marie, une association religieuse et littéraire pour gens et «citoyens instruits et influents[5].» De plus, depuis le début de février 1858, se donnaient les cours publics de l'École normale Jacques-Cartier, à la manière des conférences publiques des associations littéraires. En cette même année était fondée la Société historique de Montréal. À l'été 1858, l'Association du Cabinet de lecture décidait, en accord avec le Séminaire de Saint-Sulpice, de construire un nouvel édifice, rue Notre-Dame, avec une salle de conférence pouvant recevoir 800 personnes.

Au tournant des années 1860, les conférences ou «lectures» étaient l'une des activités principales des associations littéraires. Même si l'Institut canadien offrait des conférences publiques depuis le milieu de la décennie 1840[6], l'on peut affirmer que le Cabinet de lecture imposa le genre au Canada français. Hector Fabre affirmait, en 1866, que «c'était dans l'ancienne et petite salle du Cabinet de lecture Paroissial, d'où est partie l'inondation de lectures que nous avons vues[7]...».

La conférence publique du Cabinet de lecture était préparée à l'avance, rédigée dans un texte suivi et lue devant un auditoire. En onze ans de fonctionnement (1857-1867), seul P.-J.-O. Chauveau improvisa une causerie sur «La littérature française et son avenir au Canada». C'est, d'ailleurs, l'une des rares conférences dont le texte ne nous soit pas parvenu. Les objectifs du Cabinet de lecture se distinguaient de ceux de l'Institut canadien-français:

---

⁵ Louis Lalande, «L'Union Catholique», dans *Leurs profils et leurs Gestes*, Montréal, Imprimerie du Messager, 1933, p. 67-68; voir aussi Léon Pouliot, *Mgr Bourget et son temps*, IV: 37, et *L'Ordre*, 2 décembre 1861.

⁶ Jean-Paul Bernard, *Les Rouges. Libéralisme, nationalisme et anticléricalisme au milieu du XIXe siècle*, Montréal, P.U.Q., 1971, p. 30-31.

⁷ Hector Fabre, «Écrivains canadiens — Napoléon Bourassa», *Revue canadienne*, vol. III, 1866, p. 731.

La tribune du Cabinet de lecture est toute académique. Elle exclut les discussions bruyantes et passionnées de la politique; ses débuts doivent être préparés avec soin et prononcés avec grâce (...). La tribune de l'Institut canadien-français est au contraire toute parlementaire. Elle admet les discussions de la politique. Son but est même de former des orateurs populaires et d'habituer les jeunes gens à la lutte des partis. Les contradicteurs interviennent à l'improviste pour renverser les dépendants. Alors il n'est pas question de plaire, mais de vaincre ou de mourir[8].

L'Union catholique se ressentait d'être à la fois association religieuse et littéraire. Son caractère religieux, et même ultramontain, ressortait. Elle offrait ses conférences publiques les dimanches après-midi et terminait ses séances littéraires par le salut au Saint-Sacrement.

De 1857 à 1867, pendant onze années, c'est-à-dire de l'automne au printemps (septembre-octobre à mai), cent quarante-neuf conférences furent prononcées au Cabinet de lecture en quatre-vingt-dix-huit soirées. De ces 149 conférenciers, 101 étaient des laïques, et 48 des clercs. Soixante-et-un conférenciers laïques étaient avocats ou étudiants en droit, soit 60.4% des conférenciers laïques et 40.9% de l'ensemble. Trente-et-un conférenciers clercs appartenaient à la Compagnie de Saint-Sulpice, soit 64.6% des clercs et 20.8% de l'ensemble. Parmi ceux qui montèrent à la tribune du Cabinet de lecture, mentionnons les noms des sulpiciens Granet, Rouxel, Nercam, Giband, Desmazures, Denis, Colin, Moyen, Billion, Martineau, de Mgr Alexandre Taché, du chanoine Venant Pilon, des abbés Hercule Beaudry, Isaac-S. Desaulniers, Godefroy Lamarche, du jésuite Vignon, des laïques Paul Stevens, Bibaud jeune, F.-X. Valade, Cyrille Boucher, Joseph Royal, P.-J.-O. Chauveau, Désiré Girouard, Hector Fabre, George Desbarats, Sterry Hunt, T.-J.-J. Loranger, Pierre Boucher de la Bruère, Edme Rameau, F.-X.-A. Trudel, Alexandre Lacoste, Napoléon

CONFÉRENCES DU CABINET DE LECTURE PAROISSIAL.

	1857	1858	1859	1860	1861	1862	1863	1864	1865	1866	1867	TOTAL
Sujets religieux	2	4	—	3	5	2	1	2	—	—	3	22
Philosophie	3	5	—	1	—	—	—	2	2	2	1	16
Histoire et patriotisme	10	8	2	8	4	1	2	1	3	3	2	44
Littérature, musique et beaux-arts	4	6	2	3	7	3	2	2	1	5	3	38
Éducation	1	—	1	—	1	—	—	—	—	—	—	3
Droit	—	2	1	—	—	—	—	3	—	—	—	6
Loisirs et voyages	—	2	—	2	3	—	—	—	—	3	—	10
Sciences et technologie	3	1	1	—	2	—	—	2	—	—	1	10
Total	23	28	7	17	22	6	5	12	6	13	10	149

---

[8] Firmin Vignon, Apologie de l'Union catholique, Archives de la Société de Jésus, Saint-Jérôme, p. 39-40, cité dans Philippe Sylvain, «Cyrille Boucher», *Cahiers des Dix*, vol. 37 (1972), p. 303.

Bourassa, L.-O. David, Urgel-E. Archambault, Arthur Dansereau, C.-S. Cherrier, B.-A. Testard de Montigny, F.-X. Thibault et Charles Thibault.

Parmi les sujets traités, quatre catégories ressortent vraiment: nous y remarquons, dans l'ordre décroissant, «Histoire et patriotisme» (44 conférences), «Littérature, musique et beaux-arts» (38), «Sujets religieux» (22), et «Philosophie» (16).

Le Cabinet de lecture a joui, dès sa fondation, d'un excellent support des journaux conservateurs. De février 1857 à novembre 1858, *La Minerve* se fit un devoir d'opposer le Cabinet de lecture à l'Institut canadien qui regroupait ses adversaires politiques. Ce journal reproduisit un grand nombre de conférences dans un de ses numéros ou en feuilleton, souvent même en première page. À partir de novembre 1858, *L'Ordre*, journal catholique militant nouvellement fondé, relaya *La Minerve* comme principal propagandiste du Cabinet de lecture et de ses conférences. En janvier 1859, Saint-Sulpice lançait l'*Écho du Cabinet de lecture paroissial*, revue littéraire bimensuelle, qui reproduisit le texte des conférences données depuis 1857, les conférences courantes, de même que les meilleurs essais du Cercle littéraire, société de discussion pour jeunes gens liée au Cabinet de lecture[9].

Nous savons, par la presse, que les conférences du Cabinet de lecture furent très courues. Au début de la décennie 1860, la population française de Montréal[10] avait pourtant un choix varié de conférences publiques offertes par l'Institut canadien, le Cabinet de lecture, l'Union catholique, l'Institut canadien-français et aussi l'École Normale Jacques-Cartier. Une étude synchronique des associations littéraires, à cette époque, nous montrerait sans doute la typologie du phénomène de la conférence publique et nous présenterait peut-être les caractères de ce genre littéraire.

---

[9]   Voir Marcel Lajeunesse, *Associations littéraires et bibliothèques à Montréal au XIXe siècle et au début du XXe siècle: l'apport des sulpiciens* (thèse de Ph.D. histoire, Université d'Ottawa, 1977), p. 111-154 pour l'analyse des conférences du Cabinet de lecture, et p. 285-299 pour la chronologie et la bibliographie de ces conférences.
[10]   De 57 719 habitants en 1852, la population montréalaise passa à 101 595 en 1861, soit 91 162 habitants pour la ville et 10 433 pour la banlieue; Montréal, ville à demi française, devenait, par la population, la dixième ville de l'Amérique du Nord et la première de l'Amérique britannique. Voir l'*Écho du Cabinet de lecture paroissial*, vol. III, n° 7 (23 février 1861), p. 64.

Livres et bibliothèques
chez les Ursulines de Québec

par Marc LEBEL*

Dès la fondation du couvent des Ursulines en 1639, les livres font leur apparition. Le registre des bienfaiteurs signale des ouvrages reçus en don, par exemple, en 1648, en 1652 et en 1653. Les *Règlements* préparés par Marie de l'Incarnation établissent du reste les lectures auxquelles sont tenues les novices. Ce choix de titres fort précis, fort abondant et inspiré en bonne partie par François de Sales, comme l'a montré Dom Oury[1], ne définit pas qu'un idéal, puisque le vieux fonds conservé aujourd'hui chez les Ursulines renferme la plupart des ouvrages prescrits, le plus souvent en de multiples exemplaires[2]. Ces mêmes *Règlements* prévoient la lecture à haute voix, en communauté, de livres de spiritualité et d'ouvrages édifiants: usage confirmé par Marie de l'Incarnation dans une lettre de 1653 (elle y relate son expérience de lectrice au réfectoire de quelques pages des *Relations des Jésuites*[3]) et près d'un siècle plus tard, en 1749, par le Suédois Pehr Kalm[4].

À la fois monastère, noviciat et maison d'enseignement, l'œuvre des Ursulines est éminemment propice à la formation de bibliothèques. Les sources anciennes en mentionnent un grand nombre. La plupart des bibliothèques n'ont toutefois laissé que des traces fugitives (une rapide allusion, un *ex-libris,* etc.), si bien que nous ignorons le plus souvent leur importance, leur composition, et, bien entendu, leur longévité (l'année de fondation d'une seule est connue). Qui plus est, le caractère ou la vocation propre à certaines demeure obscur: à un ou à deux siècles de distance, les frontières entre telle ou telle bibliothèque paraissent bien indécises. Ces réserves faites, en voici la nomenclature: la bibliothèque de la communauté; la bibliothèque du noviciat; la bibliothèque de mère supérieure, dite bibliothèque pieuse; la bibliothèque du pensionnat; la bibliothèque des professeurs; les bibliothèques de divisions; la bibliothèque de l'archiconfrérie de Sainte-Angèle; la bibliothèque des enfants de Marie; la bibliothèque de l'École normale.

Les estimations générales que proposent au siècle dernier P.M. Bardy (3 500 vol. en 1853) et J.-B. Meilleur (5 000 vol. en 1860) renvoient tout bonnement à la somme

---

* L'auteur travaille présentement au département de l'iconographie des Archives publiques du Canada.
Ces pages sont extraites d'un ouvrage en préparation, intitulé *Les Bibliothèques collectives de la ville de Québec (17e-20e siècles). Sources et problèmes.* Instrument de travail et guide bibliographique, l'ouvrage tente aussi une première exploitation des matériaux réunis.

[1] Guy-Marie OURY, «Marie de l'Incarnation et la bibliothèque du noviciat des Ursulines de Québec», dans *Revue d'ascétique et de mystique,* vol. 46, 1970, p. 397-410.

[2] Mentionnons, à titre indicatif: *La Perfection chrétienne* de RODRIGUEZ; *Le Combat spirituel* de SCUPOLI; *La Guide spirituelle* de DU PONT; *Le Guide du pécheur* et divers traités de LOUIS DE GRENADE; *La Perfection chrétienne* de PINELLI; *La Connaissance et l'amour de Dieu* de SAINT-JURRE, etc.

[3] MARIE DE L'INCARNATION, *Correspondance,* nouvelle édition par Dom Guy OURY, Abbaye Saint-Pierre, Solesmes, 1970, p. 521.

[4] Pehr KALM, *Voyage de Pehr Kalm en Canada en 1749,* Montréal, Cercle du livre de France, 1977, p. 281. Traduction annotée du journal de route par Jacques ROUSSEAU et Guy BÉTHUNE avec le concours de Pierre MORISSET.

des livres dispersés ici et là chez les Ursulines[5]. À la même époque, P.-J.-O. Chauveau s'attache, quant à lui[6], à deux collections particulières et avance, à un an d'intervalle, des chiffres pas tout à fait convaincants tant la progression est rapide:

Bibliothèque des élèves (volumes)		Bibliothèque des professeurs (volumes)
1857	300	375
1858	1 200	1 800

Des recherches plus poussées que les nôtres dans les archives de l'institution permettront sans doute d'y voir un peu mieux. Lors de notre passage, celles-ci étaient en plein remue-ménage et nous n'avons fait qu'y glaner. Les plus anciens catalogues remontent à la fin du XIXe siècle et décrivent la collection d'une association pieuse réservée aux élèves, l'archiconfrérie de Sainte-Angèle. Moins fournies sont les sources relatives aux bibliothèques de divisions ou de classes. Sur ce front, nous n'avons retracé qu'un seul catalogue, du début du siècle semble-t-il, alors que l'existence d'une bibliothèque du pensionnat est attestée depuis au moins 1835[7]. Autre déception: la nuit la plus complète enveloppe l'École normale tenue par les Ursulines de 1857 à 1930.

Nous touchons là une difficulté de taille. L'œuvre proprement éducative des Ursulines n'a guère été étudiée. La vie et la spiritualité de Marie de l'Incarnation ont accaparé toutes les énergies. Chaque étape dans l'itinéraire de la grande mystique a été scrutée. Les influences subies ont été mises en lumière, tout comme l'écho ou le retentissement obtenu plus tard par l'écrivain consacré. En revanche, l'on sait peu de chose, du moins avant 1825, sur l'évolution des études, le personnel enseignant, les travaux des élèves, la nature et le nombre de volumes mis à leur disposition, les manuels en usage. Fait révélateur, sur ces deux derniers sujets Marie de l'Incarnation ne dit mot dans son admirable correspondance alors qu'elle y multiplie les allusions à des livres pieux et à des ouvrages édifiants.

Ce serait une erreur toutefois de conclure à l'absence du livre scolaire chez les Ursulines sous le régime français. Une commande placée en France en 1735 renferme au moins un titre appartenant à cette rubrique[8]. Les achats de volumes faits au lendemain

---

[5] *Journal de l'Assemblée législative de la province du Canada 1852-53*, vol. XI, n° 5, Appendice J.J. («État statistique de l'éducation dans la cité de Québec: Rapport de P.M. Bardy»); Jean-Baptiste MEILLEUR, *Mémorial de l'éducation du Bas-Canada*, Montréal, J.-B. Rolland & Fils, 1860, p. 30.

[6] *Rapport du surintendant de l'éducation dans le Bas-Canada pour l'année 1857*, Toronto, John Lovell, 1858, p. 88-90; *Rapport du surintendant de l'éducation dans le Bas-Canada pour l'année 1858*, Toronto, John Lovell, 1859, p. 64-66.

[7] *Ex-libris:* «Pensionnat des Ursulines de Québec», 1835, salle Gagnon, Bibliothèque municipale de Montréal. Voir P. GAGNON, *Essai de bibliographie canadienne*, vol. I: 4993. Dans l'histoire de l'enseignement, les bibliothèques d'élèves sont un champ négligé de la recherche historique comme le rappelle Claude GALARNEAU, *Les Collèges classiques au Canada français* [1620-1970], Montréal, Fides, 1978, p. 192-193.

[8] Nous songeons à une mystérieuse *Instruction de la jeunesse* dont les Ursulines commandent cette année-là douze exemplaires. Cet ouvrage a la faveur des religieuses puisqu'elles en font venir «sept ou huit douzaines» en 1777 (Amédée GOSSELIN, *L'Instruction au Canada sous le régime français (1635-1760)*, Québec, Typ. Laflamme & Proulx, 1911, p. 237; *Les Ursulines de Québec, depuis leur établissement jusqu'à nos jours,*

de la Conquête ont toutes les apparences d'une pratique ancienne, bien établie[9]. Cela dit, il ne paraît pas y avoir eu surabondance de biens aux XVIIe et XVIIIe siècles, ni dans le domaine du livre scolaire *stricto sensu* (abécédaires, catéchismes, livres de lecture, manuels), ni dans celui du livre plus savant destiné aux religieuses enseignantes[10].

En vérité, les études ne sont pas très fortes: quelques indices donnent à penser qu'elles languissent plus ou moins. C'est seulement à compter du second quart du XIXe siècle, sous l'impulsion de l'abbé Thomas Maguire, aumônier de l'institution pendant deux décennies (1832-1854), qu'une fièvre d'innovations pédagogiques saisit les Ursulines: essor des programmes, tenue d'exercices publics, et, ce qui compte ici, achats importants de livres et de manuels[11].

Homme de culture, auteur de quelques traités de droit canon (il publie l'un d'entre eux à Paris en 1830), curieux d'histoire, friand de polémiques, l'abbé Maguire est aussi grand voyageur. Outre trois «promenades» aux États-Unis (1822, 1828, 1831), il séjourne longuement en Europe à deux reprises (1829-1830, 1833-1835). Lors de son second séjour, il fait des emplettes de livres et de manuels à l'intention des Ursulines; il rapporte même de Paris les débris de la bibliothèque du couvent des Ursulines de Saint-Jacques, ravagé sous la Révolution[12]. Quelques années plus tard (1836-1837), l'abbé Jean Holmes du Séminaire de Québec, parti à son tour en Europe, se voit confier des commandes à Londres et à Paris par les Ursulines.

De cette fièvre d'achats, tout comme de l'acquis antérieur, transmis de génération en génération (et venu à l'origine bien souvent sous forme de dons, comme nous le verrons plus loin), il reste des traces abondantes dans le vieux fonds conservé aujourd'hui chez les Ursulines. Le chercheur peut prendre connaissance de celui-ci grâce à trois inventaires dressés depuis 1950. Notons au passage que les Ursulines, les Hospitalières de l'Hôtel-Dieu et leurs consœurs de l'Hôpital Général entreprennent toutes trois à la même époque (1930-1960, dates larges) le relevé de leurs fonds anciens.

Québec, C. Darveau, 1863-1866, 4 vol. (voir vol. III, p. 220). Renseignements pris, il s'agit d'un *best-seller* de l'édition française (plus de 80 éditions en deux siècles). Le titre complet est: *Instruction de la jeunesse en la piété chrétienne, tirée de l'Écriture sainte et des saints Pères*. Sur l'auteur, Charles GOBINET, il existe un bon article dans le *Dictionnaire de spiritualité* (t. VI, p. 544-545). Le vieux fonds des Ursulines renferme un exemplaire de la première édition publiée en 1655.

[9] Les doléances formulées par les Ursulines au cours de la décennie consécutive à la Conquête nous inspirent cette conclusion. Si, comme l'écrivent les religieuses, elles éprouvent en ces années une disette de livres et de manuels français, c'est donc qu'elles avaient auparavant l'habitude de s'en procurer... Disette toute relative, d'ailleurs, car, à y bien regarder, les contemporains soulignent moins la rareté des livres que l'acheminement capricieux et lent des envois, ceux-ci devant désormais passer au préalable par Londres.

[10] Il est vrai que les Ursulines offrent à leurs consœurs des Trois-Rivières, éprouvées en 1806 par l'incendie de leur couvent, «près de 100 volumes» (*Les Ursulines de Québec, depuis leur établissement jusqu'à nos jours*, vol. IV, p. 465). Mais il s'agit là vraisemblablement de livres religieux, le seul type d'ouvrages qu'elles paraissent posséder en nombre. Cette catégorie est de très loin la plus importante du vieux fonds qui a survécu jusqu'à nos jours; la proportion s'élève encore si l'on s'en tient aux titres publiés aux XVIIe et XVIIIe siècles. Nous n'avons remarqué dans le vieux fonds que quelques livres de classe dont la publication est antérieure à 1800, notamment un *Nouvel Atlas des enfants* (Amsterdam, 1776).

[11] Autre signe de regain et de munificence: c'est à cette époque, croyons-nous, que naît l'habitude d'offrir aux élèves méritantes des livres en guise de prix. La cérémonie que préside en juin 1873 Lady DUFFERIN, l'épouse du gouverneur général, paraît se dérouler selon un rite déjà bien établi (*My Canadian Journal, 1872-8*, Londres, 1891, p. 77-78).

[12] *Les Ursulines de Québec, depuis leur établissement jusqu'à nos jours*, vol. IV, p. 532 et 724.

Le premier inventaire, achevé en 1952, le moins élaboré peut-être des trois, le seul que nous avons examiné avec soin, décrit environ 1 030 titres. Ceux-ci se répartissent, suivant le siècle de l'édition (XVIIe, XVIIIe, XIXe siècles), en trois masses à peu près égales. Tout au plus observe-t-on, à propos du XVIIIe siècle, un léger fléchissement. Pareil équilibre souligne en fait le poids relatif, dans le vieux fonds, du XVIIe siècle: d'un long XVIIe siècle, essentiellement religieux (et non littéraire), qui se survit à lui-même et qui se prolonge en de multiples rééditions assurées aux XVIIIe et XIXe siècles.

Comme bien l'on pense, le livre religieux prédomine, ⅘ des titres appartenant à cette rubrique. Le reste, soit ⅕ des titres, chiffre élevé, toute proportion gardée, dans le cas d'un ordre féminin, se compose de manuels scolaires, de livres d'usage et enfin d'ouvrages savants.

Que renferme la rubrique la plus fournie, la rubrique religieuse? Des vies de saints, de saintes, des bréviaires, des catéchismes, des antiphonaires, des psautiers, des bibles, des nouveaux testaments, des livres d'heures, une foule de petits livres de piété, et aussi quelques titres plus imposants, plus massifs, notamment: cinq des grandes études historiques du P. Maimbourg, deux éditions des *Lettres édifiantes et curieuses* (58 vol.), l'*Année du chrétien* (18 vol.) par le P. Griffet, etc. Aux imprimés, il faut ajouter un nombre étonnant de manuscrits, de livres copiés à la main (dont quelques florilèges de textes pieux), pièces fort précieuses, puisqu'elles permettent sans doute de définir plus précisément les goûts et les horizons spirituels des Ursulines.

À l'intérieur de la rubrique religieuse, le livre de dévotion l'emporte haut la main (par opposition à la théologie, aux traités sur le dogme quasi inexistants), ce qui ne surprend guère. Les influences les plus diverses s'y croisent. L'école française est, bien entendu, présente en force (Crasset, Nouet, François de Sales, Saint-Jurre, Surin, etc.). L'on doit constater ici la nette prédominance chez les Ursulines de la spiritualité de la Compagnie de Jésus. Le jansénisme ne montre que discrètement la tête à quelques reprises (deux éditions de l'*Histoire du vieux et du nouveau testament* de Le Maistre de Sacy, deux exemplaires du *Catéchisme de Montpellier,* etc.): rien de comparable à la dévotion au Sacré-Cœur, combattue en France par Port-Royal et dont la popularité est, auprès des religieuses, très évidente, très marquée. Les auteurs et les mystiques espagnols et italiens offerts en traduction font aussi bonne figure (Rodriguez, Du Pont, Louis de Grenade, Pinelli, Scupoli, Alphonse de Liguori, etc.), bien que l'anonymat soit souvent leur lot, rançon peut-être d'une large circulation et d'une longévité exceptionnelle. Quelques titres appartenant à ces écoles émergent assez nettement: *Le Combat spirituel, Le Guide du pécheur* et *La Guide spirituelle*. Prenons garde toutefois de privilégier les grands noms au profit des «minores». À voir leur nombre dans le vieux fonds, d'humbles livrets, de modestes anonymes, d'obscurs livres d'heures ont joui de l'indéniable faveur des religieuses.

L'inventaire de 1952 que nous suivons énumère un nombre élevé d'ouvrages qui n'appartiennent pas à la rubrique religieuse: environ 200, soit ⅕ des titres décrits. Le livre scolaire se taille la part du lion. C'est lui qui gonfle cette partie du vieux fonds, c'est lui qui en explique l'importance relative. En dehors des cinq pages que l'inventaire consacre nommément aux «livres de classes», il s'en trouve dispersés ici et là, tant et si bien que le tout fait sûrement 160 titres. Tout comme dans le vieux fonds de l'Hôpital Général (rappelons que les religieuses de cette institution se consacrent non seulement aux soins des malades mais s'occupent aussi d'un pensionnat de jeunes filles), l'on remarque un lot important de manuels en langue anglaise.

En second lieu, parmi les titres profanes, l'on aperçoit une quinzaine de livres d'usage, ensemble fort précieux à rapprocher des collections que possèdent l'Hôtel-Dieu et l'Hôpital Général. Signalons, à titre d'exemples: *Les Délices de la campagne* de Nicolas Bonnefons, 1665; *Les Comptes faits* de Barrême, 1723; *La Nouvelle Cuisinière bourgeoise*, 1746; *Instructions pour confitures, liqueurs et fruits*, 1737; *Le Manuel du fleuriste*, 1829; *Le Nouveau Manuel du fleuriste artificiel*, 1838; *Le Bon Jardinier*, 1845; *Les Remèdes charitables* de Madame Fouquet, 1682; deux traités sur la «mignature», 1678 et 1696, etc.

Arrivent en dernier lieu quelques titres, une vingtaine peut-être, qui n'entrent dans aucune des rubriques ou catégories évoquées jusqu'ici. Ces ouvrages tranchent sur la masse des titres, soit par le sujet traité ou le genre (relations de voyage, guides, biographies, études historiques, dictionnaires encyclopédiques, recueils d'ordonnances, etc.), soit par le renom de l'auteur ou la présentation adoptée (il s'agit dans ces cas-là d'ouvrages de librairies munis de planches et d'un prix hors de l'ordinaire). Mentionnons: Jordan, *Voyages historiques de l'Europe*, 1701; Ansom, *A Voyage Round the World*, 1744; Charlevoix, *Histoire du christianisme au Japon*, 1715 et *Journal de voyage dans l'Amérique*, 1744; Lafiteau, *Histoire des découvertes et conquêtes des Portugais dans le Nouveau Monde*, 1734; Vallemont, *Les Éléments de l'histoire*, 1702; Sanders, *Abrégé de la vie de Jacques II*, 1703; Brumoy, *Vie de l'impératrice Éléonor*, 1725; Du Buisson, *Vie du vicomte de Turenne*, 1734; Mézeray, *Histoire de Marie de Médicis et de Louis XIII*, 1730; Vertot, *Histoire des révolutions de Suède*, 1822; *Le Grand Dictionnaire historique*, 1692; *Le Dictionnaire historique* de Feller (la 8e édition, celle de 1832); l'inévitable abbé Pluche, *Histoire du ciel*, 1742, et *Le Spectacle de la nature*, 1735, etc.

Les indications qui précèdent sur la composition du vieux fonds, sur ses principaux centres d'intérêt, permettent par voies contraires, de déceler les lacunes, les oublis les plus criants. La grande absente est incontestablement la littérature française. Celle-ci se réduit à quelques titres, presque tous à résonance religieuse (nous écartons de notre liste les histoires de la littérature pour ne retenir que les œuvres, sans exclusive à l'égard des prédicateurs): Madame de Sévigné, *Lettres choisies*, 1808; Pascal, *Les Pensées*, 1683; deux éditions des *Sermons* de Bourdaloue, 1750 et 1827; Fénelon, *De l'éducation des filles*, 1801; Massillon, *Sermons*, 1735, et deux exemplaires du *Petit Carême*, 1814; Jean-Baptiste Rousseau, *Oeuvres*, 1815.

Pas plus que la poésie, le roman[13] ou le théâtre, les lumières ne trouvent place dans le vieux fonds, ni d'ailleurs l'opposition aux lumières: la polémique contre les philosophes n'est représentée que par un titre, *L'Abrégé du dictionnaire de Trévoux*, légué aux Ursulines en 1797 par le curé Hubert.

Ce don rappelle le rôle d'un mode d'acquisition auquel les Ursulines (et tous les ordres religieux, aussi bien féminins que masculins) doivent une partie non négligeable de leur collection. Aux exemples que rapportent le registre des bienfaiteurs et la corres-

---

[13] Nous n'avons relevé qu'un seul roman dans l'inventaire de 1952: une traduction française des *Contes de Pierre Parley sur l'Amérique* par Samuel G. GOODRICH (Paris, 1832).

pondance de Marie de l'Incarnation, le vieux fonds lui-même et ses innombrables *ex-libris* donnent une éclatante confirmation. L'inventaire de 1952 (tout comme celui de 1968) s'attache au phénomène; à la suite du titre, il précise, lorsqu'il y a lieu, la provenance, c'est-à-dire, le nom du donateur. En conclusion, il propose un tableau (fort incomplet, il nous semble) des dons reçus par les Ursulines, puis il y joint 14 titres «marqués Collège des Jésuites», regroupement ambigu, car quelques-uns d'entre eux paraissent avoir été adressés directement aux Ursulines par l'auteur lui-même.

Nos recherches ne nous permettent pas de dresser une liste exhaustive des donateurs et des *ex-libris*. Voici, cependant, quelques noms; parmi les prêtres et membres de la Société de Jésus: La Tour, Bonnefons, Lafiteau, Saint-Jurre, Dosquet, Hubert, Gravé, Desjardins, Langlois, Maguire, Gingras, Plante, Le Moine, Martel; parmi les laïcs: Denonville, J. Neilson, J. Viger; parmi les institutions religieuses: les Ursulines de Paris, les Ursulines de Ploërmel, le Séminaire de Québec, le Collège des Jésuites.

Il reste à prendre la mesure d'une source sur laquelle nous nous sommes beaucoup appuyé. L'inventaire de 1952, si précieux soit-il, comporte tout de même des limites qui tiennent à sa nature et qu'il faut poser.

Notre inventaire ne décrit pas les ressources d'une bibliothèque en activité; il ne nous dit pas ce que possédaient les Ursulines à tel ou tel moment de leur histoire, comme le ferait tout véritable catalogue de bibliothèque. Il dresse plutôt à la hauteur de 1952 un bilan des rescapés, il fait le compte des restes, il rassemble des débris: ce qui, pêle-mêle, toutes générations confondues, a survécu à l'outrage des ans.

Jugement sans doute trop sévère qu'il faut aussitôt nuancer. À l'époque qui nous occupe, le livre est un bien précieux dont on prend grand soin. La survie de nombreux livres d'usage — une quinzaine chez les Ursulines — dénote un vif souci de conservation. Des maisons comme l'Hôtel-Dieu, l'Hôpital Général et le Couvent des Ursulines sont des conservatoires au sens propre du terme. Les religieuses gardent, conservent tout, à plus forte raison leurs livres. L'élagage est chose inconnue, ou du moins pratiquée en de rares occasions seulement: il prend alors la forme de dons faits à une institution amie éprouvée par une calamité, un incendie. Les collections constituent un patrimoine transmis intact de génération en génération. Pour ces raisons, les bibliothèques des ordres féminins ont eu tendance très tôt à se fossiliser, à se pétrifier: trait rassurant quand il s'agit de jauger l'inventaire de 1952 que nous venons d'interroger.

Peinture et musique

Le peintre Jean-Baptiste Roy-Audy:
une vocation tardive

Né à Québec en 1778, Jean-Baptiste Roy-Audy était le fils d'un artisan du bois. Orphelin de mère dès son bas âge, Roy-Audy fut élevé par son père. Il fit, semble-t-il, ses études primaires dans une école privée anglophone avant de s'occuper de la tenue des livres de la boutique familiale, où son père l'initiait à son métier.

Sans doute heureux de l'application de son fils, Jean-Baptiste Roy-Audy père l'inscrivait à l'atelier de François Baillargé en 1796, où le jeune homme apprit le dessin durant quelques mois. Il travailla à la boutique de son père jusqu'à sa maturité. Puis après son mariage à Julie Vézina, il s'établit à son compte. Tout au long de sa carrière d'ouvrier, Roy-Audy manifesta un intérêt particulier pour le travail spécialisé et l'ouvrage de précision. Devenu carrossier, il ne tarda pas à s'intéresser au vernissage, à l'inscription de blasons et au lettrage des voitures plutôt qu'à leur fabrication proprement dite.

Les relations qu'il s'était faites à l'atelier de Baillargé et dans les rangs de la milice lui assurèrent bon nombre de clients. Cependant, son sens des affaires ne semble pas avoir été à la hauteur de ses talents manuels car, en 1816, la Cour ordonnait la vente à l'enchère de tous ses biens. A 38 ans, Jean-Baptiste Roy-Audy se retrouvait entièrement démuni: il fallait repartir à neuf. C'est à ce tournant de sa vie qu'il opta pour la peinture.

A cette période, la production picturale était très pauvre dans le Bas-Canada; la Guerre de 1812 avait isolé le pays de l'Europe et empêché la formation de successeurs aux peintres de 1780. Pourtant la population croissait et, au même rythme, les besoins grandissaient, particulièrement pour la décoration des églises. Roy-Audy était-il au courant des possibilités qu'offrait alors la peinture ? Quoi qu'il en soit, nous croyons que le choix de l'ex-carrossier a surtout été influencé par un événement marquant: la venue à Québec de la collection Desjardins.

Le propriétaire de la collection, l'abbé Philippe-Jean-Louis Desjardins, nous en dévoile l'origine:

> Toutes ces églises [de France] avaient été pillées, du temps de Robespierre, en 1793, par des milliers de fripons. Des spéculateurs avaient collectionné un nombre infini de tableaux volés. Un de ces hommes fit banqueroute: sa collection fut vendue par autorité de justice. Je me rendis à l'encan, les tableaux étaient empilés dans une cour à Paris; c'était une

montagne de tableaux. Cette montagne fut adjugée en bloc pour presque rien comparativement à sa valeur réelle. Quelques jours plus tard, le cardinal Fesch, archevêque de Lyon, grand connaisseur, m'ordonne de faire transporter, chez lui, à Lyon, ma collection. Il en achète quelques-uns et me remit le reste: c'est ce que vous avez reçu en Canada. Ils furent acquis par le Séminaire, la cathédrale de Québec, l'église de Saint-Michel de Bellechasse, de Saint-Antoine de Lotbinière, et quelques autres églises du Canada; ceci s'est passé de 1815 à 1820 [1] . . .

Pour sa part, Mgr J.-Octave Plessis, l'évêque de Québec, écrivait:

Il n'est plus mention ici que des tableaux de M. Desjardins, généralement beaucoup plus grands que ne paraît la facture. Ils sont exposés dans l'église, le sanctuaire, la sacristie, l'avant-sacristie et le dessus du chœur de l'Hôtel-Dieu. Chacun veut les voir. J'y accompagnai lundi le général Sherbrooke. La collection est superbe. Peu de morceaux qui ne soient au dessus du commun [2] . . .

Cet événement souleva donc un grand intérêt parmi toute la population et, à plus forte raison, chez les artistes. Comme le souligne M. Gérard Morisset:

Il est intéressant de savoir que nombres de peinutres qui pendaient aux murailles des églises parisiennes, avant le grand bouleversement de 1789, font aujourd'hui l'ornement de quelques-uns de nos édifices religieux. Il est encore plus intéressant de constater que ces mêmes peintures ont servi de modèles à nos artistes et qu'ainsi l'École canadienne-française du XIXe siècle est un prolongement de l'école française des XVIIe et XVIIIe siècles. Joseph Légaré, Antoine Plamondon, Jean-Baptiste Roy-Audy, Triaud [Louis-Hubert], Théophile Hamel, Antoine Sébastien Falardeau, les abbés Dorion et Lapointe, Adolphe Rho ont appris leur métier en copiant les peintures de la collection Desjardins. S'ils en ont laissé des copies plus ou moins fidèles, ils s'en sont inspirés pour l'ordonnance de leurs propres compositions, en leur empruntant des visages, des expressions, des draperies, des fragments de paysages, voire des personnages entiers [3] . . .

Joseph Légaré fut le premier artiste à s'intéresser à la collection. Dès 1817, il acheta plusieurs toiles qu'il restaura et qu'il copia. « En 1823, l'abbé Maguire faisait restaurer quatre de ses tableaux [. . .] par deux jeunes peintres de Québec, Triaud [4] et Plamondon [5]. » Ce dernier confiait dans une lettre: « C'est la vue de ces tableaux qui m'a décidé d'aller étu-

[1] J.-M. LEMOINE, L'Album du touriste, Québec, Augustin Côté et Cie, 1872, p. 19-20.
[2] B.R.H., n° 6 (2 février 1900), p. 56-57.
[3] Gérard MORISSET, La Collection Desjardins, les tableaux de Saint-Antoine de Tilly, dans Le Canada français, vol. 22 (novembre 1939), p. 212-213.
[4] En 1820 Roy-Audy partagera son atelier (La gazette de Québec, 28 mars 1820).
[5] Gérard MORISSET, La Collection Desjardins à Saint-Michel de Ladurantaye et au Séminaire de Québec, dans Le Canada français, vol. 22, n° 6 (février 1933), p. 533.

dier la peinture à Paris en 1826 [6]. » En conséquence, il devient plausible que la collection Desjardins ait aussi contribué à orienter Roy-Audy vers le métier de la peinture.

Roy-Audy avait peut-être même travaillé avec Légaré à la restauration de ses toiles; une note de la veuve de Roy-Audy nous apprend en effet l'existence de relations d'affaires entre les deux hommes [7].

De plus, l'abbé Louis-Joseph Desjardins, qui connaissait personnellement Roy-Audy [8], avait besoin de peintres pour restaurer les œuvres endommagées de la collection et peu de gens connaissaient mieux que lui les besoins du milieu dans le domaine de la peinture. Il ne faut donc pas repousser l'hypothèse qu'il ait lui-même encouragé Roy-Audy à opter pour cette carrière.

Quoi qu'il en soit, vers les années 1817-1818, sa décision était prise, Jean-Baptiste Roy-Audy devenait peintre.

Michel CAUCHON,
étudiant des Études supérieures.

[6] J.-M. LEMOINE, *L'Album du touriste*, Québec, Augustin Côté et Cie, 1872, p. 20.

[7] Archives des Ursulines de Québec, Fonds Desjardins.

[8] Paroisse de la Sainte-Famille de Boucherville, *Livre de comptes 1792-1831*, assemblée du 20 juin 1819. Il lui apportera paiement de tableaux que le peintre exécutera pour cette église.

Archives du C.R.C.C.F.

Charles Huot (1855-1930)
Réimpression d'un négatif original représentant Charles Huot, circa 1910

246

La reconstitution musicale
de Colas et Colinette
de Joseph QUESNEL

[N.D.L.R.: A la suite de la représentation par la Comédie des Deux Rives de l'Université d'Ottawa de *Colas et Colinette*, « Comédie en prose mêlée d'ariettes » de Joseph Quesnel, nous avons cru qu'il intéresserait les lecteurs du *Bulletin* de connaître le travail de reconstitution auquel a dû se livrer le compositeur torontois Godfrey Ridout pour redonner vie à cette partition québécoise du XVIIIe siècle.]

L'un des obstacles majeurs à la compréhension globale de la musique dite classique provient paradoxalement du fait qu'elle est écrite. C'est que l'écriture musicale, avec son réseau complexe de signes et d'artifices graphiques plus ou moins rationnels, ne parvient qu'*approximativement* à représenter des réalités aussi fugitives que les sons, aussi impalpables que les rythmes, les intensités et les timbres. En ne précisant pas *comment* une œuvre doit être interprétée, l'écriture musicale dissimule et embrouille autant qu'elle révèle. Et nulle part l'obligation de « lire entre les lignes » n'est plus impérieuse — et plus littérale — que dans notre musique. Le chef d'orchestre Bruno Walter aimait à répéter que « la vraie musique est entre les notes ». On ne saurait dire mieux, et la remarque est de conséquence pour tous les interprètes.

Il n'empêche que la notation musicale ne soit indispensable pour la préservation des répertoires dans les civilisations à dominante historique. « Les sons meurent s'ils ne sont pas notés, parce qu'ils ne peuvent être retenus uniquement par la mémoire », écrivait au VIIe siècle l'encyclopédiste Isidore de Séville. Depuis ce temps, les compositeurs et surtout les théoriciens se sont appliqués à inventer des systèmes sémiographiques aptes à traduire le plus fidèlement possible leurs intentions.

Mais qu'arrive-t-il si une œuvre n'est notée qu'en partie seulement ? Est-elle inutilisable, *lettre morte* ? Tel est le problème qui s'est présenté à propos de *Colas et Colinette ou le Bailli dupé* de Joseph Quesnel (1749-1809), le tout premier opéra-comique à avoir été composé en Nouvelle-France par cet ancien capitaine malois devenu, après bien des pérégrinations, marchand général à Boucherville. *Colas* fut représenté deux fois en janvier et février 1790 à Montréal par le Théâtre de Société, avec un succès considérable si l'on en croit les comptes rendus élogieux parus dans les journaux de l'époque, et repris à Québec en 1805. Puis l'opérette tomba dans l'oubli et les manuscrits de Quesnel s'en allèrent dormir quelques lustres dans les armoires de l'église Notre-Dame de Montréal avant que d'en être rudement délogés lors d'un « grand ménage » peu discriminatoire . . . Les documents qui échappèrent au coup de balai furent colligés par Jacques Viger, le premier maire de Montréal, et légués aux Archives du Séminaire de Québec où M. Helmut Kallmann, à qui nous sommes redevables de toute la documentation sur le sujet, les répertoria en 1960.

Or de *Colas* n'étaient préservées que la mélodie des quatorze airs chantés et la partie du second violon, c'est-à-dire, en somme, le squelette. Convaincu néanmoins de la beauté de ces restes, M. Kallmann demanda au compositeur torontois Godfrey Ridout de les étoffer quelque peu . . .

Pour une fois, le hasard avait bien fait les choses. Eussions-nous perdu la mélodie des airs, il est évident que l'œuvre n'eût pu être reconstituée. Mais toute mélodie suppose ou sous-entend un accompagnement que les règles de l'harmonie tonale prévalant à une époque permettent de reconstruire avec vraisemblance. Mieux encore, la partie conservée de second violon fournissait un embryon de l'harmonie originale et quelques-uns des schémas rythmiques : il est heureux que cette partie-là précisément fût conservée, car les premiers violons ne font que doubler en général la mélodie chantée.

C'est à partir de ces données initiales que Godfrey Ridout s'est attaqué au problème de la reconstitution intégrale. Il lui fallait d'abord composer une basse, substrat essentiel de tout l'édifice, compléter les parties intermédiaires manquantes (ce qu'en termes de métier on appelle le « remplissage »), ajouter les quelques notes omises ou effacées par le temps, corriger les erreurs manifestes du copiste, assembler ou harmoniser le tout à quatre voix dans le style cultivé dans la seconde moitié du XVIIIe siècle, et penser une instrumentation.

Techniquement, un tel travail est moins ardu qu'il ne peut sembler au profane : pour un musicien rompu aux exercices de son métier, cela revient à une harmonisation et à un arrangement dans un style imposé, comme on en pratique dans tous les conservatoires. La plupart des chansons à succès de notre époque ne sont pas composées autrement. Un simple exemple suffira à faire saisir ce point. Représentons par le chiffre 8 un son quelconque d'une mélodie donnée; ajoutons-y au-dessous, joué par le second violon, un autre son situé à un intervalle de quarte, et représenté par le chiffre 5. Compte tenu de la configuration générale de la mélodie (son « arabesque »), de son rythme et de tous les autres sons précédents et suivants, un harmoniste compétent n'éprouvera aucune difficulté à compléter cette structure partielle. En poussant même la formalisation jusqu'à ses limites, on peut ramener le problème à une équation à 4 paramètres dont deux sont toujours connus, et résolue numériquement sous la forme

8 (octave, do)

5 (quinte, sol)

3 (tierce, mi)

1 (son fondamental, do)

c'est-à-dire un accord parfait majeur en position fondamentale, les deux chiffres inférieurs, soulignés, désignant les parties ajoutées et jouées par l'alto, le violoncelle et la contrebasse. Un tel système s'avère tellement pratique à l'usage que la plupart des œuvres composées entre 1600 et 1750 l'ont été selon cette convention: c'est l'époque de la basse chiffrée, ou de la musique baroque.

Mais il y a le style, et c'est là que la question se complique. On peut être bon réalisateur d'accords, et ne rien comprendre aux usages musicaux d'une époque antérieure, et reporter sur le XVIIIe siècle classique les harmonisations plus chargées du XIXe siècle romantique. Il faut savoir gré à Godfrey Ridout d'avoir fait preuve du plus grand tact dans le traitement de ce détail subtil qui fait toute la différence entre la réussite et l'échec, et d'avoir été au moins aussi fidèle à l'esprit qu'à la lettre. Certes, il pouvait se reporter à des modèles contemporains de *Colas*, les vaudevilles de Grétry, Philidor, Monsigny, par exemple, et même au *Devin du Village* de Jean-Jacques Rousseau, créateur de l'opéra-comique, qui a inspiré le *Singspiel Bastien et Bastienne* de Mozart, et qui était certainement connu de Quesnel. Mais Ridout ne s'est pas contenté de faire œuvre de restauration archéologique: il a *innové* en transposant les registres des voix en fonction des rôles que Quesnel avait tous notés pour voix d'hommes, même le rôle de Colinette, les femmes étant alors bannies des tréteaux... Ainsi le vilain bailli est-il chanté par une basse, le bon Monsieur Dolmont, protecteur de Colinette, par un baryton, Colinette par un soprano, et Colas par un ténor. Innovations également que la rédaction de la partition pour petit orchestre de chambre dans le ton des opérettes, l'inclusion de soli d'instruments à vent suggérés encore une fois par la partie de second violon, et l'addition d'une longue ouverture à deux thèmes fondée sur les principaux motifs de l'œuvre, le premier avec ses rythmes syncopés, ayant l'allure gaie-luronne d'une danse paysanne, le second caractérisé par ses ritournelles et ses séquences dramatiques à la Rossini. Entreprise licite, ou caricature ? Pastiche plutôt, et il n'y a là aucune honte: on a longtemps attribué à Bach des œuvres qui se sont révélées de Vivaldi, Mozart a imité parfaitement le style de Jean-Chrétien Bach, et le jeune Beethoven celui de Haydn. Faut-il rappeler que le pastiche, l'équivalent du thème d'imitation en littérature, constitue le moyen le plus sûr de se pénétrer d'un style étranger, et que Proust lui-même est le plus grand des pasticheurs ? Dans le cas qui nous occupe, il y va de la vie même de l'œuvre musicale qui est essentiellement mouvement, renouvellement, mutation, et l'on peut être reconnaissant à Godfrey Ridout d'avoir contribué personnellement au charme de *Colas et Colinette*. Après tout, Kurt Redel n'a pas agi autrement dans sa restitution de la *Passion selon saint Marc* de Telemann et du trop fameux Canon de Pachelbel, où il y a autant de Redel que de Pachelbel [1] . . .

Yves CHARTIER,
professeur au Département de Musique
de l'Université d'Ottawa.

[1]   *Colas et Colinette* a été joué pour la première fois dans la version de Ridout le 6 octobre 1963, en l'auditorium de la Faculté de Musique de l'Université de Toronto. Il en existe un enregistrement sur disque SELECT, n° CC. 15.001, réalisé en 1968, avec Pierrette Alarie, Léopold Simoneau, Claude Létourneau, Claude Corbeil et l'orchestre de Radio-Canada sous la direction de Pierre Hétu.

Note bibliographique (1983): *Colas et Colinette* ou *Le bailli dupé. The Bailiff Confounded*. Comédie-vaudeville. Comic Opera. Musique et paroles de Joseph Quesnel. Reconstitution par Godfrey Ridout. Toronto, Gordon V. Thompson, 1974, 72 p. Introduction (en français et en anglais) par Helmut Kallmann. Traduction anglaise des paroles de Michael S. Lecavalier.

La musique d'orgue en Nouvelle-France

par Pierre GERMAIN*

La musique d'orgue constitue l'un des aspects les plus ignorés et les plus surprenants de la vie culturelle en Nouvelle-France. Ce fait tient sans doute à la rareté des documents relatifs au sujet mais aussi peut-être au manque d'intérêt des historiens pour cette forme d'activité. De toute façon, cette facette de notre histoire culturelle mérite mieux que le sort qui lui a été réservé jusqu'à maintenant, et le présent article voudrait contribuer à le mettre davantage en lumière.

En prenant en considération la nature et l'importance des faits révélés par les documents, nous diviserons cette esquisse en deux périodes: le XVIIe et le XVIIIe siècle.

* * *

On n'a pas encore relevé la présence d'un orgue en Nouvelle-France aux origines mêmes de la colonie, ni à Port-Royal, ni à Québec. Il est néanmoins intéressant de savoir que dès la fondation des premiers établissements on a chanté dans les chapelles et les églises[1], qu'à partir d'une certaine date on y a fait usage d'instruments de musique, soit des violes et des flûtes[2]. Mais quand l'orgue, lui, a-t-il fait sa première apparition? Il y en avait peut-être un à Québec en 1644, mais le document d'archives signalé par Nazaire Levasseur dans un article de *La musique* en 1919 pour démontrer ce fait n'a pas été retrouvé par la suite[3]. En 1657 cependant, un acte notarié de Guillaume Audouart, notaire royal et secrétaire du Conseil de Québec, nous apprend qu'un maître menuisier du nom de Jean Levasseur avait payé en argent et en castor la somme de 60 livres tournois en reconnaissance de ce que «les sieurs curés et marguillers prêtent à la confrérie de Sainte-Anne leur église, cloches, orgue et susdite chapelle de Sainte-Anne[4]». Comme il s'agit ici de l'église Notre-Dame de Québec, nous y reviendrons un peu plus loin.

En effet, la source principale de nos renseignements sur cette époque est le *Journal des Jésuites,* ainsi que leurs *Relations.* Or la première mention concernant l'usage de l'orgue dans le *Journal des Jésuites* est relative à l'orgue de leur chapelle à Québec. L'extrait du *Journal* de février 1661 nous apprend que

---

* L'auteur est bibliothécaire titulaire à la bibliothèque Morisset de l'Université d'Ottawa.

[1] Willy AMTMANN, *La musique au Québec, 1600-1875,* Montréal, Éditions de l'Homme, 1976, chapitre «Te Deum à Québec», p. 65-96.

[2] Lucien BRAULT, «Les instruments de musique dans les églises de la Nouvelle-France», dans le *Rapport 1956-57 de la Société canadienne d'histoire de l'Église catholique,* p. 91-101.

[3] *Ibid.,* p. 98. Il s'agit de l'article de Nazaire LEVASSEUR, «Musique et musiciens à Québec: les souvenirs d'un amateur», dans *La Musique,* Québec, vol. I, n° 3, mars 1919, p. 26. L'auteur de cet article donne pourtant la référence exacte aux archives du presbytère de Notre-Dame de Québec, carton 3, numéro 4.

[4] Cité par Henri ROYER dans «La musique, les orgues et les organistes à la basilique Notre-Dame de Québec», dans la *Revue Saint-Grégoire,* 1ère année, n° 1, mars 1949, p. 23.

L'Église Notre-Dame de Québec

La photogravure mise en regard du titre de l'étude d'Ernest Myrand, *Noëls anciens de la Nouvelle-France* (Montréal, Beauchemin, 4ᵉ édition, 1926), représente Notre-Dame de Québec. La première église catholique de l'Amérique du Nord, elle nous apparaît rayonnante, invitant les fidèles à la messe de minuit.

Edmond LeMoine, célèbre artiste-peintre, s'est inspiré d'une esquisse de Fred B. Schell.

[...] les 40 heures se firent à l'ordinaire de l'an passé; le Dimanche au salut, l'*Ecce Panis* en plein chan à l'entrée & chanta-t-on le *Pange lingua* avec quelques couplets des litanies du nom de Iesus; on oublia le *Sub tuum præsidium*, l'orgue ioüa pendant la descente du St. Sacrement & la bénédiction, & puis on finit par le *Domine salvum fac regem*[5].

Les Jésuites font mention de l'orgue de leur chapelle une seconde fois trois ans plus tard, dans leur *Journal*, au mois de février 1664. L'occasion en est la fête de saint Mathias, le 24 février, qui tombait cette année-là le lundi gras. On y spécifie qu'à la grand-messe «L'ordre de la musique fut: 1. un motet en l'honneur du S. Sacrement, puis le petit sermon, puis l'orgue, attendant qu'on allumast le reste des luminaires[6]».

Revenons maintenant à l'orgue de l'église paroissiale. Nous avons vu plus haut qu'il en est fait mention dès 1657. Le registre du marguillier nous apprend, pour sa part, qu'en novembre 1663 on avait acheté 300 clous pour construire l'escalier qui devait mener à l'orgue[7]. Peut-être s'agit-il de l'orgue que Mgr de Laval, fraîchement débarqué à Québec, avait apporté de Paris dans ses bagages. Nous devons nos renseignements sur cet orgue à l'abbé Bertrand de La Tour qui, ayant séjourné à Québec de 1729 à 1731[8], soit quelque vingt ans après la mort de Mgr de Laval en 1708, devait publier en 1761 la première biographie de l'illustre évêque, à partir des mémoires et des témoignages recueillis[9]. La Tour nous dit cependant que cet orgue commença à être utilisé vers la fin de 1664, sans préciser davantage les raisons du délai ni les circonstances de l'inauguration[10]. Quant au *Journal des Jésuites*, on y mentionne la présence d'un orgue à Notre-Dame de Québec pour la première fois en avril 1664. On y lit en effet que

[...] les 3. festes suivantes [il s'agit des dimanche, lundi et mardi de Pâques] le salut se fit à la paroisse avec les instrumens *(tunc primum)* au jubé proche des orgues; cela alla bien, excepté que les voix & instrumens sont faibles pour un si grand vaisseau[11].

Ces témoignages nous montrent qu'il y avait alors un orgue à Notre-Dame de Québec mais ne nous indiquent pas quel usage on en faisait. Fort heureusement, d'autres sources nous apportent des renseignements là-dessus. Mgr de Laval lui-même, décrivant sa nouvelle église paroissiale dans son *Informatio de Statu Ecclesiæ Novæ Franciæ* adressée au Saint-Siège le 26 août 1664, parle des chantres et de l'orgue dans les termes suivants: «Dans les grandes fêtes, la messe, les vêpres et le salut du soir se chantent en musique, avec orchestre, et nos orgues mêlent harmonieusement leurs voix à celles des chantres[12].» Pour leur part, les *Relations des Jésuites* nous racontent qu'à

---

5   *Journal des Jésuites*, publié d'après le manuscrit original conservé aux Archives du Séminaire de Québec par MM. les abbés Laverdière et Casgrain, Québec, L. Brousseau, 1871, p. 291-292.

6   *Ibid.*, p. 324.

7   Cité par Willy AMTMANN, *op. cit.*, p. 130.

8   Voir la notice «Latour, Bertrand de», dans le *Dictionnaire biographique du Canada*, volume IV, de 1771 à 1800, Québec, Presses de l'Université Laval, 1980, p. 475-476.

9   Louis-Bertrand de LA TOUR, *Mémoires sur la vie de M. de Laval, premier évêque de Québec*, Cologne [i.e. Montauban]. J.-F. Motiens. 1761. «C'est sur de bons mémoires & sur le rapport d'un grand nombre de personnes qui avoient connu le saint Évêque, que l'Auteur pendant son séjour à Québec a rassemblé les divers faits dont il rend compte au public», préface, p. iv.

10   *Ibid.*, p. 172.

11   *Journal des Jésuites*, p. 325.

12   *Quebecen. beatificationis et canonizationis Ven. Servi Dei Francisci de Montmorency-Laval, Episcopi Quebecensi (+1708) Altera nova positio super virtutibus ex officio critice disposita.* [Città del Vaticano]. Typis Polyglottis Vaticanis. 1956. p. 99, 104-105. «In majoribus festis missa, vesperae ac

une date ultérieure, soit le 1er juin 1665, l'arrivée du nouveau gouverneur, Monsieur de Tracy, fut marquée par une réception fastueuse où l'on vit Mgr de Laval, revêtu pontificalement et accompagné de son clergé, accueillir le nouveau dignitaire et où «on chanta le *Te Deum,* avec l'orgue et la musique[13]».

À la lumière des faits énoncés précédemment, nous aimerions tout de suite souligner qu'il y avait au moins deux orgues à Québec, en Nouvelle-France, vers 1660, soit cinquante ans avant qu'il y en ait à Boston en Nouvelle-Angleterre[14]. C'est seulement en 1711 que le Bostonnais Thomas Brattle fait installer le premier orgue dans une colonie anglaise d'Amérique, délai qu'il faut sans doute imputer au puritanisme des premiers colons du Massachusetts[15].

Y eut-il des facteurs d'orgues en Nouvelle-France au XVIIe siècle? Parlant des orgues apportées de Paris à Québec par Mgr de Laval, Bertrand de La Tour nous dit que «Sur ce modelle un Ecclésiastique, qui a du génie pour la méchanique, en a fait dans plusieurs églises avec du bois seulement qui rendent un son fort agréable[16]». Toutefois La Tour ne donne pas le nom de cet ecclésiastique et ne précise pas à quelle époque il a exercé son activité, ni pour quelles églises il a fabriqué des orgues.

Quels furent enfin les organistes qu'on entendit à Québec au XVIIe siècle? Trois noms ont été avancés: François d'Anger pour 1661, François Du Moussart de 1666 à 1670 et Louis Jolliet de 1670 à 1700[17]. Les deux premiers personnages étaient des musiciens, tout comme le troisième, mais l'attribution qu'on leur a faite de la fonction d'organiste n'a pas encore l'appui de preuves documentaires[18]. Quant à Louis Jolliet, l'illustre explorateur, il est le seul dont les activités d'organiste sont confirmées[19]. Le premier document parlant de lui sous ce rapport est une sorte de mémorandum des services funèbres, daté de l'année 1700:

> Le 15 septembre, un service pour défunt M. Jolliet, en reconnaissance d'avoir joué des orgues à la Cathédrale et paroisse beaucoup d'années. Fait gratis[20].

Le second document attestant les activités d'organiste de Louis Jolliet est l'extrait des *Registres des délibérations de la Fabrique de Québec* (13 mars 1720, soit vingt ans après la mort de Jolliet) qui nous apprend que

---

serotinum Salve musice cantatur hexacordon diversum et suo numero absolutum et organa vocibus suaviter commixta musicum mirifice hunc concertum adornant.» La date du 26 août 1664, qu'on retrouve chez Amtmann, Levasseur, Gosselin et Gagnon, m'a été confirmée par Armand Gagné, archiviste de l'archidiocèse de Québec, dans une lettre du 12 août 1982.

[13] *Relations des Jésuites,* volume III, embrassant les années 1656 à 1672, Québec, A. Côté, 1858, année 1665, p. 5.

[14] L. SPELL, «Music in New France in the Seventeenth Century», dans *The Canadian Historical Review,* new series, volume VIII, 1927, p. 119-131. «New France could boast of an organ in the cathedral at Quebec a half century before there was one in Boston», p. 130.

[15] Willy AMTMANN, *op. cit.,* p. 131.

[16] Louis-Bertrand de LA TOUR, *op. cit.,* p. 172.

[17] Willy AMTMANN, *op. cit.,* p. 136.

[18] *Ibid.,* p. 136-141.

[19] *Ibid.,* p. 140-141.

[20] Cité par P.V. CHARLAND dans «La date de la mort de Louis Joliet», dans le *Bulletin des recherches historiques,* vol. 20, 1914, p. 267.

[...] le feu Sieur Jolliet n'a point payé la mutation qu'il devoit après la mort du d. feu Sr Bissot, parce que la d. fabrique luy en avoit fait remise en considération de ce qu'il jouoit des orgues et avoit montré à en jouer à plusieurs personnes du Séminaire[21].

Il est très intéressant de constater qu'entre ses voyages d'exploration, Louis Jolliet non seulement touchait les orgues de la cathédrale mais donnait aussi des leçons d'orgue au séminaire.

Quelles conclusions peut-on tirer de cet examen des documents relatifs à la musique d'orgue en Nouvelle-France au XVIIe siècle? Bien que nous ne soyons guère renseignés sur la composition de ces orgues ni sur le genre de musique qu'on y exécutait, nous savons néanmoins trois choses: *a)* il y eut au moins deux orgues à Québec dans la seconde moitié du XVIIe siècle, *b)* on les utilisait dans les circonstances solennelles, non seulement pour accompagner les chants mais aussi pour y jouer des interludes instrumentaux, *c)* enfin, un personnage illustre de la Nouvelle-France, Louis Jolliet, a exercé les fonctions d'organiste et de professeur d'orgue à Québec.

* * *

Quelles découvertes nous réserve maintenant l'examen des documents relatifs au XVIIIe siècle? En premier lieu, l'apparition à Québec d'un orgue dont il n'a pas encore été question: celui de la chapelle de l'Hôpital Général. Nous sommes renseignés là-dessus par les archives de l'institution. En l'année 1705, la mère Saint-Augustin[22], première supérieure générale, s'avisa de faire installer un orgue dans la chapelle. On acheta alors un orgue qui se trouvait au palais épiscopal et, un an après, Monsieur de la Colombière, chapelain de la communauté, en devint également l'organiste[23]! Au tournant du siècle il y avait donc des orgues à Québec, non seulement chez les Jésuites et à la cathédrale mais aussi au palais épiscopal. Encore à Québec, il faut signaler que l'intendant Dupuy apporta avec lui en 1726 «une petite épinette portative et un grand cabinet d'orgue, contenant douze jeux, avec son sommier et sa soufflerie[24]». La destination de cet orgue n'étant pas spécifiée, il faut présumer qu'il fut installé dans la maison de l'intendant, si unique le fait soit-il, puisque Dupuy possédait par ailleurs une imposante collection de musique imprimée comprenant, entre autres, des motets de Campra et de Bernier, et des cantates de Clérambault[25].

Il est temps de voir ce qui se passait à Montréal. Avant même la fin du siècle précédent, en 1692, Monsieur Tronson, supérieur de Saint-Sulpice de Paris, écrivait à

---

[21] Cité par Ernest GAGNON dans son *Louis Jolliet*, 4e éd., Montréal, Beauchemin, 1946, p. 144.

[22] Il s'agit de la mère Louise-de-Soumande-de-Saint-Augustin. À ne pas confondre avec mère Catherine-de-Saint-Augustin, hospitalière de l'Hôtel-Dieu. Voir Henri ROYER, «L'Hôpital-Général et la musique religieuse», dans la *Revue Saint-Grégoire*, 3e année, n° 2, juillet 1951, p. 14.

[23] *Ibid.*, p. 15.

[24] Cité par Jean-Claude DUBÉ dans «Les intendants de la Nouvelle-France», dans la *Revue d'histoire de l'Amérique française*, vol. 29, n° 1, juin 1975, p. 47. L'auteur m'a également fait voir un inventaire des biens de Dupuy, reproduit à partir des *Archives des colonies*, série C11A, 62, fol. 85, où il est justement fait mention d'un orgue.

[25] «Liste des livres faisant partie de la bibliothèque de Dupuy», dans les *Archives des colonies*, série E, 163, fol. 32-43, citées par Jean-Claude DUBÉ dans *Claude-Thomas Dupuy, intendant de la Nouvelle-France*, Montréal, Fides, 1969, p. 361, 373-374.

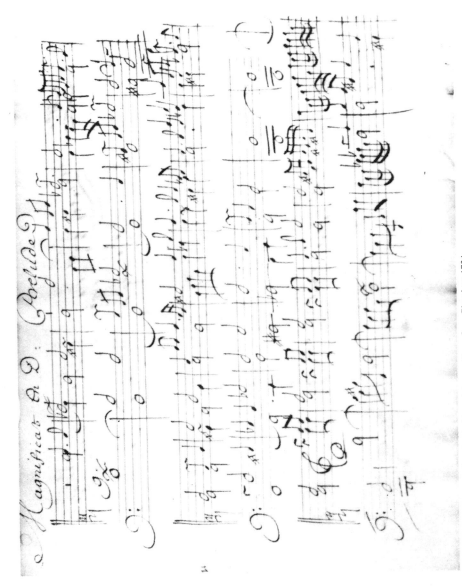

Première page du *Livre d'orgue de Montréal* apporté par Jean Girard en 1724
Extrait du fac-similé du manuscrit (Montréal, Fondation Lionel-Groulx, 1981, 540 p.) Courtoisie de la Fondation.

Monsieur de Belmont, missionnaire et futur supérieur de Montréal: «Je ne scay [...] si vos orgues et votre clavessin ne seront point remises à une autre année[26].» C'est le premier document où il est question de l'envoi d'un orgue à Montréal. En quelle année l'orgue fut-il effectivement envoyé? On en discutait encore en 1698, puisque cette année-là on délibéra sur l'opportunité d'affecter à la construction du clocher de l'église les 800 livres quêtées pour l'achat de l'orgue[27]! En 1701, Monsieur Lechassier, supérieur de Saint-Sulpice de Paris, écrivait à Monsieur Dollier, supérieur de Montréal, qu'il ne recevrait pas l'orgue[28]. Cependant l'orgue dut être installé au plus tard en 1705 puisque cette même année apparaît dans les archives de la paroisse le nom de son premier organiste, J.B. Poitiers Du Buisson, lequel reçut occasionnellement une rémunération, notamment en 1718, «pour avoir joué les orgues pendant plusieurs années[29]». Un autre organiste, Charles-François Coron, joua pour sa part de 1722 à 1734 et reçut dès le début un salaire annuel fixé en 1727 à 45 livres en argent ou 50 livres en nature[30]. À partir de 1734, on trouve les noms de Jean Girard, sulpicien, de Périneau dit Lamarche et Perthuis comme organistes de Notre-Dame de Montréal jusqu'à la fin du régime français. Le premier ne bénéficiant pas de mention de rémunération, tout porte à croire que les véritables titulaires ont été les deux autres, le deuxième jusqu'en 1740, le troisième à partir de cette date[31].

Toutefois c'est Jean Girard qui a accédé récemment à la célébrité par suite de la découverte du *Livre d'orgue de Montréal*[32]. Né à Bourges en 1696, entré dans la Compagnie de Saint-Sulpice en 1720, Jean Girard arriva à Montréal en 1724[33]. Il apportait avec lui, entre autres ouvrages de musique, le *Premier Livre d'orgue* de Guillaume-Gabriel Nivers (1632-1714), organiste du roi, et surtout un imposant manuscrit de 398 pièces d'orgue[34]. C'est ce document exceptionnel, aujourd'hui en la possession de la Fondation Lionel-Groulx, qu'on appelle *Le Livre d'orgue de Montréal*. Il a été effectivement utilisé, comme en font foi les nombreuses craquelures qui se remarquent au dos de la reliure[35]. Mais de quel instrument disposait notre organiste pour exécuter la musique qu'il apportait avec lui? L'orgue de Notre-Dame de Montréal, en service depuis 1705, a peut-être servi à Girard toute sa vie si c'est le même dont parle l'inventaire de la fabrique de Notre-Dame en 1787, dans les termes suivants: «Il y a à la tribune un jeu d'orgues qui est à un clavier très simple et en fort mauvais état par divers

---

[26] «Minutes de la Correspondance des Supérieurs de Saint-Sulpice de Paris», 1692, p. 17, dans les *Archives de Saint-Sulpice de Paris*, citées par Élisabeth GALLAT-MORIN et Antoine BOUCHARD dans *Témoins de la vie musicale en Nouvelle-France*, Montréal, Archives nationales du Québec, 1981, p. 18.

[27] O. LAPALICE, «Les organistes et maîtres de musique à Notre-Dame de Montréal», dans le *Bulletin des recherches historiques*, vol. 25, 1919, p. 243.

[28] «Minutes de la Correspondance des Supérieurs de Saint-Sulpice de Paris», 1701, p. 239, dans les *Archives de Saint-Sulpice de Paris*, citées par Élisabeth GALLAT-MORIN et Antoine BOUCHARD dans *op. cit.*, p. 20.

[29] O. LAPALICE, *op. cit.*, p. 243.

[30] *Ibid.*, p. 243-244.

[31] *Ibid.*, p. 244-245.

[32] *Le Livre d'orgue de Montréal*, Montréal, Fondation Lionel-Groulx, 1981, 540 p. Fac-similé du manuscrit du fonds Girouard.

[33] *Ibid.*, préface d'Élisabeth GALLAT-MORIN, p. v-vi.

[34] *Ibid.*, p. v.

[35] *Ibid.*, p. ix.

raccommodages qu'on y a fait[36]». Même sur un orgue d'un seul clavier, Girard pouvait jouer tout son répertoire puisque les orgues de cette nature avaient un ou des jeux coupés permettant de jouer un solo d'une main et l'accompagnement de l'autre sur le même clavier[37]. Nous savons aussi que Girard a joué l'orgue de Notre-Dame de Montréal toute sa vie, soit plus de 40 ans (il est mort en 1765), d'après le témoignage de son supérieur, M. de Montgolfier[38].

D'autre part, l'examen du *Livre d'orgue de Montréal*, de même que du *Premier Livre d'Orgue* de Nivers, nous a permis d'évoquer le genre de musique qu'ont dû entendre les auditeurs de Notre-Dame de Montréal durant la vie de Girard. C'est bien le style de l'école française classique des XVIIe et XVIIIe siècles: suites de pièces relativement brèves, préludes, fugues, duos, trios, récits, dialogues, pleins-jeux, etc., conçues pour faire valoir les diverses sonorités de l'orgue et groupées sous un titre général, *Messe, Magnificat, Pange lingua, Te Deum*, etc., indiquant leur destination liturgique. En France, l'orgue alternait avec le chant, verset par verset. La même coutume a dû être observée en Nouvelle-France, là où l'on disposait d'un orgue, puisque d'une façon générale le cérémonial liturgique suivait de près les usages de la mère patrie. Le manuscrit de Girard contient aussi de belles pièces pour l'offertoire et l'élévation.

Qui est l'auteur ou qui sont les auteurs des pièces contenues dans le manuscrit de Girard? Jusqu'à présent, une quinzaine de ces pièces ont été reconnues comme étant de Nicolas Lebègue (1630-1702), organiste du roi, puisqu'elles se retrouvent dans les trois livres publiés de son vivant[39]. Il sera intéressant de connaître la paternité des autres, puisque Lebègue est l'un des grands noms de l'école française classique.

Revenons maintenant à Québec où nous aurons l'occasion de rencontrer le premier facteur d'orgues de la Nouvelle-France connu par son nom[40]. Il s'agit de Paul Jourdain dit Labrosse (1697-1769[41]). À vrai dire, celui-ci est né et a vécu à Montréal, et il est surtout connu comme sculpteur-ébéniste[42]. Il a pourtant signé son acte de mariage comme «facteur d'orgues[43]». De plus, c'est lui qui a été chargé de construire un nouvel orgue pour la cathédrale de Québec en 1721. Dans le marché conclu avec le chapitre de Québec à ce sujet, on lit que

> [...] le Sr Paul Jourdain dit Labrosse facteur d'orgues demeurant en cette ville [Villemarie] [...] s'oblige de faire un orgue de sept jeux la voix humaine y comprise, Bonne et valable, en Luy

---

[36] «Inventaire de la fabrique Notre-Dame de Montréal», 1787, dans les *Archives de la paroisse Notre-Dame, Montréal*, citées par Élisabeth GALLAT-MORIN et Antoine BOUCHARD dans *op. cit.*, p. 21.

[37] Élisabeth GALLAT-MORIN et Antoine BOUCHARD, *Témoins de la vie musicale en Nouvelle-France*, Montréal, Archives nationales du Québec, 1981, préface, p. 7-8.

[38] «*Archives du Séminaire de Saint-Sulpice, Montréal*», citées par Élisabeth GALLAT-MORIN et Antoine BOUCHARD dans *op. cit.*, p. 21.

[39] Nicolas LEBÈGUE, *Pièces d'orgue*, Paris, Baillon, 1676; *Second Livre d'orgue*, Paris, Lesclop, 1678; *Troisième Livre d'orgue*, Paris, S. Le Franc, 1685.

[40] Il a été question plus haut de l'ecclésiastique anonyme qui a fabriqué des orgues sur le modèle de celui de Mgr Laval. Voir Louis-Bertrand de LA TOUR, *op. cit.*, p. 172.

[41] Voir la notice «Jourdain, dit Labrosse, Paul-Raymond», dans le *Dictionnaire biographique du Canada*, vol. III, de 1741 à 1770, Québec, Presses de l'Université Laval, 1974, p. 340-341.

[42] *Ibid.*, p. 340.

[43] Élisabeth GALLAT-MORIN et Antoine BOUCHARD, *op. cit.*, p. 24.

fournissant [...] tout ce qui sera nécessaire pour faire lad orgue, lequel led Sr de St Michel [l'organiste] soblige de la mettre en accord[44].

Dans un mémoire sans nom ni date qui pourrait bien se rapporter à ce marché, on voit le facteur d'orgues demander matériaux et conseils pour la fabrication, et mentionner cinq jeux en particulier, à savoir le nazard, le flageolet, le cornet, la voix humaine et la trompette[45], jeux tout à fait caractéristiques de l'orgue français classique. Dans les comptes du facteur Labrosse, on constate même qu'il y avait en fait deux orgues dans la cathédrale en 1721-1722; on lui paie «250 frs pour le raccommodage de la petite orgue[46]»; le 9 mars 1723, on trouve le compte suivant: «Pour prix et façon de l'orgue 800 1; pour la monter 90 1», puis le compte des voyages de Montréal à Québec et finalement le total de 1 165 1, y compris «25 1 pour le buffet de la petite orgue[47]».

L'orgue de Labrosse ne devait durer que vingt ans. En 1738, on commanda de l'étain à Paris pour remplacer quelques tuyaux[48]. Mais en 1744, Mgr de Pontbriand fit défaire l'orgue en vue de la reconstruction de sa cathédrale[49]. Le chanoine Lacorne fut chargé de faire construire de nouvelles orgues à Paris[50]. La correspondance de celui-ci, de même que l'acte de vente, nous renseignent fort bien sur la nature du nouvel orgue. Le 27 février 1753, Lacorne écrivait à son collègue Lavillangevin du chapitre de Québec: «J'aurai l'orgue pour 1850 frs tout neuf [...]. Il y aura une trompette, un tremblant doux et un tremblant fort, deux claviers[51].» Le lendemain, il écrivait à un autre collègue, le syndic De Tonnancour du chapitre de Québec: «Je n'ai pas voulu retrancher la trompette qui est un objet considérable et sans laquelle votre orgue n'est rien pour votre église, à ce que disent les organistes. Cette trompette fera autant de bruit que tout le reste[52].» Le 10 mars suivant, était passé devant notaire à Paris le contrat de vente de l'orgue entre Robert Richard, maître facteur d'orgues, et le chanoine Lacorne[53]. On y trouve une description à peu près complète de l'orgue :

[...] un jeu de Bourdon, un jeu de Flute, un jeu de Quinte où de Nazart, un jeu de Doublette, un jeu de Fourniture, un jeu de Cymballe, un jeu de Cromhorne placé devant pour pouvoir l'accorder plus facilement. En outre un tremblant doux, un tremblant fort, une trompette, deux claviers (dont un à la main et l'autre pour joüer avec le pied nommé Pédal où tirace) jeux coupés, ainsi qu'une tierce[54].

---

[44] «Greffe du notaire David», 379, 31 juillet 1721, dans les *Archives nationales du Québec, Montréal*, citées par Élisabeth GALLAT-MORIN et Antoine BOUCHARD dans *op. cit.*, p. 24.

[45] *Archives du Séminaire de Québec*, citées par Élisabeth GALLAT-MORIN et Antoine BOUCHARD dans *op. cit.*, p. 24.

[46] *Archives de l'Archidiocèse de Québec*, citées par Henri TÊTU dans «Le Chapitre de la cathédrale de Québec et ses délégués en France», dans le *Bulletin des recherches historiques*, vol. XIV, n° 12, décembre 1908, p. 359, note 1.

[47] *Ibid.*

[48] *Ibid.*, vol. XVI, n° 8, août 1910, p. 240.

[49] Henri TÊTU, «Le Chapitre de la cathédrale de Québec et ses délégués en France», dans le *Bulletin des recherches historiques*, vol. XIV, 1908, p. 359, note 1. L'auteur cite également un mémoire du chanoine Lavillangevin qu'il date de 1751 et dans lequel on lit: «Les orgues, comme vous savez, étaient à nous et nous ont coûté quinze cents livres; monseigneur les a défaites entièrement.»

[50] *Ibid.*, p. 359, note 1.

[51] *Archives de l'Archidiocèse de Québec*, citées par Henri TÊTU dans *op. cit.*, vol. XIV, n° 12, décembre 1908, p. 359, note 1.

[52] *Ibid.*

[53] *Archives nationales, Paris. Minutier central des notaires*, citées par Élisabeth GALLAT-MORIN et Antoine BOUCHARD dans *op. cit.*, p. 26.

[54] *Ibid.*

Le 7 mai enfin, le chanoine Lacorne écrivait de nouveau au syndic De Tonnancour pour lui annoncer l'envoi de l'orgue. Il ajoutait beaucoup de détails intéressants:

> Je vous ai envoyé l'orgue que vous m'avez demandé [...]. J'espère, messieurs, que vous en serez contents. Il est neuf et bien conditionné; il a été fait sous mes yeux et rien n'a été épargné; pendant près de deux mois, il y a 10 à 12 ouvriers qui ne l'ont pas quitté d'un instant. Je crois que vous ne trouverez pas mauvais que j'y aie fait un ajouté de plusieurs jeux qui vaudront et feront plus d'effet et de bruit que les jeux que vous m'aviez demandés. Vous serez contents de la trompette; j'y ai fait encore ajouter [...] un jeu de flûte [...]. Si nous étions plus riches et que nous eussions de l'argent content, j'emmènerais, l'année prochaine, le maître compagnon qui a fait cet orgue et qui l'achèverait dans le pays. Celui que je vous en envoie en serait le positif sans y rien ajouter ni changer et nous aurions un orgue semblable à ceux de Saint-Eustache, Saint-Méderic et les Petits-Pères, qui sont les plus beaux de Paris [...]. J'oubliais de vous marquer que je n'ai pas reçu l'orgue sans l'avoir fait visiter par un habile organiste qui est celui du roi de Pologne; il a été très content pour le prix[55].

Le prix était de 2 066 livres et le chapitre reçut un don de 1 200 livres de l'évêque pour aider à payer la note[56]. On sait que cet orgue fut détruit avec la cathédrale dans les bombardements de 1759[57].

Quelle musique jouait-on à Québec au XVIIIe siècle? La composition des orgues de 1721 et de 1753 les destinait assurément à l'exécution de la musique française classique. Or nous en avons une heureuse confirmation puisqu'un important spécimen de cette musique est parvenu à Québec. Il s'agit d'une copie imprimée des *Pièces choisies pour l'orgue* de Louis Marchand (1669-1732), organiste du roi, conservée à l'Université Laval et portant sur la page de titre l'inscription manuscrite: *au Séminaire des Missions étrangères de Québec*[58]. Tout comme Nicolas Lebègue dont on a dû entendre la musique à Montréal, Louis Marchand est l'un des grands noms de la musique d'orgue française classique.

Quels sont enfin les organistes qui ont joué à Québec entre la mort de Jolliet en 1700 et la fin de la Nouvelle-France en 1759? Amédée Gosselin a suggéré, sous toutes réserves, les noms suivants: Resche, De Gourville et Périnault[59]. De ces trois personnages, le plus important semble avoir été le chanoine Pierre-Joseph Resche (1695-1770) qui a vraisemblablement fait sonner le dernier orgue de Notre-Dame de Québec entre 1753 et 1759[60].

* * *

De cette enquête, il est maintenant permis de tirer certaines conclusions. Durant les soixante dernières années du régime français, il y eut plusieurs orgues à Québec et au moins un à Montréal. Il est certain que les orgues qui se sont succédés à Notre-Dame de Québec étaient de facture française classique. Enfin et surtout, le répertoire que nos ancêtres ont pu entendre au cours de cette période est substantiellement le même auquel

---

55 *Archives de l'Archidiocèse de Québec*, citées par Henri Têtu dans *op. cit.*, p. 360-361, note 1.
56 *Ibid.*, p. 361, note 1.
57 Henri Têtu, *op. cit.*, p. 361, note 1.
58 Louis Marchand, *Pièces choisies pour l'orgue*, Paris, Boivin, [1732?].
59 Amédée Gosselin, «L'église cathédrale et paroissiale de Québec», dans l'*Album-Souvenir de la Basilique de Québec*, 1923.
60 Voir la notice «Resche (Rêche, Reiche, Reische), Pierre-Joseph», dans le *Dictionnaire biographique du Canada*, vol. III, de 1741 à 1770, Québec, Presses de l'Université Laval, 1974, p. 598-599.

on prêtait l'oreille dans les églises de Paris. Les noms de compositeurs comme Gabriel Nivers, Nicolas Lebègue et Louis Marchand, trois organistes de la chapelle royale, sont impressionnants. Jean-Sébastien Bach connaissait, aimait et pratiquait les maîtres classiques français de l'orgue: il a même transcrit pour son usage personnel des œuvres de François Couperin (1668-1733), de Nicolas de Grigny (1671-1703) et de Louis Marchand (1669-1732). Il vaut la peine, en terminant, de souligner que nos ancêtres, malgré leur éloignement de la métropole, participaient à la vie musicale européenne et bénéficiaient d'un environnement culturel fort respectable.

Archives du C.R.C.C.F.

Jeune fille triste, par Joseph Saint-Charles (1868-1956)
Ce fusain (33,9 cm × 21,1 cm) exécuté en 1936 est extrait du fonds François Laurin.

262

Joseph Saint-Charles, un peintre méconnu

par François LAURIN,
Département d'arts visuels et de théâtre.

Si le Centre de recherche en civilisation canadienne-française de l'Université d'Ottawa a manifesté un intérêt considérable envers le peintre Joseph Saint-Charles, ne serait-ce que par l'acquisition d'un fonds d'archives sur lui et d'une collection importante de ses œuvres, par l'organisation en 1971 d'une exposition de tableaux et par les nombreuses mentions de l'artiste dans son Bulletin permanent[1], l'art canadien, lui, semble l'avoir ignoré.

J. Russell Harper, dans son livre très connu sur la peinture canadienne, résultat de près de trois années de recherches, cite à deux reprises le nom de Saint-Charles, une fois entre autres pour signifier qu'il accompagne Suzor-Côté à Paris, mais il indique «après 1945» comme année de décès du peintre, signe d'une absence totale d'intérêt envers cet artiste, puisque Saint-Charles est mort en 1956[2]. De son côté Jean-René Ostiguy, à l'intérieur d'un paragraphe de cinq lignes qui regroupe six peintres, signale uniquement que Saint-Charles n'atteint pas «à son excellence[3]». Dans un livre encore plus récent sur la peinture au Canada, Dennis Reid n'accorde que deux courtes mentions à Saint-Charles, mentions qui n'apportent rien de neuf quant à la connaissance de l'artiste, sinon la date corrigée de sa mort[4].

Un tel oubli de l'œuvre en soi de Saint-Charles, ou un tel refus de la part des historiens d'art de mieux connaître la carrière picturale de cet artiste est-il compréhensible? Peut-être faut-il lire Gérard Morisset pour trouver une esquisse de réponse:

> Joseph Franchère [...] a assimilé toutes les recettes de l'enseignement académique avec un manque absolu de discernement. Peintre délicat mais souvent mièvre, il réussit parfois de petites toiles faciles mais il est impersonnel. [...] Le portrait de l'*Abbé Laporte*, [...] sans être un chef-d'œuvre authentique, a plus de qualités et moins de défauts que les toiles vides et sucrées de ce peintre habile qui n'avait rien à dire.
>
> [...] Joseph Saint-Charles, autre élève de Chabert, reste toute sa vie au niveau de Franchère. [...] les œuvres de ces deux peintres [Larose et Saint-Charles] entrent, sans discussion possible, dans cette grisaille, naguère glorieuse, de l'École officielle française du début du XXe siècle[5].

Quatre années seulement séparent ce texte du décès du peintre et son œuvre est «sans discussion possible», pour employer l'expression de Morisset, classée dans l'ensemble de l'histoire de l'art. Fait étrange, moins d'une trentaine de tableaux de Saint-Charles sont connus par les critiques ou historiens d'art, alors que la

---

[1] Vol. I, n° 1, p. 7 et 9; vol. I, n° 2, pp. 12-13 et 17; vol. IV, n° 2, p. 8.
[2] J. Russel HARPER, *La Peinture au Canada des origines à nos jours*, Québec, Presses de l'Université Laval, 1969, p. 428.
[3] Jean-René OSTIGUY, *Un Siècle de Peinture canadienne / 1870-1970*, Québec, Presses de l'Université Laval, 1971, p. 19.
[4] Dennis REID, *A Concise History of Canadian Painting*, Toronto, Oxford University Press, 1973, p. 100, 103.
[5] Gérard MORISSET, *La Peinture traditionnelle au Canada français*, Ottawa, Le Cercle du Livre de France, 1960, pp. 180-181.

Joseph Saint-Charles,
Portrait de jeune garçon, huile sur toile, 12-5/16 x 9-1/8. Collection particulière.

264

production totale de l'artiste s'élève à près de cinq cents œuvres. Pourtant Saint-Charles a été jugé... mais uniquement sur un peu plus de 5% de sa production. Faut-il se surprendre? Un tel phénomène s'est présenté maintes fois dans l'histoire de l'art canadien, et le même sort, celui de l'oubli volontaire issu d'un soi-disant «académisme», a été réservé à Charles Huot, Joseph Franchère, Charles Gill, Ludger Larose, Henri Beau, et combien d'autres: une cavité profonde dans l'art canadien, celle d'une génération, dont Suzor-Côté a peut-être le plus réchappé.

Que Saint-Charles ait produit des œuvres académiques, nous le voulons bien: tel est le cas également de Robert Harris, dont la réputation cependant n'est plus à faire; mais si Harris connaît maintenant une grande renommée, c'est surtout parce qu'une étude intense a été consacrée récemment à son œuvre, étude qui a été suivie d'une importante rétrospective de ses tableaux[6], ce qui a démontré qu'il n'était pas «uniquement» académique: une telle constatation est valable pour bien d'autres peintres, dont Saint-Charles[7]: à preuve ce «Portrait de garçon» que nous reproduisons ici.

Il faut reconnaître d'un autre côté que Saint-Charles n'a que peu contribué à la diffusion de son œuvre. Dans une lettre qui lui était adressée à Paris, son frère Xavier écrivait:

> Maintenant il faut que je te fasse part d'une idée que je cultive depuis assez longtemps. Tous peintres d'un certain renom ont embrassé une certaine spécialité qui ont |sic| pour bien dire fait leur renommée. [...] Donc il serait important que tu commence |sic| à songer à la spécialité que tu devra |sic| choisir; c'est pourquoi qu'un |sic| Canadien aurait beaucoup de mérite à faire la reproduction des principaux faits de l'histoire |bis| du Canada. Le champ est libre aucun artiste n'ayant encore traité ce sujet. [...] Cette idée concernant l'histoire du Canada doit être gardé |sic| sous secret[8].

Saint-Charles n'a pas suivi les conseils de son frère, mais de toute façon le choix d'une «spécialité» n'est pas un critère de validité en art; tout au plus en est-ce un d'originalité: les peintres du Groupe des Sept l'ont bien démontré. Aussi c'est par une autre voie qu'il faut rechercher les causes de l'ignorance de son œuvre. Saint-Charles expose pour la première fois à la *Art Association of Montreal* en 1891, encore en 1895, puis de 1900 à 1913, régulièrement, à chaque exposition de Printemps, ensuite en 1918, de 1920 à 1925, en 1927 et une dernière fois en 1933[9]. Il faut attendre l'année 1945 pour sa prochaine exposition collective[10] et ce n'est que dix années après sa mort qu'il connaît une première exposition particulière[11], suivie

---

[6] Catalogue de l'exposition *Robert Harris (1849-1919)*, Confederation Art Gallery and Museum, Galerie nationale du Canada, University Sir George Williams, Norman Mackenzie Art Gallery, Winnipeg Art Gallery, Edmonton Art Gallery, 1973-1974.

[7] Des recherches que nous effectuons présentement sur la vie et l'œuvre de Saint-Charles permettront sans aucun doute une meilleure connaissance de ce peintre. Mentionnons également que d'autres recherches se font actuellement sur Charles Huot: il faut croire que la «cavité» se refermera un jour...

[8] Lettre de Xavier Saint-Charles à Joseph Saint-Charles, 12 novembre 1888, Archives du C.R.C.C.F.

[9] Il est étonnant de constater que de 1933 à 1956, Saint-Charles n'expose pas une seule fois au *Art Association* (devenu en 1948 le Musée des Beaux-Arts de Montréal). Ce ne sont pourtant pas les tableaux qui lui manquent, et ceci n'a pu qu'augmenter l'ignorance qui a été manifestée envers cet artiste.

[10] Catalogue de l'exposition *Edmond Dyonnet, R.C.A., Ozias Leduc, A.R.C.A., Joseph Saint-Charles, A.R.C.A., et Elzéar Soucy*, Musée de la Province de Québec, décembre 1945-janvier 1946.

[11] La Galerie nationale du Canada, *Oeuvres de Joseph A. St-Charles, A.R.C.A.*, Centre d'Art du Mont-Royal, ? — 10 octobre 1966.

Le poète Louis-Joseph Doucet (1874-1959) par Joseph Saint-Charles (1868-1956).

Dessin de 4½ po. x 6½ po., s.d. conservé au CRCCF.
Photographie du CCMD de l'Université d'Ottawa.

de celle du C.R.C.C.F. en 1971[12]. Au total vingt-deux[13] expositions à la *Art Association,* deux expositions particulières qui, de par leur situation, ont atteint un public très restreint, et une exposition collective majeure.

Un fait capital est lié aux expositions de la *Art Association*: contrairement à la très grande majorité des peintres qui présentent des tableaux, Saint-Charles ne cherche pas à vendre ses toiles, d'où l'absence fréquente de prix dans les catalogues après l'identification des œuvres. Le tableau qu'il expose en 1933 n'est pas à vendre, de même que deux des trois peintures de 1927. Cinq des douze tableaux qu'il expose de 1920 à 1925 ne comportent pas de prix, pas plus que les huit peintures de 1913. Nous pourrions penser qu'au début de sa carrière picturale il en aurait été autrement, mais le phénomène se répète: deux des quatre tableaux de 1891 et les cinq de 1895 sont indiqués «Not for Sale».

Plusieurs conséquences sont nées de cette situation: le manque de diffusion des œuvres de Saint-Charles (le nombre de collectionneurs de ses toiles, en incluant les organismes publics et les musées, ne dépasse pas la cinquantaine), la collection immense et inconnue des héritiers de la famille et, malheureusement, car cela ne pouvait qu'augmenter le caractère dit «académique» de Saint-Charles, l'exposition fréquente d'études anciennes et aussi des mêmes tableaux à des années différentes: ainsi son «Autoportrait» exposé en 1895, 1900, 1911 et 1920 à la *Art Association of Montreal.* De plus, Saint-Charles présentait fréquemment, à ces mêmes expositions des portraits de notabilités: celui de Paul Saint-Germain, président du Barreau de Montréal (1927), de M. Ernest Pellissier, bâtonnier du Barreau du même endroit (1924), de Trefflé Berthiaume, président de La Presse (1912), etc., d'où la réputation qu'il a rapidement acquise de peintre officiel de certains organismes: Barreau de Montréal (bâtonniers), Assemblée Législative du Québec (orateurs), Sénat (présidents), etc.

La critique contemporaine n'a cependant reconnu qu'un épisode de la carrière de Saint-Charles: sa participation à la décoration de la chapelle du Sacré-Coeur de l'église Notre-Dame de Montréal[14]. Pourtant il ne s'agit là que d'une réalisation de trois tableaux, certes imposants en dimensions, comme celui du Grand Séminaire de Montréal, mais qui ne constituent qu'un aspect de l'œuvre de Saint-Charles, l'aspect le moins important en quantité, celui de sa production religieuse (au plus une trentaine de toiles et dessins préparatoires); au contraire la moitié des tableaux du peintre se classent parmi les paysages et l'autre moitié s'avèrent des portraits, presque autant d'hommes (alors surtout des commandes officielles) que de femmes. Nous nous éloignons considérablement de la réputation aujourd'hui «établie» de Saint-Charles, puisque ce dernier participe autant à la lignée des portraitistes que des paysagistes.

Que conclure de tout ceci? Que Saint-Charles soit un peintre à redécouvrir? Nous croyons en toute bonne foi, à la suite de ce qui a été dit, que la question ne se pose même pas.

---

[12] Du 27 mars au 8 avril 1971.
[13] Il n'y avait pas d'exposition en 1902, 1904 et 1907, d'où la différence dans le total.
[14] MORISSET, *op. cit.,* p. 180, HARPER, *op. cit.,* p. 239, REID, *op. cit.,* p. 103.

Photo C.C. M.D.

LE BÛCHERON par Edmond Lemoine, pastel, 19 x 25, Collection CRCCF

Edmond Lemoine, 1877-1922. Né à Québec, fils d'Édouard LeMoine, notaire, et de Victoria Buies, il fut l'élève de Charles Huot pendant quatre ans. En 1898, il étudie à l'Académie Royale des Beaux-Arts à Anvers. Il poursuit ensuite ses études à l'Institut supérieur de la même académie, dans l'atelier de Julian de Vriendt. De retour à Québec, il enseigne à l'École des Arts. Il a laissé plus de trois cent peintures et de nombreuses esquisses qui se trouvent aujourd'hui à Toronto, Montréal, Ottawa et pour la plupart, à Québec. Son oeuvre se compose d'excellents portraits, de plusieurs paysages, de scènes d'intérieurs et de natures mortes.

268

Ozias Leduc *

par Jean-René Ostiguy

Ce n'est sûrement pas l'effet du hasard si les dessins de Guy Viau sont présentés ici en même temps que ceux d'Ozias Leduc, M. Gilles Lefebvre n'était pas sans ignorer comment le premier directeur du Centre culturel aurait aimé accueillir lui-même l'exposition dont il s'était fait le promoteur à la Galerie nationale du Canada. Mais il existe d'autres raisons pour rapprocher l'œuvre de Guy Viau de celle d'Ozias Leduc. Dans son livre *La Peinture moderne au Canada français,* Guy Viau a écrit des pages des plus élogieuses sur l'artiste de Saint-Hilaire et il comptait lui consacrer un jour une monographie.

Les liens qui relient ces deux expositions sont d'ordre historique et culturel. « La culture, nous dit le sociologue québécois Fernand Dumont, est ce dans quoi l'homme est un être historique et ce par quoi son histoire tâche d'avoir un sens. » Guy Viau considérait Ozias Leduc comme le Gustave Moreau du Canada français. Aux plus beaux temps de l'École du Meuble, Paul-Émile Borduas, Jean-Paul Riopelle et lui-même avaient trouvé un support moral chez Leduc comme Matisse, Marquet et George Rouault avaient trouvé encouragement chez Moreau. Il convient d'évoquer à l'appui l'exposition que Guy Viau avait organisée au Musée du Québec en 1967 où il groupait les œuvres de Leduc, de Borduas et de Riopelle. Il convient également de révéler que le fonds de documentation le plus considérable pour l'étude de l'œuvre d'Ozias Leduc a pu être rassemblé et classé grâce à Guy Viau en 1967. Pour ce geste perspicace et pour bien d'autres encore, les historiens de l'art québécois doivent beaucoup à Guy Viau. Personnellement je lui dois reconnaissance pour l'intérêt qu'il a porté à mes recherches sur l'artiste de Saint-Hilaire.

Il serait difficile de prévoir la réaction du public français devant cette exposition rétrospective des œuvres d'Ozias Leduc. Au Canada, depuis fort longtemps la peinture de cet artiste de Mont Saint-Hilaire a retenu l'attention des esprits les plus divers.

À Montréal, entre 1910 et 1925, un poète, Guy Delahaye, un historien, l'abbé Olivier Maurault, et un peintre, Paul-Émile Borduas, ont choisi l'œuvre d'Ozias Leduc pour le décor mental de leur vingt ans. En 1954, la revue *Art et Pensées* lui consacrait un numéro spécial intitulé *Hommage à Ozias Leduc.* Par la suite aucun critique d'art, aucun historien d'art ne s'est permis d'oublier le nom d'Ozias Leduc. Le plus souvent, il faut bien l'admettre, les témoignages d'appréciation se résumaient à des jugements succincts basés sur la vue d'un fort petit nombre de tableaux de chevalet particulièrement bien réussis tels la nature morte intitulée *Phrénologie* et le célèbre paysage de la Galerie nationale *Neige dorée*. Ces œuvres exposées dans nos musées, souvent reproduites, mais nullement comprises dans leur contexte, ont entretenu le respect et l'admiration de l'artiste sans toutefois préciser la position qu'il

---

* Extrait d'une allocution prononcée le 28 mars 1974 au Centre culturel canadien à Paris.

occupe dans l'évolution de la peinture canadienne. De la même manière, de nombreux visiteurs étrangers se sont intéressé sincèrement à la peinture de l'artiste. Parmi ceux-ci citons par exemple le révérend père Marie-Alain Couturier qui, en voyant le tableau de Leduc intitulé *Lueurs du soir* chez le collectionneur Joseph Barcelo en 1940, aurait lancé la phrase si souvent répétée chez nous: « C'est du surréalisme avant la lettre. » Je m'en voudrais de ne pas rappeler deux autres faits du même genre. Lors d'une visite à la Galerie nationale en 1962, M. René Huyghe ne tarissait pas d'éloges pour une petite nature morte considérée comme une étude à la lumière d'une chandelle et se demandait si l'artiste avait pu prendre connaissance de l'œuvre de Georges DeLatour dès 1893. Enfin, et c'est le témoignage le plus récent, monsieur Philippe Verdier, professeur d'histoire de l'art à l'Université de Montréal, s'inquiétait des ressemblances que l'on pourrait relever entre les œuvres d'Ozias Leduc et celles du peintre lyonnais Paul Borel puisque, de toute évidence, les deux artistes avaient vécu de façon semblable, entièrement dévoués à la peinture d'église, se mêlant somme toute très peu à la vie artistique de leur temps.

Sans une étude approfondie d'un large échantillonnage des œuvres de l'artiste, toutes ces questions et bien d'autres encore ne pouvaient que demeurer sans réponses. Ozias Leduc fut d'abord et avant tout un peintre religieux. La très grande majorité de ses œuvres ont été exécutées dans des églises, sous forme de peintures marouflées. La première façon d'en rendre compte consistait à évoquer cette part de son œuvre par des dessins préparatoires ou des esquisses. Nous en avons choisi quinze que le catalogue illustre le plus souvent en regard de l'œuvre définitive. Nous considérons nous-mêmes cet effort comme nettement insuffisant du point de vue de l'histoire de l'art et pensons que des monographies sur chacune de ces églises ou chapelles devront être écrites. Il demeure toutefois que l'exposition pose franchement le problème de la peinture religieuse de l'artiste et que le texte de présentation du catalogue en amorce une étude stylistique, ce qui n'avait été qu'effleuré par l'historien d'art Maurice Gagnon en 1940.

Lorsque Leduc, au cours des années quatre-vingt, s'initie au métier de décorateur d'églises, l'influence de la tradition baroque italienne a pratiquement cessé d'agir au Québec. Antoine Plamondon (1804-1895) ne fabrique plus à cette date de ces rares fleurs sauvages que constituent ses tableaux d'églises. Théophile Hamel (1817-1870) aurait pu ajouter à ce premier jalon d'une tradition québécoise, mais ne l'a pas fait véritablement, ayant choisi de se consacrer presque entièrement à la peinture de portraits. Napoléon Bourassa (1827-1916), grand admirateur d'Overbeck et de Flandrin, a cherché méthodiquement à implanter au Québec un nouveau mode de peinture religieuse. Le style nazaréen qu'il propose en 1870 à la chapelle du *Nazareth* et à la chapelle *Notre-Dame-de-Lourdes* dix ans plus tard semble une transplantation pure et simple. Les contemporains de Leduc sont nombreux et leurs œuvres mal connues. Mentionnons toutefois deux artistes qui cherchent comme leur prédécesseur Bourassa à renouveler la tradition de la peinture religieuse: Eugène Hamel (1845-1930) et Charles Huot (1855-1930). Ils ont semble-t-il admiré en Europe les œuvres de Puvis de Chavannes et de Tomasso Minardi, mais l'un et l'autre ont abandonné leur carrière d'artistes religieux avant d'avoir pu s'y affirmer.

La carrière du peintre religieux Ozias Leduc se divise en deux parties. Dans un premier temps il se distingue à peine de ses aînés Eugène Hamel et Charles Huot, et sa manière paraît bien souvent éclectique. L'église de Saint-Hilaire (1898) demeure cependant un vaste ensemble (22 tableaux) passablement unifié. Celle de Saint-Romuald de Farnham (1907-1911) témoignait, avant les restaurations que l'on qualifierait de pures badigeons, une reprise des deux manières distinctes auxquelles il donne préférence et qui s'unifieront après 1916, soit la manière Puvis de Chavannes et la manière Fernand Humbert. Donc, pendant dix-huit années, Leduc, pratiquement isolé, après un séjour de huit mois à Paris en 1897, réussit à se débarrasser graduellement de son éclectisme.

À l'âge de 51 ans il fait la rencontre du jeune abbé Olivier Maurault à Montréal. Il en naîtra une solide amitié faite de goûts partagés pour l'art symboliste, pour Maurice Denis, pour un renouveau de l'art religieux. Enfin le patronage bon enfant du clergé fera place à un mécénat éclairé. Lorsqu'un curé fera la vie dure à l'artiste par son incompréhension, l'abbé Maurault volera au secours de son ami Leduc. Pris d'un nouvel enthousiasme l'artiste réussira plusieurs ensembles très attachants en plus des chefs-d'œuvre que constituent la chapelle du Sacré-Cœur à l'église du Saint-Enfant-Jésus (1917-1919) et le baptistère de l'église Notre-Dame (1927) à Montréal, et, enfin, la chapelle privée de l'évêque de Sherbrooke (1922-1933).

L'importance de Maurice Denis est très grande aux yeux de Leduc. Cependant, il ne faudrait pas s'y méprendre, son œuvre a bien peu à voir avec celle de Maurice Denis au point de vue stylistique. Lorsque l'artiste de Saint-Hilaire conçoit son projet de décoration pour Sherbrooke en 1922, il a cinquante-huit ans; il ne peut donc changer sa manière. Il se permettra tout au plus quelques nouvelles audaces de couleurs qui auront pour effet d'évoquer Sir Frank Brangwyn et Georges Desvallières dans des compositions du genre de celles de Maurice Denis pour l'Hôtel Stern. De tels mélanges paraissent aberrants, mais ils prouvent bien que Leduc n'appartient à personne.

La peinture de chevalet d'Ozias Leduc représente à mon point de vue une longue recherche ayant pour objet le dépassement des apparences naturelles du monde. Délaissant les grands thèmes de la religion chrétienne, l'artiste retourne périodiquement au monde des hommes pour en accueillir le sens. Il revient à ses proches et à ses amis pour en exécuter des portraits, et à lui-même, dans des natures mortes où se retrouvent les instruments de son métier, ses pinceaux, son compas, ses livres et ses belles gravures.

Peu à peu, il consent au paysage comme à un rêve plus vaste encore. Jamais cependant il ne lie ensemble paysagisme et abstraction. La peinture de chevalet d'Ozias Leduc est une peinture d'idée, comme celle de René Ménard, d'Aman-Jean, de Lévy Dhurmer.

Personnellement je refuse de classer Leduc sous la bannière des peintres en trompe l'œil de l'école de Boston. Si parfois il fait penser à William Harnett, bien plus souvent il rappelle Antoine et Joseph Bail ou Georges Decote.

C'est un peintre intimiste, mais aussi symboliste, surtout dans une série de paysages plus tardifs que les natures mortes. Pour comprendre ces paysages il con-

271

vient de relire certains écrits d'Odilon Redon et, entre autres, ce passage tiré d'une critique datant de 1868 : « Il y a selon nous, deux façons bien tranchées de comprendre le paysage. On peut le traiter du simple point de vue pittoresque, c'est-à-dire ne chercher que les effets de lumière. L'autre manière, moins précise, mais cependant aussi vraie, moins extérieure, mais plus intime, moins concentrée, consiste à exprimer, par tous les éléments que la nature nous offre, une action humaine, un sentiment : à encadrer un sentiment dans un paysage. »

Considéré sous cet angle on peut comprendre comment la peinture d'Ozias Leduc ait enthousiasmé Paul-Émile Borduas et ses amis épris de surréalisme au cours des années 40. Dans le même ordre d'idées, il n'est pas impossible que Leduc trouve aujourd'hui quelques admirateurs à Paris, au moment ou les peintres symbolistes français sont remis à l'honneur.

Roger Larivière

par Pierre PELLETIER*

Peintre et dessinateur inquiet, fin, nerveux, Roger Larivière a produit des œuvres que plusieurs ignorent. Celles-ci, abandonnées à l'évidence fragile des gens et saisons de la vallée de l'Outaouais, semblent maintenant disparaître derrière la foulée des faits artistiques nouveaux. Pourtant, une fois regroupés, ses huiles et dessins deviennent autant d'écrans d'une époque riche en frères complices[1]. Nous pensons à Jean Dallaire, «l'homme au chapeau», dont l'atelier était situé en 1936 sous l'entrée principale du couvent des Dominicains, avenue Empress à Ottawa[2], ou à Henri Masson qui entamait d'un pas hardi, à la faveur des journées généreuses, ses randonnées dans la Gatineau. Nous revoyons les habitués du Caveau, lieu d'animation où l'on présentait dès 1933 les travaux du peintre-graveur nicolétain Rodolphe Duguay.

Combien d'invididus et d'événements pourrions-nous ainsi conjuguer au sein de ce milieu qui privilégiait les lieux tels les boutiques d'art, les salons de cinéma et les halls d'entrée au profit d'une culture régionale fort vivante? Peut-être y avait-il une certaine candeur à tout ce jeu collectif qui, une fois remis en branle, redonne à l'œuvre de Roger Larivière une signification qui échappe à l'oubli dont on l'a coiffé.

Roger Larivière naît le 18 décembre 1917 à Ottawa et profite d'une enfance qui invente avec bonheur des refuges au hasard des quartiers de la Côte-de-Sable et de la Basse-Ville[3]. Il fait ses premières études à l'école Garneau, de 1923 à 1931, pour ensuite suivre pendant quatre années les enseignements du cours classique à l'École

---

* Pierre Pelletier est actuellement directeur du service d'animation communautaire au Centre universitaire de l'Université d'Ottawa. On a pu voir ses peintures lors d'expositions à Ottawa, à Montréal et à Sudbury. Son deuxième recueil de poésie, *Temps de vies*, vient de paraître aux Éditions de l'Université d'Ottawa.

[1] Les notations que l'on peut cueillir chez certains auteurs nous permettent de mieux imaginer les années quarante et cinquante auxquelles participa Roger Larivière au même titre que deux ou trois artistes qui réussirent modestement à donner à leurs espoirs une cohérence et un risque salutaire. Voir Georges E. CARRIÈRE, «Jean Dallaire, peintre canadien 1916-1965», *Asticou*, cahier n° 8 de la Société historique de l'ouest du Québec, Hull, décembre 1971, p. 16-26; ID., «La peinture religieuse de Jean Dallaire», *Asticou*, cahier n° 18 de la Société historique de l'ouest du Québec, Hull, décembre 1977, p. 3-7; Jean-René OSTIGUY, «Introduction», dans le catalogue *Arts visuels outaouais expo inventaire*, n° 1, p. 9.

[2] Roger Larivière qui le connut à cette date grâce aux œuvres de l'artiste qu'il vit chez Lucien St-Laurent, photographe et ami du peintre, revit Jean Dallaire de 1952 à 1956 alors que celui-ci était à l'emploi de l'Office national du Film à Ottawa et à Montréal. Il a gardé de cet artiste une «grisaille» qui, dit-il, «l'a éveillé d'un coup aux valeurs spécifiques de la couleur».

[3] Roger Joseph Rodolphe Larivière a eu comme père Oscar Larivière, commerçant bien connu originaire de Templeton-est (1896-1969) et comme mère Émilia Barriault de Carleton en Gaspésie (1893-1974).

Les renseignements contenus dans notre article ont été tirés d'entrevues faites avec Roger Larivière au cours des mois de février et de mars 1969, des mois de janvier et de février 1976, du mois de décembre 1978, et du mois de janvier 1979 complétées principalement par les articles, les commentaires critiques (qui ont parus entre 1949 à 1976), et par les notes générales d'articles tels: Michel DUPUY, «Roger Larivière», *Le Droit*, Ottawa, 24 novembre 1973, p. 37; Madeleine LEBLANC, «Une rencontre avec le peintre Roger Larivière», *Le Droit*, Ottawa, 5 août 1961; Pierre PELLETIER, «Roger Larivière, peintre», *Le Droit*, Ottawa, 1969; Colin S. MACDONALD, *A Dictionary of Canadian Artists*, Volume three — Jacobi-Lismer, Ottawa, Canadian Paperbacks, 1971, 869 p. (LARIVIÈRE, Roger, p. 743-744).

Moulin de la Pointe du Lac

L'étable

Collection particulière

Oeuvres récentes de Roger Larivière
   Dessins au crayon feutre sur papier.

274

secondaire de l'Université d'Ottawa. Il n'y reçoit aucune formation dans le domaine des arts visuels malgré les tentatives du bon père Rodolphe Gendron qui aurait bien voulu échafauder un programme d'arts plastiques. Poursuivant son initiation aux lettres comme c'était souvent le cas des fils fortunés, Larivière s'inscrit à l'Université d'Ottawa et y obtient son baccalauréat ès arts sans trop de difficultés. Il complète sa scolarité de maîtrise en littérature, de 1940 à 1942, sans toutefois rédiger sa thèse puisqu'il est forcé d'abandonner ses études à la suite d'insomnies qui revêtent les allures d'un épuisement nerveux.

Roger Larivière aime souligner au cours de cette période universitaire l'aventure du Cénacle, cercle culturel qui ralliait plusieurs amis autour de questions artistiques. Une lettre datée de 1953 qu'il a reçue du sculpteur André Pouliot — alors que ce dernier rappelle avec un humour corrosif les ambitions démesurées qui l'animaient pendant ces années de gloire estudiantine — donne un aperçu d'un certain climat de solidarité qui régnait à ce moment[4].

En 1942, année de son mariage[5], il entre au service de son père qui est propriétaire d'un magasin de meubles au 231 de la rue Rideau. Il travaille de longues heures au commerce familial, mais il lui arrive aussi de s'échapper du côté des montagnes et des lacs en compagnie de René Jodoin et de Jean-Paul Ladouceur qui apprécient comme lui les vertus d'un bon dessin pris sur nature[6].

À l'automne 1946, il se joint à l'atelier du peintre-paysagiste Henri Masson qu'il fréquentera assidûment jusqu'en 1954. Ce stage de formation constitue l'étape la plus importante de sa carrière. Masson le traite comme un fils, le stimulant, le guidant. On les verra plus d'une fois ensemble faisant du dessin dans les régions de Val-des-Monts, de Kingston[7]. C'est d'ailleurs Masson qui lance Larivière chez Duford en 1949 à l'occasion d'une exposition à laquelle participent huit autres élèves du peintre de Namur. Masson avait alors l'habitude de présenter d'année en année les travaux de jeunes artistes qui faisaient partie de son atelier de la rue Spruce à Ottawa. Roger Larivière refait une expérience semblable en juin 1950, lors d'une autre exposition à la Little Gallery (Photographic Store), au 65 de la rue Sparks[8], avant de miser sur sa première exposition en solo, au Salon du cinéma l'Odéon, rue Bank, au mois de juillet de la même année. Il y rassemble quatorze huiles. Les critiques lui sont très favorables.

---

[4] André Pouliot, lettre sans titre, datée Merdopolis, en ce septante Termidor, 1953; inédite, et dont l'original a été déposé au Centre de recherche en civilisation canadienne-française.

C'est aussi à la fin de cette lettre, sous un post-scriptum, qu'André Pouliot demande à Roger Larivière de lui envoyer les «petits poèmes imprimés» qu'il lui a confiés. André Pouliot devait mourir peu de temps après, le mardi 13 octobre 1953.

[5] Il se marie avec Yvette Pelletier, fille de Joachim Pelletier de St-Hilaire, fameux joueur de hockey du Club La Salle (1897-1971) et d'Edna Lemieux d'Ottawa (1901-   ). Il aura de ce mariage trois filles, Francine, Chantal et Monique.

[6] René Jodoin est cinéaste à l'Office national du Film et Jean-Paul Ladouceur est connu comme le créateur de Pépino et Capucine, personnages de la télévision pour enfants.

[7] Henri Masson, lettre datée du 21 novembre 1972.

[8] Germain BRIÈRE, «Masson, le maître, sait orienter ses élèves», Le Droit, Ottawa, p. 12; J.D., «Les élèves de Henri Masson montrent des œuvres intéressantes», Le Droit, Ottawa, 1950; Carl WEISELBERGER, «Henri Masson Students Hold Annual Exhibition», The Ottawa Citizen, Ottawa, 2 juin 1950, p. 22.

L'un d'entre eux, Carl Weiselberger, remarque le style particulier de Larivière qui s'affirme comme un excellent coloriste[9].

Il est invité, à la fin de février 1951, à exposer ses œuvres dans le hall d'entrée de la Salle académique par les Jeunesses musicales du Canada, Section Ottawa-Vanier[10], qui lui feront l'honneur quelques années plus tard, c'est-à-dire au mois de juillet 1955, d'une exposition à la Galerie du Camp des Jeunesses musicales au Mont Orford.

Ses activités de vendeur l'accaparent de plus en plus et Larivière doit travailler souvent la nuit dans son atelier au sous-sol de sa résidence au 159 de la rue Henderson afin de maintenir un rythme de production valable[11]. Multipliant ses interventions en fonction des possibilités qui pointent à l'horizon, il soumet quelques pièces à l'attention du jury constitué pour les fins de l'exposition de commémoration du 75e anniversaire de l'incorporation municipale de Toronto au mois d'août 1953. Des 1 600 artistes qui y sont conviés, les organisateurs de l'exposition retiennent les œuvres d'une centaine de peintres dont celles de Roger Larivière. Son tableau intitulé «Fleurs fanées» est couronné d'un des quatre prix accordés aux participants. Grâce à David Partridge et aussi à la coopération bienveillante de MacKenzie Waters, responsable du comité central de cette exposition, la toile gagnante de Larivière est confiée aux soins de la Public Library Art Gallery de St. Catharines en Ontario[12].

D'une chose à l'autre, Larivière accepte de montrer ses huiles avec celles de York Wilson au William Memorial Art Museum, London, Ontario, en mars 1954[13].

À la suite du succès de cette double exposition, la même institution décide de parrainer une exposition de groupe. Amorcée en novembre 1954, l'exposition «Young Contemporaries 1955» est montée tour à tour à la Galerie Robertson à Ottawa (deux premières semaines d'avril), au Musée des Beaux-Arts de Montréal (deux premières

[9]   Anonyme, «Exposition du peintre Roger Larivière», *L'Action catholique*, 24 juillet 1950, p. 8; Carl WEISELBERGER, «Roger Larivière Paintings Show Distinctive Stylings», *The Ottawa Citizen*, Ottawa, 15 juin 1950, p. 32.

[10]   Communiqué de presse sur feuille 8^1/$_2$'' X 11'' intitulé *Les jeunesses musicales du Canada Section Ottawa-Hull-Eastview, Peintures Roger Larivière* et la lettre datée du 11 mai 1955 du directeur général des Jeunesses Musicales du/of Canada, Gilles Lefebvre, qui confirme sa participation au Mont Orford.

[11]   Larivière y accueille aussi deux fois la semaine des jeunes et moins jeunes pour dessiner, peindre et discuter. Voir la lettre datée du 20 avril 1972 et signée Jacqueline Kniewasser (Jacqueline Del). C'est aussi aux environs de 1952 qu'il rencontre Borduas aux prises avec un public qui ne sentait que refus à la lecture du «Manifeste» qui, selon l'auteur, était avant tout la revendication d'une responsabilité entière. Borduas exposait alors à Ottawa à l'Atelier de l'Art et du Livre, rue Sussex.

[12]   D.G. PARTRIDGE, *Art Gallery Has Own Picture Permanent Collection started by CNE Gift*, 1953.

[13]   Anonyme, «Canadian in Mexico, Canadian in Canada», *The London Free Press*, London, 20 mars 1954, p. 13; lettre datée du 27 novembre 1953, signée Belinda MacDonald, secrétaire du conservateur, qui donne les dimensions de la salle et explique les arrangements de l'exposition; lettre datée du 20 mars 1954, signée Patricia D. O'Brien, conservateur adjoint du Public Library and Art Museum de London, qui mentionne que l'exposition a été un succès et que les visiteurs ont été vivement intéressés par son travail.

semaines de mai) et à plus d'une dizaine de centres culturels dans l'Ouest canadien. Les toiles de Larivière bénéficient de commentaires sommaires mais favorables[14].

Peu de temps avant la tenue de «Young Contemporaries», Larivière s'affirme comme un des peintres de talent de sa génération; il présente au mois de mars à la Galerie Robertson portraits, paysages, natures mortes, trente-six huiles au total, agrémentées d'une quarantaine d'œuvres du céramiste montréalais Gilles Delorme[15].

L'exposition d'avril-mai 1957 à l'Eglinton Gallery de Toronto confirme ce fait. Trente-cinq toiles puisant aux thèmes de prédilection de Larivière donnent forme à une séduisante chimie de couleurs[16].

Les expositions de groupe se multiplient comme si cela faisait partie à la fois d'un engouement pour les arts et à la fois d'une vaste entreprise d'animation d'un public encore trop éparse. Larivière n'échappe pas à la nécessité de ces mouvements d'ensemble. Il s'associe à la foire annuelle de Toronto, du 26 août au 10 septembre 1955, comme il l'avait d'ailleurs fait antérieurement au cours des années 1951, 1952, 1953, 1954[17]. Il envoie le tableau «The Iron Chair» à la manifestation de l'Art Gallery of Ontario, du 25 novembre au 2 janvier 1956[18]. Il répète ce genre d'interventions en participant, entre autres, aux expositions du Centre communautaire juif à Ottawa en 1958, 1959, 1960 et 1961[19], et à l'exposition dans le hall d'entrée de la Faculté des Arts de l'Université d'Ottawa à l'occasion du centenaire de la Confédération[20].

---

[14] Au sujet de l'organisation de l'exposition «Young Contemporaries 1955»: lettre datée du 31 janvier 1955, signée par le conservateur adjoint Mrs. Paddy D. O'Brien, The Public Library and Art Museum de London; liste d'artistes et de leurs œuvres sur feuille 8 1/2'' X 16'' intitulée *Young Contemporaries Travelling Exhibition 1955*, incluant quarante et une œuvres de vingt-trois artistes. À noter la participation de Harold Town; Anonyme, «Modernistic Flavor Characterizes Work», *The Gazette*, May 7, 1955, p. 30. Extrait de l'article de la *Gazette*: «...Roger Larivière of Ottawa is more vigorous in his offerings which include «Closing Time»... «Still Life under Table»... «Juggling with Jugs» ...»; Leonore CRAWFORD, «Paintings Stand on Own Without Special Tags», *The London Free Press*, London, November 20, 1954, p. 19.

[15] L'exposition est accompagnée d'un carton d'invitation. W.M.A., "Two Artists Hold Joint Exhibition", *The Ottawa Citizen*, Ottawa, March, 1955, p. 20; W.O.K., "Show Paintings and Ceramics by Ottawa, Montreal Artists", *The Ottawa Journal*, Ottawa, March 23, 1955, p. 21; Anonyme, «Remarquable exposition de peintures et céramiques à la Galerie Robertson», *Le Droit*, Ottawa 24 mars 1955.

[16] Marcel GINGRAS, «Exposition Larivière à Toronto, 35 toiles», *Le Droit*, Ottawa, 1957. Le carton d'invitation rappelait quelques notes biographiques. Une lettre datée de juin 1957, de l'Eglinton Gallery, permet de retracer 23 titres des œuvres de cette exposition.

[17] Catalogue: *The Arts C-N-E — 1955, catalogue and guide of an exhibition of paintings and sculpture arranged by the fine arts committee of the Canadian National Exhibition Association and of a showing of amateur paintings from across Canada*, Canadian National Exhibition, Toronto, August 16 to September 10, 1955.

[18] Catalogue illustré, titré, *Seventy-Sixth Annual Exhibition, Royal Canadian Academy of Arts*, Art Gallery of Toronto, Toronto, 1955. La Royal Canadian Academy of Arts avait l'habitude d'organiser des expositions de groupe à Montréal et à Toronto.

[19] Chaque exposition était accompagnée d'un catalogue donnant la liste des peintres et de leurs œuvres, titré *Exhibition and Sale of Works by Leading Canadian Artists from Coast to Coast*, et financé par the Ottawa Section of the National Council of Jewish Women of Canada.

[20] Un dépliant intitulé *Une exposition rétrospective des œuvres d'artistes originaires d'Ottawa* a été publié grâce aux efforts de Mme Louise Berthiaume-Denault. L'exposition regroupait les œuvres de 37 peintres, de 5 sculpteurs en plus de documents ou de manuscrits d'une dizaine de compositeurs de musique et de dix-huit écrivains. Voir l'article de Denise CÔTÉ, «À l'Université d'Ottawa», *Le Droit*, Ottawa, 29 juillet 1967, p. 11.

L'exposition Larivière qui a lieu du 2 au 16 mai 1959 sous l'égide de l'Association des femmes universitaires Ottawa-Hull à la Galerie Robertson annonce un virage sinon un changement radical dans sa démarche de peintre[21].

Hormis les expositions de groupe auxquelles il se prête au cours des années 1960 à 1977[22], Larivière délaisse ses recherches personnelles[23] et se consacre surtout à des activités pédagogiques très variées. Il donne des cours à la Boutique des arts de Gatineau[24]. Il collabore à titre de critique à la *Revue de l'Outaouais* et à *Présent*, Radio-Canada[25].

Il anime un atelier à la Galerie 5, au 527 de la promenade Sussex à Ottawa, avec le céramiste Paul McGuire[26]. Il est invité à plusieurs reprises à parler d'art à de nombreux groupes communautaires[27].

La mort de son père en 1969 bouleverse sa vie. Il doit mettre fin aux affaires commerciales de la famille. Deux années d'inquiétudes, de tracas... En 1971, il est embauché comme professeur d'arts visuels à la Polyvalente de Hull. Quatre années plus tard, il enseigne à l'école française St-Patrick. Il est de retour en 1976 au C.E.G.E.P. de Hull, boulevard de la Cité des Jeunes. Également la même année, il se joint à l'exposition de l'Association des peintres figuratifs canadiens d'Ottawa au Centre universitaire de l'Université d'Ottawa[28].

Larivière vit maintenant, et ce depuis quelques années déjà, à 2,4 kilomètres du village de Perkins, à la fine pointe sud-est du lac McGregor, là où la rivière Blanche n'est qu'un vague filet d'argent au sein d'une nature en chamaille. Du fond de cette demi-retraite, Roger Larivière continue à dessiner sans trop se soucier d'aucun projet d'exposition, particulièrement celui d'une rétrospective que voudraient bien mettre au point les responsables de la Galerie éducative de La Salle[29].

---

[21] Exposition avec carton d'invitation. Anonyme, «Femmes universitaires, Roger Larivière», *Le Droit*, Ottawa, 12 mai 1959, p. 4; Madeleine LEBLANC, «Une exposition de Roger Larivière», *Le Droit*, Ottawa, 9 mai 1954, p. 14; Carl WEISELBERGER, ''Ottawa Artist at Best in His Figure Painting'', *The Ottawa Citizen*, Ottawa, 12 mai 1959, p. 5.

[22] Voir la liste des expositions.

[23] Nous n'insistons pas sur sa participation à titre de dessinateur à la publication de l'ouvrage du poète Alfred DESROCHERS, *Le retour de Titus*, C.R.C.C.F., Éditions de l'Université d'Ottawa, Ottawa, 15 avril 1963 (portrait d'Alfred Desrochers). On avait déjà inclus l'un de ses dessins (paysage) au *Cahier de poésie (1)*, Éditions du Coin du livre, Ottawa, 1954, et un autre (paysage) au *Cahier de poésie (2)* chez le même éditeur.

[24] De 1964 à 1972. À ce sujet: lettre d'attestation du secrétaire-trésorier de la Boutique des arts de Gatineau.

[25] Lettre, datée du 14 avril 1972, du réalisateur Jean-Claude Marion (CROFT).

[26] Feuille publicitaire, 8¹/₂'' x 11'', donnant des renseignements sur les cours de céramique, de dessin et de peinture; carton d'invitation à une exposition de peintures des élèves de Roger Larivière, du 12 au 21 juin 1972, à la Galerie 5.

[27] Anonyme, ''A Well Known Artist Paints Portrait at Art Meeting'', *Standard Freeholder*, Cornwall, 22 mars 1957; Anonyme, «Roger Larivière parle peinture à Gatineau», *Le Droit*, Ottawa, 17 mai 1966, p. 9; Maureen JOHNSON, ''Ottawans Want Art, They're Getting it Every Sunday'', *The Ottawa Citizen*, Ottawa, 21 août 1967, p. 11. Au sujet des activités pédagogiques de Roger Larivière, lire le témoignage de Marcel Gingras, «Les Arts, oasis de paix», *Le Droit*, Ottawa, 22 juin 1972.

[28] Une bonne part des œuvres que l'on pouvait voir à cette occasion étaient tirées de la collection de Jean Ménard, principal animateur de cette exposition.

[29] Actuellement, Roger Larivière enseigne le jour à la Polyvalente de Mont-Bleu et le soir au C.E.G.E.P. de Hull.

EXPOSITIONS INDIVIDUELLES ET COLLECTIVES**

1949
Ottawa, Duford (groupe Art, 9 élèves d'Henri Masson).

1950
Ottawa, Little Gallery (Photographic Store), juin (élèves d'Henri Masson); Ottawa, Salon du cinéma l'Odéon, juillet (Roger Larivière).

1951
Ottawa, Salle académique de l'Université d'Ottawa, fin février (Roger Larivière); Toronto, Canadian National Exhibition (exposition de groupe à la foire annuelle).

1952
Toronto, Canadian National Exhibition (exposition de groupe à la foire annuelle).

1953
Toronto, Canadian National Exhibition, 28 août — 12 septembre (exposition de groupe à la foire annuelle).

1954
London (Ontario), William Memorial Art Museum, mars (Roger Larivière, York Wilson).

1954-1955
London (Ontario), William Memorial Art Museum, fin novembre-janvier, exposition itinérante «Young Contemporaries 1955». Vingt-trois artistes-peintres en provenance de London, Toronto, Calgary, Maple Wood (C.-B.), Vancouver, Montréal, Ottawa).

1955
Ottawa, Galerie Robertson, 22 mars — 2 avril (Gilles Delorme, céramiste et Roger Larivière); Ottawa, Galerie Robertson, 3-4 avril — 14 avril, exposition itinérante «Young Contemporaries, 1955»; Montréal, Musée des Beaux-Arts, 2 premières semaines de mai, exposition itinérante «Young Contemporaries, 1955»; Mont Orford, Galerie du Camp des Jeunesses musicales du Canada, juillet (Roger Larivière); Toronto, Canadian National Exhibition, 26 août — 10 septembre (exposition de la foire annuelle); Chicoutimi, Galerie René Bergeron.

1955-1956
Toronto, The Art Gallery of Toronto, 25 novembre — 2 janvier (exposition regroupant plusieurs dizaines d'artistes peintres, dessinateurs et sculpteurs).

1957
Toronto, Eglinton Gallery, 26 avril — mai (Roger Larivière).

1958
Ottawa, Jewish Community Centre, juin (exposition — vente annuelle).

1959
Ottawa, Galerie Robertson, 12-16 mai (Roger Larivière).
Ottawa, Jewish Community Centre, juin (exposition — vente annuelle).

1960
Ottawa, Jewish Community Centre (exposition — vente annuelle).

1961
Ottawa, Jewish Community Centre, avril (exposition — vente annuelle).

1967
Ottawa, Foyer et salon des professeurs de la Faculté des Arts, Université d'Ottawa, juin-juillet-août. Une exposition rétrospective des œuvres d'artistes originaires d'Ottawa (trente-sept peintres, cinq sculpteurs, un photographe...).

1976
Ottawa, Salles d'écoute de musique, Centre universitaire, Université d'Ottawa, exposition de l'Association des peintres figuratifs d'Ottawa. Une exposition constituée largement des œuvres de la collection de Jean Ménard.

279

Bibliothèque nationale de Paris

Emma Albani (1847-1930)
Portrait d'Emma Albani paru sur la page couverture des *Chansons anglaises*, transcription avec accompagnement de piano de J.-B. Weckerlin, «chantées par Mlle Albani» et publiées par Heugel, «Au Ménestrel», 2 bis, rue Vivienne au début de 1873. On remarquera que la cantatrice canadienne appuie son bras gauche sur trois partitions d'œuvres lyriques dans lesquelles elle s'est déjà illustrée: *Mignon* et *Hamlet* d'Ambroise Thomas et *Lucia di Lammermoor* de Donizetti.

Une Canadienne à Moscou en 1873

par Gilles POTVIN*

Emma Albani, née Marie-Louise-Cécile-Emma Lajeunesse (Chambly, Québec, 1er novembre 1847 — Londres, 3 avril 1930) fut la première cantatrice canadienne à connaître une renommée internationale. Fille aînée d'un modeste organiste qui devint très ambitieux pour son enfant à partir du moment où il découvrit son talent précoce, elle commença sa carrière à Montréal mais face à l'indifférence de ses compatriotes, Joseph Lajeunesse émigra avec sa famille aux États-Unis en 1864. Après un séjour de quatre ans à Albany, N.Y., Emma Lajeunesse partit pour Paris où elle étudia avec le célèbre Louis-Gilbert Duprez et de là se rendit à Milan où Francesco Lamperti la prépara pour ses débuts à Messine en 1870, dans le rôle-titre de *La Sonnambula* de Bellini. Ces débuts retentissants allaient bientôt la conduire dans toute l'Europe, principalement au Covent Garden de Londres dont elle fut la vedette adulée de 1872 à 1896, année de ses adieux à la scène. Elle n'en continua pas moins une carrière au concert jusqu'en 1911 alors qu'elle prit sa retraite définitive. Elle connut par la suite des revers financiers et quand l'état précaire de sa situation fut connu, ses compatriotes vinrent à son aide en organisant un concert-bénéfice à Montréal en 1925 qui rapporta plus de $4 000,00, somme importante pour l'époque.

Mariée en 1878 à l'imprésario londonien Ernest Gye, Emma Albani interpréta à la scène au moins 43 rôles dans 40 opéras, sans compter de nombreux oratorios, genre dans lequel elle s'illustra tout autant. Elle fit de nombreux et lointains voyages, se rendant jusqu'en Australie, en Afrique du Sud et en Inde. Au Canada, elle fit une dizaine de tournées triomphales entre 1883 et 1906, dont l'une, d'un océan à l'autre, en 1896-97. En 1911, elle publia ses mémoires, *Forty Years of Song* (traduits en français et publiés en 1972 aux Éditions du Jour sous le titre *Mémoires d'Emma Albani*), dans lesquels elle fait le récit un peu sommaire de ses voyages, notamment de ses deux visites en Russie, la première en 1873-74 et la seconde en 1878-79, toutes deux durant l'hiver.

En 1871, Emma Albani fut engagée par le Teatro delle Pergola de Florence pour y chanter le rôle-titre de *Mignon* d'Ambroise Thomas. À ce sujet, elle écrit dans ses mémoires: «*Mignon* était alors un nouvel opéra. Lamperti ne l'avait jamais vu sur une scène, ce qui ne l'empêcha pas de me l'enseigner à la perfection. J'étais cependant désireuse de connaître, si possible, les idées et désirs du compositeur lui-même. Le mæstro était entièrement d'accord et, avec sa bienveillante permission, j'écrivis à M. Heugel, l'éditeur de *Mignon*, demandant s'il lui serait possible, si j'allais à Paris, d'organiser pour moi une entrevue avec M. Ambroise Thomas. M. Heugel était alors

* Gilles Potvin, critique musical au *Devoir*, est conseiller musical à Radio Canada International. En 1972, il a publié aux Éditions du Jour sa traduction de *Forty Years of Song*, mémoires d'Emma Albani. Il est responsable de l'édition française de l'*Encyclopédie de la musique au Canada*, en préparation. Pour de plus amples renseignements concernant ce vaste projet, voir l'article de Yves Chartier, dans le présent *Bulletin*, p. 1 à 14.

pour moi un parfait étranger mais il me répondit aimablement, me disant qu'à Paris, M. Thomas me recevrait avec plaisir et me dirait tout ce que je voudrais savoir.»

Ce «parfait étranger» était Jacques-Léopold Heugel (La Rochelle, 1er mars 1815 — Paris, 12 novembre 1883), musicien et éditeur de musique, devenu en 1857 seul propriétaire de la maison qu'il avait auparavant fondée avec un associé, Jean-Antoine Meissonnier. De ce premier contact entre la jeune Canadienne et l'éditeur Heugel allait naître une amitié suivie, laquelle se traduisit par une correspondance régulière allant au moins jusqu'en 1879. La maison Heugel & Cie conserve dans ses archives une centaine de lettres et cartes de visite adressées par Emma Albani à Jacques-Léopold Heugel. Nous remercions M. François Heugel de nous avoir facilité l'accès à ces documents importants et d'avoir permis la publication d'une lettre de Moscou, en date du 9 décembre 1873. Elle est l'une d'au moins quatre expédiées de Russie durant cette saison, entre décembre 1873 et janvier 1874, alors que l'Albani fut triomphalement accueillie à Moscou et à St-Pétersbourg, chantant *La Sonnambula, Lucia di Lammermoor* de Donizetti, *Rigoletto* de Verdi et *Hamlet* d'Ambroise Thomas. Le tsar Alexandre II assista à l'une des représentations, envoya un diamant de grand prix à la cantatrice et l'invita à chanter au mariage de sa fille, la grande-duchesse Marie, au prince Alfred, duc d'Édimbourg, fils de la reine Victoria, en janvier 1874.

Hotel Dusaul
à Moscou

Moscou
Ce 9 Dec. 1873

Cher Monsieur Heugel,

J'ai reçu votre aimable lettre justement avant mon départ pour Moscou et j'ai voulu avoir quelque chose à vous dire de notre Hamlet[1] *dont les répétitions sont commencées (avant d'écrire) et qui déjà ne marche pas trop mal. D'abord nous avons une reine de 1er ordre, Mlle d'Angeri*[2] *qui vient de chanter Africaine, Favorita*[3] *etc. avec un bon succès ici à Moscou, a voulu chanter ce rôle et elle l'a bien étudié et le jouera et le chantera très bien. C'est une jeune personne dont la voix de mezzo soprano est magnifique. C'est une allemande élève de Mde Marchesi*[4] *à Vienne. Ce matin nous avons eu une répétition de scène; elle chante très bien et joue avec*

---

[1] Opéra en 5 actes, livret de Jules Barbier et de Michel Carré d'après la pièce de Shakespeare, musique d'Ambroise Thomas, fut créé à l'Opéra de Paris le 9 mars 1868 avec Jean-Baptiste Faure dans le rôle-titre et Christine Nilsson dans celui d'Ophélie. Cette dernière le créa aussi au Covent Garden de Londres l'année suivante avec Charles Santley dans le rôle-titre. L'œuvre fut à l'affiche du Metropolitan Opera durant sa première saison en 1883-84 et reprise pour la dernière fois depuis en 1917-18. *Hamlet* ne semble pas avoir jamais été présenté sur scène au Canada. À Toronto, le groupe Opera in Concert le présentait en 1974 puis en 1977.

[2] Anna d'Angeri (? — ?), soprano d'origine hongroise et non allemande, débuta au Covent Garden en 1873 et y demeura deux ans.

[3] *Africaine, Favorita*, etc. *L'Africaine* de Meyerbeer et *La Favorita* de Donizetti.

[4] Mathilde Marchesi (1821-1913) succéda à Manuel Garcia comme l'un des principaux professeurs de chant en Europe. Elle enseigna à Vienne, à Cologne puis à Paris de 1861 à 1865, comptant de nombreux élèves dont Emma Calvé, Nellie Melba, Ilma di Murska, Emma Eames, Mary Garden, etc.

beaucoup d'intelligence. *Graziani*[5] *étudie son rôle et je crois qu'il sera bien. Il fait beaucoup d'effet avec la Chanson*[6] *et dit très bien la phrase du duo. Il est un peu trop italien et n'a pas assez de calme peut-être pour Hamlet, et puis nous sommes gâtés pour tout autre interprète de ce rôle poétique après l'incomparable Faure*[7]. *Foli*[8] *est le roi et sera très bien quand il saura bien son rôle. Bevignani*[9] *est plein d'énergie et de travail. Il fait marcher tout le monde. Les Chœurs dont 15 sont de Covent Garden (des hommes et les meilleurs) vont bien. Nous avons eu 2 répétitions et nous en aurons encore 3 à l'orchestre — d'ordinaire on n'en accorde qu'une. Le régisseur est M*[r] *Savitski qui a bien étudié la scène et qui parait s'y entendre, et si on aime l'opéra autant dans le publique qu'on parait l'apprécierur la scène nous aurons un beau succès. Nous verrons. Je vous écrierai le lendemain ou M*[r] *Bevignani vous enverra une dépêche. C'est pour mardi prochain. Mon succès ici a été encore plus grand qu'à St Petersbourg. Le soir du début on m'a rappelé* 40 *fois*[10] *et tous les soirs c'est la même chose — toujours théâtre comble et je suis très contente. Le Mæstro Bevignani a dit qu'il n'avait jamais assisté à un début pareil. C'était dans La Sonnambula et j'avais des compagnons sympathiques au publique — Naudin*[11] *et Foli — et puis le théâtre qui est très grand est des plus harmoniques. On m'a fait bissé «Ah, non giunge» et j'étais très bien en voix. La Lucia a aussi été le même enthousiasme. Mon ambition est maintenant d'avoir pareil succès dans Ophélie. À St Petersbourg, je me suis occupée de l'étudier encore, scène et chant, puis ici encore et j'espère! Je fais faire de jolis costumes.*

Mr *Gye*[12] *arrivera dans 10 jours au plus et il l'entendra. J'espère qu'il se décidera de donner le rôle de la reine à Londres à M*[lle] *d'Angeri car l'année dernière il craignait que ça lui fasse du mal vis à vis du publique parce quelle chantait*

[5]   Francesco Graziani (1828-1901). Célèbre baryton italien qui fut engagé au Covent Garden en 1855. Il y créa de nombreux rôles dont ceux du Comte de Luna dans *Il Trovatore*, d'Amonasro dans *Aïda*, de Rodrigo dans *Don Carlos*, trois opéras de Verdi, et de Nelusko dans *L'Africaine* de Meyerbeer.

[6]   Sans doute la célèbre chanson bachique, *Ô vin, dissipe la tristesse*, au deuxième acte.

[7]   Jean-Baptiste Faure (1830-1914), baryton français. Il créa à Paris plusieurs rôles dont Rodrigo dans *Don Carlos* de Verdi (1867) et le rôle-titre de *Hamlet* (1868). Il composa aussi plusieurs chants devenus célèbres comme *Les Rameaux* et *Le crucifix*, ce dernier sur un poème de Victor Hugo.

[8]   Son vrai nom était Allan James Foley. Né en Irlande, il étudia à Naples et débuta à Catane en 1862. Il fit ses débuts à Londres en 1865 et sa voix de basse au registre étendu fut admirée dans une soixantaine d'opéras en Europe aussi bien qu'en Amérique du Nord.

[9]   Enrico Bevignani (Naples, 1841-1903), chef d'orchestre et compositeur italien. Il dirigea de nombreuses premières d'opéras italiens à Londres et accompagna Emma Albani lors de sa tournée nord-américaine de 1889.

[10]   Les soulignés sont d'Emma Albani.

[11]   Émilio Naudin (1823-1890), ténor italien né à Parme de parents français. Il était le partenaire d'Emma Albani lors de ses débuts au Covent Garden dans *La Sonnambula* en 1872, chantant le rôle d'Elvino. Il fut le créateur du rôle de Vasco de Gama dans *L'Africaine* de Meyerbeer à Paris en 1865.

[12]   Sans doute Frederick Gye (1809-1878), directeur de Covent Garden, qui engagea Emma Albani pour y faire ses débuts en 1872. Son fils, Ernest Gye (1838-1925) épousa Emma Albani en 1878 et devint la même année directeur de Covent Garden, succédant à son père. Il occupa ce poste jusqu'en 1885.

Africaine Huguenots etc. Mais l'année prochaine il en aura une autre chanteuse dramatique et ce sera plus facile. Quand Mr Gye sera ici je lui parlerai sérieusement de Paris.

Adieu Cher Monsieur Heugel, mille saluts affectueux au Maître[13].

> *Votre toute dévouée*
> *petite Ophélie*
> *E. Albani*

La correspondance Emma Albani/Jacques-Léopold Heugel semble s'être arrêtée en 1879 sans que l'on sache trop pourquoi. Du moins, il ne reste dans les archives Heugel aucune lettre portant une date postérieure à 1879. La santé du célèbre éditeur, qui allait mourir d'un cancer quatre ans plus tard, était déjà sérieusement affectée et la carrière internationale d'Emma Albani prenait alors de plus en plus d'ampleur. Rien n'indique qu'il y ait eu entre eux la moindre brouille susceptible d'entraîner la cessation d'échanges épistolaires. Par ailleurs, les témoignages d'affection et de reconnaissance ne manquent pas dans les lettres d'Emma Albani et il est permis de croire que Heugel fut généreux dans ses conseils à la jeune cantatrice. «Merci toujours de penser à moi, vous êtes bien bon et aimable», écrivait-elle dans une lettre de Londres en date du 2 mai 1876. Dans une autre, de Londres également, datée du 22 juillet 1878, deux semaines avant son mariage à Ernest Gye, elle écrivait: «Votre bonne amitié et le bon intérêt que vous m'avez toujours porté m'encouragent à vous raconter tout».

---

[13] Le «Maître» est sans doute Ambroise Thomas qui, en 1871, avait été nommé directeur du Conservatoire de Paris.

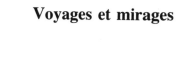

Voyages et mirages

Un Français découvre l'Amérique du Nord il y a cent ans

par Georges DETHAN*

Il y a quelques années, dans une bibliothèque de famille, j'ai découvert deux petits volumes in-octavo finement reliés, dont le dos ne portait pas de nom d'auteur. Ils contenaient une collection de lettres manuscrites et ces lettres étaient signées du nom de mon grand-père, Maurice Lemarchand, le père de ma mère.

Je l'ai à peine connu. J'avais six ans quand il est mort; je n'ai pas totalement oublié sa silhouette tassée de malade dans un fauteuil de cuir, au fond de son bureau de la rue Magellan, près du phonographe à cornet porte-voix dont il écoutait distraitement des airs cent fois entendus. Son regard était vague et douloureux. Je n'aurais jamais cru le retrouver en héros de Jules Verne, voyageur digne de Passepartout ou de Lavarède. C'est une aventure en vérité peu banale de redécouvrir son grand-père comme un jeune homme dont on pourrait être le père. Car il avait vingt-cinq ans quand, pour des raisons d'affaires assez mystérieuses et surtout, je crois, par curiosité, il entreprit un grand voyage de neuf mois dans le Nouveau Monde. Comme il avait l'esprit de famille, il ne cessa d'envoyer à sa mère (à Paris, rue d'Astorg, entre la Madeleine et St-Augustin) ses impressions de Parisien moqueur et sans trop de préjugés.

Il avait fait des études de droit, travaillé chez un avoué et se présenta comme avocat aux gens du Nouveau Monde. Je ne saurais le décrire alors au physique: les albums de photographies familiales de cette époque ont disparu et les lettres de Maurice ne contiennent qu'un seul cliché, celui des chutes du Niagara, qui n'ont probablement pas tellement changé depuis. Hélas, il ne s'est pas fait représenter au premier plan, comme Perrichon devant la mer de glace. Portait-il déjà sous le nez cette grosse moustache que je lui ai connue toute blanche? Je le vois très bien, en tout cas, avec l'œil vif et cet air franc, ouvert et décidé qu'a son fils, mon oncle Raymond. Car, au moral, c'était un tempérament de fer que Maurice: il sautait dans les trains en marche, se baignait dans l'Atlantique devant les icebergs, domptait le mal de mer en participant aux jeux violents des émigrants irlandais, affrontait les loups dans les déserts du Nord-Ouest canadien... Mais surtout, c'était un parleur infatigable. Sur le bateau, en chemin de fer, dans la rue, il ne perdait aucune occasion de lier conversation, que ce soit avec un curé canadien ou une jolie femme, un marchand de fourrures ou un vendeur de montres, un avocat ou un matelot... Et de chacun il tirait une foule de renseignements hétéroclites destinés à ébahir la rue d'Astorg. Il lui arriva même, dans un pullman, de chercher à bavarder avec un muet. Ce dernier sortit un bloc-notes de sa poche et répondit par écrit. Cette étrange conversation eut lieu alors que le train traversait avec un bruit fracassant les gorges du Potomac, non loin de Gettysburg; elle

* L'auteur est conservateur des archives au ministère des Affaires étrangères de France et directeur de la *Revue d'histoire diplomatique* (Paris). Il présente un document dont les archives de notre Centre possèdent la copie *in extenso*.

Winnipeg vu de St-Boniface

Illustration tirée de *Picturesque Canada* (Toronto, 1882), vol. I, p. 286.

roula entièrement sur la guerre de Sécession dont cette région avait été l'un des principaux théâtres... Oui, un véritable Passepartout que mon grand-père Lemarchand!

Et aussi un fameux malin! Au moment où il eut l'idée et l'occasion de ce grand voyage, il accomplissait son service militaire à Poitiers. Sous prétexte qu'il allait défendre en Amérique des intérêts français, il parvint à obtenir de son colonel une permission de trois mois dont il tripla la durée grâce à la recommandation d'un évêque canadien. Très impressionné par la missive épiscopale, le colonel ne pipa mot, car il était aussi calotin que patriote.

— II —

Parti de Paris, gare St-Lazare, le 16 mai 1882 à 8 h. 50 (mon grand-père est aussi précis que Phileas Fogg), embarqué à Liverpool le 18 au soir, Maurice arrive à Québec le 28, après dix jours de traversée sur *The Parisian* (un bateau fait pour lui). Car c'est au Canada qu'il se rend pour défendre, à Winnipeg, les intérêts d'une certaine Compagnie française du Nord-Ouest dont son père aurait été président et qui était constituée, semble-t-il, de porteurs d'actions du *Canadian Pacific Railway*. En fait, il ne cause jamais d'affaires avec sa mère («puisqu'il est entendu que tu ne veux pas en entendre parler»), mais il ne manque pas de lui décrire tous les incidents de son voyage, ses arrêts plus ou moins longs à Québec, à Montréal, à Ottawa, aux chutes du Niagara, à Chicago et à Saint-Paul. Le voyage de retour, en décembre, s'étendra sur un mois et permettra à Maurice de découvrir Cincinnati, Washington, Baltimore, Philadelphie et New York.

Au Canada, il se fait beaucoup d'amis, surtout à Winnipeg où il vit au foyer de Charles De Cazes, un ancien zouave pontifical qui toutefois n'a pas l'habitude de se rendre à la messe. Maurice, libéral aux sentiments peu religieux, abonné au *Figaro* et à *La Vie parisienne*, se trouve très à l'aise au milieu de ces conservateurs catholiques. Il reconnaît: «C'est par l'Église que les Canadiens sont restés Français. C'est le bon côté du système ecclésiastique.» Comme il lui est agréable «d'entendre parler les gens avec l'accent normand à 1 200 lieues de son pays»! Car sa famille vient du Havre et lui-même ne connaît pas de plus forte expression devant un paysage que: «On se croirait en Normandie». Sans doute, certains anglicismes l'étonnent; surtout quand un Canadien lui présente sa femme en ces termes: «Permettez-moi de vous introduire ma créature». Mais c'est sans réticence qu'il adopte le préjugé antibritannique de ses hôtes. Il prévoit même, «d'ici peu», leur «rupture» avec les Anglais, tout en leur reprochant de s'angliciser sans s'en rendre compte: «Quand on leur parle à Winnipeg du Bas-Canada d'où ils sont tous originaires, ils s'exaltent. À les croire, ce sont eux les maîtres du pays, mais le vrai maître c'est l'Anglais, avec son caractère égoïste...» Il est évident que Maurice n'aime pas la perfide Albion. Apprenant à Winnipeg la chute du cabinet Freycinet, en août 1882, il s'indigne: «Alors, c'est l'abstention complète des affaires d'Orient. Ici, les journaux anglais [...] nous avertissent que nous n'aurons pas notre part du gâteau.»

Mais son regard ne reste pas fixé sur l'Europe. En prélude à la découverte des États-Unis, il s'émerveille de la rapide croissance canadienne. Lors du voyage d'inauguration d'un nouveau tronçon du *Canadian Pacific*, le 1er septembre 1882, il avait découvert l'emplacement de la future ville de Régina: deux tentes de toile s'y dressaient. Mais, à la fin d'octobre, cette «capitale future du Nord-Ouest compte déjà nombre d'habitants». Maurice se récrie sur la fertilité des terres du Manitoba: Mgr Taché, le fameux évêque de Saint-Boniface, près de Winnipeg, lui a montré des pommes de terre énormes. Surtout, il s'intéresse vivement aux Indiens qu'il est allé visiter assez loin dans le Nord, en compagnie d'un *indian agent* au nom bien français, M. Martineau, chargé de payer les chefs de tribus et d'empêcher les excès de déboisement et les pêches abusives. Peu à peu, il abandonne ses préjugés d'Européen. Ceux qu'il appelle d'abord «d'horribles indigènes qu'on a bien tort de pousser à la reproduction» lui paraissent bientôt «de bons enfants» qui seraient restés doux et honnêtes, s'ils n'avaient été corrompus par le commerce avec les Blancs et par l'abus du whisky. Lorsqu'il va voir leurs campements et parvient, par l'intermédiaire d'un métis, à discuter avec eux, il reconnaît: «Ils ne sont pas bêtes, loin de là»! Il sait maintenant distinguer les Sioux des Cris, ceux du lac Manitoba de ceux de la rivière Qu'appelle. Ces derniers, sur le costume et les mœurs desquels il donne de curieuses précisions, sont «de beaux garçons à la figure intelligente et ouverte». Ils se livrent devant lui à d'étonnantes gesticulations. «C'est inouï, écrit Maurice, comme les Sauvages aiment la danse»!

Ces entrechats n'expriment pas seulement un tempérament joyeux. Maurice a découpé un article sur «la danse du soleil» des Sioux du Dakota, qui est un exercice initiatique fort cruel. Notre jeune Parisien n'hésite pas à l'envoyer à sa mère, car ce gai luron paraît avoir un goût un peu sadique pour les détails sinistres. C'est ainsi qu'il s'attarde à décrire les usages des enterrements à Winnipeg, admire le cimetière de Cincinnati: «aussi soigné qu'un jardin anglais», signale les nombreux corbillards qu'il a croisés à Chicago, ville dont il décrit les fameux abattoirs avec une précision impitoyable, un luxe de détails écœurants donnés sur un ton à la fois lyrique et guilleret. Maurice consacre huit pages serrées à l'égorgement scientifique des bœufs et surtout des porcs: «alors commence l'horrible démembrement du pauvre animal, on lui coupe la tête, on le fend en deux, on enlève ses intestins, et encore roule, roule…» Quant à lui, impassible, il se contente d'essuyer «le sang des cochons» qui a rejailli sur son pardessus.

— III —

À Chicago, Maurice est entré aux *States*, c'est-à-dire au pays des merveilles. On n'en finirait pas d'énumérer ses sujets de stupéfaction. Dès son voyage aller vers Winnipeg, Chicago lui a prodigué les motifs d'étonnement avec ses maisons «colossales» (*neuf* étages!) et, à l'hôtel, la salle de bains particulière de sa chambre «où l'on peut se baigner à volonté sans supplément». Il a peine à y croire, mais que dire devant la salle à manger éclairée à la lumière électrique qu'il voit pour la première fois. «On croirait que c'est du gaz, écrit-il, mais plus étincelant» et notre Parisien qui ne s'émeut pas facilement conclut d'un air détaché: «L'impression n'est pas désagréable du tout à la vue».

Plus tard, il aura d'autres surprises: le train spécial de plus de trente wagons qui promène les affiches démesurées du cirque Barnum, «extrêmement bien faites et colorées», les voitures qui sillonnent les rues de Chicago pour mener gratis des clients aux grands magasins où Maurice admire la prestesse et l'ingéniosité avec laquelle on rend la monnaie dans des petits sacs actionnés par des poulies, les pelisses qui tombent par dizaines dans la rue pour faire de la publicité à un fourreur... Quel sens du commerce! Quelle différence pour notre Parisien avec le *Bon Marché* ou ce *Bonheur des Dames*, dont Zola écrit alors le roman!

Les grands travaux d'art retiennent aussi son attention: le pont suspendu jeté d'un trait sur le Mississippi à Minneapolis, les funiculaires de Cincinnati, la gare «splendide» de Philadelphie dont il admire «le style gothique» (un style qui semble avoir ses préférences, surtout lorsqu'il est au service d'un bon «confort» fin de siècle). Mais, à propos de la douane inachevée de Cincinnati, il fait cette remarque acide, qu'il renouvellera au sujet du pont de Brooklyn, en construction depuis plusieurs années: «C'est l'habitude en Amérique que tous les monuments importants ne se terminent pas [...]. On fait prix à forfait pour tout, deux mois après l'argent est dépensé en commissions diverses et le travail est arrêté.»

Tout ce qui peut accroître le plaisir ou la simple commodité de la vie le passionne: les «chars urbains» [?] de Chicago, les magasins de Baltimore éclairés à l'électricité, les théâtres à «estrades plongeantes», c'est-à-dire à étages et non à loges, qui sont pour lui une nouveauté, le chauffage urbain à la vapeur de New York et surtout l'admirable confort des voitures-lits, des pullmans avec leur wagon-salon et leur «vitesse effrayante». Par contre, il ne s'intéresse guère aux monuments du passé ou de l'art. À Philadelphie, il ne jette qu'un coup d'œil distrait à l'Independance Hall, «où l'on voit, écrit-il dédaigneusement, de vieilles reliques des grands hommes du siècle dernier», mais il va passer un long moment dans une fonderie de locomotives. À Washington, il dédaigne la Maison-Blanche qui, selon lui, «n'a point de style»; il se plaît mieux à l'Army Medical Museum «où l'on voit quantité de spécimens de blessures de guerre» [!] qu'au Musée d'art Corcoran; il n'y remarque que des chefs-d'œuvre de Gérome et de Cabanel: «La mort de César» et «La mort de Moïse». Décidément, il a le goût macabre et n'est qu'un médiocre amateur d'art!

En réalité, ce sont les Américains de son temps qui l'intéressent et non ceux du passé. Il les rencontre et les interroge dans tous les lieux publics, même dans les églises qu'il s'étonne de trouver pleines le dimanche, qu'elles soient protestantes ou catholiques (dans ces années 1880, on n'était pas très dévot dans la bourgeoisie parisienne). À l'Opéra de New York, il a vu les loges des milliardaires: Astor, Cunard, Iselin, Lorillard... et même s'est payé le luxe de frôler, dans un corridor, Cornelius Vanderbilt «pour qu'il me porte bonheur», écrit-il. Par contre, il ne goûte guère les comédies, d'inspiration anglaise et, après la représentation au théâtre de Madison Square, à New York, d'un mélo moralisateur, il assure: «On a beaucoup pleuré. J'ai trouvé la pièce assommante, mais les Américains au théâtre n'aiment pas s'amuser ni rire et préfèrent pleurer.»

C'est qu'il n'admire pas tout aveuglément. Il est déçu par le métro (elevated railway) de New York qu'il trouve «bien pratique mais bien laid». Les toilettes des dames américaines lui paraissent excentriques, surtout leurs chapeaux «avec des plumes immenses». Enfin, il est affolé par la cherté de la vie: les chambres d'hôtel, les restaurants sont bien plus coûteux qu'au Canada.

Sur le chemin du retour, Maurice Lemarchand se hasarde à une comparaison entre les deux grandes puissances de l'Amérique du Nord. Si les Canadiens français ont sa

Un magasin de pionniers dans le Nord-Ouest canadien

Illustration tirée de *Picturesque Canada* (Toronto, 1882), vol. I, p. 329.

292

préférence, il donne la palme à l'Américain sur l'Anglais. «Il a, écrit-il, le caractère plus aimable et sympathique» et encore: «On peut parler français devant lui sans qu'il trouve cela curieux». D'ailleurs, vivent aux *States* beaucoup de Canadiens français et Maurice affirme: «le Vermont, le Massachussetts sont presque des États français».

Il y a là certes une exagération manifeste. Maurice se trompe aussi lorsqu'il prévoit que «Chicago sera certainement la plus grande ville d'Amérique dans peu d'années» et que le Nord-Ouest canadien, «vigoureusement poussé comme il l'est maintenant, réussira bien mieux que le Texas ou le Dakota». Il est ici aveuglé par les intérêts qu'il laisse au Canada, mais il ne se trompe qu'à moitié: le Manitoba a un bel avenir devant lui... et Chicago aussi.

— IV —

Mon grand-père revint à Paris à la fin de janvier 1883. La traversée de New York au Havre avait été difficile: mer démontée, vagues de plus de vingt mètres, pluie diluvienne, mugissement de la tempête. Au milieu des éléments déchaînés, le paquebot sur lequel se trouvait Maurice Lemarchand, le *Labrador*, s'avisa de porter secours à un navire en détresse, la *Picardie*. Le câble de remorque s'étant rompu, pendant toute une semaine les deux bateaux se cherchèrent en vain sur l'océan démonté. Maurice, très «énervé», n'en dormait plus, passait ses nuits à courir dans les corridors pour glaner des nouvelles. La tempête s'étant calmée, la *Picardie* put enfin être rejointe et son équipage transbordé avant que le navire ne coulât «avec une rapidité vertigineuse dans un craquement épouvantable». Heureusement, remarquait Maurice, il n'y avait que très peu de femmes à bord de la *Picardie*. Il se méfiait apparemment du sexe faible et de ses réactions désordonnées.

À Winnipeg, il avait eu l'occasion d'assister à une scène de ménage entre ses hôtes, les De Cazes. Il avait alors conjuré sa mère: «Non décidément, ne pense pas à me marier déjà cette année! Je veux reculer le plus tard possible ces petites difficultés.» Et il se gardait de pousser trop loin ses coquetteries avec «les jeunes misses».

Il attendit près de dix ans avant de sauter le pas. Le temps de jouir encore de la vie de garçon et d'amorcer une carrière. Il avait passé le concours de la magistrature et devait finir président à la Cour d'Appel de Paris. Ses débuts eurent pour cadre la Tunisie, depuis peu acquise à la France par le traité du Bardo, au temps où Paul Cambon était résident. Il s'y montra actif et efficace, suggérant et faisant approuver des mesures pour la protection des indigènes contre l'emprise envahissante des colons. Et pourtant, parmi ces derniers, il avait noué de vives amitiés, allait chasser sur leurs terres et boire leur vin muscat. Il lui arriva même de vendre un bijou de famille pour aider un compatriote à s'établir. Ces amis lui furent fidèles et voulurent l'associer à leurs intérêts en lui donnant une part dans leurs revenus agricoles. Part d'abord modeste, qui devait s'amplifier avec le succès des entreprises qu'elle soutenait et se révéler moins illusoire que les actions de la Compagnie française du Nord-Ouest canadien. En fait, en Tunisie, mon grand-père avait fait fonds sur l'amitié et l'amitié ne le trahit pas.

Vers 1890, il revint en France et c'est peu après qu'il se maria avec celle qui allait devenir ma chère *granny*, Claire Dissard. Sa carrière le conduisit à Reims, où sont nés mon oncle et ma mère, et à Meaux, où il eut comme collègue le père de l'ambassadeur

François-Poncet, un procureur de la République réputé pour son extrême rigueur. Mon grand-père, pour sa part, était, semble-t-il, un juge assez indulgent, sauf toutefois pour les braconniers qu'en chasseur passionné il ne pouvait tolérer. Dès le début du XXe siècle, les Maurice Lemarchand étaient de retour à Paris; ils s'établirent rue Magellan, près des Champs-Élysées. C'était un bel appartement, au dernier étage, d'où l'on dominait l'horizon ardoise des toits des beaux quartiers. Ma grand-mère allait l'habiter pendant plus de trente ans.

Maurice Lemarchand prit sa retraite peu après la fin de la guerre de 1914. Dès lors, il ne cessa de décliner, envahi d'humeurs moroses. C'était un homme de plein air et il lui déplaisait d'être cloué chez lui par les misères de l'âge. Il avait aimé rire et plaisanter, citer Molière ou Voltaire... Désormais, il feignait d'écouter son phonographe, plongé dans des pensées nostalgiques. En fait, il ne s'animait qu'en présence de ses enfants et surtout de sa femme qu'il adorait.

Il devait mourir en clinique, serrant dans son poing un petit papier que ma grand-mère recueillit et garda précieusement. Elle ne nous en parla jamais et nous ne l'avons découvert qu'après sa propre disparition, plus de vingt ans après celle de son mari. Ce petit papier chiffonné portait, tracés maladroitement au crayon, ces simples mots à elle seule destinés: «Je t'aime». Ma grand-mère eut la pudeur de refouler ce dernier message dans son cœur, comme un sanglot.

La Palestine au XIXᵉ siècle
vue par un voyageur de Québec

par Jean OUELLETTE*

Les deux premiers voyageurs originaires du Québec à visiter la Palestine se sont mis en route, fort probablement à leur insu, à quelques mois d'intervalle[1]. Le premier, l'abbé Léon Gingras, s'embarqua à Québec le 18 mai 1844 pour n'y revenir qu'en juillet 1845. Le second, l'abbé Noël-Laurent Amiot, partit du Canada en décembre 1844, mais mourut sur la route du retour, à Vienne, le 10 octobre 1845[2]. C'est sur le récit de l'abbé Gingras que la présente étude portera[3].

En Palestine proprement dite, Gingras séjourna environ une vingtaine de jours. Arrivé à Daharieh, qu'il appelle le «premier poste de la Palestine» (I, 407) le 11 mars 1845, on le retrouve déjà à Beyrouth le 3 avril de la même année (I, 409; II, 349). Mais le titre de son ouvrage, *L'Orient ou Voyage en Égypte, en Arabie, en Terre-Sainte, en Turquie et en Grèce*, en dit long sur ses intentions. Convaincu depuis longtemps que «les voyages forment une des parties les plus importantes de l'éducation» (I, 1) et désireux de visiter «les diverses contrées où se sont passés les beaux faits de l'histoire ancienne et de l'histoire moderne» (*ibid.*), c'est néanmoins vers la Terre sainte que ses rêves le poussent et il exclura de son itinéraire le récit de ses pérégrinations en Europe. Prêtre, docteur en théologie, Gingras ne pouvait se représenter l'Orient autrement que comme le lieu où s'était déroulée la carrière humaine de celui qu'il appelle, typiquement, «l'auteur de la vie»:

> Jérusalem avait brillé à mes yeux. Prendre tôt ou tard mon essor vers l'Orient, pour y visiter le sol qui a vu naître, grandir et mourir l'auteur de la vie, fut une nouvelle pensée, qui, depuis, s'attacha à mon existence (I, 2)[4].

C'est donc une vision essentiellement théologique de l'histoire que Gingras projette sur les événements et les lieux qui n'acquièrent à ses yeux de l'importance qu'en fonction de leur rapport à la vie de Jésus. Des lieux saints de Jérusalem il dira, par exemple, qu'ils sont des «théâtres où se sont opérés les plus grands événements de

---

*   L'auteur est directeur des études juives de l'Université de Montréal.

[1] Pour une bibliographie commentée des récits de voyage publiés entre 1670 et 1914, voir John HARE, *Les Canadiens aux quatre coins du monde*, Québec, 1964 (Cahier d'histoire, n° 16).

[2] Le récit d'Amiot n'étant pas encore publié, nous puisons ces renseignements dans l'étude faite par Jacques BOUCHARD, *Voyageurs québécois en Grèce au XIXᵉ siècle*, dans *Folia Neohellenica*, Band II, Amsterdam, 1977, p. 1-23; 9-10.

[3] L'ouvrage fut publié à Québec deux ans après le retour de Gingras, soit en 1847, par Fréchette et frère et comprend deux tomes (472 p.; 556 p.). Sur l'auteur, voir J.B.A. ALLAIRE, *Dictionnaire biographique du clergé canadien-français*, tome I, Montréal, 1910, p. 242; M. LEBEL, *Dictionnaire des œuvres littéraires du Québec*, tome I, Montréal, 1978, p. 555.

[4] Nous ne pouvons tomber tout à fait d'accord avec Jacques BOUCHARD, art. cit., p. 3, lorsqu'il écrit: «le pèlerinage en Terre-Sainte n'a pas été le but principal» du voyage de Gingras mais «un but subsidiaire». Ou alors, il faudrait supposer que le voyage en Terre sainte a été le prétexte qui lui permettait de justifier un périple plus grand dans cet Orient dont il dit qu'il «a seul arrêté ma pensée; seul il l'a exclusivement fixée» (I, 7).

l'histoire de l'humanité» (II, 240). Pour lui, le passé glorieux de Jérusalem garantit même l'avenir de la ville car les lieux saints qu'elle renferme lui assurent, écrit-il, une «existence éternelle» (*ibid.*). Jérusalem est, en effet, selon Gingras, douée d'un principe vital «qu'elle seule possède au même degré» (*ibid.*). Ce principe fera d'ailleurs qu'elle «renaîtra vite de ses propres cendres...» et qu'ainsi «elle se hâtera de reprendre la place que l'avenir, en s'appuyant sur le passé, lui assure parmi les villes les plus fameuses du monde» (*ibid.*)[5].

Même l'Égypte participe à l'attrait que le pays biblique exerce sur Gingras. Au moment où Alexandrie n'est qu'un point sur l'horizon, Gingras est pris d'une ferveur toute biblique:

> Mes idées bibliques... se ravivèrent; ma joie était à son comble; le Caire et ses pyramides, Memphis et ses anciennes gloires, Gessen et les enfants de Jacob, le Nil et ses mille et une sinuosités, le vieux Caire et la grotte de la Famille Sainte, la Mer Rouge et ses merveilles, tout me fesait battre le cœur (I, 65).

Mais c'est surtout lorsqu'il écrit sur l'aridité et la sécheresse du pays biblique que les principes historiographiques de Gingras le mettent dans le plus grand embarras. Le voyageur consciencieux et sans cesse préoccupé de «la vérité de la narration et des descriptions» (I, 9) qu'il aspirait à devenir constate, sur cette question précise, que ses propres observations contredisent le témoignage des récits anciens. Son embarras est d'autant plus grand que ces récits ont souvent Moïse pour auteur et force lui est bien de reconnaître en ce dernier «le premier de nos écrivains sacrés» (II, 242). Le pays qu'il traverse, pourtant, est dans un fort piteux état:

> Ce qui a trompé, et ce qui trompe encore, c'est l'état actuel de la Palestine; l'extrême misère qui y règne depuis longtemps, et surtout sa stérilité présente, voilà la pierre où vont se heurter les esprits disposés à la prévention» (II, 252)[6].

Or, les témoignages des Anciens, sur ce point, sont explicites. Tous soulignent la richesse et la fertilité de la terre promise aux fils d'Israël. Forcé de choisir, Gingras n'hésite pas à s'en remettre au jugement de l'histoire dont «le témoignage sur la question est trop fort pour souffrir de réplique» (II, 242). Prenant des textes du Deutéronome comme base, Gingras cite, mais sans jamais donner de références précises, des auteurs aussi différents les uns des autres tels qu'Hécatée, «auteur grec, qui vivait du temps d'Alexandre» (II, 242), Flavius Josèphe, Pline l'Ancien, Tacite, Saint Jérôme, et qui s'accordent tous à vanter l'extrême richesse de l'antique Judée.

Non content de citer seulement les Anciens, Gingras cherche aussi auprès des voyageurs modernes des témoignages susceptibles de confirmer sa thèse. Ces auteurs ont pour noms Villamont, le père Eugène Roger, Maundrell, Thévenot, Niebuhr et M. de Volney, et figurent tous parmi les autorités que cite Chateaubriand dans l'*Itinéraire*

---

[5]   En prophétisant ainsi sur l'avenir glorieux de Jérusalem, Gingras, tout théologien qu'il était, avait-il conscience d'aller à l'encontre d'un courant patristique important selon lequel la Ville sainte ne devait plus jamais être reconstruite. On pourra lire ici avec intérêt la Démonstration XXI d'Aphraate, le Sage persan.

[6]   Voir aussi les témoignages des voyageurs anglais du 19e siècle: C.G. SMITH, *The Geography and Natural Resources of Palestine as seen by British Writers in the Nineteenth and Early Twentieth Centuries*, dans M. MAOZ, *Studies on Palestine during the Ottoman Period*, Jérusalem, 1975, p. 87-100.

de Paris à Jérusalem[7]. À l'instar de ce dernier, Gingras attribue à l'incurie turque l'état pitoyable dans lequel se trouve aujourd'hui le pays[8]. Mais ailleurs, à propos de Jérusalem, ce sont «les ravages du temps, la main destructrice de la domination musulmane et, plus encore, le bras vengeur de Dieu» qu'il tient responsables du fait que «ces lieux, autrefois si pittoresquement accidentés et, en même temps, si riches de verdures» soient devenus, comme il l'écrit, «un théâtre de désolation» (II, 57).

Le rêve que caresse Gingras, de son propre aveu, est de voir renaître un jour en Judée l'ancien royaume latin de Jérusalem. En effet, tout au long de son récit, Gingras donne librement cours à son enthousiasme au souvenir des faits d'armes accomplis par les Croisés[9]. Le rappel des événements qui menèrent à la conquête du Saint-Sépulcre, en particulier, donne lieu à un débordement d'émotions intenses :

> Qu'il dut être solennel, cher Alfred, le moment où l'église du St. Sépulchre vit se rallier dans sa vaste enceinte les héros de la foi, au jour qu'ils s'en rendirent maîtres ! Enivrés encore de victoires, ces preux chevaliers, avec un chef intrépide et pieux à leur tête, étaient accourus, pour pleurer, et pardonner à leurs ennemis, au lieu même où leur Sauveur, onze siècles auparavant, avaient pardonné aux siens, en expirant sur l'arbre de l'ignominie (II, 92).

Mais pour que la Judée redevienne ce qu'elle fut autrefois, une œuvre de réhabilitation et de transformation s'avère indispensable. Cette entreprise exigera le concours de «bras vigoureux et patients» (II, 253) capables d'exploiter les richesses du pays. La Judée se verra ainsi mise «en état de fournir à la subsistance de millions d'habitants, qu'elle ne tarderait guère à compter en son sein» (*ibid.*). Le programme envisagé par Gingras n'est pas sans rappeler la vision futuriste et toute aussi optimiste à laquelle s'abandonne déjà Lamartine en 1835, lors de la publication du *Voyage en Orient*:

> Un tel pays, repeuplé d'une nation neuve et pure, cultivé et arrosé par des mains intelligentes, fécondé par un soleil du tropique, produisant de lui-même toutes les plantes nécessaires ou délicieuses à l'homme... un tel pays, dis-je, serait encore la terre de promission aujourd'hui, si la Providence lui rendait un peuple, et la politique du repos et de la liberté[10].

Pour prévenir toute méprise, il importe de souligner que ce n'est pas d'une colonisation juive dont rêve Gingras. Il appartiendra aux chrétiens d'Europe, et ce, «au

---

[7] Voir l'édition de l'*Itinéraire de Paris à Jérusalem*, publiée à Paris en 1964 chez R. Julliard (p. 308ss). Selon F. BASSAN, *Chateaubriand et la Terre-Sainte* (Paris, 1959, p. 144, n. 2), Chateaubriand, que Gingras acclame, après l'avoir rencontré, comme «l'immortel auteur des *Martyrs* (I, 4), n'aurait pas lu les récits de Maundrell. Quant à Thévenot, Bassan est d'avis que Chateaubriand «le copie sans cesse» (*ibid.*, p. 143). Nous ne croyons pas, non plus, que Gingras ait lu tous les auteurs qu'il cite. On le voit bien à l'utilisation qu'il fait d'une observation attribuée au père Néret concernant «la belle plaine de Sarron» (II, 263) et qu'il emprunte à l'*Itinéraire de Paris à Jérusalem*. Gingras écrit: «Quand le Père Néret y passa en avril 1713, elle était toute couverte de tulipes». Dans l'*Itinéraire de Paris à Jérusalem* (260), la notation se lit comme suit: «Quand le père Néret y passa au mois d'avril 1713, elle était couverte de tulipes».

[8] Voir GINGRAS, *L'Orient ou Voyage en Égypte, en Arabie, en Terre-Sainte, en Turquie et en Grèce*, II, p. 252 et CHATEAUBRIAND, *L'Itinéraire de Paris à Jérusalem*, p. 260, 334; cf. aussi F. BASSAN, *op. cit.*, p. 167.

[9] Nulle part mieux que dans ses descriptions des faits d'armes attribués aux Croisés ne voit-on l'étroite dépendance de Gingras par rapport aux récits de Chateaubriand. Au moment où il entreprend de décrire la prise de Jérusalem par les Croisés, Gingras sert à son correspondant une longue citation supposément empruntée à «l'un des écrivains des Croisades» (II, 115ss). C'est à la lecture de Chateaubriand que l'on découvre que la citation a pour auteur le moine Robert et qu'en fait Gingras la recopie intégralement de l'*Itinéraire de Paris à Jérusalem* (p. 413-417).

[10] Voir l'édition du *Voyage en Orient* publiée par Lofty Fam, Paris, p. 335.

Premier Pèlerinage canadien en Terre Sainte (1884), groupe sur les bords du Jourdain
à l'endroit du baptème de Notre Seigneur.

Personnages (de gauche à droite) : Dragman, les Abbés Batty et Babineau, M. Ledoux, les Abbés Noël et Roux,
Frère Benoni, un Bedouin, l'Abbé Audet, M. Lefebvre, les Abbés Bichet et Quinn, M. A. Rhé, l'Abbé Provencher.

N. Rhé dédit et grav.

Vient d'Amédée Huard, Vie et Oeuvre de l'abbé Provencher, Paris, Éditions Spes, 1926, p. 304.

298

nom du christianisme» (II, 254), de réclamer la Judée et de la coloniser. Une fois cette condition réalisée, l'œuvre de régénération, pense Gingras, se fera d'elle-même. Il prévoit qu'une fois entre les mains des chrétiens, «la Judée verrait incontinent des étrangers sans nombre lui arriver de tous côtés» (II, 254) et Jérusalem, alors, se mettra à briller d'une gloire nouvelle, «comme au temps des Croisades» (II, 255).

Dans une assez longue note rédigée à son retour de voyage, Gingras va jusqu'à exprimer son vif regret que des Juifs, et non des catholiques, comme il l'avait souhaité, aient pris l'initiative de réaliser ce qu'il appelle, non sans présomption, son «plan de colonisation de la Terre-Sainte» (II, 255 n.). Gingras ne peut qu'applaudir, en principe, au projet qui consiste à organiser, à partir de l'Europe, une forte émigration que l'on doit ensuite diriger vers la Palestine:

> Ce genre de conquête a, comme on le voit, quelque chose de beau et de grand; les siècles passés n'offrirent jamais rien de semblable (II, 255 n.).

Ses réticences proviennent du fait, comme nous l'avons dit, que dans «cette entreprise de zèle» (*ibid*.) les catholiques «n'y aient, à ce qu'il paraît, aucune part ni active ni passive et qu'ils en abandonnent toute la gloire aux Juifs» (*ibid*.)[11].

La précédente réserve mise à part, les récits de Gingras sont empreints d'une assez grande cordialité à l'égard des Juifs et de la religion juive. Théologien, imbu de souvenirs bibliques, Gingras tend même à idéaliser les Juifs qu'il n'hésite pas à identifier aux Israélites de la Bible, ceux-là mêmes dont le souvenir constitue à ses yeux, comme il l'écrit, « une diversion à l'ennui de la route » (I, 410). C'est ainsi qu'en une occasion, au moins, il désigne comme Juifs ceux à qui il réserverait normalement l'appellation d'Hébreux ou encore d'Israélites[12].

Gingras ne cache pas, non plus, ses sympathies à l'égard du judaïsme comme système religieux. Alors même qu'il voit dans l'islam une religion «funeste» à un grand nombre de contrées et plus fatale encore à l'Arabie, Gingras voit dans le judaïsme préchrétien la «vraie religion qu'aurait embrassée la reine de Saba avant d'en assurer la diffusion parmi ses propres sujets[13]». Mais l'absence, dans son récit, de jugements négatifs contre les Juifs et leur religion ne doit pas nous laisser croire que Gingras soit demeuré imperméable aux postulats de l'antijudaïsme théologique traditionnellement de mise chez les chrétiens. Ainsi ne devons-nous pas nous étonner de lire que Jérusalem demeure à ses yeux une ville «déicide[14]». D'ailleurs, en pareille matière, ses convictions sont telles qu'elles le rendent tout à fait incapable d'exercer le moindre jugement critique à l'égard de documents supposément historiques et dont l'apologétique du 19e siècle se nourrissait avec tant de complaisance. Gingras accepte sans sourciller, par exemple, la découverte, «redevable aux commissaires des arts attachés à l'armée française» (II, 54 n.), de la sentence de mort prononcée contre Jésus par nul autre que Pilate! Le texte de la sentence, rédigé, comme on s'y attend, en hébreu, inclut même

---

[11] Gingras poursuit son accusation sur un ton moralisateur: «En se laissant ainsi devancer par les descendants d'Israël, ils [i.e. les catholiques] ont commis une faute, dont la honte rejaillira à jamais sur eux» (II, 255 n.).

[12] «L'Idumée passa entre les mains des Juifs, sous le règne de Saül» (I, 422). Voir aussi II, 7.

[13] Cf. I, 389.

[14] Cf. II, 14.

une liste de témoins juifs affublés de noms invraisemblables, tel ce «Capet, citoyen», et qui auraient signé la condamnation de Jésus[15].

À l'égard des autres groupes ethniques ou religieux qui composaient la société palestinienne de l'époque, Gingras fait preuve, en général, d'une grossière intolérance et ne cherche même pas à dissimuler ses sentiments hostiles.

Les Arabes viennent au premier rang des groupes qui ne parviennent pas, même au terme de son long périple oriental, à gagner un minimum d'estime et de considération de la part de Gingras. Si l'islam, ainsi que nous l'avons signalé plus haut, représente pour lui un système «funeste» (I, 389), les Arabes, eux, lui fournissent des modèles vivants de l'exotisme pur et de la bizarrerie. Le voyageur en quête de sensations fortes qu'était Gingras aurait dû s'accommoder des scènes que lui offrait la vie orientale ordinaire. Sa réaction, cependant, prend la forme d'un rejet global. Ainsi, à la vue d'un groupe de «Mahométans qui, comme nous, portaient leurs pas vers l'Égypte», consigne-t-il cette remarque qui en dit long sur les sentiments qui l'ont animé tout au long de son voyage:

> La vue de ces malheureux était une source de pensées affligeantes. Leur costume, leur allure, tout en eux, en un mot, révélait je ne sais quoi d'étrange et de pénible tout à la fois» (I, 63).

Plus loin, Gingras souligne avec force le contraste qu'il découvre entre la douceur des sociétés issues de l'Évangile, symbole et garant de la liberté universelle, et la rigueur qui caractérise les sociétés issues du Coran, lequel, «partout où il s'étend, crée des bagnes et fait couler le sang» (I, 64). Il n'est jusqu'à l'heureux climat de l'Orient qu'il voit dévolu, à son grand désespoir, aux «hordes sauvages» et aux «castes abruties» et dont les crimes les en rendent indignes (*ibid.*).

À propos des populations arabes de l'ancienne Idumée, Gingras fait sienne l'opinion des anciens voyageurs qui en représentent les habitants comme «une race maudite» (I, 423). Même si un tel degré de violence verbale est rare chez Gingras, il n'en laisse pas moins libre cours à ses préjugés et multiplie les notations désobligeantes à l'égard des Arabes et de leur culture. Sa mauvaise humeur fait qu'il trouve pénible «le caractère bruyant des Arabes» d'Alexandrie (I, 66) et il trouve naturel qu'ils aient en partage «le quartier le plus sale de la ville» (I, 67). Faut-il s'étonner, alors, du jugement pessimiste que Gingras émet sur cette malheureuse Alexandrie dont il revoit, presque en larmoyant, l'histoire troublée:

> Une fois entre les mains des Arabes, Alexandrie se mit bien vite à déchoir de son éclat (I, 83).

Lorsque la ville tomba, au 15e siècle, entre les mains des Turcs, ce fut, bien sûr, «son coup de grâce» (I, 84). En résumé, Gingras ne voit guère dans les Arabes qu'il a rencontrés que des «canailles» (I, 447), des «sangsues» avides de «*batchis*» (I, 437), des «poltrons» (I, 376) et dont la malice (I, 451, 454, etc.) n'a d'égale que leur «féroce intolérance» (I, 221)[16].

---

[15] Cf. II, 54 n. Les trois autres «témoins» sont, dans l'ordre: Daniel Robani, pharisien; Jacques Rarobabli; Raphaël Robani.

[16] Il accuse les Arabes de se montrer «intolérants par principe» (II, 238). Gingras ne fait guère preuve de plus de tolérance lorsqu'il formule le souhait, au Saint-Sépulcre, que la «foudre vengeresse» tombe sur les «profanateurs de la maison de Dieu» que sont à ses yeux les Turcs et les Arabes (II, 275).

Gingras se montre plus sympathique à l'endroit de la religion druse, qu'il définit comme «une spécialité parmi les religions existantes» (II, 373). Il loue aussi les adeptes de cette religion pour leur «rigidité étonnante» (II, 380) en matière de mœurs. Mais cette cordialité, toute relative, s'appuie sur des renseignements plus ou moins fantaisistes que Gingras prétend tenir d'un missionnaire lazariste de ses amis[17]. Ainsi, selon l'une des explications proposées par Gingras, les Druses auraient pour ancêtres un petit nombre de Croisés qui, «après la ruine du royaume chrétien en Orient, allèrent se réfugier sous la conduite du comte de *Dreux*, l'un des chefs de l'armée française, de qui ils empruntèrent leur nom» (II, 372)[18]. Contre toute attente, Gingras avance que les Druses étaient, à l'origine, catholiques, et qu'après avoir contracté des alliances avec des filles du pays, il en seraient venus, éventuellement, à oublier la doctrine chrétienne pour devenir musulmans. Paradoxe ineffable: les Druses constitueraient, selon lui, une nation idolâtre, certes, mais qui n'adore pas ses idoles[19]!

Gingras ferait-il preuve de plus de bienveillance à l'égard des chrétiens d'Orient? Guère davantage. Ni les Coptes ni les Grecs (il tient absolument à les qualifier de «schismatiques») ni les Maronites n'échappent à sa plume dévastatrice. Aux Coptes, Gingras reproche de confondre les deux natures en Jésus-Christ et d'être, au surplus, un peuple caractérisé par «la ruse, l'avarice, la bassesse et la sobriété» (II, 221-222). Quant aux Grecs, ils ont un don particulier: celui d'agacer et de déchirer impitoyablement ses oreilles par «leur chant nasillard» (II, 104)[20]. Du clergé maronite, enfin, il déplore l'ignorance et un état de dépravation morale qu'il attribue au fait que les prêtres de ce culte sont mariés. Pour subvenir aux besoins de leurs familles, les prêtres maronites doivent s'astreindre à des travaux manuels si absorbants qu'ils en viennent à négliger le ministère sacré[21].

Décevant sous plus d'un rapport, en dépit de qualités littéraires et stylistiques remarquables, le récit de l'abbé Gingras nous informe peut-être davantage sur les idées et les préjugés qui avaient cours dans le clergé québécois du milieu du 19ᵉ siècle que sur les conditions de vie qui prévalaient au Proche-Orient. Malgré cette réserve, le témoignage de Gingras, nous semble-t-il, n'est pas dénué de tout intérêt pour les orientalistes en quête de données vécues expérimentalement dans une région du monde où se croisent aujourd'hui les feux de l'actualité. Le principal mérite de Gingras est d'avoir retransmis ces données de façon, somme toute, assez cohérente.

Le lecteur québécois goûtera particulièrement la saveur d'une langue archaïque, mais toujours correcte, élégante même, et à laquelle la verve, la vivacité et la précision ne font jamais défaut.

---

[17] Cf. II, 372.
[18] Gingras n'est pas le seul auteur à proposer cette explication. Voir à ce sujet les remarques de P. HITTI, *Origins of the Druze People*, New York, 1928, p. 15.
[19] Cf. II, 376.
[20] Voir aussi II, 88-89, 447. Pierre Loti aura l'occasion de faire la même observation au cours de son séjour en Orient. Voir *Oeuvres complètes*, vol. III, Paris, 1897, p. 235.
[21] Cf. II, 367-368.

Le Canada vu par Pierre Larousse (1817-1875)

par André RÉTIF

Au siècle dernier a vécu en France un homme prodigieux, étonnant, au demeurant généreux et sympathique. Prodigieux par sa puissance de travail et l'oeuvre immense qu'il laisse en mourant, épuisé, à 57 ans. Étonnant par son ascension sociale et l'influence qu'il vient à exercer en France et à l'étranger. Pierre Larousse naît le 23 octobre 1817 à Toucy (Yonne), quelques années après Waterloo. Fils d'un forgeron et d'une aubergiste, il suit les cours de l'École normale de Versailles, est pendant deux ans directeur d'école dans son village, puis vient étudier à Paris durant huit ans. En 1852, après de nouvelles années d'enseignement, il fonde avec un autre instituteur bourguignon, Augustin Boyer, la maison d'édition Larousse et Boyer, qui deviendra par la suite la librairie Larousse, bien connue du monde entier.

À partir de 1849, il avait publié une vingtaine d'ouvrages scolaires qui révolutionnent l'enseignement du français, mais son oeuvre principale est la publication du *Grand Dictionnaire universel du XIXe siècle* (1866-1876): 15 énormes volumes, 20 700 pages de grand in-quarto, où il engloutit sa fortune et sa santé. Il meurt d'épuisement à Paris le 3 janvier 1875.

Son grand dictionnaire a eu un retentissement considérable en France et dans le monde. Pendant 30 ans, il a été la providence des journalistes et des écrivains. À l'heure actuelle encore, il fait le bonheur de ceux qui le possèdent. Ainsi, M. Léo-Paul Sabourin (8412 rue Viau, à Montréal) déclare en 1970 (*le Petit Journal*, 1er nov. 1970): «plus je vieillis, plus je m'attache à cette collection de 16 gros dictionnaires Larousse datée du 20 décembre 1865.» M. Sabourin parle de 16 volumes; il possède donc le premier Supplément publié en 1878; un second paraîtra en 1890.

À l'heure où ces volumes ont été composés, les relations étaient peu fréquentes entre le Canada et la France. Étudier ce que Pierre Larousse dit du Canada n'en a donc que plus d'intérêt. Les pages qu'il y consacre ne manquent ni de piquant ni de saveur.

Présentation d'ensemble

Comme tous les Européens, Pierre Larousse est très impressionné par les dimensions de la Nouvelle-France. À l'article *Canada*, il déclare que la vaste contrée arrosée par le Saint-Laurent est «la plus vaste plaine, non seulement de l'Amérique, mais de tout le globe. M. de Humboldt, qui estime la superficie de cette plaine à 270 000 lieues carrées, étendue presque égale à celle de l'Europe, fait observer qu'elle nourrit à l'une de ses extrémités des bambusacées et des palmiers, tandis que l'autre se couvre de neiges et de glaces une grande partie de l'année». Le Saint-Laurent est «de tous les fleuves de la terre le plus riche en eau... Au-dessous de Québec, il forme un canal de 100 km de large, navigable pour les vaisseaux de guerre des plus fortes dimensions». Les lacs «forment une grande partie de ce qu'on appelle mer d'eau douce, ou mer du Canada. C'est la plus vaste mer d'eau douce qui existe sur la surface du globe».

Mêmes outrances dans le climat de ce pays où l'on «éprouve toutes les extrémités du chaud et du froid». «Aussi n'est-il pas rare, en juillet et en août, de voir le thermomètre Réaumur s'élever à 28,5°, tandis que le mercure gèle en hiver.» Un long paragraphe concerne la culture des plantes et des végétaux. Nous en retenons quelques lignes: «On y trouve aussi en grande quantité des cactus, des conifères, des orchidées, des genévriers et des érables, dont la sève remplace le sucre et la bière dans tous les villages canadiens: le *myrica cerifera*, de la famille des amentacées, porte des fruits enduits d'une cire dont on fait de la bougie; le pin balsamique, toujours vert, fournit un beau vernis, connu sous le nom de *baume du Canada*.» Est ensuite passée en revue la faune du pays: élan d'Amérique, renne, bison, buffle, etc., «mais le castor et la loutre, autrefois si nombreux, commencent à devenir rares». Les serpents, les oiseaux, les poissons défilent à leur tour. Les mines donnent de grands espoirs. «Un habitant du Québec avait rencontré un morceau d'or de quatorze livres et demie, et dans les veines du terrain exploité existait une grande quantité de quartz qu'on jugeait aurifère»...

La population nous retiendra davantage. Les Indiens d'abord, Hurons et Six Nations [sic]: «leur nombre total ne dépasse pas 16 000 individus. Tous ont embrassé le christianisme, et se livrent à la culture du sol, à l'éducation du bétail, à la chasse et aux industries les plus élémentaires. Les émigrés sont d'origine française, ou bien des Anglais, des Écossais et des Irlandais. On compte aussi parmi eux quelques Allemands. En 1663, la population européenne du Canada ne dépassait pas 2 000 habitants; en 1721, elle s'élevait à 25 000; en 1761, à 70 000; aujourd'hui, d'après le recensement le plus récent, elle compte 2 570 000 habitants, dont 1 220 000 pour le bas Canada, parmi lesquels les huit neuvièmes appartiennent à l'ancienne émigration française de religion catholique, et 1 350 000 pour le haut Canada, dont les dix-sept vingtièmes sont Anglo-Irlandais, deux vingtièmes d'origine anglo-américaine, et un vingtième d'origine française.» On voit par ce qui précède qu'il ne faut pas toujours demander au *Grand Dictionnaire* une rigueur scientifique, Pierre Larousse utilisant les informations de son temps qu'il avait sous la main. D'ailleurs, le second Supplément du dictionnaire (1890) donne pour la population des chiffres sensiblement différents: il est vrai qu'il ne distingue pas Indiens et blancs, mais les premiers ne représentent pas un fort pourcentage.

Pierre Larousse était sérieusement anglophobe (peut-être un souvenir de la fin de Napoléon...), on en a mille exemples dans son dictionnaire. Pourtant cela ne transparaît pas trop lorsqu'il parle du Canda. Bien sûr, il ne manque jamais une occasion de dénoncer les tentatives d'oppression de la population anglaise, mais il marque aussi les mesures de justice prises par la Grande-Bretagne. Au mot *Canada*, lorsqu'il fait l'histoire du pays, il rappelle que l'organisation féodale qui a laissé longtemps des traces remonte à Colbert; il regrette le départ de la France, au moment où «nul ne voyait ou ne voulait voir que notre expulsion du Canada nous faisait perdre notre part d'influence sur la civilisation et les destinées politiques du nouveau continent». Les actes libéraux ont nom l'Acte de Québec (1774), la Constitution de 1791, celle du 3 juillet 1840, après les révoltes de 1837. Il est vrai que le but de celle-ci, «tout en accordant la liberté aux colons canadiens, était d'annihiler l'élément français, et d'assurer la prépondérance à la population d'origine anglaise. Les effets n'ont pas répondu complètement aux espérances, grâce à la courageuse fermeté des colons français; grâce surtout à l'appui de l'émigration irlandaise, que la communauté de religion rapprochait des colons français». En 1859, on choisit comme capitale ni Québec, ni Montréal, ni Toronto, ni Kingston, mais Ottawa. À remarquer un fait curieux: le dictionnaire et les Suppléments ne consacrent pas une notice spéciale à Ottawa. Le second Supplément (paru en 1890, il n'est pas l'oeuvre de Pierre Larousse) raconte longuement l'insurrection des Métis ou Bois-Brûlés et la fin malheureuse de Louis Riel (1885). En 1867 avait été créée la Confédération canadienne.

Des villes et des Indiens

En plusieurs endroits, Pierre Larousse décrit l'essor économique de la région; il en présente aussi d'une façon concrète les grandes villes. Voici *Québec*, «à la fois forteresse, port de guerre, port de commerce et vaste chantier de construction», surnommée le Gibraltar de l'Amérique anglaise. «La situation de Québec est magnifique. Au pied du rocher que la ville couronne, la rivière Saint-Charles vient se jeter dans le Saint-Laurent; en face sont de beaux villages, de blanches maisons semées au milieu des arbres; de légères embarcations et de gros navires voguent sur le fleuve majestueux: la vue les suit jusqu'au moment où ils tournent derrière ce promontoire sombre et grandiose qui s'appelle le cap Tourmente, et la ville domine cet ensemble pittoresque d'eaux, de rochers, de villages au-dessus desquels elle est suspendue.» Suit la description des monuments publics à commencer par le château de Saint-Louis, du port, des industries, des environs.

Pierre Larousse ne sait pas bien d'où vient le mot Québec: est-ce du mot *contraction* en algonquin, faisant allusion au rétrécissement du Saint-Laurent? ou encore, de l'exclamation française «quel bec!» en voyant la pointe sur laquelle est bâtie la ville?... L'histoire fait état de la capitulation du 8 septembre 1760, «une capitulation qui livrait pour toujours à ses ennemis séculaires la plus belle, la plus française et la plus négligée des colonies que notre pays ait eues entre les mains». Notons au passage que «les traversées des steamers de la ligne canadienne de Liverpool à Québec ne durent que douze jours en moyenne».

Montréal, «la ville la plus florissante de tout le Canada», ne jouit pas dans le dictionnaire d'un développement aussi étendu que la ville de Québec. La croissance de Montréal sera postérieure au temps de Pierre Larousse, mais celui-ci note déjà que la population est passée de 9 000 (1800) à 102 000 (1873). Dans sa description, le dictionnaire insiste sur les toits d'étain: «Le marché de Bonsecours, de style dorique et qui a coûté plus d'un million de francs, est recouvert d'un toit en étain qui brille au soleil. L'étain est fort employé à Montréal pour les toitures, ce qui a valu à cette ville le surnom de Cité d'argent.» On trouverait dans un ouvrage récent des éditions Larousse (*le Canada*, 1973) une description beaucoup plus étendue de cette ville géante (pp. 59-64). Toronto, «capitale du haut Canada depuis 1849» et Halifax bénéficient d'une notice dans le dictionnaire et le premier Supplément.

Pierre Larousse s'intéresse aux Indiens, on en verrait la preuve aux mots *Algonquin, Huron, Iroquois, Indiens*. En bon lexicologue, il s'y intéresse d'abord du fait qu'ils parlent des langues curieuses. Voici par exemple une partie de ce qui est dit au mot *huron*: «Le huron est beaucoup moins doux que l'algonquin, à cause des aspirations et des sons gutturaux dont il est rempli. Mais, en revanche, il a plus de force, et, selon le P. Charlevoix, qui a jugé cet idiome d'après la connaissance qu'il en avait lui-même et d'après les renseignements qu'il avait recueillis auprès des missionnaires les plus compétents, il est remarquable, autant par la richesse des expressions et par la variété des tours, que par la propriété des termes et par sa grande régularité. Dans le huron, comme dans les autres idiomes américains les plus parfaits, tout se conjugue; etc.»

La notice sur les *Indiens* est longue et détaillée. «Une longue suite d'observations physiologiques a démontré que la race indienne, quelle que soit son origine, forme par ses caractères physiques et par ses idiomes une classe essentiellement différente des autres portions du genre humain.» Et l'on détaille leur aspect physique, leur caractère (bravoure, vivacité d'esprit, goût pour la chasse et les jeux de hasard), leurs moeurs, leurs croyances religieuses. «Si la race indienne n'a pas progressé en civilisation, on ne peut en accuser que la tyrannie et les basses passions des blancs qui ont été en contact avec eux. Toutefois, on s'est exagéré les progrès destructeurs de la misère et de l'ivrognerie.»

Ces quelques extraits suffisent à montrer l'étendue et la diversité de ce qui pique la curiosité de Larousse et de son information. Si l'on ajoute à cela les notices qui concernent les personnages qui ont illustré la Nouvelle-France (plus de vingt lignes par exemple pour Marie-de-l'Incarnation), on conviendra qu'il est utile et plaisant de relire après cent ans cet ouvrage étonnant, d'y déceler les transformations accomplies depuis, et les évolutions. Pierre Larousse a laissé un monument qui n'est pas sans lacune ni défaut, mais qui témoigne d'une largeur de vues et d'une ampleur de connaissances assez exceptionnelles. À l'occasion du centenaire de la mort de cet homme honnête et laborieux, il convenait de lui adresser un vigoureux coup de chapeau.

Histoire et ethnologie

La Seigneurie de la Petite-Nation, 1801-1854

Le rôle économique et social du seigneur

par Claude BARIBEAU*

À cause de la richesse des sources documentaires, le Bas-Canada constitue un terrain particulièrement fertile pour l'investigation sociale. L'accumulation des changements dans tous les domaines pendant la première moitié du XIXe siècle est un autre facteur favorisant la curiosité de l'historien qui s'intéresse au changement. L'agriculture, qui possède de plus en plus de débouchés depuis la deuxième moitié du XVIIIe siècle et qui, au tournant du XIXe, marque des années records de production, l'augmentation de la population dans les seigneuries de la vallée du Saint-Laurent et l'expansion de la production agricole, les effets de la croissance démographique au niveau de la propriété foncière (rareté des terres, subdivision des terres, utilisation maximale des espaces agricoles encore disponibles, diminution des réserves de bois de chauffage), la soudaine expansion de l'exploitation forestière en 1807, toutes ces transformations économiques et sociales précipitent en particulier un conflit entre le capitalisme et l'institution seigneuriale qui avait alors deux siècles d'existence dans la vallée du Saint-Laurent. Ce conflit qui joue un rôle difficile à mesurer dans les insurrections de 1837-1838, les déborde et ne se résout que plus tard. La crise du régime seigneurial, qui se manifeste d'une façon différente d'une seigneurie à l'autre, est un des aspects les plus intéressants d'une recherche conçue autour de ces problèmes. La production de monographies s'avère en ce domaine une démarche essentielle et notre étude sur la Petite-Nation s'inspire de ces préoccupations.

L'abondance relative des sources et leur diversité nous permettent, en utilisant une approche globale, d'envisager sous plusieurs angles le rôle socio-économique des seigneurs Papineau entre 1801 et 1854: le peuplement, la distribution des terres et les conditions de l'acensement, les rapports entre le seigneur, les paysans, les artisans, le curé et les bourgeois dans une économie agro-forestière, constituent les différentes facettes de notre analyse. Le développement de cette seigneurie, située à la périphérie de l'œkoumène laurentien, juste au moment où apparaissent dans les paroisses anciennement peuplées des pressions démographiques et où l'exploitation forestière prend une expansion extraordinaire, est un cas intéressant de développement seigneurial durant la dernière phase de la crise qui emporte le régime en 1854. La présence de ressources forestières importantes dans ce fief est d'ailleurs un facteur qui en stimule le développement rapide et met en valeur le rôle prédominant et complexe du seigneur.

La Seigneurie de la Petite-Nation avait été une seigneurie ecclésiastique demeurée inculte aussi longtemps qu'avait dominé l'économie des pelleteries. Avant d'appartenir

* Maître ès arts (histoire) de l'Université d'Ottawa, l'auteur est actuellement adjoint au directeur général des Services aux étudiants de l'Université d'Ottawa. L'article résume sa thèse de maîtrise préparée sous la direction du professeur Fernand Ouellet. L'auteur remercie le Centre de son aide financière pour la préparation de sa thèse.

SEIGNEURIE
DE
LA PETITE-NATION
ET RÉGION DE MONTRÉAL

D'APRÈS UNE CARTE FAITE
PAR JOSEPH BOUCHETTE EN 1857

ÉCHELLE: (EN MILLES)

La Seigneurie de la Petite-Nation

à Joseph Papineau, la Seigneurie de la Petite-Nation avait été la propriété du Séminaire de Québec, et antérieurement, de l'évêque de Québec. Le 16 mai 1674, elle avait été concédée par la Compagnie des Indes occidentales à Mgr de Montmorency-Laval, qui, le 12 avril 1680, la céda avec tous ses autres biens au Séminaire de Québec[1]. L'acte, passé à Paris devant les notaires De Troy et Carnot, fut ratifié à Québec le 16 mai 1681 par le notaire Rageot[2]. Le Séminaire à son tour remit la seigneurie au chapitre de Québec, en vue de doter celui-ci d'une mense, pour ensuite en reprendre les trois cinquièmes. La seigneurie se trouvait donc partagée entre deux propriétaires, les trois cinquièmes restant au Séminaire et deux cinquièmes au chapitre[3]. Durant tout le régime français, la seigneurie fut en proie à quelques difficultés administratives, puis les choses en restèrent là. Sous le régime anglais, les propriétaires de la seigneurie affrontèrent à nouveau les autorités gouvernementales: à la fin du XVIII siècle, bien que le Séminaire eût prêté le serment de foi et hommage pour ses autres fiefs et seigneuries, le gouverneur Haldimand empêcha le Séminaire de le faire pour la Petite-Nation en alléguant qu'il n'y avait pas de garnison à cet endroit. Le Séminaire fit observer que «Sa Majesté concède des terres dans cette province dans les parties au-dessus de Montréal» et pria le gouverneur de lui conserver la propriété de ce domaine: il avait de sérieuses craintes d'en être dépossédé[4]. Finalement, le 19 juin 1801,

Les prêtres du Séminaire après avoir plusieurs fois délibéré s'ils vendraient ou s'ils établiraient la seigneurie de la Petite-Nation [...] ont conclu et décidé qu'ils [les supérieurs et directeurs du Séminaire] vendraient les dites deux lieues pour la somme de cinq cent-cinquante louis courants, payable d'ici deux ans. La dite délibération étant motivée tant sur la crainte d'en être dépossédé que par la difficulté d'y faire des établissements. [Signé par Gravé, supérieur, et quatre directeurs[5].]

Les raisons motivant la vente de la seigneurie sont claires. Quant à celles qui ont conduit l'acheteur à l'acquérir, elles ne sont pas aussi faciles à percer. D'aucuns prétendent que Joseph Papineau, qui était le régisseur du domaine du Séminaire, se serait fait ainsi rembourser ses frais engagés dans l'exercice de ses fonctions comme régisseur des seigneuries du Séminaire dans la région de Montréal et qu'ainsi, il n'aurait jamais versé en entier les 550 louis d'or[6]. D'autres expliquent son achat par le fait que Papineau avait fait construire à ses frais des moulins dont on n'avait pu lui rembourser le coût autrement qu'en lui abandonnant cette portion de la Petite-Nation[7]. Une fois liquidées les deux lieues de front sur cinq de profondeur qui constituaient la part du Séminaire, les prêtres songèrent à se défaire des quinze autres lieues de superficie qui formaient la part du chapitre. Joseph Papineau s'en porte acquéreur le 15 mars 1803[8] et possède désormais la seigneurie dans son entier. Il accède alors au titre de l'un des plus

---

[1]   Voir Archives publiques du Canada, désormais A.P.C., PP, M.G. 24, B2, vol. 13, p. 3027.
[2]   *Ibid.*
[3]   *Rapport de l'archiviste de la province de Québec (R.A.P.Q.)*, 1951-1953, p. 166.
[4]   Cité dans Guillaume DUNN, *Les forts de l'Outaouais*, Montréal, Éditions du Jour, 1975, p. 66-73.
[5]   Honorius PROVOST, *Le Séminaire de Québec, documents et biographies*, Québec, publication des Archives du Séminaire de Québec, 1964, p. 298-299.
[6]   Laurent-Olivier DAVID, *Les deux Papineau*, Montréal, E. Sénécal, 1896, p. 32-33.
[7]   Roger LE MOINE, «Un seigneur éclairé, Louis-Joseph Papineau», dans *Rapport d'histoire de l'Amérique française (R.H.A.F.)*, vol. 25, n° 3, décembre 1971, p. 309.
[8]   Voir A.P.C., PP, M.G. 24, B2, vol. 13, p. 3027.

grands propriétaires terriens du pays, et ce, à la veille d'importants changements économiques[9].

La Petite-Nation devient donc, en 1801 et en 1803, la propriété d'une famille de petits bourgeois professionnels, alors engagée dans le processus de la promotion sociale. Le notaire Joseph Papineau, son fils Denis-Benjamin qui agit comme agent et qui est propriétaire du fief Plaisance, et son autre fils, le tribun Louis-Joseph qui se porte acquéreur de la seigneurie en 1817, vont exploiter la Petite-Nation selon une méthode qui avait des origines fort anciennes. Ils aliènent la terre et la forêt en faveur des paysans, artisans et bourgeois qui procèdent à la mise en valeur des ressources, tandis qu'eux se contentent de percevoir une rente sur l'exploitation qu'on en fait.

Notre étude s'appuie d'abord sur les archives de la seigneurie, en particulier sur les contrats de concession des terres, sur le terrier de la Petite-Nation, sur les censiers (livres de comptes du seigneur) et sur la correspondance des Papineau. Elle repose en plus sur l'utilisation des registres paroissiaux de l'unique paroisse de la seigneurie avant 1850, sur la correspondance des missionnaires et des curés de la Petite-Nation, et sur le dépouillement des recensements de 1825, de 1831, de 1842 et de 1851. C'est à partir de cette masse documentaire que nous avons pu mener à bien notre projet.

Notre premier chapitre est centré sur la contribution du seigneur à l'émergence d'une nouvelle communauté rurale et seigneuriale. Joseph Papineau devient seigneur de la Petite-Nation au moment où le contexte socio-économique et démographique est sur le point de se transformer dans le Bas-Canada, à un moment aussi où les marchands et les professionnels canadiens-français manifestent un regain d'intérêt pour la propriété seigneuriale[10]. Alors que la plupart des transactions portent sur des propriétés situées sur le territoire déjà colonisé, dans les villes ou près de celles-ci, Joseph Papineau, contrairement à la plupart des autres acheteurs canadiens-français, choisit son fief dans une région périphérique (voir la carte ci-jointe). Son investissement, dont la rentabilité ne pouvait apparaître qu'à longue échéance, ne permet pas de le qualifier de spéculateur puisque le profit rapide n'est pas, semble-t-il, sa motivation principale. La conscience de ses responsabilités à titre de seigneur l'amène, quelques années après sa prise de possession, à prendre des dispositions importantes afin d'assurer le peuplement de son fief. Il n'en est pas pour autant un agent de colonisation au sens où l'entendent les historiographes de la seigneurie, c'est-à-dire un agent de l'État, puisqu'il n'est pas mandaté par l'autorité publique pour le faire. Il faut dire que sa liberté de manœuvre est plutôt limitée: les circonstances qui avaient empêché la mise en valeur de la Petite-Nation depuis le XVIIe siècle ne se modifient que progressivement après qu'il eût acheté cette seigneurie. Isolée et située sur la route des fourrures, celle-ci connaît un premier essor lors de l'expansion de l'exploitation forestière à partir de 1807. Ce facteur joue certes en faveur du nouvel établissement dans l'immédiat; cependant les pressions démographiques dans les vieilles seigneuries, alors qu'elles auraient dû favoriser un

---

[9] Voir Fernand OUELLET, *Le Bas-Canada 1791-1840: changements structuraux et crise*, Ottawa, Éditions de l'Université d'Ottawa, 1976, p. 50-61.

[10] Sur cette question, voir Fernand OUELLET, «Propriété seigneuriale et groupes sociaux dans la vallée du Saint-Laurent (1663-1840)», dans *Mélanges d'histoire du Canada français offerts au professeur Marcel Trudel*, Ottawa, Éditions de l'Université d'Ottawa, 1978, p. 183-213; *Idem, Éléments d'histoire sociale du Bas-Canada*, Montréal, Hurtubise HMH, 1972, p. 100-101; *Idem, Le Bas-Canada 1791-1840: changements structuraux et crise*, Ottawa, Éditions de l'Université d'Ottawa, 1976, p. 221.

accroissement plus rapide de la population, mettent du temps à faire sentir tous leurs effets cumulatifs et ne favorisent la Petite-Nation qu'après bien d'autres endroits[11]. De plus, l'immigration britannique massive n'aura de retombées significatives dans l'Outaouais qu'après 1815.

Après un sérieux effort de mise en valeur directe des ressources seigneuriales, surtout forestières, Joseph Papineau père devient un seigneur selon les meilleures traditions nobiliaires. L'essentiel pour lui, et surtout pour son fils Louis-Joseph qui lui succède, est de multiplier le nombre des censitaires et des payeurs de rente, et de constituer en même temps une main-d'œuvre saisonnière pour les entrepreneurs forestiers anglophones à l'œuvre dans sa seigneurie. Ces derniers seront aussi soumis aux droits seigneuriaux sur les terres qu'ils possèdent et sujets au paiement d'une rente sur l'utilisation des moulins et concessions forestières.

Tels sont les éléments qui ont guidé notre analyse du processus de peuplement dans la Seigneurie de la Petite-Nation. La reconnaissance du rôle exact de l'immigration dans la constitution de la population attire d'abord l'attention sur son instabilité; derrière ces perturbations démographiques réelles mais temporaires émerge graduellement une structure démographique stable dont il faut rendre compte.

Le second chapitre de notre thèse porte sur le seigneur et sa politique de concession des terres. Pour cette recherche, les contrats de concession et le terrier de la Petite-Nation ont été les instruments d'information par excellence. Le contrat de concession est le principal indicateur des rapports de dépendance qui lient le censitaire au seigneur. Il précise toutes les servitudes féodales et seigneuriales pesant sur le paysan qui n'est pas vraiment le propriétaire de ses moyens de production et qui se trouve obligé de vendre sa force de travail sur une base saisonnière. Dans la distribution des censives, le seigneur est influencé par la loi de l'offre et de la demande des terres et par la qualité des sols qui tend à épouser le dessin du réseau hydrographique.

C'est à la suite de l'affaire Fletcher[12] que le seigneur de la Petite-Nation, favorisé par les circonstances, amorce le mouvement des concessions de terres. L'intérêt que Joseph Papineau porte à sa seigneurie est bien servi dans la mise au point en 1810 d'un contrat de concession qui reflète son expérience de notaire et sa connaissance des mécanismes du système seigneurial. Bien que le gain ne soit pas sa visée principale, il est bien décidé à tirer profit, à travers le jeu des clauses qui pèsent sur le censitaire, de toutes les ressources de son fief. Le taux des cens et rentes est établi durant une période de hausse des prix mais il ne s'abaisse pas lorsque les prix diminuent. Sa vigilance s'exerce à propos de tous les droits seigneuriaux. Dans une seigneurie pourtant loin d'être en proie à la surpopulation et à la rareté des terres, il affiche une rigueur qui est le

---

[11] *Idem, Le Bas-Canada 1791-1840: changements structuraux et crise*, Ottawa, Éditions de l'Université d'Ottawa, 1976, p. 224.

[12] Le 17 janvier 1809, Joseph Papineau vend une partie de sa seigneurie (160 arpents de front sur cinq lieues de profondeur) à un marchand de bois de Boston, nommé Robert Fletcher (Archives nationales du Québec, désormais A.N.Q. — Q., PB, 5, 48, acte de vente, 17 janvier 1809). Arrivé en mars 1809, Fletcher était accompagné de cent soixante bûcherons de la Nouvelle-Angleterre (*Gazette de Québec*, 9 mars 1809, n° 2289). Fletcher acquiert la portion de la seigneurie correspondant à la première acquisition de Joseph Papineau en 1801. Les raisons de cette transaction sont inconnues et la correspondance de Joseph Papineau est plutôt avare de commentaires à ce sujet. Il avait sans doute besoin de fonds supplémentaires. Le montant de la vente se chiffre à 7 220 livres courantes (*ibid.*, A.N.Q. — Q., acte de vente, 17 janvier 1809).

propre des seigneurs les plus exigeants de l'époque. La façon systématique avec laquelle les Papineau procèdent à la distribution des terres témoigne de l'application d'une politique réfléchie. Ils disposent les côtes et les parcelles de terre en fonction de la nature du sol et des avantages du réseau hydrographique. Les colons qui au début recevaient, sur simple demande et sans peine, les meilleures terres sont par la suite triés sur le volet quand la population devient plus nombreuse et lorsque la quantité de bonnes terres disponibles tend à diminuer. En fait, c'est en fonction de leurs intérêts, l'État n'y étant pour rien, que les Papineau, père et fils, mènent le mouvement de l'occupation du sol. Au début, aux prises avec une abondance de bonnes terres, malgré les moyens mis en œuvre pour attirer les colons, les seigneurs sont contraints de leur consentir des avantages temporaires. Mais après 1845, lorsque ceux-là arrivent en masse et qu'existe une certaine pénurie de bonnes terres, le seigneur est en mesure de faire valoir toutes ses exigences, notamment en ce qui a trait aux conditions posées pour obtenir une terre.

La réalité économique est une autre voie d'accès à la réalité sociale. Le troisième chapitre de notre étude porte sur l'attitude du seigneur vis-à-vis le développement agro-forestier. Pour appréhender ce phénomène, nous avons utilisé des sources très variées, passant de la correspondance aux recensements; mais le censier de la Petite-Nation, la comptabilité seigneuriale et les différents livrets de comptes du seigneur ont été les sources les plus riches en information.

La vie économique dans la Seigneurie de la Petite-Nation est naturellement dominée par le système agro-forestier. Comme le cadre seigneurial favorise finalement le contrôle du seigneur sur les moyens d'existence, l'évolution des secteurs agricole et forestier dépend en grande partie du rôle du seigneur et de l'intérêt qu'il porte à la mise en valeur des ressources de sa seigneurie. Dans le cas des Papineau, la seigneurie qu'ils acquièrent à une époque marquée par l'augmentation rapide de la population à l'échelle de la province s'avère d'abord intéressante parce qu'elle promet une hausse substantielle des revenus de la rente sous ses différentes formes. Bien que le peuplement et l'exploitation du sol soient prioritaires, les Papineau ne négligent pas pour autant la mise en valeur directe ou indirecte des ressources forestières.

Au départ, Joseph Papineau et ses fils tentent sérieusement de tirer eux-mêmes avantage de ces ressources et mettent sur pied une petite entreprise forestière. Cependant, face aux exigences de l'investissement, sans doute faute de capital, et à cause de leurs tendances aristocratiques, ils modifient leur mode d'exploitation des ressources forestières pour se cantonner dans la mise en valeur du sol par le peuplement, espérant multiplier le nombre des censitaires payeurs de rente. Dans cette optique, la concession et l'occupation des meilleurs sols doivent favoriser l'agriculture et satisfaire les mêmes objectifs. Pour Louis-Joseph Papineau en particulier, l'encouragement au peuplement constitue également l'élément fondamental de sa politique de mise en valeur des ressources forestières. La constitution d'une population résidente formée de censitaires crée en même temps un réservoir de main-d'œuvre saisonnière pour les entrepreneurs forestiers auxquels incombe la responsabilité de l'exploitation forestière.

Même si Louis-Joseph Papineau n'exploite pas directement ses forêts — parce qu'une telle entreprise exige le sens du risque et des capitaux assez abondants —, il investit tout de même dans l'installation des infrastructures nécessaires au développement de l'exploitation forestière (moulins à scie, glissoire à bois, etc.). Ensuite, son rôle

314

est d'assurer le développement de cette activité économique en concédant, moyennant rente, à des entrepreneurs forestiers le droit d'utiliser ses moulins et de couper du bois sur ses terres. C'est ce mode d'exploitation indirecte des ressources forestières qui caractérise Louis-Joseph Papineau et qui s'apparente au mode d'exploitation le plus traditionnel chez les nobles. C'est cette même méthode d'exploitation indirecte qui rend son entreprise forestière différente de celle de Barthélemy Joliette dans la seigneurie de Lavaltrie et de celle de Philémon Wright, propriétaire du canton de Hull[13]. Les entrepreneurs forestiers deviennent en quelque sorte les agents du capitalisme forestier et agraire, alors que le seigneur se contente de percevoir les rentes qu'il impose sur les activités agro-forestières.

Notre dernier chapitre porte sur les équilibres sociaux. Dans cette région de colonisation où l'aide matérielle et le soutien moral du seigneur sont indispensables à la formation de la nouvelle communauté, le contrôle que le seigneur exerce sur les ressources et les hommes détermine les rapports sociaux. Les membres de cette nouvelle communauté, bien caractérisés sur les plans ethnique et religieux, se distinguent les uns des autres par leur profession et leur position dans la hiérarchie sociale. L'agriculture, l'exploitation forestière et la croissance démographique contribuent à établir et à diversifier les catégories sociales. Graduellement apparaissent, en plus des cultivateurs et des bûcherons, des artisans, des commerçants, quelques professionnels et un curé. Qu'il s'agisse d'individus, de groupes ethniques ou autres, tous entretiennent à des degrés divers des relations avec le seigneur du lieu. Le seigneur de la Petite-Nation, par ses titres et les pouvoirs qui en découlent, domine la société. Puisqu'il contrôle la marche du peuplement et l'exploitation des forêts, il détient de ce fait un pouvoir immense sur les individus et les groupes. Ainsi, l'analyse des rapports entre le seigneur et les différents éléments de la société locale permet de discerner la substance et les limites du pouvoir seigneurial.

Les tensions qui existent entre le seigneur et la bourgeoisie locale, essentiellement composée de marchands et d'entrepreneurs forestiers, à propos du contrôle des coupes de bois, démontrent bien qu'elle est seule susceptible de contrebalancer, jusqu'à un certain point, le pouvoir du seigneur. L'endettement paysan est un autre phénomène qui illustre les rapports de dépendance dans la seigneurie. Sur ce point d'ailleurs, tous les censitaires, qu'ils soient marchands, paysans ou artisans, dépendent du seigneur en vertu de l'acte de concession. L'intervention du seigneur s'étend plus loin et l'entraîne à devenir personnellement un employeur de main-d'œuvre non spécialisée et experte. Le seigneur est forcé d'entreprendre des travaux divers, pour se faire payer les sommes qui lui sont dues ou pour satisfaire à ses propres besoins. En ce sens, la construction du manoir, qui mobilise une partie de la main-d'œuvre journalière et artisanale pendant

---

[13] Voir J.-C. ROBERT, «Un seigneur entrepreneur, Barthélemy Joliette, et la fondation du village d'industrie (Joliette) 1822-1850», dans *R.H.A.F.*, vol. 26, n° 3, décembre 1972. Selon F. Ouellet, Barthélemy Joliette «ne se contente pas de jouer sur la rareté des terres en période de croissance démographique ou de mettre à profit d'autres circonstances particulières», il investit dans le développement de la seigneurie et représente à cet égard un exemple de seigneur capitaliste. Cité par Fernand OUELLET, «Propriété seigneuriale et groupes sociaux dans la vallée du Saint-Laurent (1663-1840)», dans *Mélanges d'histoire du Canada français offerts au professeur Marcel Trudel*, Ottawa, Éditions de l'Université d'Ottawa, 1978, p. 206. Sur Philémon Wright, voir C.H. CRAIGHIE, *The Influence of the Timber Trade and Philemon Wright on the Social and Economic Development of Hull Township, 1800-1850*. Thèse de maîtrise, Ottawa, Université Carleton, 1969.

plusieurs années, témoigne de ce rôle d'employeur qui ajoute à ses pouvoirs sur la paysannerie en général et sur le groupe des artisans.

Avant 1850, l'émergence d'un pouvoir clérical capable de tenir en échec celui du seigneur est inconcevable puisque le curé de la paroisse est trop souvent absent, même après la création de la paroisse. De plus, la pauvreté générale des habitants ne permettra jamais au curé de s'appuyer sur des assises matérielles solides qui auraient favorisé l'enracinement de ce pouvoir social concurrent. D'ailleurs, la contribution des Papineau à la mise en place des institutions paroissiales (églises, presbytères, fabriques) démontre à la fois l'initiative du seigneur en ces domaines et la suprématie qu'il exerce à cette époque sur les curés. En somme, le leadership social du seigneur est bien réel: son accord et son appui sont indispensables à tout projet de développement, quel qu'il soit. Enfin, dans le cas des Papineau, le seigneur bénéficie des retombées de son prestige politique.

En définitive, le seigneur de la Petite-Nation exploite au maximum les pouvoirs que lui confèrent ses titres sur les ressources naturelles et les hommes. De ce fait il contrôle et influence le développement. Les habitants dépendent du seigneur pour obtenir des terres comme les marchands de bois dépendent de lui à la fois pour leurs terres, l'utilisation des moulins et les coupes de bois. De par sa mainmise sur les ressources, le seigneur est le coordonnateur du développement général de la seigneurie; par ses initiatives au niveau des différents secteurs de la vie seigneuriale, il en commande le rythme. C'est encore lui qui laisse délibérément à des capitalistes l'exploitation de certains secteurs économiques.

Cette méthode de mise en valeur de la seigneurie a servi Papineau doublement: premièrement, ces capitalistes allaient maintenir à leur risque la vitalité du secteur forestier indispensable à l'équilibre du revenu paysan; ensuite ils allaient verser à Papineau des rentes élevées pour les nombreuses terres qu'ils allaient acquérir, de même que des loyers pour les moulins et les coupes de bois; enfin, ils allaient prendre en charge les seuls essais d'agriculture commerciale de l'endroit.

Vieux moulin

Les seigneurs Papineau ont finalement une conception féodale de la seigneurie: ils réalisent la presque totalité de leurs revenus sans vraiment intervenir sous forme d'investissement dans le processus de production. La Seigneurie de la Petite-Nation, dans la mesure où elle profite à ses seigneurs, répond à une telle définition. Le seigneur s'approprie une partie du revenu paysan et une partie de celui de la bourgeoisie par l'entremise de la rente perçue sous différentes formes. Le régime seigneurial est un système de partage du revenu de la terre et des ressources naturelles en faveur d'une classe dirigeante, et comme tel, il sert de base au pouvoir économique et social du seigneur.

Des techniques à la mentalité

par Lise BOILY-BLANCHETTE[1]

L'ethnographie est une science qui s'intéresse aux caractères des peuples et elle impose constamment le défi d'en découvrir sa richesse. Partant des observations sur le monde matériel des groupes humains, elle offre une porte d'entrée sur tout un univers mental. Certes cette gymnastique n'est pas toujours facile mais les résultats viennent souvent combler le chercheur tant par la clarté que par la force des symboles qu'on y découvre.

Il y a eu Boas, Sapir, Durkeim et il y a Levi-Strauss, Deetz et d'autres encore, qui ont à leur acquis des recherches d'une grande qualité ethnologique. À la suite de ces maîtres on apprend à palper les objets des peuples, à en saisir la signification et c'est ainsi que le casse-tête des spécificités culturelles devient plus intelligible. On découvre habilement, de chaînon en chaînon, la structure qui soutient l'existence du monde matériel et cette dimension «idéotechnique» permet une approche englobante des phénomènes.

C'est cette démarche qui nous a permis entre autre d'énoncer que le four à pain au Québec n'était pas un four à pain[1]. C'est là une bien curieuse affirmation...

On peut rétorquer en disant que le four à pain est plus qu'un four à pain à cause de son rôle polyvalent, à cause des activités économiques multiples ainsi que des valeurs qui y sont rattachées. Il y a dans sa présence une perception des choses et une prise de conscience d'un mode de vie particulier. Le four à pain reflète une mentalité. L'utilisation intensive des caractères linguistiques entourant cet élément matériel de la culture ainsi que des considérations folkloriques s'y rattachant permettent de qualifier le four à pain «d'objet social».

Il est un médiateur entre la culture et la nature. Le peuple l'utilise pour transformer ce qui est nécessaire suivant les besoins ressentis. Il est l'élément qui transforme ce qui est cru, ce qui est non domestiqué et il permet de l'introduire dans la culture grâce à sa capacité de conversion par le feu. Il change la pâte crue en pain nourrissant aussi bien que le linge infecté des malades en habits stérilisés. Dans la littérature traditionnelle, ce qui est nuisible et ce qui a besoin d'être changé est passé au four.

Le four à pain participe à la vie des gens; c'est un symbole de vie. Dans le langage de ceux qui l'ont utilisé et qui l'utilisent encore, le four devient la matrice des générations qui s'enchaînent. Puisque le four assurait la survie des familles, on lui associe la femme parce que chez elle l'utérus est un lieu de transformation où la cellule se développe en être humain. On dira d'une femme enceinte qu'elle est à cuire: «elle en a un dans le four». Après l'accouchement on dira: «son four s'est effondré».

---

[1] Lise BOILY et Jean-François BLANCHETTE, *Les fours à pain au Québec*, Ottawa, Musée national de l'Homme, Les Musées nationaux du Canada, 1976, 127 p., illus. Cet ouvrage a mérité à ses auteurs une mention honorable lors du *Chicago Folklore Prize Competition*.

Le pain qu'on y cuit est lui aussi objet d'association avec les enfants et la continuité des générations. Dans un langage métaphorique, les enfants sont considérés comme des «petits pains». Quand un enfant naît on dit: «c'est un pain de plus dans la huche». Si une mère perd un enfant on dit: «elle a perdu un pain de sa cuite». Le four à pain révèle une riche tradition fortement enracinée avec la notion de vie. Ce symbolisme très direct est également observé dans d'autres dictons, proverbes et croyances populaires.

On a aussi enrichi certaines expressions théâtrales comme «faire four» pour signifier l'échec d'une représentation. Sans doute parce que noir, courbé et assez étroit, le four à pain sert aussi de lieu de punition: thème particulièrement bien illustré dans les contes et les légendes.

En somme, le four à pain fait partie de la vie des gens et son étude illustre bien nos prémisses. Il y a plus que des techniques à observer dans la culture matérielle d'un peuple; il y a la perception d'une mentalité à découvrir. Pour notre part, l'analyse des composantes de la culture nous a permis de traduire des concepts qui démontrent clairement le rôle de médiateur joué par le four à pain.

Four semi-intérieur à un bâtiment détaché
Sainte-Hélène, Kamouraska
Collection Blanchette, Archives du
C.C.E.C.T., cote 196

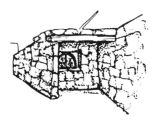

Four localisé dans la cave
Saint-Laurent, Île d'Orléans
Collection Blanchette, Archives du
C.C.E.C.T., cote 148

Notes sur le département d'histoire
de l'Université de Montréal*

par Lucien CAMPEAU, s.j.

Avant 1947, l'histoire à l'Université de Montréal était enseignée comme discipline nécessaire à l'obtention d'une licence ou d'un doctorat ès lettres. Pour nous en tenir aux parties de la discipline qui seront intégrées au département, voici l'état des cours à cette époque. M. Guy Frégault partageait avec le chanoine Lionel Groulx le cours d'histoire du Canada, en même temps qu'il enseignait la littérature canadienne. Le P. Conrad Morin donnait le cours d'histoire de l'Église. MM. Jean-Marie Nadeau et René Ristelhueber enseignaient l'histoire générale. M. Jean-Pierre Houle donnait le cours d'histoire ancienne. Le F. Antoine Bernard enseignait l'histoire de l'Acadie et le P. Joseph Ledit, l'histoire du Moyen-Âge. Programme varié et assez étendu, mais qui manquait d'unité et d'inspiration animatrice.

Le jeune professeur qu'était Guy Frégault avait certaines idées sur l'organisation de l'enseignement de l'histoire. La Faculté de Lettres n'était pas encore divisée en départements. Les deux disciplines qui sentaient davantage le besoin d'une organisation propre et non confondue avec la formation générale en littérature furent l'histoire et la géographie. On ne pensait pas encore en termes de départements et ce qui vint à l'esprit fut de détacher les professeurs de ces matières en deux instituts. La formation en fut proposée en décembre 1946. «Institut» était un terme polyvalent. Le chanoine Groulx formait alors son Institut d'Histoire de l'Amérique française, hors de l'université. Il y avait des écoles autonomes affiliées à l'université et appelés instituts, tels l'Institut agricole d'Oka ou l'Institut pédagogique. Il y avait encore des organismes à chartes particulières mais fonctionnant à l'Université même, en vertu d'une entente avec celle-ci, tel l'Institut de Radium. Les Instituts d'histoire et de géographie n'appartiendraient à aucune de ces catégories. On définira ainsi ce type d'organisation:

> Il faut entendre par ce terme non pas un organisme indépendant ou autonome, attaché à la faculté par affiliation ou autrement, mais le groupement de tous les professeurs enseignant une matière sous la direction d'un directeur chargé de coordonner leurs efforts et les programmes de leurs cours. Le directeur d'un institut est nommé par le doyen de la faculté et approuvé par le conseil; il reste sous l'autorité du doyen ainsi que tous les professeurs de l'institut. Un institut reste partie intégrante de la faculté.

> Le premier institut dont l'organisation s'impose est celui d'histoire. Les éléments en existent déjà à la faculté; il s'agit de les grouper plus strictement et d'y ajouter graduellement tout ce qui permettra d'améliorer l'enseignement de l'histoire.

---

* Texte d'une communication présentée au colloque annuel de l'Institut d'Histoire de l'Amérique française, tenu le 6 mai 1972, qui célébrait le 25e anniversaire des départements d'histoire de Montréal et de Laval.

La définition fut principalement créée pour le département d'histoire, dont tous les éléments constitutifs existaient déjà, ne demandant qu'à être groupés plus étroitement. C'est à ce noyau ayant acquis, sinon l'autonomie, du moins une initiative propre, qu'on devait ajouter graduellement par la suite tout ce qui permettrait d'améliorer l'enseignement de l'histoire. Le jour même où l'on forme l'Institut de M. Frégault, on discute l'à-propos d'abriter à l'Université, l'Institut d'Histoire de l'Amérique française. Le chanoine Groulx était présent et on serait curieux de savoir ce qu'il en pensait alors, vu la réserve dont il témoignera par la suite à l'égard de l'Université.

M. Frégault fut nommé directeur du nouvel Institut d'histoire dès décembre 1946. L'organisme n'entra cependant en fontion qu'au début de l'année scolaire suivante en 1947-1948, plus précisément le 9 octobre 1947. Il fut inauguré, avec l'Institut de géographie, par une série de conférences du P. Jean Delanglez, du 10 au 27 novembre 1947. La première année, l'Institut d'histoire fonctionna avec l'équipe ancienne des professeurs que j'ai nommés plus haut. Mais M. Frégault faisait des plans. Il avait en vue le renouvellement de son personnel. Et deux personnes attiraient alors son attention: M. Michel Brunet, à qui on avait conseillé d'aller chercher un diplôme en histoire à l'Université Clark de Worcester, et qui s'y était rendu en juin 1947; M. Maurice Séguin, qui soutenait sa thèse de doctorat ès lettres, section histoire, le 13 novembre 1947, devant MM. Frégault, Groulx et Houle.

Le 16 janvier 1948, M. Frégault présentait le programme des cours pour l'année 1948-1949. Il s'était efforcé de former un ensemble homogène et complet de cours confiés à un petit nombre de professeurs, qui tous ne feraient de travail que pour l'Institut, que ce fût de l'enseignement ou de la recherche. Il se trouva que l'histoire de l'Église (Père Morin), l'histoire des peuples slaves (Père Ledit), l'histoire de l'Acadie (Frère Bernard), étaient supprimées. Les trois professeurs se trouvaient sans emploi. Mais M. Frégault proposait d'engager M. Maurice Séguin, nouveau docteur. Il était évident que l'histoire du Canada aurait la part du lion dans le programme de M. Frégault. Le F. Bernard s'étonna du sort qu'on faisait à l'histoire de l'Acadie. Mais M. Frégault répondit que cette matière ne lui paraissait pas essentielle. L'étonnement provoqué par ce plan fit qu'on demanda à son auteur de le reconsidérer, vu surtout qu'il mettait à pied d'anciens professeurs de l'Université. Si bien que le 23 janvier, M. Frégault présentait un nouveau plan. M. Marius Barbeau (études amérindiennes) et le P. Ledit (histoire slave) étaient mis de côté. Mais l'histoire de l'Acadie (F. Bernard) et l'histoire de l'Église (P. Morin) étaient conservées. Le plan fut adopté. Et le 11 mai 1948, le nomination de M. Maurice Séguin était approuvée. Il ne semble pas que le F. Bernard ait repris sa chaire d'histoire de l'Acadie et, le 25 février 1949, il était nommé professeur honoraire. De son côté, le chanoine Groulx annonçait sa retraite, le 6 mai 1949. Il sera nommé professeur émérite le 18 octobre suivant et son cours d'histoire du Canada, confié à Maurice Séguin, s'appellera en son honneur, «Chaire Lionel-Groulx».

Au début de 1949-1950, MM. Michel Brunet et André Dagenais commencent leur enseignement. Les anciens sont MM. Frégault, Séguin, Houle et le P. Papillon. Ce dernier enseigne l'histoire médiévale, à laquelle il joindra l'histoire du Canada. M. Brunet enseigne l'histoire des États-Unis, le P. Morin maintient celle de l'Église jusqu'en 1958. Il n'y a plus ni histoire générale, ni histoire de l'Acadie. M. Dagenais, professeur assistant, va demeurer jusqu'en 1952. Après quoi, l'équipe de l'Institut va rester composée essentiellement de M. Frégault, directeur et professeur titulaire, des agrégés M. Brunet, M. Séguin et P. Papillon, et d'un professeur assistant, le P. Morin.

L'esprit de l'Institut à cette époque me paraît bien décrit dans le Rapport annuel de l'Université de Montréal pour 1955-1956 (p. 61) que je cite ici:

À l'Institut d'Histoire, les problèmes de l'histoire du Canada sont l'objet d'une attention particulière pour deux raisons: a) pour répondre aux besoins de la société canadienne-française; b) parce que si les institutions canadiennes-françaises ne font pas, sur ces problèmes, les recherches qui s'imposent, personne ne les fera pour elles. C'est ce qui explique que sur quatre professeurs réguliers, attachés à l'Institut, deux se livrent à l'enseignement de l'histoire du Canada. De plus, en pratique, l'histoire de l'Europe et celle des États-Unis sont considérées, jusqu'à un certain point, comme des disciplines auxiliaires de l'histoire du Canada. Celle-ci est, par conséquent approfondie dans le cadre de l'histoire générale, ce qui en élargit et en précise la signification humaine.

L'installation matérielle de l'Institut, à ses débuts, était fort étroite. On ne parlait évidemment pas encore d'un secrétariat. Le 4 octobre 1949, M. Frégault réunissait dans son bureau ses quatre collègues, le P. Papillon, MM. Brunet et Séguin, et M. André Dagenais, chargé de cours à la leçon.

La discussion porte d'abord sur les «besoins» des professeurs, le R. P. Papillon réclame des atlas et des volumes de chronologie; M. Brunet propose que l'on installe une série de cartes permanentes; M. Dagenais désirerait des cartes de l'Amérique latine; M. Séguin demande une salle de séminaire. Enfin, M. Frégault souligne qu'il faudrait trouver un moyen de permettre aux étudiants de se servir de trois liseuses à microfilm et de la documentation accumulée par les professeurs.

Tous s'accordent à reconnaître le besoin urgent d'une salle dont l'Institut d'Histoire aurait l'usage exclusif, local où l'on conserverait les diverses cartes, où l'on installerait les liseuses à microfilm et qui servirait aux cours comme aux séminaires.

On sent, à un simple regard sur les chiffres, que le développement de l'Institut est enrayé. La jeune équipe, composée surtout de professeurs d'histoire du Canada met en lumière le malaise de l'ethnie canadienne-française, condamnée à la minorité perpétuelle dans un organisme politique anglo-saxon. Et cela déplaît aux autorités de l'Université, plus enclines à faire confiance au fédéralisme. Ajoutons à cela que le traitement des professeurs n'est pas de nature à rendre la carrière universitaire désirable. M. Frégault, en février 1959, se voit offrir des avantages nettement supérieurs à l'Université d'Ottawa, où il accepte la direction du Département d'histoire. Duplessis meurt sur ces entrefaites; Sauvé arrive au pouvoir et aussitôt, l'Université bénéficie d'un déblocage sur le plan économique. M. Michel Brunet est nommé directeur de l'Institut, le 22 juin 1959 et il va intelligemment tirer profit de la nouvelle conjoncture.

Il entreprend la réorganisation de l'Institut. Il est urgent de recruter des professeurs. Le premier, qui commencera son enseignement en 1960, sera M. Jean Blain, suivi par M. J.-P. Wallot l'année suivante. Le premier comble le vide créé par le départ de M. Frégault en histoire de la Nouvelle-France et le second vient opportunément assister M. Séguin. En 1962, M. Lamontagne viendra compléter l'équipe de Nouvelle-France. L'histoire du Canada a quatre professeurs, M. Brunet représentant celle des États-Unis et le P. Papillon cumulant l'histoire ancienne avec l'histoire médiévale. On restait fidèle au plan tracé par M. Frégault, peut-être même au-delà des espérances de celui-ci. Mais M. Brunet va veiller à équilibrer le département; car l'Institut s'intitule Département à partir de 1962. En 1963, en effet, madame Falmagne, comme professeur assistant, et M. Falmagne, à temps partiel, viennent assister le P. Papillon, qui n'est plus que professeur invité, étant titulaire à la Faculté de Philosophie. M. J.-M. Loncol ouvre un champ nouveau, l'histoire de la colonisation espagnole. L'histoire canadienne reçoit encore l'appui de MM. Grenon et Tousignant: en tout, il y a onze professeurs en 1963-1964. L'histoire contemporaine entre en scène en 1964 avec M. Fr. Seager, suivi en 1965 de M. Dimakis. Et l'histoire canadienne aura encore le concours de Mme Susan Robertson en 1966. En 1967, trois nouveaux professeurs viennent élargir l'éventail des options académies: MM. P. Canivet, A. Lespagnol, Louis Michel. Au départ de M. Brunet, qui prend un congé sabbatique en 1968, le département compte deux professeurs titulaires, trois agrégés, cinq professeurs assistants et sept chargés d'enseignement, plus un professeur invité, le P. Papillon: en tout 18 professeurs, M. Brunet ayant commencé sa charge avec deux collègues.

La nomination de M. Roland Lamontagne à la tête du Département en 1968 coïncide avec l'arrivée de quatre nouveaux professeurs: le P. Campeau, adjoint à l'équipe de la Nouvelle-France (3 professeurs), C. Limoges et G. Maheu, formant une nouvelle équipe d'histoire des sciences, et M. Yves Saint-Germain en histoire du Québec: un total de 20 professeurs, qui montera à 21 en 1969 par l'adjonction de M. Nicolas Oikonomidès, en Antiquité-Moyen-âge: trois titulaires, huit agrégés, quatre professeurs assistants, sept chargés d'enseignement. Dans les années qui suivent, les compressions budgétaires, la création de nouveaux départements d'histoire et d'autres facteurs divers vont imposer un arrêt de l'expansion et la perte de collègues appréciés. Ce sera infiniment regrettable. Car les besoins du Département ne cessent malgré tout de croître, ce dont le directeur et les professeurs sont fort conscients.

En 1947, les étudiants arrivant au Département avec un premier diplôme universitaire, le baccalauréat, postulaient dès l'abord un diplôme de second cycle. Ainsi le programme de premier cycle ne sera appliqué qu'à un seul étudiant en 1954 et 1955, à deux en 1956 et à neuf en 1957. En 1963, il le sera à 83 étudiants et le chiffre sera de 350 en 1970. Au second cycle il y avait 7 étudiants en 1947, 8 en 1950, 13 en 1955, 30 en 1960, 42 en 1965, et 135 en 1970. Au doctorat on en compte 4 en 1950, 2 en 1955, 5 en 1960, 16 en 1965 et 31 en 1970. Du total de 7 étudiants en 1947, on arrive à celui de 516 en 1970. On a dépassé la centaine en 1963. C'est ce qui explique la multiplication des professeurs après cette année. Elle n'a pas été excessive, car la proportion est de 1 professeur pour 24 étudiants, alors qu'elle est supputée à 1 pour 13 dans les universités anglophones. Les changements récents dans l'éducation québécoise ont conduit à l'université un nombre énorme de postulants du premier cycle. Le Département a dû s'adapter à cette affluence massive et il l'a assez bien fait. Mais le personnel absorbé toujours davantage par cette tâche dispose d'autant moins de temps pour les étudiants des deux cycles supérieurs, qui se multiplient dans la même proportion. Il est présentement très urgent d'élaborer et de mettre à jour les programmes des grades supérieurs et de leur destiner une plus grande part de l'attention des professeurs, dont il faudra encore augmenter le nombre, parce qu'ils ploient sous le fardeau.

Il y a eu 154 diplômes décernés au Département de 1947 à 1970: 8 doctorats ès lettres, 6 doctorats ès arts, 13 doctorats en philosophie, 5 mémoires pré-doctoraux, 16 diplômes d'études supérieures, 106 maîtrises ès arts. De ce nombre, 114 travaux ont porté sur l'histoire du Canada, 16 sur l'Antiquité-Moyen-Âge, 23 sur l'histoire moderne et contemporaine et 1 sur l'histoire des sciences, discipline récente au département. Ces chiffres soulignent bien la priorité consciente et voulue, d'ailleurs toute naturelle, que le Département accorde à l'histoire nationale. Si l'on analyse ensuite les diplômes en histoire du Canada, on voit que 41 ont porté sur l'histoire de la Nouvelle-France et 73 sur l'histoire canadienne depuis 1760. Une observation intéressante, à propos des 41 travaux en histoire de la Nouvelle-France: le tiers au moins portaient sur l'histoire religieuse et avaient pour auteurs des religieux. Ce qui accroît d'autant la signification du nombre (73) des travaux en histoire d'après-conquête: l'intérêt des jeunes laïques est nettement orienté de ce côté, de 1947 à 1970. En regard de ce fait, un examen des mémoires et thèses actuellement en cours démontre un net retour de faveurs pour la Nouvelle-France chez les étudiants contemporains, dont les religieux forment une part négligeable. Sur 71 thèses inscrites en avril 1971, 23 l'étaient en histoire de la Nouvelle-France et 19 en histoire canadienne d'après-conquête. Le renversement me paraît assez significatif. D'autre part, 13 thèses sont inscrites en Antiquité-Moyen-Âge et 10 en histoire moderne-contemporaine et histoire des sciences.

L'Amérique du Nord et la Sacrée Congrégation «de Propaganda Fide», 1622-1799

Études

par Luca CODIGNOLA*

Nous avons récemment étudié les guides et les inventaires se rapportant aux archives de la Sacrée Congrégation «de Propaganda Fide» à Rome et qui traitent de l'histoire coloniale nord-américaine. Cette recherche a fait l'objet d'un article en 1979[1]. À cette occasion, nous avons expliqué comment et pourquoi notre étude se limite à l'Amérique du Nord française et anglaise, tout en excluant l'Amérique espagnole. Le présent article a un autre dessein: celui d'analyser les études rédigées par des historiens qui consultent régulièrement ou occasionnellement les sources de la Propagande. Les documents parus çà et là n'ont pas été retenus puisqu'ils ne sont pas reconnus dans le contexte plus vaste d'un projet de recherche.

Il est de règle de rappeler avant tout l'œuvre collective publiée par les soins de Josef Metzler, et préparée à l'occasion du trois cent cinquantième anniversaire de la Propagande[2]. Il s'agit d'une histoire de la Propagande, des origines à nos jours, composée de divers articles rédigés en plusieurs langues et mis en ordre géographique à l'intérieur d'un cadre sommairement chronologique. Six articles sont consacrés à l'histoire de l'Amérique du Nord, dont deux au-delà des limites chronologiques de la présente étude[3]. Parmi les appendices, on trouve la liste des préfets généraux et des secrétaires généraux, outre celle des préfets de l'Économie et des secrétaires pour les Affaires orientales[4], et une série de documents dont aucun n'est particulièrement

---

* L'auteur, né à Gênes (Italie) en 1947, est professeur d'histoire coloniale nord-américaine à l'Université de Pise. Il prépare actuellement, pour les Archives publiques du Canada, un répertoire de documents d'intérêt nord-américain, conservés dans les archives de la Sacrée Congrégation «de Propaganda Fide» à Rome.

[1] Luca CODIGNOLA, «L'Amérique du Nord et la Sacrée Congrégation 'de Propaganda Fide', 1622-1799. Guides et Inventaires», dans *Revue d'histoire de l'Amérique française*, XXXIII, 2 (septembre 1979), p. 197-214.

[2] Josef METZLER, éd., *Sacræ Congregationis de Propaganda Fide Memoria Rerum*, Fribourg: Herder, 1971-1976 (3 vol.). Il existe aussi un résumé de cette œuvre en italien, dans un volume unique intitulé *Compendio di storia della Sacra Congregazione per l'Evangelizzazione dei Popoli o «de Propaganda Fide», 1622-1972*, Rome: Pontificia Universita Urbaniana, 1974.

[3] Il s'agit de Charles Edwards O'NEILL, «North American Beginnings in Maryland and Louisiana», dans METZLER, éd., *Memoria Rerum*, I/2, p. 713-726; Lucien CAMPEAU, «Les initiatives de la S. Congrégation en faveur de la Nouvelle-France», dans *id.*, p. 727-795; O'NEILL, «The United States of America», dans *id.*, II, p. 1162-1184; Lucien LEMIEUX, «Provision pour l'Église canadienne. A. La Congrégation de la Propagande, modératrice et promotrice d'une Église canadienne en expansion (1760-1840)», dans *id.*, III/1, p. 729-748 (ces trois articles sont discutés plus bas). En dehors des limites chronologiques de la présente étude, on trouve Willi HENKEL, «The Final Stage of USA Church's Development under Propaganda Fide», dans *id.*, p. 705-728; Alexander BARAN, «Provision pour l'Église canadienne. B. Further Development after 1840», dans *id.*, p. 749-757.

[4] METZLER, «Serie dei Cardinali Prefetti e dei Segretari della Sacra Congregazione», dans METZLER, éd., *Memoria Rerum*, III/2, p. 615-626.

325

consacré à l'Amérique, mais dont un grand nombre traite de problèmes généraux inhérents à l'histoire des missions et qui, comme tels, concernent aussi l'Amérique du Nord[5].

Le premier à utiliser les archives de la Propagande fut Étienne-Michel Faillon qui utilise pour son *Histoire*[6] des documents de la Propagande, surtout pour raconter les vicissitudes de la création de l'évêché de Québec. Il fait en particulier grand usage du vol. 256 de la série *S.O.C.G.* (dont le titre, *America e Canada*, en rendait le choix évident)[7]. Suivant un usage commun à son époque, Faillon prend beaucoup de libertés à l'égard des documents qu'il cite; l'appareil critique est peu clair, et on relève beaucoup d'imprécisions[8]. Faillon a consulté personnellement les archives de la Propagande à l'occasion de son séjour à Rome dans les années 1864-1869, quand il y établit la procure sulpicienne[9].

Un autre historien important de la Nouvelle-France, le jésuite Camille de Rochemonteix, a utilisé certains documents de la Propagande, relatifs aux premières années de François de Laval au Canada[10]. Comme son prédécesseur, Rochemonteix semble connaître seulement le vol. 256 de la série Scritture Originali Congregazioni Generali (désormais S.O.C.G.).

Bien qu'il soit cité par tous comme un précurseur, John Dawson Gilmary Shea[11] ne consulta pas personnellement les archives de la Propagande, mais il se fit faire des copies de documents romains par l'intermédiaire de l'archevêque de New York, Michael Corrigan[12]. Pour Shea, on peut faire les mêmes observations que pour Faillon:

---

[5] Les documents sont dans *id.*, p. 653-840.

[6] [Étienne-Michel FAILLON], *Histoire de la colonie française en Canada*, Villemarie: Bibliothèque paroissiale, 1865-1866 (3 vol.). Les volumes qui utilisent des documents de la Propagande sont les volumes 2 et 3. L'œuvre, qui devait compter au moins 10 volumes, se conclut en revanche avec le troisième volume, et étudie seulement la période 1532-1675 (voir Olivier MAURAULT, «M. Étienne-Michel Faillon [1800-1870]», dans *Les Cahiers des Dix*, 24 [1959], p. 157).

[7] Tous les documents cités par Faillon proviennent justement du volume 256 de la série *S.O.C.G.*, intitulé *America e Canada* à l'endos, avec l'adjonction d'un «3» sur le frontispice, à l'exception de quelques citations du volume 27 de la série *Acta* ([FAILLON], *Histoire*, II, p. 322, 327, 328) relatives à l'année 1658, et d'une seule citation du volume I de la série *Congressi America Settentrionale*, série indiquée de manière erronée comme «*Scritture riferite nei Congregazione*» (*id.*, III, p. 170).

[8] Entre autres, le volume 256 de la série *S.O.C.G.* est cité de manière très disparate: généralement comme «vol. America, 3. Canada, 256» ou simplement comme «Vol. America, 3. Canada»; mais aussi «156» (*id.*, II, p. 376; III, p. 371); «255» (*id.*, III, p. 356); «356» (*id.*, p. 356).

[9] Voir MAURAULT, «Faillon», p. 152, 157; et surtout les documents de la Propagande publiés par Conrad MORIN, concernant sa visite romaine ([Conrad Morin], «Éclaircissements inédits de Faillon sur son *Histoire de la colonie française*», dans *Revue d'histoire de l'Amérique française*, V, 4 [mars 1952], p. 585-588.

[10] Camille DE ROCHEMONTEIX, *Les Jésuites et la Nouvelle-France au XVIIe siècle d'après beaucoup de documents inédits*, Paris: Letouzey et Ane, 1895-1896 (3 vol.).

[11] John Dawson Gilmary SHEA, *The Catholic Church in Colonial Days. The Thirteen Colonies. The Ottawa and the Illinois Country. Louisiana. Florida. Texas. New Mexico and Arizona, 1521-1763*, New York: Edward O. Jenkins' Sons, 1866; SHEA, *Life and Times of the Most Rev. John Carroll, Bishop and First Archbishop of Baltimore. Embracing the History of the Catholic Church in the United States. 1763-1815*, New York: Edward O. Jenkins' Sons, 1888.

[12] SHEA, *Catholic Church*, p. iv. Selon ce qu'affirme Edward I. Devitt, ces copies sont conservées à la Georgetown University de Washington: «Dr. Shea's MSS. in Georgetown University Archives contain a voluminous collection entitled 'Propaganda Transcripts', which include nearly all of these documents, many of which were translated and published in full by him» (Edward I. DEVITT, éd., «Propaganda Documents. Appointment of the First Bishop of Baltimore», dans *American Catholic Historical Society of Philadelphia*, *Records*, XXI, 4 [décembre 1910], p. 186). Nous n'avons pas encore eu la possibilité de contrôler personnellement ce fonds.

imprécisions, peu de clarté dans l'appareil critique, difficulté à retrouver l'original du document cité. De toute façon, l'usage qu'il fait de documents de la Propagande est plutôt réduit.

Toujours dans le cadre des œuvres générales, il est nécessaire de rappeler la grande histoire des Jésuites en Amérique du Nord écrite par Thomas Hughes, jésuite lui-même[13]. En effet, bien qu'elle soit consacrée aux avatars d'un seul ordre religieux, cette œuvre, grâce à l'ampleur des sujets traités, couvre toute l'histoire du continent au XVIIe et au XVIIIe siècle[14]. Hughes ne consulta pas non plus personnellement les archives de la Propagande, mais, à la différence de Shea, il en utilisa amplement les documents, qu'il consulta en partie à la Georgetown University[15] et qu'il fit en partie copier par l'intermédiaire de son confrère Louis Schmitt[16]. De longs passages des documents sont cités souvent intégralement, dans le texte comme dans les notes, et ce matériel est souvent fondamental pour ce qui concerne le dessein d'ensemble de l'œuvre. Malheureusement, Hughes, lui aussi, transcrit quelquefois les documents avec légèreté, il les cite selon des critères désormais dépassés, et il donne très peu de place au matériel de la Propagande dans les deux volumes consacrés à la documentation. Mais l'œuvre de Hughes reste, contrairement à celles de Faillon, de Rochemonteix et de Shea (pour ce qui concerne la Propagande), un point de référence important pour tout travail de recherche.

Pour passer du domaine de l'enquête générale à celui des recherches portant sur une période plus limitée, nous devons d'abord considérer l'œuvre de Conrad Morin. Morin a passé huit ans à Rome, où il fit des études à l'Université Grégorienne et où il obtint le titre de docteur en histoire ecclésiastique, grâce à une thèse soutenue en juillet 1942, qui était justement consacrée à l'histoire des rapports entre le Canada et la Propagande[17]. Morin publia ensuite un complément sous forme d'un bref guide des archives du Saint-Siège[18] et une étude sur le secrétaire de la Propagande, Francesco Ingoli, et ses tentatives pour établir un évêché au Canada[19], qui développe ce qui a déjà été décrit dans la thèse. Morin entendait faire beaucoup plus. Sa thèse devait être la première partie d'une œuvre qui aurait eu pour titre *Le Saint-Siège et l'établissement de l'Église au Canada sous le régime français*, dont le premier volume, *L'Affiliation au Saint-Siège ou la Mission apostolique (1615-1658)*, aurait dû s'achever avec l'établisse-ment du vicariat apostolique au Canada. Cependant, bien qu'on en parle continuelle-ment comme étant en cours d'impression, l'œuvre de Morin n'a jamais été effective-

---

[13] Thomas HUGHES, *History of the Society of Jesus in North America Colonial and Federal. Text and Documents*, London: Longmans, Green and Co., 1907-1917 (4 vol.).

[14] Exception faite de METZLER, éd., *Memoria Rerum*, il n'existe pas d'autre œuvre sur l'Amérique du Nord qui embrasse une période aussi longue.

[15] Voir n. 12.

[16] HUGHES, *Society of Jesus*, I, p. 20.

[17] MORIN, *Le Saint-Siège et l'établissement de l'Église au Canada sous le régime français d'après les archives romaines. L'affiliation au Saint-Siège ou la mission apostolique (1615-1658)*, thèse, Pontificia Università Gregoriana, 1942.

[18] MORIN, «Les archives du Saint-Siège, importantes sources de l'histoire politico-religieuse du Canada», dans *Culture*, VII, 2 (juin 1946), p. 151-176.

[19] MORIN, «Les tentatives du secrétaire François Ingoli pour l'érection d'un évêché au Canada (1631-1641)». Causerie donnée lors du douzième congrès annuel de la Société canadienne d'histoire de l'Église catholique (Toronto, septembre 1945).

ment publiée[20]. En outre, Morin affirme qu'il a fait un dépouillement systématique des archives de la Propagande et des Archives secrètes du Vatican pour la période qui l'intéressait, chose qui n'a jamais été faite avant lui[21]. Mais dans ce cas également, la promesse d'une œuvre intitulée *Les sources de l'Église canadienne aux Archives du Vatican et de la Propagande*, dont le premier volume aurait dû contenir tous les documents jusqu'à 1658, n'a jamais pu être tenue[22]. Il nous reste seulement une indication indirecte de ce grand travail de dépouillement: la liste des volumes d'archives consultés qui apparaît au début de sa thèse[23], et qui nous montre l'ampleur du projet.

Il s'agit donc, apparemment, d'un projet qui s'est conclu avant d'avoir donné tous ses fruits. Mais ce qui reste constitue l'étude la plus importante jusqu'ici sur les rapports entre la Propagande et le Canada, une véritable histoire des origines de l'Église catholique au Canada vue par le Saint-Siège, qui se fonde essentiellement sur une documentation provenant de la Propagande et des Archives secrètes du Vatican. Cette thèse est une mine de renseignements, avec des citations exactes et minutieusement annotées, dans le cadre d'une recherche critique et d'une constante attention au développement historique environnant. Les documents en appendice de la thèse[24], bien qu'ils n'apparaissent pas toujours dans leur ensemble, sont reproduits et annotés avec un soin remarquable.

Lucien Campeau connaît bien l'œuvre de Morin, et il reparcourt la période étudiée par ce dernier dans un article paru dans l'œuvre collective *Memoria Rerum*[25] et dans un volume élaboré pour une autre circonstance, le trois centième anniversaire de la création de l'évêché de Québec[26]. Tous deux ont un point de référence commun, le problème de la création et du développement de la juridiction ecclésiastique romaine en territoire canadien[27], et c'est peut-être pour cela que l'essai de Campeau semble insister de manière disproportionnée sur la première période (jusqu'à 1674), à laquelle il consacre soixante-six pages, tandis qu'il en consacre seulement deux à la période successive (jusqu'à la Conquête, c'est-à-dire quand le Canada retourne effectivement sous la juridiction de la Propagande). Cette deuxième période est certainement moins importante, justement parce que la création de l'évêché implique le passage du Canada sous la juridiction ordinaire, mais il reste vrai que les liens entre la Propagande et le Canada existèrent même après 1674 et ne furent jamais officiellement rompus. Même si leur but

---

[20] Voir MORIN, «Archives du Saint-Siège», p. 155; MORIN, «Tentatives de Ingoli», p. 16; MORIN, *Saint-Siège*, p. 10.

[21] Morin rappelle le travail de dépouillement effectué, avant lui, par Candide de Nant et Odoric-Marie Jouve, respectivement à la Propagande et aux Archives secrètes du Vatican, en précisant cependant que, contrairement à lui, ils l'ont effectué seulement «en fonction du sujet qu'ils voulaient traiter» (MORIN, *Saint-Siège*, p. ii).

[22] MORIN, «Archives du Saint-Siège», p. 156.

[23] MORIN, *Saint-Siège*, p. ix-x. Une seule perplexité: pourquoi le vide dans la série *Acta* entre le vol. 106 et le vol. 127, correspondant aux années 1737-1756? C'est vrai, les documents d'intérêt nord-américain sont peu nombreux, mais ils existent.

[24] *Id.*, p. 229-262. Beaucoup sont tirés de la Propagande.

[25] CAMPEAU, «Initiatives de la S. Congrégation».

[26] CAMPEAU, *L'Évêché de Québec (1674). Aux origines du premier diocèse érigé en Amérique française*, Québec: La Société historique de Québec, 1974.

[27] C'est l'objet d'une autre étude de Campeau (CAMPEAU, «La juridiction ecclésiastique en Nouvelle-France avant Mgr de Laval», dans *La Société canadienne d'histoire de l'Église catholique. Sessions d'étude* [1972], p. 91-108, intégrée ensuite dans CAMPEAU, «Initiatives de la S. Congrégation».

est différent, l'article et le volume de Campeau utilisent le même matériel documentaire, et ils doivent par conséquent être utilisés ensemble[28]. Encore sur Laval et en particulier sur ses rapports avec le Séminaire de Québec porte la thèse de Marcel Gérin, qui utilise occasionnellement certains documents de la Propagande tirés des séries *S.O.C.G.* et *Congressi America Settentrionale*[29].

C'est à l'histoire des rapports entre la Propagande et les colonies britanniques d'Amérique que sont consacrés, toujours dans le cadre du recueil *Memoria Rerum*, deux essais de Charles Edwards O'Neill[30], auteur, entre autres, d'un volume sur la Louisiane[31] dont nous aurons encore l'occasion de parler. Prenant en considération seulement les territoires qui font aujourd'hui partie des États-Unis, O'Neill distingue nettement entre les colonies britanniques et la Louisiane, car l'histoire de cette dernière est bien plus liée aux avatars de la Nouvelle-France (et ensuite aux siens propres) qu'à ceux des futurs États-Unis. Grâce à une narration chronologique qui suit de près les points les plus saillants de la série *Acta*, O'Neill consacre le premier des deux essais au Maryland (jusqu'à 1760 environ) et à la Louisiane (jusqu'à la fin du XVIIe siècle), et le second aux colonies britanniques en général (depuis 1750 environ jusqu'à 1808) et toujours à la Louisiane (depuis le début du XVIIe siècle jusqu'à 1815).

En ce qui concerne le Canada, la dernière période de ses relations avec la Propagande est évoquée par Lucien Lemieux dans un volume consacré à la première province ecclésiastique du Canada (1783-1844)[32] et dans un article paru dans le recueil *Memoria Rerum*[33]. Ce volume est une œuvre qui, surtout en ce qui concerne le XIXe siècle, semble solide et bien documentée. Mais, en ce qui a trait au XVIIIe siècle, elle est limitée par une connaissance encore imparfaite des archives de la Propagande[34]; entre autres, Lemieux affirme que les lettres reçues par la Propagande sont conservées dans la série *Congressi*, mais il oublie la série *S.O.C.G.*, bien plus importante, qui n'est jamais citée ni même mentionnée dans la bibliographie[35]. Par ailleurs, les séries *Acta*, *Lettere*, *Congressi America Settentrionale* semblent avoir été utilisées à fond. L'article,

---

[28] Signalons quelques fautes d'impression qui sont identiques dans les deux œuvres:
— *Acta*, vol. 7/II, f. 11v, *recte* f. 10v («Initiatives», p. 744; *Évêché*, p. 24).
— *S.O.C.G.*, vol. 74, f. 116, *recte* f. 196 («Initiatives», p. 739, 751; *Évêché*, p. 18, 33).
— La séance de la Propagande où l'on discute ce qui est référé dans *S.O.C.G.*, vol. 74, f. 196, ne s'est pas déroulée le 16 mai 1633, mais le 31 mai 1632 («Initiatives», p. 739; *Évêché*, p. 18).

[29] Marcel GÉRIN, *Les grandes étapes de l'œuvre missionnaire des évêques canadiens. Québec (1663). Nicolet (1803). Pont-Viau (1921). Monseigneur de Laval et le Séminaire des Missions étrangères de Québec*, thèse, Institut scientifique de la Propagande (1939).

[30] O'NEILL, ''North American Beginnings''; O'NEILL, ''United States''.

[31] Voir n. 67.

[32] LEMIEUX, *L'établissement de la première province ecclésiastique au Canada 1783-1844*, Montréal-Paris, 1968.

[33] LEMIEUX, «Congrégation de Propagande, modératrice et promotrice».

[34] Voir, par exemple, les points suivants:
— à la p. 30, n. 31, l'original du document est en latin, comme l'indique Lemieux, mais les *Acta* auxquels il se réfère sont en italien.
— à la p. 31, n. 39, il ne s'agit pas des f. 188-205, comme le dit Lemieux, mais des f. 188rv-199rv et 200rv-226rv, étant donné que, après tout, le f. 205 n'existe pas et que le manuscrit saute (par erreur du copiste) du f. 200rv au f. 221(a)rv.

[35] LEMIEUX, *Établissement*, p. xviii. Curieusement, la série *S.O.C.G.* est oubliée aussi dans la bibliographie qui précède l'article «Congrégation de Propagande, modératrice et promotrice».

publié dans le volume, couvre la période de 1760 à 1840[36]. Sur le modèle proposé par Campeau qui examine l'époque précédente, Lemieux approfondit certains thèmes dans le cadre d'une narration minutieuse des rapports entre la Propagande et les autorités canadiennes (festivités, indulgences, dispenses matrimoniales, prêts à intérêt) que les autorités discutèrent pendant ces années-là.

Si l'on passe du domaine des études générales à celui des études consacrées à des moments ou à des thèmes particuliers, il faut mentionner tout d'abord l'historiographie concernant les Capucins, dont la présence eut une importance remarquable surtout dans la première moitié du XVIIe siècle en Acadie, et plus tard en Louisiane. Il s'agit d'une historiographie particulièrement riche et importante, dont l'intérêt va bien au-delà de la simple histoire de l'ordre. Dans sa *Storia delle missioni dei Cappuccini*, parue entre 1867 et 1909, Rocco da Cesinale est le premier à traiter de l'Amérique du Nord sur la base d'une documentation de la Propagande. Il divise nettement son œuvre en une période pré-Propagande (vol. 1), et une autre, la suivante, traite la période postérieure à la création de la Congrégation (vol. 2-4). Ceci dit, il faut remarquer que Rocco, bien qu'il ait eu l'avantage d'habiter à Rome, n'a pas fait un dépouillement systématique des archives de la Propagande, et qu'il s'est limité à citer des documents tirés d'œuvres imprimées ou provenant de la seule série *Acta* qui est certainement la plus facile à consulter. En outre, l'Amérique du Nord constituait pour Rocco un domaine de recherche plutôt marginal: de ses volumes, seulement une vingtaine de pages sont consacrées à l'Amérique du Nord et aux Antilles[38]. L'œuvre de Rocco reste cependant un point de référence d'une certaine utilité pour obtenir un aperçu général des missions des Capucins[39].

Plus ou moins en même temps, mais ignorant chacun l'existence de l'autre (au moins dans un premier temps), Candide de Nant et John M. Lenhart, tous deux capucins, travaillèrent à une histoire de leur ordre en Amérique du Nord dans la première moitié du XVIIe siècle. Le premier à se mettre au travail fut Candide qui, amené dès 1903 par un document provenant de la Propagande à étudier l'histoire des Capucins en Acadie, ne put compléter ses recherches dans les archives de la Propagande qu'après la guerre. Entre-temps, il avait eu connaissance du travail que Lenhart faisait parallèlement, il avait pu se servir du *Guide* de Carl Russell Fish[40] et il avait publié certains travaux mineurs en utilisant aussi une documentation tirée de la Propagande[41].

---

[36]   Suivant ce qui a déjà été dit à propos de l'article de CAMPEAU, «Initiatives de la S. Congrégation», il faut tenir compte du fait que METZLER, éd., *Memoria Rerum*, reste pratiquement muet sur la période 1674-1763 en ce qui concerne le Canada.

[37]   ROCCO DA CESINALE, *Storia delle missioni dei Cappuccini*, vol. I, Paris: P. Lethellieux, 1867; vol. II, Rome: Tipografia Barbera, 1872; vol. III, Rome: Tipografia Barbera, 1873; vol. IV, *Analecta Ordinis Minorum Capuccinorum*, XXIV (1908), p. 43-45, 79-86, 121-125, 187-192, 282-287; XXV (1909), p. 67-71, 240-246, 293-295, inachevé. L'œuvre est dépourvue d'un index des noms, qui a été ensuite rédigé par Callistus VON GEIPOLSHEIM, «Index Capuccinorum qui in opere *Storia delle missioni dei Cappuccini* authore Rocho a Cesinale, OM Cap, inveniuntur», dans *Collectanea Franciscana*, IX, 4 (octobre 1939), p. 540-558; X, 1 (janvier 1940), p. 83-91.

[38]   ROCCO, *Storia delle missioni*, III, p. 673-693 (chapitre consacré à l'Amérique française, où il s'agit du Maryland, des Antilles et du Canada).

[39]   Voir par exemple *id.*, II, p. 317-397 (chapitre consacré à la France).

[40]   Carl Russell FISH, *Guide to the Materials for American History in Roman and Other Italian Archives*, Washington: Carnegie Institution, 1911.

[41]   Voir en particulier [CANDIDE DE NANT], «Letter of Father Ignace re Acadia (According to a photographic copy of the original in the archives of the Propaganda, Rome)», dans *Report concerning*

Dans sa modestie, qui n'est qu'apparente, l'œuvre de CANDIDE, *Pages glorieuses*[42], offre une contribution importante à la connaissance de l'histoire, non seulement des Capucins en Acadie, mais aussi de l'expansion catholique en général dans le Nouveau Monde[43], et c'est, dans les termes de Morin qui l'a amplement utilisée, «le premier ouvrage d'histoire canadienne qui soit le fruit d'une véritable utilisation des sources romaines[44]». Candide limite son enquête aux Capucins français, et c'est suivant ce critère qu'il a fait le dépouillement des sources de la Propagande; les documents proviennent tous de la série *Acta* et des documents correspondants de la série *S.O.C.G.*, ou encore des volumes de la série *S.O.C.G.* dont le contenu français est évident. Un des documents sur lesquels se fonde son travail est ce «Brevis ac dilucida» d'où commença l'œuvre tout entière, et qu'il avait déjà publié séparément[45]. Mais il faut faire attention aux trop grandes libertés que Candide prend dans la transcription des documents: il n'est pas rare qu'il saute des mots, qu'il en change l'ordre, qu'il en modernise la graphie suivant des critères non uniformes[46]. Qu'on se rappelle en outre que la numération des folios est changée aujourd'hui, et que la série que Candide appelle *Lettere* est définie aujourd'hui comme *S.O.C.G.* Mais il s'agit de remarques communes à l'œuvre de tous ceux qui ont travaillé à la Propagande avant les années 1930.

Canadian Archives (1904), Appendix H, p. 331-341; CANDIDE, «Port-Royal en 1650», dans *Nouvelle-France*, V, 7 (juillet 1906), p. 330-339; CANDIDE, «Silhouettes de missionnaires. I. Le père Léonard de Chartres», dans *Nouvelle-France*, X, 7 (juillet 1911), p. 316-323.

[42] CANDIDE, *Pages glorieuses de l'épopée canadienne. Une mission Capucine en Acadie*. Gembloux: Imprimerie J. Duculot, 1927.

[43] Voir *id.*, p. 88-311.

[44] MORIN, «Archives du Saint-Siège», p. 154.

[45] [CANDIDE], «Letter of Father Ignace». Le même document se trouve dans CANDIDE, *Pages glorieuses*, p. 305-311.

[46] Un des pires exemples est le suivant, la n. 3 à la p. 202, dans Candide. Il se lit comme suit:

«Tandem aliquando post longam satis et fastidiosam nimis expectationem advenit ad nos P. Archangelus de Fossé qui novos ordines a S.C. editos pro continuandis missionibus detulit. Video cum gaudio me obtinuisse quæ instanter petieram omnimoda inquam absolutionem a prefectura missionum transmissa PP. Provincialibus et ideo muneris mei esse existimavi... gratias agere.

«Quoad alia, ac præcipue quoad P. Archangelum adjunctum P. provinciali plura dicenda occurrunt sed parco memor causæ, memor temporum dicam tantum præter intentionem et expectationem nostram hoc factum... et nescio quomodo S. Cni in mentem venerit illud statuere et P. Archangelo illud acceptare. Deprecor Altissimum ut omnia dirigantur in spe contra spem. *Arch. Prop. Lett. Ant.*, 26 janvier 1640, vol. 139, f. 48».

Et voici le même texte, transcrit fidèlement:

«Tandem aliquando post longam satis et fastidiosam nimis expectationem aduenit ad nos P. Archangelus de fossé, qui nouos ordines a Sacra Congregatione editos pro continuandis Missionibus ad nos detulit, per quos (inter alia) et prout sonant vrǣ ad me directæ litteræ video cum gaudio me obtinuisse, quæ instanter petieram, omnimodam inquam absolutionem a Præfectura Missionum transmissa Patribus Prouincialibus Prouin͞rū, et ideo muneris mei esse existimaui (aliàs sceleris merito argueret ut ingratus) gratias agere sicut per præsentes ago et Sacræ Congregationi, et vobis.

«Quoàd alia a sacra Congregatione ordinata et decreta, ac præcipue quoàd Patrem Archangelum adiunctum Pr͞i Prouin͞li Prouinciæ Parisiensis in administranda Præfectura Missionū et non aliis Prouinciis plura dicenda occurrunt, sed parco memor causæ, memor temporum; dicam tantum præter intentionē et expectationem nostram hoc factum esse, et nescio quomodo sacræ Congregationi in mentem venerit illud statuere et Patri Archangelo illud ipsum quantumcumque oblatum acceptare. Quantum ad me attinet deprecor altissimum ut oīa ad maiorem Sui gloriam dirigantur in spe contra spem» (Léonard de la Tour à Francesco Ingoli, Paris, 26 janvier 1640, Archives de la Propagande, *S.O.C.G.*, vol. ¹39, f. 80r).

331

La thèse que Lenhart tient à démontrer dans son œuvre, telle qu'il l'a publiée au cours de plusieurs années[47], est que, bien avant l'attribution à Richard Challoner, évêque de Debra, de la juridiction sur les colonies britanniques, attribution survenue à l'initiative de la Propagande en 1756[48], et bien avant la nomination de John Carroll comme supérieur de l'Église américaine, advenue en 1784[49], la Propagande avait déjà établi une forme de juridiction dans ces territoires en l'attribuant à une préfecture apostolique des Capucins, quels que furent ensuite les résultats pratiques de cette mission. Lenhart, qui connaît bien l'œuvre de Candide[50], comme celle de Rocco, mais aussi celles de Fish et de Hughes, montre une bonne connaissance des archives de la Propagande, même s'il ne semble pas avoir fait un dépouillement systématique, puisqu'il a puisé seulement dans les séries *Acta* et *S.O.C.G.*[51] Les appendices documentaires sont très intéressants, et comprennent des documents presque tous encore inédits; malheureusement la transcription de certains documents est inexacte parce que Lenhart n'est pas très familier avec l'histoire coloniale nord-américaine: ce manque de connaissance est flagrant quand on lit attentivement ses notes explicatives[52]. Nous constatons avec étonnement que l'œuvre de Lenhart semble avoir échappé au plus grand nombre, et que ni Morin, ni Campeau ne l'utilisent (même si tous deux connaissent bien Candide qui n'eut cependant pas le temps de consulter Lenhart pour ses *Pages glorieuses*[53]).

---

[47] John M. LENHART, «The Capuchins in Acadia and Northern Maine (1632-1655)», dans *Records of the American Catholic Historical Society*, XXVII, 3 (septembre 1916), p. 191-229; 4 (décembre 1916), p. 300-327; XXVIII, 1 (mars 1917), p. 47-63; 2 (juin 1917), p. 184; LENHART, «An Important Chapter in American Church History (1625-1650)», dans *The Catholic Historical Review*, VIII, 4 (janvier 1929), p. 500-524; LENHART, «The Capuchin Prefecture of New England (1630-1656)», dans *Franciscan Studies*, n.s., III, 1 (mars 1943), p. 21-46; 2 (juin 1943), p. 180-195; 3 (septembre 1943), p. 306-313. Le premier des trois articles utilise du matériel de la Propagande grâce à ROCCO, *Storia delle missioni*; le deuxième et le troisième se basent sur la même documentation, qui est traduite en anglais dans «Important Chapter», tandis qu'elle est laissée en langue originale dans «Capuchin Prefecture».

[48] Voir à ce propos CODIGNOLA, «L'America del Nord nei documenti dell'archivio della Sacra Congregazione 'de Propaganda Fide' (1754-1784)», dans Giorgio SPINI *et al.*, Italia e America dal Settecento all'età dell'imperialismo, Venise: Marsilio Editori, 1976, p. 128-129.

[49] Voir *id.*, p. 140.

[50] Lenhart définit l'œuvre de Candide «[a] standard work» (LENHART, «Capuchin Prefecture», p. 44).

[51] Une seule citation de la série *Congressi America Centrale* se retrouve chez LENHART, «Important Chapter», p. 506.

[52] Selon Lenhart, Stock, dans sa lettre du 22 avril 1626, maintient qu'il n'a: «only the means to reach Genoa» (LENHART, «Capuchin Prefecture», p. 23, 181). Cependant l'original se lit comme suit: «doue es piu persecutione che qua et difficulta di fare frutto non puo andare, si non a Geneua, et andero la, si mi darranno li mezzi necessarii per fare frutto» (Archives de la Propagande, *S.O.C.G.*, vol. 101, f. 16v), ce qui signifie que le seul endroit où la persécution est plus sévère et les difficultés plus considérables qu'en Angleterre est Genève (et non Gênes) mais qu'il s'y rendra si on le lui demande, pourvu qu'on lui donne carte blanche. Toujours d'après Lenhart, Georges Calvert, baron Baltimore, se rend à Terre-Neuve en 1625 d'où il expédie un rapport (*id.*, p. 24); cependant Calvert ne s'y est rendu qu'en 1627 et le rapport en question a été écrit par le gouverneur en second de la colonie, Sir Arthur Aston. De plus, Lenhart transcrit un «Hulzi» dénué de signification (dernière ligne de *id.*, p. 192), alors qu'il aurait dû lire «nu. 31», un renvoi à l'item n° 31 de la Congrégation générale n° 103 du 12 janvier 1629. Ce ne sont là que quelques exemples des multiples inexactitudes que nous pouvons relever.

[53] Voir CANDIDE, *Pages glorieuses*, p. viii: «Tout récemment [1916-1917] le P. John Lenhart a publié en anglais [...] un travail qui est exactement sur le plan de celui-ci. Il a consulté à peu près toutes les sources imprimées de quelque importance et une partie des archives de la Propagande jusque-là inédites. C'est une très bonne étude où nous retrouvons avec plaisir la plupart de nos conclusions»).

Une autre œuvre sur les Capucins est le volume de Claude Vogel, dont nous parlerons plus loin[54]. Il faut aussi voir l'article de l'historien des Franciscains récollets, Odoric-Marie Jouve, consacré à François-Joseph Du Tremblay, la célèbre Éminence grise, et à ses activités en rapport avec la Nouvelle-France dans les années 1632-1633[55]. Dans ce travail, l'activité de la Propagande est brièvement décrite, mais Jouve ne se base pas sur une documentation provenant de la Propagande, à part quelques rares cas[56]. L'article de Jouve peut donc servir comme complément utile au volume de Candide, dans lequel Jouve puise d'ailleurs abondamment.

À propos des Capucins, il faut rappeler la figure du père Pacifique de Provins (René de l'Escale, 1588-1648), lequel, bien qu'il ne mît jamais les pieds au Canada, fut pendant longtemps préfet des missions capucines en Acadie et continua à se considérer comme tel même quand il se trouva dans les Antilles. Les rapports continuels entre Pacifique et la Propagande sont désormais établis, même si on connaît encore peu et on a exploité encore moins la documentation le concernant, qui se trouve dans les archives de la Propagande[57]. Partiellement, cette documentation a été utilisée par Godefroy de Paris[58], pour qui cependant l'activité américaine de Pacifique représente seulement la conclusion de sa carrière missionnaire. On trouve également diverses références à Pacifique dans Candide et dans Lenhart.

Sur les Franciscains récollets et sur leurs rapports avec la Propagande on trouve peu de renseignements; tel n'est pas le cas pour les Capucins. En plus de l'*Opera omnia* de Jouve (mais il puise presque exclusivement dans les copies de documents des Archives secrètes du Vatican), on peut mentionner l'article de Lenhart sur les raisons de l'absence des Récollets au Canada en 1632[59]; ce dernier en attribue la faute au père Joseph Du Tremblay lui-même[60]. À propos des Jésuites, nous avons déjà nommé Rochemonteix, Hughes et Campeau. Ce dernier, jésuite et historien des Jésuites, en parle avec une

---

[54] Voir n. 68.

[55] Odoric-Marie JOUVE, «Le Père Joseph Leclerc du Tremblay, Capucin, et les missions de la Nouvelle-France (1632-1633)», dans *Revue d'histoire des Missions. Études missionnaires*, XVI, 2 (juin 1939), p. 209-232. Le même article est apparu dans le *Bulletin des Recherches historiques*, XLV, 5 (mai 1939), p. 129-143; 6 (juin 1939), p. 164-177.

[56] D'après ce que dit Morin, Jouve n'aurait travaillé qu'aux Archives secrètes du Vatican (MORIN, *Saint-Siège*, p. ii). En ce qui concerne les archives de la Propagande, on ne trouve dans l'article signalé que trois citations, dont deux sont tirées de la série *Acta*, et la troisième de la série *S.O.C.G.* (p. 224, 227, 228), cette dernière étant explicitement due à un confrère.

[57] Nous préparons présentement une édition des lettres, signées Pacifique de Provins et envoyées à la Propagande, qui concernent sa préfecture nord-américaine.

[58] GODEFROY DE PARIS, «Notes et documents pour servir à l'histoire du Père Pacifique de Provins», dans *Études franciscaines*, XLV (1933), p. 348-357, 439-455, 569-586; XLVI (1934), p. 194-217, 469-491; GODEFROY, «Un grand missionnaire oublié. Le P. Pacifique de Provins, Capucin», dans *Collectanea Franciscana*, IV (1934), p. 363-380, 522-545; V (1935), p. 213-240, 571-591; PACIFIQUE DE PROVINS, *Le voyage de Perse et brève relation du voyage de l'Amérique*, Godefroy de Paris-Hilaire de Wingene, éd., Assisi: Collegio S. Lorenzo da Brindisi dei Fr. Minori Cappuccini, 1939.

[59] LENHART, «Who kept the Franciscan Recollects out of Canada in 1632?», dans *Franciscan Studies*, n.s., V, 3 (septembre 1945), p. 277-300 (partiellement basé sur des sources de la Propagande).

[60] Hugolin LEMAY, qui a beaucoup écrit sur les Récollets, ne semble pas connaître les sources de la Propagande, tandis que [Xiste LE TAC], *Histoire chronologique de la Nouvelle-France ou Canada depuis sa découverte (mil cinq cents quatre) juques en l'an mil six cents trente deux*, Eugène Réveillaud, éd., Paris: G. Fishbacher-Grassart-Maisonneuve, 1888, dans le volumineux appendice documentaire (p. 173-262) publie des documents qui étaient à l'origine dans les archives de la Propagande, mais qui font maintenant partie d'autres archives.

compétence et une profondeur particulières[61]. Nous parlerons plus loin de Jean Delanglez et de son livre sur les Jésuites en Louisiane[62].

Les Carmes déchaussés n'avaient pas de mission en Amérique du Nord aux XVIIᵉ et XVIIIᵉ siècles, mais ce fut un membre de leur ordre, l'anglais Simon Stock (Thomas Doughty, 1574-1652), qui fournit à la Propagande les premières informations sur la colonisation de Terre-Neuve, le passage du Nord-Ouest, l'exode des puritains de l'Angleterre vers la Nouvelle-Angleterre[63]. Entre autres, Hughes et Lenhart mentionnent Stock. En 1925, August Schmidlin examina, dans un article très bref et assez approximatif, un projet d'expansion missionnaire en Asie proposé par Stock en utilisant à cette fin l'hypothétique passage du Nord-Ouest[64]. Tout récemment, Raymond J. Lahey traita avec beaucoup de compétence les rapports entre Stock et George Calvert, premier baron Baltimore, au sujet de la colonisation de Terre-Neuve, en utilisant dans ce but certaines lettres parmi les plus intéressantes que Stock envoya à la Propagande[65]. Une thèse sur l'activité de Stock, relative à l'Amérique du Nord, a été soutenue à l'Université de Pise[66].

La Louisiane dépendit formellement, pour une longue période, des autorités religieuses de Québec. O'Neill parle en détail de son histoire et de ses rapports avec la Propagande dans les deux essais déjà mentionnés et dans un volume consacré spécifiquement à la Louisiane des débuts jusqu'à 1732[67], dans lequel entre autres on démontre comment les intérêts du gouvernement français n'ont pas toujours coïncidé avec ceux de l'expansion catholique dans le Nouveau Monde. Capucins et Jésuites ont été étudiés par Vogel[68] et Delanglez[69]. Ni l'un ni l'autre ne consulta personnellement les archives de la Propagande, à la différence de O'Neill, mais ils se firent faire des copies de certains documents d'un intérêt particulier pour le sujet traité[70], qu'ils utilisèrent dans

---

[61] Campeau est en train de publier les *Monumenta Novæ Franciæ* pour la Société de Jésus. Les deux premiers volumes ont déjà paru. Le premier (CAMPEAU, éd., *Monumenta Novæ Franciæ. I. La première mission d'Acadie [1602-1616]*, Romæ: Monumenta Hist. Soc. Jesu — Québec: Les Presses de l'Université Laval, 1967) est antérieur à l'établissement de la Propagande. Dans le deuxième (CAMPEAU, éd., *Monumenta Novæ Franciæ. II. Établissement à Québec [1616-1634]*, Romæ: Monumenta Novæ Franciæ — Québec: Les Presses de l'Université Laval, 1979), on parle beaucoup des rapports difficiles entre les Jésuites et la Propagande, et l'on y publie deux documents de la série *Acta* (p. 87, 279), et un de la série *S.O.C.G.* (p. 89).

[62] Voir n. 69.

[63] Nous préparons actuellement une édition des lettres de Stock, adressées à la Propagande.

[64] August SCHMIDLIN, «Projekt eines Nordamerik. Missionswegs nach China in der Frühzeit der Propaganda (ver 300 Jahren)», dans *Zeitschrift für Missionswissenschaft*, XV, 3 (1925), p. 147-149.

[65] Raymond J. LAHEY, «The Role of Religion in Lord Baltimore's Colonial Enterprise», dans *Maryland Historical Magazine*, LXXII, 4 (hiver 1977), p. 492-511.

[66] Antonella SIGNORINI, *Un carmelitano scalzo e l'America, 1623-1636. Una selezione dalle lettere di Simon Stock, nell'archivio della Sacra Congregazione «de Propaganda Fide»*, thèse, Università di Pisa (1980).

[67] O'NEILL, *Church and State in French Colonial Louisiana. Policy and Politics to 1732*, New Haven: Yale University Press, 1966. L'utilisation du matériel de la Propagande pour ce volume est cependant réduite, étant donnée l'importance bien plus grande, pour l'histoire de la Louisiane, des archives locales et françaises.

[68] Claude VOGEL, *The Capuchins in French Louisiana (1722-1766)*, Washington: The Catholic University of America, 1928.

[69] Jean DELANGLEZ, *The French Jesuits in Lower Louisiana (1700-1763)*, Washington: The Catholic University of America, 1928.

[70] Vogel par son confrère Antonine Wilmer (VOGEL, *Capuchins in French Louisiana*, p. xi-xii); Delanglez par le jésuite E. Mattersn (DELANGLEZ, *French Jesuits in Lower Louisiana*, p. iv).

leur œuvre respective. Il est opportun de rappeler que Vogel est le premier à se servir, pour les citations des documents de la Propagande, de la numération moderne des folios adoptée depuis lors par presque tous les chercheurs.

Les écrits sur la période 1754-1784 méritent une place particulière, à cause de l'importance de ces années pour l'histoire des États-Unis et du Canada, ainsi que pour l'Église américaine à ses débuts. L'auteur de la présente étude a utilisé presque exclusivement le matériel de la Propagande pour un essai qui couvre justement la période de la guerre de la Conquête et de la guerre de l'Indépendance américaine, et qui s'occupe des avatars canadiens autant que de ceux des colonies britanniques d'Amérique[71]. Mais ce sont les faits relatifs à la naissance (ou à la «renaissance», selon Lenhart) de la hiérarchie américaine qui ont le plus éveillé l'intérêt des historiens américains. Le premier à faire connaître de manière organique la documentation de la Propagande relative à l'élection de Carroll comme supérieur de l'Église américaine et par conséquent comme premier évêque des États-Unis fut Fish qui publia en 1910 une série de trente-quatre documents sous leur forme originale, tirés de séries différentes (*Acta, Lettere, Congressi, Istruzioni, Decreti*)[72]. Il s'agissait d'un matériel presque entièrement inédit, utilisé partiellement par Shea[73], et chronologiquement limité aux années 1783-1789. Comme toujours, la transcription des documents doit être considérée avec réserve[74]. Étant donné leur intérêt, les documents transcrits par Fish ont été immédiatement traduits en anglais par les soins du jésuite Edward I. Devitt[75] qui, dans la brève introduction qui précède les documents, décrit le travail accompli à Rome par Fish et la nature des copies des documents de la Propagande déposées par Shea à la Georgetown University de Washington[76].

Peter Keenan Guilday se servit des documents de la Georgetown University quelques années plus tard, pour la rédaction d'un article sur les années 1783-1785 et sur l'élection de Carroll[77], un résumé utile des connaissances déjà acquises, mais qui n'utilise pas de nouvelles sources. Deux ans plus tard, le même Guilday publia un volume centré sur la vie de Carroll[78]. Bien qu'il utilise de nouveau et abondamment la documentation de la Propagande, Guilday n'a pas consulté directement les archives de la congrégation; il s'est simplement servi des copies de Shea et d'autres documents qu'il fit copier à cette occasion[79].

---

[71] CODIGNOLA, «America del Nord», p. 127-147.

[72] FISH, éd., «Documents Relative to the Adjustment of the Roman Catholic Organization in the United States to the Conditions of National Independence, 1783-1789», dans *The American Historical Review*, XV, 5 (juillet 1910), p. 800-829.

[73] SHEA, *Life and Times of Carroll*, p. 204-248.

[74] Les imprécisions sont nombreuses, même si aucune ne semble vraiment grave. Du reste, c'est Fish lui-même qui met le lecteur en garde: «The typewritten copies of most of these letters reached me after leaving Rome, and I was consequently unable to collate them with the originals, and I have refrained from making any change save in one or two cases where it was obvious that the wrong letter had been struck» (FISH, éd., «Documents», p. 801).

[75] DEVITT, éd., «Propaganda Documents», p. 185-236.

[76] *Id.*, p. 186.

[77] GUILDAY, «Appointment of Father John Carroll as Prefect-Apostolic (1783-1785)», dans *The Catholic Historical Review*, VI, 2 (juillet 1920), p. 204-248.

[78] GUILDAY, *The Life and Times of John Carroll Archbishop of Baltimore (1735-1815)*, New York: The Encyclopedia Press, 1922.

[79] *Id.*, p. 837.

Tous les écrits de Carroll ont paru récemment, publiés par les soins de Thomas O'Brien Hanley[80]. Il s'agit d'une excellente édition, tant du point de vue de la recherche des documents que du point de vue de leur transcription. Bien que plusieurs documents proviennent de la Propagande[81], il ne semble pas qu'un dépouillement du matériel documentaire ait été effectué, exception faite pour la série *Congressi*; la série *S.O.C.G.*, aussi importante pour ses références à Carroll, n'est pas du tout mentionnée, bien que plusieurs documents présentés dans cette série-là sont publiés à partir de copies conservées dans d'autres archives américaines. En outre, un des choix du responsable de la publication a été de ne reporter, à la fin de chaque document, que l'indication de la provenance des archives, sans autre spécification de série ou de numéro de folio, rendant ainsi très compliquée la localisation du document original[82].

Pour conclure, on peut dire que, à quelques exceptions près, l'histoire de l'influence réciproque de la Propagande et de l'Amérique du Nord n'a fait l'objet d'aucune étude spécifique. La principale exception à ceci est l'oeuvre de Morin, et elle reste malheureusement inachevée. D'autres exceptions sont les articles de O'Neill, Lemieux et surtout les travaux de Campeau (qui ne perd jamais de vue l'interprétation globale des événements, bien que l'objet de sa recherche soit surtout l'histoire des Jésuites) qui trouvent leur origine dans l'œuvre collective *Memoria Rerum*. Dans les autres cas, il s'est toujours agi de références occasionnelles, plus ou moins approfondies, à la documentation et donc à l'histoire de la Propagande.

Beaucoup de questions restent donc encore sans réponse. Quelle fut et comment se développa la perception de l'Amérique du Nord chez les responsables de la Propagande? De quelle manière cette représentation influença-t-elle les décisions prises quotidiennement vis-à-vis l'Amérique? Quel poids et quelle autorité avaient les responsables de la Propagande sur les missionnaires, sur les vicaires apostoliques et sur les évêques qui œuvraient en territoire américain? Quelle place occupait l'Amérique dans la politique globale de la Propagande? Quel fut le pouvoir de la Propagande par rapport à la politique d'expansion missionnaire du Saint-Siège dans son ensemble? De quelle façon l'histoire de l'Amérique du Nord anglaise et française fut-elle conditionnée par les décisions de la Propagande prises à Rome?

Nous pensons que celui qui fournira une réponse à ces multiples questions aura contribué à éclairer certains points d'importance non négligeable concernant le déroulement de l'histoire de l'Amérique du Nord durant la période coloniale.

---

[80] Thomas O'BRIEN HANLEY, éd., *The John Carroll Papers*, Notre-Dame: University of Notre-Dame Press, 1976 (3 vol.).

[81] Voir *id.*, vol. I, p. 68, 182, 267, 280, 287, 326, 449, 468, 470; vol. II, p. 118, 256, 260, 265, 273, 277, 284, 288. Une partie de ces documents est déjà présente dans les travaux de Fish, Shea et Guilday, mais, en référence à ces deux derniers, Hanley affirme que «it is now clear that he [Shea] had access to only a fraction of what is presented here [dans les *Carroll Papers*]. The case is much the same with his successor in this role, Peter Guilday» (*id.*, I, p. xxvii).

[82] Tout le matériel documentaire présenté dans les *Carroll Papers* est déposé sous forme de microfilms à la Catholic University of America (*id.*, p. xxxi).

Jeux traditionnels de l'enfant
dans l'Outaouais

par Sylvie Lavoie*

Le jeu de l'enfant a longtemps été considéré comme un simple passe-temps amusant, relié à sa nature exubérante et insouciante. Depuis Piaget surtout, on a reconnu le rôle vital du jeu dans le développement intellectuel, moteur et social de l'enfant. De plus, le jeu est un important véhicule de traditions orales et sociales, et c'est l'étude de cet aspect du jeu que cet article a voulu privilégier. En interrogeant des gens de tout âge, des gens âgés jusqu'aux enfants de l'école primaire, nous avons eu l'impression que toute une tradition de jeux qui se transmettait de parents à enfants, de grandes sœurs à petites sœurs, de maîtresses d'école à écoliers, a du mal à vivre aujourd'hui. Il y a probablement plusieurs raisons à cela. Par exemple, les trajets en autobus scolaires, souvent longs, grugeant le temps des jeux après l'école, l'envahissement de la télévision, des loisirs organisés prenant la place des jeux spontanés, tellement plus valables pour développer le sens d'initiative, l'imagination et... pour véhiculer les traditions de jeux enfantins. Il faut ajouter à cela tous les changements apportés à la vie familiale qui font que ses membres passent beaucoup moins de temps ensemble qu'autrefois. Nous avons donc voulu recueillir ces jeux auprès des gens de l'Outaouais, espérant pouvoir éventuellement couvrir toutes les régions importantes du Québec. Le texte suivant décrit quelques-uns de ces jeux traditionnels et l'esprit dans lequel ils étaient joués.

Les gens de soixante ans et plus fabriquaient eux-mêmes une grande partie de leurs jeux, dont quelques-uns ont été racontés par des gens d'âge moyen. On utilisait en hiver les douelles de quart, c'est-à-dire les lattes de bois des barils, pour se confectionner des bicycles à neige simples ou doubles (voir illustration), ou des skis. Comme ces lattes de bois étaient, vu la forme des barils, un peu arrondies plutôt que plates, les «bicycles» et les skis étaient quelque peu instables, ce qui occasionnait de nombreuses «fouilles». Mais là était le plaisir, nous a-t-on dit. Les cercles de quart ou cercles de métal entourant les barils servaient de cerceaux qu'on poussait à l'aide d'une broche en courant et que certains appelaient «un sling». Des courses, quelquefois avec obstacles (briques, morceaux de bois), étaient organisées dans la rue même et le joueur devait franchir ces obstacles tout en gardant la roue en équilibre. Ce jeu existait déjà au temps des Romains qui le recommandaient alors aux gens de faible constitution afin de les fortifier.

Un des passe-temps favoris à l'automne était le jeu de casse-noix. On allait dans les bois et on utilisait des roches ou des bâtons pour faire tomber noix, noisettes ou marrons d'Inde, selon la disponibilité. Les plus durs étaient recherchés mais s'ils étaient introuvables, un certain traitement les rendait de première qualité. Quelques anciens

---

* L'auteur détient un baccalauréat en kinanthropologie de l'Université d'Ottawa et une maîtrise en physiologie de l'exercice de l'Université de Montréal. D'autres régions du Québec seront étudiées l'an prochain, suite à cette recherche menée dans l'Outaouais.

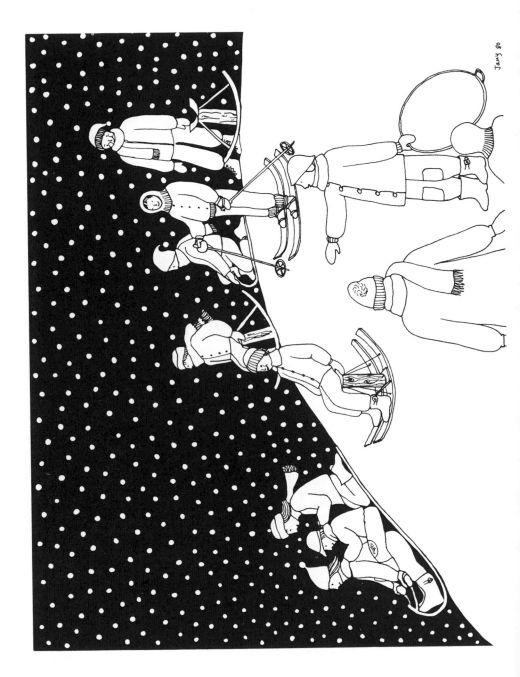

338

joueurs nous ont généreusement livré leurs secrets. Ils perçaient des trous dans les noix pour y passer une ficelle solide, puis faisaient tremper ceux-ci pour quelque temps dans du vernis, de l'eau salée, de l'huile ou du vinaigre. Certains les cuisaient, même. L'un des deux joueurs essayait de craquer la noix de l'autre avec sa propre noix. Des éliminatoires avaient lieu à l'intérieur de chaque bande, jusqu'à ce qu'il y ait un grand gagnant. Celui-ci était souvent un joueur sage qui, à la fin de la saison précédente, avait conservé jalousement quelques marrons, devenus pendant l'année très durs et ridés. Ces derniers sont désignés en anglais sous le nom de «yearsies», et ce sont les plus formidables (voir illustration, p. 36).

Quant aux moines ou toupies de bois, c'étaient plutôt les pères ou les grand-pères qui les fabriquaient. Ils tiraient orgueil à les faire solides car de leur solidité dépendait le succès de leurs fils ou petits-fils au jeu de casse-moine, succès qui se reflétait par conséquent sur eux. Il fallait d'abord tracer un cercle au sol. Un des joueurs affirmait hardiment que personne ne pouvait casser son moine et le posait au milieu du cercle. Tour à tour, les autres joueurs lançaient leur moine pour essayer de le briser. Pour lancer, la corde était enroulée autour du moine, la loupe enfilée sur un doigt et finalement, la toupie était lancée d'un geste vigoureux. Si un joueur touchait le moine soi-disant invincible, même sans le fendre, il pouvait retirer le sien. Sinon, il fallait le laisser au milieu, exposé à être frappé par les joueurs suivants. De ces moines qui étaient très durs, presque impossibles à briser, on disait qu'ils étaient en kayak. Si par malheur le moine du premier joueur cassait, on lui lançait moqueusement: «Y'é pas en kayak, ton moine!» Par extension, on désignait alors quelqu'un qui avait la tête dure de «tête en kayak».

Pour le jeu de casse-moine, la pointe de métal de la toupie devait être bien aiguisée afin de la rendre plus apte à percer. Mais en fait, le jeu de base était simplement de bien faire tourner sa toupie, ce qui en soi était tout un art. Le but consistait à la faire tourner très vite et très également, au point où on ne la voyait pas tourner. La toupie faisait alors un «cillement» assez fort et certains disaient qu'elle ronflait, d'autres qu'elle chantait. Quand elle se mettait à tourner moins vite, on disait qu'elle dormait et sur le point de s'arrêter, qu'elle «allait mourir». Tous lançaient leurs moines en même temps et c'était à qui ferait tourner le sien le plus longtemps. Pour ce jeu, la pointe n'était pas aiguisée car le moine tournait mieux sur une pointe arrondie.

L'été était la saison privilégiée pour la fabrication des échasses de bois, de plus en plus hautes au fur et à mesure que les joueurs acquéraient de l'assurance. Un autre type d'échasses était fait de grandes boîtes de conserves soulevées en même temps que le pied, grâce à de longues ficelles tenues dans les mains (voir illustration). De quel beau tintamarre devaient résonner les trottoirs! En fait, c'est surtout du bruit produit qu'on tirait plaisir à ce jeu.

Il existe encore une profusion de tels jeux fabriqués chez les gens d'âges moyen et avancé. Nous en citerons un autre qui démontre l'imagination dont les gens faisaient alors preuve dans leurs jeux, malgré (et peut-être plutôt à cause?) des moyens limités dont ils disposaient. La plupart des familles possédaient à l'époque très peu d'argent et l'achat de jouets était hors de question, sauf parfois à Noël. Si une joueuse ou un joueur n'avait pas de billes ou si elle les avait toutes perdues au jeu, elle fabriquait tout un décor de maison à l'intérieur d'une boîte de chaussures, décor découpé souvent dans des catalogues et minutieusement agencé. Il/elle perçait un petit trou sur le côté ou sur le dessus de la boîte et si la nouvelle se répandait que sa maison en valait la peine, elle pouvait obtenir une bille ou même deux (ou des sous) de chaque joueur et ainsi commencer ou recommencer à jouer.

Chez les filles surtout, étaient populaires les jeux chantés accompagnés de gestes ou d'une ronde tout simplement: «J'ai un beau château», «Trois fois passera», «Petit oiseau bleu», «Promenons-nous dans le bois». L'été, garçons et filles se retrouvaient pour les jeux de cachette et de taque (tag). Lors des fêtes, ils jouaient par exemple à l'assiette: chacun prenait un numéro, un joueur du cercle tournait l'assiette en criant un numéro et si le joueur désigné n'attrapait pas l'assiette avant qu'elle ne tombe, il recevait une pénitence. Par exemple «chanter le coq», c'est-à-dire imiter le chant du coq; chanter la poule, ou battre des ailes en faisant «cot cot cot»; embrasser la fille ou le garçon de son choix. Les plus hardis se réjouissaient de recevoir cette pénitence. Pour les plus timides, c'était l'embarras qui l'emportait plutôt.

Pour engager le jeu, la comptine la plus courante était «Ine mine mine mo», version anglaise. Une tante m'en a donné une version enseignée par mon grand-père, originaire de la région de Québec:

> Ane mine moné mac
> Barceline debo destrac
> Kara oui ouo ouac
> Baki, baki, t'as la taque.

Luc Lacourcière a relaté des versions semblables de cette comptine, dont on trouve des centaines d'autres versions à travers le monde, dans une multitude de langues.

Nos observations faites chez les enfants de l'école primaire démontrent que plusieurs jeux d'autrefois subsistent: jeux de cachette, de taque, de marelle, souvent sous de nouvelles formes mais gardant la structure de base. Les filles s'amusent encore aux jeux chantés ou scandés joués en face à face, en s'accompagnant de divers tapés de mains dont on accélère progressivement le rythme jusqu'à ce que l'une se trompe et que toutes éclatent de rire. Mais les rimettes de ces jeux ont changé complètement, de même que celles accompagnant les jeux de corde à danser et de bolo. Vers 1940, une rimette courante au bolo se disait comme suit:

> Une senne gravée de ma goudaille,
> Carataille, cipitraille lui près de ma goudaille,
> Sur la maringo!

Devenue, vers les années 60,

> Une senne gravée de ma bouteille,
> Caraqueille, cipitrouille auprès de ma bouteille,
> Sur la maringo!

et disparue aujourd'hui.

Depuis un certain temps, le bolo est considéré comme étant un jeu de fille, mais vers les années 40, les garçons en jouaient aussi, essayant d'atteindre le plus grand nombre possible de coups, mais faisant aussi des «fantaisies», c'est-à-dire des «trucs» plus difficiles, comme frapper à l'envers ou sur le côté.

340

La plus grande différence qui ressort entre les jeux d'hier et d'aujourd'hui intéresse la proportion de jeux/jouets fabriqués. Chez les gens âgés, ils étaient très nombreux et à la campagne, souvent les seuls dont les enfants pouvaient disposer. Aujourd'hui, cette catégorie de jeux est pratiquement disparue. Il y a trente ans encore, beaucoup d'enfants savaient se fabriquer un cerf-volant, alors qu'aujourd'hui on aurait du mal à en trouver quelques-uns. Mais pourquoi donc se confectionner des jouets/jeux? Et pourquoi, par exemple, les enfants aiment-ils faire des sauts de plus en plus difficiles lorsqu'ils dansent à la corde, en chantant ou scandant des rimettes amusantes et souvent tout à fait insensées?

L'enfant est un être total dont la nature heureuse explique le fait qu'il sait s'amuser en apprenant. Et de cet apprentissage, souvent invisible à l'oeil de l'adulte, provient le sérieux, la concentration avec lesquels l'enfant s'adonne au jeu. Piaget a bien démontré que l'intelligence de l'enfant se développe à travers son corps, son «vécu moteur». En ce sens, le jeu est un merveilleux outil d'apprentissage car l'enfant s'y implique à la fois physiquement et mentalement et l'activité est bien adaptée à sa nature et à ses besoins. Le jeu est à la fois agréable et difficile pour lui.

La fabrication de jouets est pour l'enfant une autre façon de s'apprivoiser le monde à son propre rythme, selon ses besoins particuliers. Il acquiert ainsi des habiletés de base, explore divers matériaux et apprend à construire quelque chose de tangible qui lui apporte satisfaction, plaisir et confiance en soi. Et les enfants qui ont bien joué ne deviennent-ils pas des adultes plus heureux et joyeux? Chose certaine, c'est une belle et saine façon de s'épanouir.